Franz-Josef Nocke

SAKRAMENTEN-
THEOLOGIE

EIN HANDBUCH

Patmos Verlag Düsseldorf

Die Deutsche Bibliothek – CIP-Einheitsaufnahme

Nocke, Franz-Josef:
Sakramententheologie: ein Handbuch / Franz-Josef Nocke. –
Düsseldorf: Patmos-Verl., 1997
ISBN 3-491-77028-9

Umschlagbild:
Begegnung im All, © Rudolf Reidinger
Satz: Froitzheim, Bonn
Druck und Bindung: Friedrich Pustet, Regensburg
ISBN 3-491-77028-9

INHALT

Dritter Teil: Spezielle Sakramentenlehre

I.   Taufe

Vorwort

Das positive Echo auf das zweibändige Handbuch der Dogmatik ermutigte den Patmos Verlag, die darin enthaltene Sakramentenlehre gesondert herauszubringen. Ich komme dem entsprechenden Vorschlag des Verlags gern nach. Manche Benutzerinnen und Benutzer werden eine handliche Ausgabe schätzen.

Damit bietet sich zusätzlich die Möglichkeit, zunächst etwas ausführlicher von heutigen Erfahrungen auszugehen und von hier aus Annäherungen an sakramentales Denken zu versuchen. Das geschieht in eher lockerer, teils erzählender Form im ersten Teil dieses Buches. Im zweiten und dritten Teil folgen dann die Allgemeine und die Spezielle Sakramentenlehre. Hier geht es darum, eine vor Schrift und Tradition verantwortete Sakramentenlehre zu entfalten, welche heutige Fragestellungen verarbeitet, und die dabei unvermeidliche Stoff-Fülle möglichst übersichtlich und doch auch präzise darzubieten. Das verlangt eine stärkere Strukturierung dieser Teile – die detaillierte Gliederung wird schon beim Lesen des Inhaltsverzeichnisses ins Auge fallen. Der Überschaubarkeit soll auch der in allen Kapiteln des zweiten und dritten Teils wiederkehrende Viererschritt dienen: 1. Zugang, 2. Biblische Grundlagen, 3. Dogmengeschichtliche Entfaltung, 4. Systematische Reflexion. Zusätzlich wird die Lektüre durch typographische Hilfen erleichtert: Der im Normaldruck erscheinende Text kann fortlaufend gelesen, das Kleingedruckte als Ergänzung verstanden werden. Kurze Zusammenfassungen sind kursiv gesetzt. Die Anmerkungen sind auf Zitat-Belege beschränkt. Schließlich versuche ich im vierten Teil am Beispiel eines indisch-deutschen Gesprächs einen Ausblick in den interkulturellen Dialog. Daß auf diese Weise am Schluß des Buches neue Fragen aufgeworfen werden, könnte ein Zeichen dafür sein, daß das theologische Denken auch und gerade nach der Anstrengung einer systematischen Konzentration nie fertig ist.

Im ersten und im vierten Teil wird etwas stärker mein persönlicher Erfahrungshintergrund durchscheinen. So wird vielleicht deutlich, daß jede Theologie einen jeweils eigenen Sitz im Leben hat und daß sich von daher Akzente und Perspektiven ergeben. In diesem Sinne erwähne ich hier einige meiner Erfahrungsorte: Die Liturgische Bewegung, die wir als Jugendliche in der Spätphase der Bündischen Jugend noch mitbekamen, bewirkte, daß wir die späteren Reformen des Zweiten Vatikanischen Konzils nicht als Überraschung, sondern als Bestätigung empfanden und entsprechend weiterdenken konnten. Liturgische Feiern mit kleinen und größeren Gruppen, in die besonders Jugendliche und Frauen einen großen Reichtum an Phantasie und Kreativität einbrachten, haben mich inspiriert, die anthropologische und theologische Bedeutung von Zeichenhandlungen stärker zu reflektieren. Viel verdanke ich auch den liturgischen Erfahrungen, Suchbewegungen und Entdeckungen in einer Ortsgemeinde. Hierfür möchte ich besonders Pfarrer Günter Becker danken – nach fünfundzwanzig Jahren gemeinsamer Arbeit in der Duisburger Gemeinde »Christus unser Friede«. Aber auch kritische Anfragen von Studentinnen und Studenten, die mich immer wieder auf Ungereimtheiten und Unverständlichkeiten in Theologie und Praxis der Sakramente hinweisen, wurden mir zu heilsamen Herausforderungen. In diesem Zusammenhang – und nicht nur für die gründliche Durchsicht des Manuskripts und die Erstellung des Registers – habe ich besonders Michaela Schmitz und Martin Seidensticker zu danken.

Wer die hier vorgestellte Sakramententheologie im größeren Rahmen eines Gesamtentwurfs heutiger katholischer Dogmatik studieren möchte, dem empfehle ich nachdrücklich das oben genannte, von Theodor Schneider herausgegebene Handbuch der Dogmatik. Dort haben Bernd Jochen Hilberath, Hans Kessler, Alois Müller, Dorothea Sattler, Theodor Schneider, Jürgen Werbick, Siegfried Wiedenhofer und ich in jahrelanger Teamarbeit zu einem gemeinsamen Konzept gefunden, dessen Einheit sich inhaltlich in weitgehendem Konsens und methodisch in jeweils gleichmäßigem Aufbau sowie in zahlreichen Querverweisen widerspiegelt. Inzwischen liegen außer der deutschsprachigen zweiten Auflage auch Übersetzungen ins Italienische, Portugiesische, Spanische und Ungarische vor.

Franz-Josef Nocke

ERSTER TEIL:
ANNÄHERUNGEN

1. Paradoxe Beobachtungen

Wer in den letzten Jahren eine der zahlreichen eindrucksvoll wiederhergestellten romanischen oder gotischen Kirchen in Mitteleuropa besuchte, konnte öfters eine eigentümliche Beobachtung machen: Mengen von Besuchern und Besucherinnen durchziehen die Kirche, schauen neugierig umher, nehmen fasziniert eine vergangene, für die meisten von ihnen fremde Welt wahr, fragen nach der Bedeutung ihnen unbekannter Darstellungen und Symbole, manche von ihnen setzen sich still hin, um den Raum und das Geschaute auf sich wirken zu lassen, genießen es, wenn sakrale Musik den Raum zum Klingen bringt, lassen sich vom Geheimnis dieses Ortes anrühren, tauschen sich mit anderen über ihre Einsichten und Gefühle aus. Aber plötzlich leert sich die Kirche, die Besucher streben den Ausgängen zu. Denn – im Altarraum beginnt eine Liturgie. Mancherorts wird dieser Wechsel noch von kirchlichen Ordnern forciert. Oft finden auch die Besucher ihn logisch: Zu dem, was nun beginnt, haben sie ja keinen Zugang.

Hier und da macht man allerdings andere Erfahrungen. Einige, besonders von Experimenten in Frankreich inspirierte, international gemischte Gruppen junger Leute verbringen ein paar Wochen miteinander bei einer der viel besichtigten Kirchen, bieten dort kostenlose Führungen an, informieren über geschichtliche Daten, erzählen für die Spiritualität dieses Ortes charakteristische Anekdoten, lassen durchblicken, daß sie selbst ein wenig mit diesem Raum leben und sich in den alten Geschichten wiederfinden, laden vielleicht auch ein zu einer kleinen Runde, etwa in der Krypta, mit Gitarren- und Querflötenmusik, Schweigen und Gebet. Etliche aus der Besuchergruppe lassen sich darauf ein, einige von ihnen zünden zum Schluß eine Kerze an oder suchen sonst nach einer Möglichkeit, sich selbst zur Sprache zu bringen, und manche haben beim Fortgehen das Gefühl, den Raum nicht nur besichtigt, sondern auch erlebt zu haben. Womöglich wurde dieses Erleb-

nis auch dadurch begünstigt, daß es fern von Zuhause und ohne Angst
vor institutioneller Steuerung geschehen konnte.

Vielleicht können diese scheinbar widersprüchlichen Beobachtungen illustrieren, was heutige Liturgiewissenschaftler mit Blick auf
großräumige Veränderungen in Europa und den Vereinigten Staaten »das
Paradox der Krise des Rituals« nennen: »Einerseits befindet sich die
christliche Liturgie im Westen in einer Krise, die Kirchen bleiben häufig
leer . . . Andererseits jedoch besteht zur gleichen Zeit unerwartet und oft
in Bereichen außerhalb der Kirchen großes Interesse an Riten und
Symbolen, bei dem mancherorts das ›traditionelle‹ christlich-liturgische
Repertoire eine Rolle zu spielen scheint.«[1] Einerseits nimmt die Zahl
derer ab, welche an den sakramentalen Handlungen der Kirche teilnehmen; andererseits zeigt sich ein relativ neuer, offenbar wachsender
Sinn für Zeichenhandlungen, und zwar innerhalb und außerhalb der
Kirche.

2. Sensibilität für Zeichen

Ich spreche lieber von »Zeichenhandlungen« als von »Riten«, um zu
zeigen, daß es nicht, wie das religionswissenschaftliche Vokabular vermuten lassen könnte, ausschließlich um den Bereich religiöser Handlungen geht und auch nicht unbedingt um festgelegte Abläufe (»Rituale«), sondern um die Sprache von Zeichen und Gebärden in den
verschiedensten Zusammenhängen und um oft immer wieder neu und
anders vollzogene Symbole.

Ich denke zunächst an ziemlich alltägliche Ausdruckshandlungen,
zum Beispiel an die Umarmungen bei Begrüßung und Abschied: Was in
meiner Jugendzeit als uns etwas exotisch anmutende Besonderheit der
stärker gefühlsbetonten ost- und südeuropäischen Völker galt, wird nun
auch bei uns in Mitteleuropa selbstverständlich, nicht nur zwischen
Verliebten. Man drückt seine Gefühle aus – und man weiß, daß man
diesen Ausdruck braucht. Mitten in einem schwierigen Gespräch reicht
eine Frau ihrer Freundin die angerauchte Zigarette, damit diese sie zu
Ende rauche, und beide verstehen dies als ein Zeichen tröstender Ver-

---

[1] P. Post, Der moderne Mensch auf Pilgerfahrt. Ein christliches Ritual zwischen Tradition und (Post-)
Moderne, in: Concilium 32 (1996), 300–306, Zitat: 300.

bundenheit. Ein Gastgeber zündet eine Kerze an zum Zeichen, daß er Zeit für seinen Besucher hat, und es entsteht tatsächlich eine Atmosphäre von Ruhe und konzentrierter Aufmerksamkeit.

Die wachsende Entdeckung der Zeichen geht nicht nur im privaten Raum persönlicher Begegnungen vor sich, sondern auch im öffentlichen Raum politischen Handelns. In meiner Wahrnehmung begann es Ende der siebziger Jahre. In unserer Universität warben linke Gruppen mit Büchertischen für ihre Ideen. Zunächst hatten sie eine möglichst rationale, emotionsfreie Aufklärung im Sinn. Dann veränderte sich das Bild: Kleine Lichter brannten auf den Tischen, Musik, Tee und Kuchen luden zum Verweilen ein, wer sich dazustellte, mittrank und mitaß, bekundete und realisierte damit ein Stück Solidarität.

Wenn in den dann folgenden Jahren Teilnehmerinnen und Teilnehmer an den großen Friedensdemonstrationen von ihren Eindrücken erzählten, spielten einzelne Gesten eine besondere Rolle, zum Beispiel die Blumen für die Polizisten (und daß diese sie annahmen und ansteckten) und das Singen und Tanzen, das im Kontrast zu den gerade auf solchen Treffen ausgesprochenen furchtbaren Bedrohungen zum Ausdruck einer großen Hoffnung wurde. In diesem Zusammenhang kann man auch die Mahnwachen gegen den Golfkrieg und die Lichterketten gegen den Fremdenhaß zu Anfang der neunziger Jahre sehen. Sie waren ja nicht nur Inszenierungen für das Fernsehen, sondern auch wichtige Ausdruckshandlungen, in denen viele einzelne Menschen sich selbst, ihre Einstellung und ihr Wollen, erfuhren und ausprägten. Mit Kerzen in den Händen demonstrierten 1989 in ostdeutschen Städten Zigtausende für die friedliche Revolution. Sowohl die Kerzen als auch die Tatsache, daß diese Demonstrationen oft ihren Ausgang in kirchlichen Friedensgottesdiensten nahmen, beides könnte ein Hinweis darauf sein, daß man auch weit außerhalb des kirchlichen Raums gern und wie selbstverständlich auf das kirchliche »liturgische Repertoire«[2] zurückgreift.

Zeichenhandlungen und Symbole bekamen in den letzten Jahren auch größere Bedeutung auf kirchlichen Tagungen. Ich erinnere mich z. B. (manche Leserinnen und Leser werden ähnliches berichten können) an eine Werkwoche mit Kaplänen, Pastoralreferenten und -referentinnen. Der Einladung entsprechend hatten alle Teilnehmerinnen

---

[2] Ebd.

und Teilnehmer etwas mitgebracht, einen Gegenstand, der ihnen »zum Symbol geworden« war. Mit diesen Symbolen stellten sie sich zu Beginn der Werkwoche vor. Einer legte ein Stück Holz vor sich hin: Dieses grobe Holzstück erinnerte ihn an eine einsame Woche auf einer Berghütte und an einen mühsamen Weg. Mühsam war der Aufstieg zu der Hütte gewesen, mühsam aber auch das Stück Lebensweg, das ihn in diese Einsamkeit geführt hatte. Ein anderer stellte einen Kerzenstummel in die Runde: Seine Mutter, die sich zunächst energisch gegen seine Partnerbeziehung gesträubt hatte, hatte schließlich zur Verlobung diese Kerze geschenkt und damit ihr Ja zu seiner Beziehung gesagt. Einer stellte einen holzgeschnitzten Nachtwächter vor sich hin: Den hatten Jugendliche ihm geschenkt in Erinnerung an viele halb oder dreiviertel durchwachte Nächte. Einer zeigte seinen Terminkalender, der ein Symbol seines Lebens sei: Der Kalender spreche von vielen Begegnungen und Verpflichtungen, aber auch von der großen Freiheit, mit der er über seine Zeit verfügen könne. So füllte sich langsam die Runde mit Symbolen. Ein Emailleteller erinnerte an Kindheit und Zuhause, ein Rosenkranz an eine fromme Frau, ein doppelter Bindfaden am Handgelenk an zwei wichtige Bekannte, ein Glas mit sorgfältig aufbewahrtem Sand vom Rheinufer bei Uerdingen sprach von der Heimat, aus der es den jungen Theologen nach München verschlagen hatte, eine leere Gauloises-Schachtel erinnerte an eine faszinierende Zeit in Paris, eine Babacu-Nuß an einen Aufenthalt bei den Landlosen in Brasilien und an das dort erlebte empörende Unrecht, und so fort. Lauter Gegenstände, an denen eine Geschichte hing. Als sich alle auf diese Weise vorgestellt hatten, waren nicht nur ihre Namen genannt, sondern vor ihnen lagen jeweils auch ihre »Erkennungszeichen«. Diese bedeuteten freilich mehr als bloße Informationen; in den Zeichen hatten die Teilnehmerinnen und Teilnehmer sich selbst und ein Stück ihrer Lebensgeschichte eingebracht. Am Schluß der Werkwoche saß die Gruppe wieder im Kreis und feierte Eucharistie. Ein kleiner niedriger Tisch stand in der Mitte, alle mitgebrachten Symbole befanden sich wieder im Kreis, teils auf dem Rand des Tisches, teils um den Tisch auf der Erde. Und alles zusammen, die Runde der Versammelten, Brot und Wein in der Mitte des Tisches und die Symbole ringsum, schien ein Zeichen zu sein: alles zusammen – so sagte nachher jemand – »war das Sakrament dieser Zusammenkunft«.

3. Alte Zeichen in neuem Licht

Manchmal treffen sich die neuen Zeichen auch mit alten Bräuchen. Ich deutete es schon an, als ich die Kerzen bei der friedlichen Revolution in Ostdeutschland und bei den Lichterketten gegen den Fremdenhaß erwähnte. Ich möchte noch zwei Beispiele hinzufügen, die unserem klassischen Sakramentsverständnis sehr nahe kommen.

Otto Hermann Pesch erzählte vor Jahren von einer Begebenheit im Dominikanerkloster: »Ein Walberberger Kollege war im Spätherbst 1965 in Polen. In der Weihnachtsfeier der Studenten berichtete er, in Polen sei es Sitte, befreundeten und bekannten Familien zu Weihnachten ein kleines Stück Brot zu schicken, das am Heiligen Abend zum Zeichen der Gemeinschaft gegessen werde. Erzählte es und – packte Brotstücke aus, die ihm polnische Freunde für uns mitgegeben hatten, brach und verteilte sie. Wir aßen unter atemberaubendem Schweigen. Die Brotstücke hatten die Form von Hostien. Nie habe ich dichter erlebt, was Transsignifikation und Transfinalisation ist. Nie habe ich eindeutiger erfahren, was – man verzeihe! – Realpräsenz ist, wirkliche, gemeinschaftsstiftende Gegenwart entfernter und sogar unbekannter Menschen.«[3] Otto Hermann Pesch, katholischer Theologe, ist als gründlicher Kenner der Dogmengeschichte und präziser Systematiker bekannt. Was kann es bedeuten, wenn er diesen frommen Brauch mit Begriffen (»Realpräsenz«, »Transsignifikation« usw.[4]) deutet, die man sonst nur in der Eucharistie-Theologie gebraucht?

In unserer Gemeinde war ein junger Mann plötzlich verstorben: Als seine Freundin ihn zu einer gemeinsamen Reise abholen wollte, fand sie Michael tot in seiner Wohnung. Natürlich war das ein unbeschreiblicher Schock, ganz besonders für die Eltern. In die Eucharistiefeier zu Michaels Begräbnis aber brachte die Mutter ein Brot mit. Am Ende der Messe erzählte sie, was es damit auf sich hatte: Die Eltern von Michaels Freundin hatten dieses Brot gebacken und den jungen Leuten zu Ostern geschenkt. Michael hatte es vor dem Fest seinen Eltern gebracht mit der Bitte, es einzufrieren, damit es noch frisch wäre, wenn er mit der Freundin nach den Feiertagen von der Reise zurückkomme. Die Mutter

---

[3] O. H. Pesch, Eucharistie heute – Ehrlicher Versuch eines Rückwegs nach vorn, in: Bibel und Kirche 31 (1976), 102–112, Zitat: 112.
[4] Vgl. für diese Begriffe unten: Dritter Teil, III.4.1.6.

legte das Brot auf den Altartisch. Sie brach es in Stücke und lud alle, die es mochten, ein, sich ein Stückchen davon zu nehmen. Da kamen nicht nur die Bekannten aus der Kirchengemeinde; auch die zum großen Teil kirchenfernen Mitschüler und Mitschülerinnen des Verstorbenen, die nur aus diesem besonderen Anlaß einer Liturgie beiwohnten, kamen in Scharen nach vorn, empfingen aus der Hand der Mutter ein Stück von »Michaels Brot« und gingen bewegt an ihren Platz zurück. Niemand fragte: Was soll das? Alle verstanden diese Sprache.

4. »Sakramente des Alltags«

Die Grenzen zwischen »profanen« Symbolen, durch religiöse Tradition geheiligten Zeichen und den offiziellen Sakramenten der Kirche scheinen sich in der Wahrnehmung und manchmal auch in der Sprache zu verflüssigen. Das war offensichtlich ausdrücklich intendiert mit der bekannten Ausstellung »Heiligtümer Jugendlicher«, die im Rahmen des Aachener Katholikentages 1986 und der damit verbundenen »Heiligtums-Wallfahrt« stattfand.

Die Idee fand viele Nachahmungen, unter anderem in der Münsteraner Ausstellung »LebensZeichen« mit dem Untertitel »»Sakramente‹ des Alltags« (1989), zu der rund hundert Leute eine Leihgabe samt der dazugehörigen persönlichen Geschichte beigesteuert hatten: Petra Kelly einen tibetischen Seidenschal, der ihr von Freunden in Indien umgehängt worden war, ein aus der Jugendbewegung gekommener Seelsorger eine alte Wandergitarre, eine Studentin einen selbstgestrickten bunten Pullover, der sie »überallhin begleitet hat: in die Schule, auf Reisen, in Zeltlager, zu Katholikentagen«[5]. Da sah man die disparatesten Gegenstände, die nur eines gemeinsam hatten: Immer verband sich mit ihnen eine persönliche Erinnerung: von der Mutter aufbewahrte Holzschuhe aus Kindertagen, vom Opa geerbte Handschuhe, ein Teddybär, der die Wut, die Tränen, aber auch den Jubel seiner Besitzerin erlebt hatte, ein Familienfoto, das der gefallene Vater als Soldat in seiner Brusttasche getragen hatte. Ohne die erzählte Erinnerung wären sie unbedeutend, mit ihr sind sie »Lebenszeichen«, »Sakramente des Alltags«.

---

[5] G. Bienemann / U. Zurkuhlen (Hrsg.), Mich selbst und Gott erfahren in Symbolen, Freiburg 1990, 37.

Das erinnert an Leonardo Boffs narrative Phänomenologie der »Sakramente des Lebens«[6]: Ein schlichter Aluminiumbecher erzählt vom Durst der Kindheit, vom Wasserholen aus der sechshundert Meter vom Haus entfernten Wasserstelle, usw., aber nicht irgendein Becher, sondern dieser ganz bestimmte, der in Leonardos Lebensgeschichte diese Geschichte erlebte – und deshalb spricht Boff vom »Sakrament des Wasserbechers«. Ähnlich vom »Sakrament des Zigarettenstummels« – den hatte die Schwester ihm ins Briefcouvert gelegt, zu dem Brief nach München, mit dem sie ihm den Tod des Vaters in der brasilianischen Heimat mitteilte. Der Stummel war von des Vaters letzter Zigarette übriggeblieben. »Von diesem Augenblick an ist der Zigarettenstummel kein einfacher Zigarettenstummel mehr. Denn er wurde zu einem Sakrament, lebt, spricht von Leben und begleitet mein Leben.«[7] Immer hängt an den Dingen, die zum »Sakrament« wurden, eine Geschichte.

Neben den individuellen Lebenszeichen finden sich solche, die eine ganze Generation verbinden. Hierzu könnte das in der neueren Religionspädagogik viel beachtete Symbol der abgetragenen Turnschuhe gehören. »In Turnschuhen verkörpert sich«, mindestens für eine Generation von Jugendlichen, »ein bestimmtes Lebensgefühl, nämlich die Dinge lässig und cool zu nehmen, aber auch beweglich, spielerisch, spaßorientiert zu sein, schnell dort zu sein, wo etwas los ist. Die abgetragenen Turnschuhe nun, die ›mitgenommen‹ aussehen und die Spuren mancher Action tragen, die möglicherweise bekritzelt und bemalt sind, sind ein sprechendes Zeugnis gelebten Lebens. Sie verkörpern nicht nur ein Lebensgefühl, sondern auch ein Stück Lebensgeschichte. Statt ausrangiert zu werden, erlangen sie den Wert einer Art Reliquie, eines persönlichen Heiligtums. Man kann sagen,« schreibt der katholische Religionspädagoge Rudolf Englert, »sie gewinnen sakramentalen Charakter: Für den Jugendlichen ist im Zeichen der abgetragenen Turnschuhe ein Kernelement seiner Welt aufgehoben.«[8]

---

[6] L. Boff, Kleine Sakramentenlehre, Düsseldorf 1976. Treffender scheint mir der Titel der brasilianischen Originalausgabe: Os sacramentos da vida e a vida dos sacramentos [Die Sakramente im Leben und das Leben in den Sakramenten].
[7] Ebd., 29.
[8] R. Englert, Sakramente und Postmoderne – ein chancenreiches Verhältnis, in: KatBl 121 (1996), 155–163, Zitat: 158. Vgl. H. Schmid, Die religionspädagogische Relevanz von abgetragenen Turnschuhen, in: KatBl 110 (1985), 498–507.

5. Kreativität in der Liturgie

Auch innerhalb liturgischer Feiern ist mancherorts (nicht überall) eine neue Sensibilität für Zeichenhandlungen zu spüren, und eine entsprechende Kreativität gewinnt an Raum. Typische, aber keineswegs ausschließliche Orte sind die seit gut zwei Jahrzehnten bekannte »Liturgische Nacht«[9] und besonders solche Treffen, die von christlichen Frauen- und Jugendgruppen gestaltet werden. In der Liturgischen Nacht werden gern die klassischen liturgischen Elemente (Wortverkündigung und eucharistische Mahlfeier) verwoben mit anderen Formen der Kommunikation: Gespräch in kleinen Gruppen, Malen, Tanzen, Liedermachen, Pantomime, szenisches Spiel, Essen und Trinken u. ä. Wohl nicht zufällig bevorzugt man hierfür den Abend oder die Nacht, jene Zeit, in der man offener ist für das nicht unmittelbar zweckgerichtete Tun, für das mehr Geahnte als rational Erfaßbare, für das Hintergründige, das nur in Symbolen ausgedrückt werden kann. Einzelne Zeichen werden besonders wichtig genommen: das Sitzen im Kreis, der oft sehr persönlich und intensiv ausgetauschte Friedensgruß, das Brechen des Brotes, das Weiterreichen von Brot und Wein, das Aufeinanderwarten, bis alle von dem geteilten Brot in der Hand haben – lauter Zeichen, die deutlich »sprechen« und das so Ausgedrückte Wirklichkeit werden lassen.

Immer neue Zeichen entstehen: In einer Frauengruppe gießt jede, die ein Anliegen äußern mochte, mit dem Aussprechen ihrer Bitte ein wenig Wein in den Kelch, auf daß im eucharistischen Mahl alle Anliegen verwandelt und schließlich von allen Mitfeiernden aufgenommen würden. Frauen erteilen den Segen, indem sie einander mit kostbarem Öl salben. In einer Hochzeitsliturgie segnen die Brautleute einander mit einem Kreuzzeichen auf der Stirn. Hier und da werden zur Gabenbereitung Zettel mit persönlichen Bitten oder Danksagungen auf den Altar gelegt. Ein Friedensnetz wird geknüpft, das jede und jeden der Anwesenden unmittelbar mit zwei, drei oder vier anderen, durch diese aber mit allen anderen in der Feier verbindet. Viele versuchen auch, die Zeichen, und mit ihnen die bezeichnete Wirklichkeit, über die Dauer

---

[9] Idee und Praxis der »Liturgischen Nacht« wurden zunächst bekannt als Ereignis des Evangelischen Kirchentages 1973 in Düsseldorf und danach vielerorts in beiden großen Konfessionen, zunächst besonders von Jüngeren, aufgenommen.

der Feier hinauszutragen: oft noch monatelang danach tragen junge
Leute am Handgelenk einen Faden aus dem Friedensnetz.

6. Zeichenhandlungen in Bußfeiern

Gegen die seit zwei bis drei Jahrzehnten von vielen Gemeinden gern
angenommenen Bußgottesdienste wird öfters eingewendet, hier würden
die Gläubigen – im Unterschied zur Beichte – zu wenig persönlich beteiligt. Sie brauchten ja nur ein vom Liturgen vorgefertigtes Andachtsschema über sich ergehen zu lassen, und deshalb geschehe auch nichts
wirklich im Innern der Teilnehmer. Das mag hier und da zutreffen. Ich
kenne aber Gegenbeispiele, und diese haben wiederum mit Zeichenhandlungen zu tun.

In der Karwoche hielten wir in unserer Gemeinde einen Bußgottesdienst. Draußen vor der Kirchentür lag ein großer Stapel von Holzscheiten, wie man sie auch für die Kaminheizung braucht. Alle, die kamen, wurden von einem Jugendlichen aufgefordert, sich ein Holzstück
auszusuchen, das zu ihnen passe, und es dann in die Kirche mitzunehmen. Die Leute standen längere Zeit vor dem Holzstapel, nahmen
ein Scheit, manche legten es nach einem Augenblick des Nachdenkens
wieder zurück und nahmen ein anderes. Während des Bußgottesdienstes
hatte dann jeder das eigene Holzscheit vor sich auf der Bank liegen, oder
er hielt es in Händen. Die Gewissenserforschung war eine Meditation
mit diesem Holz. Jemand sagte: »Ich habe das Holz in der Hand, es ist
kantig, rauh, ungehobelt, splitternd, verletzend, scharf. Verletze ich wie
dieses Holzscheit, hinterlasse ich Splitter? Wenn Menschen mit mir in
Berührung kommen, tun sie sich dann weh?« Jemand anders: »Ich denke
an das Brett, das natürlich immer der andere vor dem Kopf hat, ich selbst
habe es nie vor dem Kopf. Bin ich überheblich?« Und: »Wie ist es mit
dem Splitter im Auge des Nächsten und mit dem Balken im eigenen
Auge? Rede und urteile ich nur über andere? Oder bin ich auch mit mir
selbst kritisch?« Es entstand eine sehr dichte Atmosphäre, die Meditation
wurde leibhaftig und wohl auch andächtig von den Teilnehmerinnen
und Teilnehmern mitgetragen. Dann kam vom Pfarrer eine Aufforderung, die manchem zunächst befremdlich erschien: alle sollten nun mit
ihrem Nachbarn oder ihrer Nachbarin ihr Holzscheit tauschen. Nun
hatten sie auf einmal die Schuld des anderen in Händen. Später gingen

alle mit dem Holz zum Altar. Neben dem Altar war ein Holzkreuz aus Latten aufgebaut, dahinein konnten jede und jeder das Holz des Nachbarn oder der Nachbarin legen. So füllte sich langsam dieses Kreuz. Man staunte, wieviel Schuld der Gemeinde sich dort aufhäufte, wie das einzelne kleine Stück Schuld zu einem großen Berg wurde. Das Kreuz blieb stehen bis Ostern. Im Osterfeuer wurden dann die Holzscheite verbrannt. Jeder konnte noch einmal seine Schuld sehen, konnte sehen, wie sie vom gekreuzigten Christus angenommen war und im Osterfeuer verbrannte. So wurde Schuld leibhaftig bekannt, die Solidarität in der Hoffnung auf Vergebung, schließlich die Vergebung selbst leibhaftig erfahren.[10]

In einem großen Jugendgottesdienst (über zweihundert junge Leute saßen auf dem Boden einer großen Halle) erlebte ich eine sehr persönliche Form von Versöhnung: Zwischen Wortgottesdienst und eucharistischer Mahlfeier, nach der Verlesung des Evangeliums von der Aussöhnung mit dem »Bruder, der etwas gegen dich hat« (Mt 5,23) und nach einer Zeit der Stille, stand hier und da, nach einem kurzen suchenden Blick, jemand auf, ging zu einem oder einer anderen, kniete dort nieder, sprach zu ihm oder zu ihr ein paar leise, für die anderen kaum hörbare Worte, erfuhr mit einer zarten Geste Versöhnung und ging still wieder zurück an seinen Platz.

So könnte man noch lange fortfahren und fände immer neue Beispiele von Ausdruckshandlungen, in denen Umkehr, Versöhnung, Hoffnung und Liebe sich verleiblichen.

7. Wallfahrt

In diesem Zusammenhang kann man auch das neue Interesse am Wallfahren sehen. Was bis vor kurzem eher wie eine konventionelle Frömmigkeitsübung eines geschlossenen katholischen Milieus wirkte, übt neuerdings seinen Reiz auf junge, auch auf protestantische und auf kirchenferne Leute aus, und zwar in einer möglichst radikalen Form: Reisen zu weit entfernten Orten, lange Fußwanderungen, körperliche

---

[10] Zahlreiche Anregungen in dieser Richtung bietet W. Hoffsümmer, Drei mal sieben Bußfeiern mit Gegenständen aus dem Alltag. Wortgottesdienste mit Erwachsenen, Jugendlichen und Kindern, Mainz 2. Aufl. 1996.

Strapazen, spartanische Übernachtungen, Begegnungen mit Fremden –
insgesamt ein eindrucksvolles Ensemble von Symbolhandlungen, in denen die Pilgernden ihr eigenes Suchen und Unterwegssein erfahren und
realisieren können und (davon sprechen viele Pilgerberichte) das geeignet ist, sie zu verwandeln. Vielleicht das deutlichste westeuropäische
Beispiel ist der Weg nach Santiago de Compostela. 1983 wurden dort
zweitausend »Pilgerpässe« ausgestellt, die bescheinigen, daß der Pilger
wenigstens hundert Kilometer zu Fuß auf dem »Camino« gewandert ist,
1993 waren es schon siebzigtausend.[11]

Auch hier stößt man auf das eingangs angesprochene Paradox: »Es
gibt kein kirchliches Gebot, das Wallfahrten vorschreibt, und doch steigt
die Zahl der Menschen, die sich zur Pilgerfahrt aufmachen, während die
Teilnahme an den kirchlich vorgeschriebenen Feiern deutlich zurückgeht«, so konstatiert der texanische Kulturwissenschaftler und Theologe
Virgil Elizondo.[12] »Und doch«? Oder sollte man richtiger sagen: »Eben
deshalb«? Was nämlich hier von der Wallfahrt gesagt wird, gilt gewiß für
viele Bereiche religiöser Praxis und auch für die Sakramente: Der ein-
fache Hinweis auf ein göttliches Gebot kann keine ausreichende Motivation mehr schaffen, ja, es kann sein, daß die Anordnung dem Vollzug
eher im Wege steht.

8. Veränderte Blickrichtung

In dieser Beziehung hat sich die Blickrichtung um einhundertachtzig
Grad gewendet. Genügte früher für manchen Christen, der nicht gern
zur Kirche ging, die Erinnerung daran, daß die Sonntagsmesse ein »unter
Todsünde« verpflichtendes Gebot sei, das man nur mit dem Risiko
ewiger Höllenstrafe übertreten könne, stand also der Meßbesuch gar
nicht ernsthaft zur Disposition, so fragen heute nicht nur kirchliche
Randsiedler, sondern auch sehr engagierte Christinnen und Christen:
»Was gibt mir die Messe?« (wobei sie nicht an den himmlischen Lohn
nach dem Tode denken, sondern an die hier und heute erfahrbaren
Auswirkungen) – und machen ihr Verhalten von der Antwort auf diese
Frage abhängig, gegebenenfalls in der Form, daß sie in der Pfarrei X

---

[11] Vgl. V. Elizondo, Wallfahrt – bleibendes Ritual der Menschheit, in: Concilium 32 (1996), 297–299.
[12] Ebd., 298.

wohl an der Eucharistie teilnehmen, in der Pfarrei Y aber nicht, weil
ihnen die Art der Feier »nichts gibt« oder sie nur ärgert.

Ein Hintergrund dafür (nicht der einzige, aber wahrscheinlich der
bedeutendste) dürfte die Tatsache sein, daß die mit dem Wort »Gott«
gemeinte Wirklichkeit vielen von uns nicht mehr selbstverständlich gegeben ist. Die Voraussetzung dafür, daß das Gebot als solches Motivation
sein konnte, war ja, daß die Idee und die Existenz Gottes sowie die von
ihm verhängten Sanktionen (Himmel, Hölle) im Bewußtsein fest ver-
ankert waren. Dagegen scheint heute für viele (auch ernsthaft um den
Glauben bemühte) Menschen das Wort »Gott« die unbekannteste, un-
verständlichste und vielleicht fremdeste von allen Wirklichkeiten zu
meinen. In unsere Erfahrung zu kommen scheint diese Wirklichkeit,
wenn überhaupt, dann in Erfahrungen unseres eigenen Menschseins und
in der Begegnung mit anderen Menschen. Wenn und insofern bestimmte Feiern, Riten, Symbolhandlungen (und hierzu gehören natürlich auch die kirchlichen Sakramente) solcher Selbst-Entdeckung und
Begegnung mit anderen dienen, können sie schließlich auch Wege zur
Entdeckung des Gott-Geheimnisses und zur Begegnung mit ihm werden.

Aber – und das ist für einen heutigen Zugang zum Verstehen des
Sakraments wichtig – die Richtung des Glaubensweges hat sich geändert. Viele Menschen kommen nicht mehr vom mehr oder weniger
selbstverständlichen Glauben an Gott her, lassen sich von diesem auf die
Sakramente verweisen und nehmen deshalb gehorsam an den vorgeschriebenen religiösen Handlungen teil; sie kommen nicht mehr aus
einer ausdrücklich religiösen Heilsnot, so daß sie die Sakramente als
rettende Heilmittel ergriffen (unter solchen Bedingungen würde man ja
auch eine sehr bittere Arznei akzeptieren); sondern viele kommen eher
suchend nach ihrer eigenen Identität und nach einer Sinnperspektive;
hungernd nach Begegnung und Gemeinschaft, nach Überwindung der
vielfach gegebenen Isolierung; mit dem Wunsch, erlöst zu werden von
der eigenen Hoffnungslosigkeit, mit dem Verlangen, loszukommen vom
narzißtischen Kreisen um sich selbst, herauszufinden aus der eigenen
Sprachlosigkeit und Unbeweglichkeit. Sie kommen also zwar aus einer
durchaus persönlich empfundenen Not, aber diese Not wird meistens
nicht mit religiösen Vokabeln formuliert. Die Grundfrage lautet zunächst nicht: »Wie finde ich einen gnädigen Gott?«, sondern: »Wie finde
ich zu gelingendem Leben?«

Wenn nun eine konkrete Zusammenkunft oder Weggemeinschaft von Menschen solchen Hunger stillt, den einzelnen zu sich selbst führt und ihn zugleich so öffnet, daß er sich ein Stück geheilt und befreit erfährt, ihn ermutigt, aus sich herauszugehen und sich auf die Bewegung der Liebe einzulassen, ihm Vertrauen und Hoffnung ermöglicht, wenn das wirklich in einer bestimmten Begegnung geschieht, dann liegt darin die Chance, daß in dieser Erfahrung von Selbstfindung, Heilung und Befreiung auch die Fähigkeit wächst, jene tiefere Wirklichkeit zu erahnen, welches dies alles ermöglicht und trägt: den Grund des Vertrauens, die uns schon vorgegebene und überhaupt erst in Bewegung bringende Dynamik der Liebe, den Horizont unserer Hoffnung, mit anderen Worten, sich einzulassen auf das letzte Geheimnis dieser Begegnung: auf Gott. So etwas geschieht bisweilen in eucharistischen Feiern, wohl am ehesten in solchen, die im Kontext intensiver menschlicher Begegnungen stehen.

Glaube, Hoffnung und Liebe können also »anonym« schon gegeben sein, bevor sie ausdrücklich auf Gott bezogen werden. Suchende Menschen können sie erfahren als Bewegung, die in ihnen wirkt, ohne daß sie Grund und Ziel dieser Bewegung nennen könnten, und sie vielleicht später erkennen und bejahen als Bewegungen, die von Gott her kommen und auf ihn hinführen. In diesem Fall kann für sie die sakramentale Feier zur »Entdeckung« Gottes führen.

Dies meine ich, wenn ich von einer Richtungsumkehr der mystagogischen Bewegung spreche: Der Weg führt (natürlich nicht überall, aber bemerkenswert oft) nicht vom Glauben an Gott zum Gebrauch der Sakramente; sondern er führt von konkreten Lebensproblemen, von Fragen nach dem Sinn der eigenen Existenz über Erfahrungen in Gebärden der Begegnung, verdichtet in sakramentalen Zeichenhandlungen, zum Glauben an Gott.

Vielleicht hört sich das etwas abstrakt und konstruiert an. Manchen in der Jugendseelsorge Tätigen werden aber entsprechende Phänomene vertraut sein. So reisen z. B. Jugendliche, ohne genau zu wissen, was sie dort suchen, allenfalls mit dem Gefühl innerer Leere, nach Taizé, lassen sich dort tragen von der Atmosphäre, von der Stille und von den sparsamen, oft nonverbalen Akten der Kommunikation, erleben die Liturgie wie eine Fortsetzung und Steigerung dieser Kommunikation, einige Worte der christlichen Tradition bekommen für sie einen neuen Klang, bestimmte biblische Texte werden ihnen kostbar, sie spüren in einzelnen

Gebärden, im Friedensgruß, im ruhigen Sitzen, im schweigenden Mit-
einandergehen, in den zum Empfangen geöffneten Händen, im Brechen
des Brotes die Wirkkraft von Zeichenhandlungen und ahnen schließlich
das göttliche Geheimnis, das sich in diesen Erfahrungen gewährt.

9. Sakramentenkatechese

Diese Wegrichtung ist auch in vielen heutigen Sakramentenkate-
chesen zu erkennen. Immer häufiger wird die Vorbereitung auf die
Erstkommunion zugleich die erste Begegnung mit christlicher Verkündigung. Meistens setzt die Katechese aber nicht bei Grundworten
des Glaubens wie »Gott«, »Christus«, »Kirche« ein, sondern sie beginnt
mit anthropologischen Grundmotiven wie »Einsamkeit«, »Suche nach
Freundschaft und Gemeinschaft« u. ä.; sie versucht, Erfahrungen wohltuender Gemeinschaft zu schaffen: menschliche Nähe in einer kleinen
Gruppe, in der man miteinander vertraut wird und Mut bekommt, über
das eigene Leben zu sprechen. In der Gruppe lernen die Kinder wie im
Spiel (aber darum nicht weniger ernsthaft) Zeichenhandlungen kennen,
in welchen sich Nähe, Begegnung, vielleicht auch Versöhnung ereignen:
Fäden knüpfen, Teilen, gemeinsames Essen und Trinken. Und sie ler-
nen, von sich zu erzählen und ihre eigenen Geschichten mit den alten
Erzählungen der Glaubensüberlieferung zu verbinden. Sie spielen das
Abendmahl, lernen durch dieses Spiel hindurch Jesus, den Stifter dieser
Tischgemeinschaft, kennen und bekommen so vielleicht schließlich eine
Ahnung von dem Ursprung und Ziel seines Lebensweges, von dem
Geheimnis, das er »Vater« nannte.
Eine ähnliche Struktur ist in vielen Firmkatechesen zu erkennen.
Kürzlich erzählte mir ein Katechet von einem Konzept, das in seiner Ge-
meinde unter den Stichworten »Aufbruch – Miteinander – Ich« entwik-
kelt worden war. Zu dieser Firmkatechese gehörten nächtliche Wande-
rungen, mit der Erfahrung, zusammen unterwegs zu sein, müde zu wer-
den und sich doch auf ein Ziel zu freuen; dazu gehörte eine gemeinsame
Aktion für ein soziales Projekt; und dazu gehörte auch die Reflexion über
die eigentümliche Wirkung dieser strapaziösen Herausforderungen: die
Entdeckung der eigenen Ängste, Sehnsüchte und Freuden. Die jungen
Leute konnten schließlich ihren Weg zur Firmung als eine Entdek-
kungsgeschichte verstehen: Sie entdeckten dabei andere als Freunde, sich

selbst als Suchende, ihr Leben als Bewegung, das Ziel ihrer Sehnsucht als göttliches Geheimnis. Vielleicht wurden auf diesem katechetischen Weg religiöse Vokabeln nur sparsam verwendet, vielleicht konnten nur einige von ihnen, und erst später, in der Rückschau, von der Bewegung des göttlichen Geistes sprechen, der den Menschen unruhig macht, antreibt, ermutigt, stärkt und zu den anderen führt. Auf die Frage, ob er einen solchen Weg nicht nur psychologisch begründen, sondern auch theologisch rechtfertigen könnte, verwies der Firmkatechet auf die Mystagogie der Alten Kirche: Auch dort habe ja zunächst nicht das Erlernen der christlichen Glaubenssprache im Vordergrund gestanden, sondern die Einübung in christliche Existenz, und erst *nach* dem starken Erlebnis der Taufe in der Osternacht seien die großen Taufkatechesen erfolgt: als nachträgliche Reflexion eines bereits gegangenen Weges.[13]

10. Nicht nur für Eingeweihte

Wegen dieser Richtungsumkehr möchte ich allerdings auch ein kleines Fragezeichen hinter eine Formulierung setzen, die Günter Koch in seiner sehr lesenswerten Sakramentenlehre gebraucht: Sakramententheologie sei »recht verstanden – Theologie für Insider. Wem Gott, wem Christus, wem die Kirche nichts bedeuten im Blick auf das Glücken seines Lebens und das Heil seiner Mitmenschen, dem wird sich im allgemeinen die Bedeutung der Sakramente, in denen es um die Vermittlung von Heil geht, nicht erschließen«. Damit setze »Sakramentenempfang grundlegend auch eine katechetische Hinführung zu den Sakramenten voraus«.[14] Ich zögere, ihm in diesem Punkt so prinzipiell zuzustimmen. Zwar hat die Reihenfolge Gott – Christus – Kirche – Sakramente ihre überzeugende Logik (und dieser Logik folgen ja auch der Aufbau des Handbuchs der Dogmatik, in deren Rahmen die vorliegende Sakramentenlehre entstand, und in gewissem Maße auch die innere Systematik eben dieser Sakramentenlehre); dennoch meine ich, daß

---

[13] Für die hier angesprochene Praxis und Theologie der Alten Kirche vgl. unten: Dritter Teil, I.3.2; für den Rückgriff auf die altkirchliche Praxis in den Erneuerungsbewegungen unseres Jahrhunderts vgl. unten: Zweiter Teil, 3.5.2.

[14] G. Koch, Sakramentenlehre, in: W. Beinert (Hrsg.), Glaubenszugänge. Lehrbuch der katholischen Dogmatik, Bd. 3, Paderborn 1995, 309–523, Zitat: 317. Im übrigen sehe ich große Übereinstimmungen mit Günter Kochs Sakramentenlehre.

faktisch heute existentielle Erfahrungswege oft auch in umgekehrter Richtung verlaufen, daß solche Wege nicht als Umwege durch die Hintertür betrachtet zu werden brauchen, sondern daß sie sich auch als sachgemäße Wege intellektuell rechtfertigen lassen und daß zu solcher Rechtfertigung die Besinnung auf den symbolischen Charakter der Offenbarung nützlich sein kann.

Schlichter gesagt und näher an der Bibel: Ist dies nicht der klassische Glaubensweg in biblischen Heilungsgeschichten, in denen die Gebärden Jesu eine Rolle spielen? Ein Taubstummer erlebt, wie jemand ihn beiseite nimmt, sein taubes Ohr mit dem Finger berührt, seine kranke Zunge mit seinem Speichel berührt, er spürt in diesen Gebärden die Zuwendung Jesu, er sieht sich angenommen mit seiner körperlichen und psychischen Not, er erfährt sich geheilt – und so lernt er den Gott Jesu kennen. Eine gekrümmte Frau fühlt die Hand Jesu auf ihrem kranken Rücken, kann sich seit achtzehn Jahren zum erstenmal aufrichten, und nun kann sie Gott preisen. Ein Blinder nimmt die Berührung Jesu auf seinen toten Augen wahr, hört die Aufforderung, sich am Teich zu waschen, geht den befohlenen Weg, kommt sehend zurück, kann zunächst, von den Nachbarn gefragt, keinerlei Glaubensaussagen über Jesus machen, sondern nur die Daten dieses Heilungswegs erzählen, und erst am Ende eines langen Weges, in einer erneuten Begegnung, dringt er durch zu dem Bekenntnis: »Ich glaube, Herr« (Joh 9,37). Ein Zöllner sieht sich überraschend von Jesus besucht, und diese Erfahrung verwandelt ihn solchermaßen, daß er sein Leben ändert und nun verstehen kann, daß ihm Heil widerfahren ist.[15]

Sind solche Erzählungen nicht Verdichtungen von Glaubensweg-Geschichten? Es könnte zu denken geben, daß regelmäßig am Anfang nicht die allumfassende Heilsfrage, sondern konkrete leibliche und psychische Nöte stehen, und erst am Ende, erst nach den leibhaftigen Erfahrungen heilender und wohltuender Nähe, das Bekenntnis zu Jesus und seinem Gott. Ich ziehe daraus nicht den Schluß, der mystagogische Weg könne nur in dieser Richtung verlaufen, wohl aber den, daß auch diese Wegrichtung theologisch gut begründbar ist und daß deshalb sowohl Sakramentenkatechese als auch Sakramententheologie nicht nur »Insidern« zugänglich sein müßten.

---

[15] Vgl. Mk 7,31–37; Lk 13,10–17; 19,1–10.

11. Postmoderne Ästhetisierung

Diese Überzeugung bekommt ein zusätzliches Gewicht durch neuere
Beobachtungen, die gern unter der Überschrift »Postmoderne« ver-
merkt werden. »Die ein wenig ratlos ›postmodern‹ genannte Grundstimmung zeitgenössischen Denkens und Empfindens und die für viele
Menschen heute geradezu prämodern anmutenden Sakramente der
Kirche – haben sie sich vielleicht mehr zu sagen, als man zunächst annehmen sollte?«, fragt Rudolf Englert.[16] In der Postmoderne verliere das
Begriffliche zugunsten des Sinnenhaften an Bedeutung: »Verbindlicher
Sinn wird weniger in abstrakten Deutungsmustern ausgesagt als in sin-
nenfälligen Symbolen aufgehoben«. In diesem Zusammenhang spricht
er von der Tendenz zur »Ästhetisierung«. Der Begriff ist nicht etwa ab-
wertend, sondern zunächst neutral (eher mit Sympathie) beschreibend
gemeint: »Diese Tendenz schließt eine gewachsene Sensibilität für die
Sprache von Formen, Gesten und Symbolen mit ein. Der Einsicht, daß
inneres Erleben einer bestimmten äußeren Form bedarf, ist man heute
durchaus wieder zugänglich (Tischkultur, Kleiderordnung usw.). Daß es
eine Korrespondenz zwischen Innen und Außen, zwischen Psyche und
Körper, zwischen Geist und Materie gibt, ist mittlerweile ›common
sense‹. Daß Empirisches auf Transempirisches verweisen können soll,
daß sich in Symbolen und Ritualen religiöse Erfahrungen kristallisieren
können, empfinden gerade Jugendliche kaum mehr als befremdend. Das
heißt, die Ästhetisierungstendenz begünstigt das Verständnis sym-
bolischer und sakramentaler Kommunikation«[17].

Englert skizziert eine Reihe von Phänomenen, die er »Alltagssakramente mit exorzistischem Charakter« nennt: »Dies sind Rituale, mit
denen Menschen ihre Angst in Schach zu halten versuchen, sie könnten
abstürzen und ins Nichts fallen – sozial, beruflich, materiell, gesundheit-
lich; Rituale, mit denen sie das Gefühl vertreiben, auf gefährlich dünnem
Eise zu stehen, mit denen sie einen Damm errichten gegen das Chaos
bedrohlicher Möglichkeiten. Solche Selbstversicherungs-Rituale lagern
sich vor allem an den Übergängen zwischen Tag und Nacht an. Dazu gehören zum Beispiel die erste Zigarette am Morgen, die kalte Dusche, mit
der man sich die Alpträume vom Leibe schafft, die dampfende Tasse

---

[16] R. Englert, a. a. O. (s. o. Anm. 8), 157.
[17] Ebd., 160.

schwarzen Kaffees. Am Abend vielleicht die Spätausgabe der Tagesschau, das Packen der Arbeitstasche für den nächsten Tag«. Daneben sieht er »Alltagssakramente mit ekstatischem Charakter«. Man brauche nämlich auch Rituale für die Verarbeitung des Glücks: »Wohin mit dem Überschwang? Wie die große Angst, so macht auch das große Glück hilflos; es verlangt nach Formen, in denen man es ausleben und zugleich bändigen: in denen man es feiern kann«, zum Beispiel »mit Selbstbelohnungsritualen wie einem schönen Essen nach bestandenem Test, einem Einkaufsbummel nach gelungenem Geschäftsabschluß, einem Gläschen Rotwein und einem Kriminalroman nach getaner Arbeit.«[18]

Religionspädagogen müßten deshalb »sensibel werden für die ›sakramentale Produktivität‹ der Menschen unter den speziellen Bedingungen einer postmodernen Lebenskultur. Im Blick darauf verlieren die christlichen Sakramente etwas von ihrer exklusiven Sonderstellung und werden vermittelbar mit gelebtem Leben. Auch die Taufe hat ja etwas von einem exorzistischen, auch die Eucharistie etwas von einem ekstatischen Ritual«[19].

In der evangelischen Theologie melden sich ähnliche Stimmen, hier mit einem selbstkritischen Akzent gegenüber einer gewissen »Anästhesie im Protestantismus«[20]. Es gehe nunmehr darum, dem »Abmagerungsprozeß der Moderne« ein Ende zu setzen und »die Sinne wieder in ihre Rechte einzusetzen . . . Rehabilitation der Sinnlichkeit, der sinnlichen Wahrnehmung, man kann auch sagen: Ästhetisierung, ist so ein Grundwort im Programm dieser Theologen«, berichtet der niederländische protestantische Religionsphilosoph Hendrik Johan Adriaanse.[21] Diese Strömung ist auch ökumenisch interessant: Während traditionell das Sinnenhaft-Symbolische (manchmal mit magischen Vorstellungen verbunden) im katholischen Raum mehr Platz hatte als in der sehr stark auf das Wort abhebenden (manchmal arg nüchternen) Liturgie des Prote-

---

[18] Ebd., 161.
[19] Ebd., 161 f.
[20] H. Timm, Vernunft und alle Sinne gegeben. Was von der beklagten Anästhesie im Protestantismus zu halten sei, in: Das ästhetische Jahrzehnt. Zur Postmodernisierung der Religion, Gütersloh 1990, 66–88, Zitat: 80 f.
[21] H. J. Adriaanse, Ubi et quando visum est Deo. Raumzeitliche Vermittlung von Transzendenz in protestantischer Sicht. Noch unveröffentlichter Beitrag zum religionswissenschaftlichen Symposion »Raumzeitlichkeit als Dimension der Vermittlung von Transzendenzerfahrung« vom 24.–28. 9. 1996 in Wien. Der Beitrag erscheint demnächst im Dokumentationsband dieses Symposions, hrsg. von G. Oberhammer, im Verlag der Österreichischen Akademie der Wissenschaften, Wien.

stantismus, so bewegen sich gegenwärtig auch in dieser Frage die Konfessionen aufeinander zu.[22]

12. Anfragen

Die postmoderne Ästhetisierungstendenz gibt aber auch Anlaß zu
kritischen Anfragen. Der niederländische katholische Liturgiewissenschaftler Paul Post, der über Untersuchungen zur Motivation moderner
Wallfahrer berichtet, sieht die Ästhetisierung in Nachbarschaft zur
»Musealisierung«. Dabei bekommt auch der Begriff der Ästhetisierung
einen negativen Beigeschmack: »Ästhetisierung, die alles ins Hübsche,
Schöne wendet und letztlich auf den bloßen Schein von Schönheit reduziert.«[23] So sei damit zu rechnen, daß klassische Rituale zu bloßen
»Gefäß-Ritualen« werden, anders gesagt: daß im postmodernen Umgang mit der Geschichte alte Rituale benutzt werden, aber wie »Gefäße«,
in denen nun ein ganz anderer Inhalt transportiert wird als der, dem sie
ursprünglich dienten. Den möglichen »radikalen Wandel in Kontext und
Funktion« des Wallfahrens illustriert er an Hand eines Ausschnitts aus
Herman Vuijsjes Santiago-Bericht mit dem bezeichnenden Titel »Pelgrim zonder god« (Pilger ohne Gott): »Begeistert erzählte mir ein Gast-
vater irgendwo auf dem Weg von einer Gruppe echter Pilgernder, die
kürzlich vorbeigezogen war. ›Zwanzig Franzosen in klassischer Pilger-
tracht mit Wanderstab und Kürbisflasche. Unter ihnen waren mehrere
Ärzte, wie auch Journalisten und ein Fernsehproduzent. Ihr Gepäck

---

[22] Daß die Anstöße dazu nicht etwa nur von katholischer Seite kommen, dafür spricht nicht nur die
hier erwähnte Literatur, sondern auch die heute in manchen evangelischen Gottesdiensten anzu-
treffende besondere Freude am Experimentieren mit kreativen Gestaltungsformen. Teresa Berger
führt z. B. auch die Tatsache, daß gegenwärtig der liturgische Tanz als »leibhaftiger Ausdruck von
Glaubensvollzügen« nicht nur in der Praxis katholischer Gemeinden Raum gewinnt, sondern auch
in der evangelischen Kirche, »von der man eigentlich sagen müßte, daß sie unter der Bewegungs-
losigkeit im Gottesdienst noch mehr leidet als die katholische«, darauf zurück, daß die evangelische
Kirche »im Augenblick vielleicht experimentierfreudiger« ist als die katholische. T. Berger, Liturgie
und Tanz. Anthropologische Aspekte, historische Daten, theologische Perspektiven, St. Ottilien
1985, 2. Natürlich gibt es auch dafür eine Vorgeschichte. Auch im Protestantismus gab es ja, was
unter Katholiken weniger bekannt ist, in diesem Jahrhundert eine Liturgische Bewegung. Vgl. hierzu
H.-Ch. Schmidt-Lauber, Liturgische Bewegungen, in: TRE, Bd. 21, Berlin 1991, 401–406;
R. Volp, Liturgik, Bd. 2, Gütersloh 1994, 888–899; B. Bürki, Gottesdienst im reformierten
Kontext, in: H.-Ch. Schmidt-Lauber / K.-H. Bieritz, Handbuch der Liturgik, Göttingen 1995,
162–174, bes. 169–173.

[23] P. Post, a. a. O. (s. o. Anm. 1), 303.

wurde von einem Chauffeur transportiert«. Pilger als Schauspieler in einer . . . aufgeführten Realität«[24].

Die Warnung ist sicher nicht von der Hand zu weisen: Nicht jedes postmoderne Interesse an kirchlichen Riten führt zu dem Geheimnis des Glaubens, das diese Riten darstellen und realisieren wollen. Und christliche Theologie wird unterscheiden müssen: Das Reich Gottes selbst muß ihr wichtiger sein als die sakramentalen Zeichen dieses Reiches. Christliche Kirche kann sich also nicht mit der bloßen Freude darüber begnügen, daß vielleicht ihre Bauten und Riten wieder interessant werden, sondern sie muß vor allem an der mit diesen Riten gemeinten »Sache« interessiert sein. Aber das Problem ist nicht neu. Es begegnet uns in der Kirchengeschichte in einem (aus heutiger Sicht) abergläubischen Umgang mit dem konsekrierten eucharistischen Brot, es begegnet uns heute in kirchlichen Trauungen von Leuten, die eigentlich mit den Worten »Gott«, »Kirche«, »Sakrament« nichts anzufangen wissen, die aber doch für einen wichtigen Punkt ihres Lebensweges eine Ausdruckshandlung brauchen, und es begegnet uns gewiß auch in manchen Inszenierungen von Meßfeiern zur Verfeierlichung gesellschaftlicher Anlässe.

Die Frage, ob erst geprüft werden müßte, ob sich in dem »Gefäß« der rechte Inhalt befinde, oder ob und bis zu welchem Grad man darauf vertrauen könne, daß der Benutzer durch das »Gefäß« schließlich auch dessen ursprüngliche Funktion entdeckt, wird kaum generell zu beantworten sein. Immer aber wird es Aufgabe der Theologie sein, in neuen Verstehenshorizonten sich selbst und der Kirche die Frage nach der ursprünglichen Bedeutung zu stellen. Das soll nun auf den folgenden Seiten geschehen.

---

[24] H. Vuijsje, Pelgrim zonder god, Amsterdam 1990, 121; P. Post, a. a. O., 304.

ZWEITER TEIL:
ALLGEMEINE SAKRAMENTENLEHRE

1. Zugang

1.1. Heutige Problematik

Die heutige Problematik wurde schon auf den vorangehenden Seiten angesprochen: Seit mehreren Jahrzehnten geht in vielen europäischen Ländern die Teilnahme katholischer Christen an den Sakramenten kontinuierlich zurück. Zeigt sich darin, neben anderen Ursachen, auch ein wachsendes Unverständnis? Andererseits hat sich in den letzten Jahren ein neuer Sinn für Zeichenhandlungen, für die Sprache der Gebärden, ein neues Interesse am Thema Symbol entwickelt. Liegt darin eine Chance zu neuem Verstehen von Liturgie und Sakrament? Lassen sich entsprechende theologische Ansätze mit der Tradition vermitteln?

Im heutigen Glaubensbewußtsein hat sich die Heilsfrage verschoben: Im Vordergrund steht weniger die Sorge um die Zukunft nach dem Tod, sondern stärker die Sorge um gelingendes Leben und um die Gestaltung der Menschheitsgeschichte. Dieser Wandel berührt auch das Verständnis der Sakramente, besonders dort, wo sie bisher vornehmlich als Mittel zur Sicherung des jenseitigen Heils verstanden wurden. Die Frage stellt sich um so stärker, je deutlicher man das praktisch-gesellschaftliche Element des Glaubens sieht: Wenn »Evangelisation« die Einladung zu einem engagierten Leben für die anderen bedeutet, werden dann die Sakramente bedeutungslos? Geraten Pastoral und Mission in ihrer Zielsetzung vor die Alternative: »Sakramentalisieren oder evangelisieren?«[1] Oder läßt sich ein innerer Zusammenhang zwischen liturgischer Feier und Geschichte gestaltender Lebenspraxis aufweisen?

Im ökumenischen Gespräch verstärkte sich die Frage nach der Wirkweise der Sakramente: Wie kann von ihrer Wirksamkeit gespro-

---

[1] F. Taborda, Sakramente: Praxis und Fest, Düsseldorf 1988, 12.

chen werden, ohne daß der Eindruck magischen Denkens entsteht? Steht das Vertrauen auf die Kraft der Sakramente gegen die Überzeugung, daß allein die im Glauben ergriffene Gnade Gottes rechtfertigt? Schiebt sich die Kirche als Heilsmittlerin zwischen Gott und die Menschen? Wird dadurch die einzige Mittlerschaft Jesu Christi abgeschwächt? Die Bibel kennt weder den Begriff »Sakrament« (im heutigen Sinne) noch überhaupt ein Wort, das Taufe und Eucharistie unter einem Oberbegriff zusammenschlösse – mahnt diese Beobachtung nicht zur Vorsicht gegenüber jedem Versuch, eine »Allgemeine Sakramentenlehre« zu erstellen? Läuft eine solche Theoriebildung nicht Gefahr, durch ein einengendes Vorverständnis die jeweilige Eigenart einzelner kirchlicher Vollzüge zu überspielen? Gewiß ist die schematisierende Gegenüberstellung (zumindest theoretisch) überholt, die evangelische Kirche sei die »Kirche des Wortes«, die katholische die »Kirche der Sakramente«. Aber wie ist nun das Verhältnis von Wort und Sakrament genauer zu bestimmen?

Im konfessionellen Streit um die Zahl der Sakramente argumentierte man jahrhundertelang mit der »Einsetzung durch Jesus Christus«. Heute dagegen ist sowohl katholischer als auch protestantischer Theologie aufgegeben, zu klären, wie die Lehre von der Einsetzung mit den historischen Erkenntnissen der Bibelwissenschaft zu vermitteln sei.

1.2. Begriffe

Mit der lateinischen Vokabel sacramentum wird seit den altlateinischen Bibelübersetzungen des 2. Jahrhunderts häufig (aber nicht immer) die griechische Vokabel μυστήριον (mysterion) wiedergegeben. Beide Begriffe haben innerhalb der christlichen Tradition eine lange Geschichte, in deren Verlauf sich ihre Bedeutung erheblich wandelte: vom breiten Bedeutungsspektrum in der Bibel und bei den Kirchenvätern bis zur viel enger gefaßten Definition des Sakramentenbegriffs in der Frühscholastik. Es gibt auch keinen anderen Begriff, der vor diesem Datum genau das bezeichnet, was seit der Scholastik »Sakrament« heißt. Daraus ergibt sich für die Allgemeine Sakramentenlehre die Frage, nach welchen Kriterien sie den Schriftbefund und die geschichtliche Entwicklung der ersten Jahrhunderte erheben und darstellen soll.

1.3. Konsequenzen für die Methode

Für die Darstellung des biblischen und des altkirchlichen Befunds werden wir deshalb in der Allgemeinen Sakramentenlehre zwei Wege gehen: Wir werden erstens die Bedeutungsgeschichte der Wörter mysterion und sacramentum skizzieren und zweitens Ausschau halten nach sakramentalem Denken auch außerhalb dieser Terminologie, das heißt nach Zeugnissen zeichenhafter Verleiblichung der heilschaffenden Nähe Gottes und des auf diese Nähe antwortenden Glaubens. Hieran wird allerdings sofort erkennbar, daß ein bestimmtes Vorverständnis von »Sakrament« als erkenntnisleitendes Interesse wirksam ist. Da aber kein eindeutiges sprachliches Erkennungszeichen gegeben ist, bleibt ein solcher Zirkel ohnehin nicht erspart.

2. Biblische Grundlagen

2.1. Der Begriff mysterion

Der neutestamentliche Gebrauch des Begriffs μυστήριον (mysterion) ist vor dem Hintergrund seiner Verwendung in der griechischen Kultur und in der Apokalyptik zu sehen.

Im Griechischen hat mysterion von vornherein mit dem Kult zu tun. Die Wurzel μυ (my) meint das Schließen der Augen oder des Mundes: Reaktion auf eine Erfahrung, die sich dem diskursiven Denken entzieht, mit Worten nicht formulierbar ist. Der in den Kult Eingeweihte (der Myste) »hat am heiligen Geschehen nicht rational-erkennend ... teil, sondern wird in einer tieferen Schicht des Erlebens ... ergriffen«[2]. Deshalb wird der Inhalt des Kultes und auch das Kultgeschehen selbst mysterion genannt. Für unseren Zusammenhang ist zweierlei von Bedeutung: (1) Ein zentrales Geheimnis der Mysterienkulte ist die Verbindung von Leben und Tod, oft das im Durchgang durch den Tod zu gewinnende Leben. (2) Das Geheimnis wird nicht durch rationale Belehrung, sondern durch Erfahrung zuteil; deshalb kann es nur dem im Kult Engagierten zuteil werden. Erst durch die Geheimhaltungspraxis der Mysterienkulte bekommt das Wort mysterion die engere Bedeutung, die oft auch mit dem deutschen Wort »Geheimnis« verbunden wird: das, was verschwiegen wird. Die Grundbedeutung aber ist weiter: »Geheimnis« meint eine Wirklichkeit und ein Teilhaben an dieser Wirklichkeit, welche die Sprache und den rationalen Diskurs übersteigen.
Σ In der Apokalyptik spricht man von einer Vielzahl von »Geheimnissen«. Sie sind »der verborgene, jenseitige Wirklichkeitsgrund alles Seienden und Geschehenden, besonders

---

[2] H. Krämer, μυστήριον, in: EWNT, Bd. 2, 1098–1105, Zitat: 1099.

dessen, was am Ende der Zeit offenbar werden wird«[3], der göttliche Plan der künftigen Geschichtsereignisse, der einzelnen »Sehern« in außergewöhnlichen Erfahrungen (Entrückung, Traum, Vision) geoffenbart wird, den aber auch sie wiederum nur in Bildern mitzuteilen vermögen. Hier erhält der Begriff eine stark eschatologische Färbung.

Ähnlich ist auch an einigen neutestamentlichen Stellen das Wort mysterion zu verstehen. So werden z. B. die endzeitliche Macht der Gesetzwidrigkeit[4], die Verwandlung der Menschen bei der Parusie Christi[5], die weitere Geschichte Israels[6] »Geheimnis« genannt.

Charakteristisch für den neutestamentlichen Sprachgebrauch ist aber die Konzentration auf das Christus-Ereignis. »Euch ist das Geheimnis des Reiches Gottes anvertraut«, sagt Jesus im Gleichnis-Kapitel des Markusevangeliums zu denen, die mit ihm gegangen sind, »denen draußen« aber bleiben die Gleichnisse unverstandene Rätselworte (Mk 4,11). Die im Wirken Jesu anbrechende Gottesherrschaft – das ist das Geheimnis schlechthin. Es wird denen »gegeben«, die sich Jesus anschließen. Paulus setzt den christologischen Akzent noch ausdrücklicher. Er will nichts anderes verkünden als Jesus Christus, »den Gekreuzigten«, der zum »Herrn der Herrlichkeit« wurde, und nennt ihn selbst »das Geheimnis der verborgenen Weisheit Gottes« (1 Kor 2,2.7.8). »Das göttliche Geheimnis, das Christus ist«, sagt der Kolosserbrief prägnant (Kol 2,2). Dieses Geheimnis bringt er in Verbindung mit der Gemeinde, in welcher Christus verkündigt wird. Dies ist »das Geheimnis Gottes unter den Völkern«: »Christus in (unter) euch (χριστός ἐν ὑμῖν [Christos en hymin])« (Kol 1,27). Ähnlich verbindet auch der Epheserbrief Christus und die Gemeinde: Daß »die Heiden Miterben sind, zu demselben Leib gehören«, das ist »das Geheimnis Christi« (charakterisierender Genitiv = das Geheimnis, das Christus ist) (Eph 3,4ff). Und das der Liebe zwischen Mann und Frau vergleichbare liebende, heiligende und reinigende Verhältnis Christi zur Kirche nennt er »ein großes Geheimnis« (Eph 5,32). So ergibt sich eine gedankliche Linie: *Das Geheimnis Gottes ist Jesus Christus – dieses Geheimnis wird gegenwärtig in der Gemeinde, in der Jesus Christus verkündet wird.*

Nirgends im Neuen Testament wird das Wort »mysterion« auf liturgische Handlungen bezogen. Trotzdem ist der dargelegte Befund für die Sakramentenlehre bedeutsam. Mit Hilfe des Mysterienbegriffs kann

---

[3] Ebd., 1100.
[4] Vgl. 2 Thess 2,7.
[5] Vgl. 1 Kor 15,51.
[6] Vgl. Röm 11,25 f.

der Zusammenhang der Sakramente mit dem Christus-Ereignis und mit dem Geheimnis seiner Gegenwart in der Kirche dargestellt werden.

2.2. Sakramentales Denken: Die Leibhaftigkeit der Heilsgeschichte

Mit »sakramentalem Denken« ist die Überzeugung gemeint, daß Gottes Geschichte mit den Menschen sich in geschichtlich greifbaren Ereignissen, in Handlungen und Begegnungen ereignet: Diese werden zu Zeichen der Nähe Gottes: In ihnen »zeigt« Gott sich den Menschen, und in ihnen kommt er ihnen, sie verwandelnd, nahe.

Diese Doppelstruktur (sich zeigen – sich geben) prägt auch den Begriff der Offenbarung als Selbstmitteilung: Gott schenkt sich selbst – und zeigt auf diese Weise, wer er ist. Sakramentales Denken meint: Gott teilt sich den Menschen leibhaftig mit, bringt sich leibhaftig in Erfahrung. Daß es wirklich Gott ist, der dabei handelt und erfahren wird, das ist allerdings nicht vom Glauben losgelöst beweisbar; immer gehört ja zur Erfahrung nicht nur das Ereignis, sondern auch dessen Deutung.

Sakramentales Denken ist das Gegenteil von jenem mythischen Denken, in welchem geschichtliche Ereignisse bedeutungslos sind, weil das Göttliche sich zeitlos zu erkennen gibt, und von jenem Innerlichkeitsdenken, in welchem leibhaftige Begegnungen keine Rolle spielen, weil die Kommunikation mit dem Göttlichen rein im Innern des einzelnen Menschen geschieht. Die ganze biblische Überlieferung ist stark von solchem sakramentalen Denken geprägt.

2.2.1. Im Alten Testament
Ein zentrales »Zeichen« des AT ist der *Exodus* aus Ägypten. Ein geschichtlich greifbares Geschehen (die gelungene Flucht, die Durchquerung des Meeres, die Volkwerdung Israels) wird für Israel zur entscheidenden Erfahrung Gottes: Gott erwählt Israel, befreit, rettet, und er gibt sich in diesem Geschehen zu erkennen als Jahweh, Befreier, Retter, starker und verläßlicher Gott.

Das jährliche *Pesach-Fest* setzt diese Erfahrung immer wieder gegenwärtig. Es ist gewissermaßen das Zeichen des Zeichens: das immer neue Erzählen und Nachvollziehen im rituellen Spiel erinnert an den Anfang der Geschichte mit Jahweh, und gerade so wird diese Geschichte erneut zur Wirklichkeit Israels.

Realisierendes Zeichen der Zuwendung Gottes ist vor allem die *Tora*. In ihr zeigt sich die Erwählung Israels, mit ihr ermöglicht Gott seinem Volk gelingendes Leben im verheißenen Land. Sie ist »kein leeres Wort, das ohne Bedeutung für euch wäre, sondern [sie] ... ist euer Leben« (Dtn 32,47)[7]. Die Tora wird im Gottesdienst vorgelesen[8], der Weise spricht sie Tag und Nacht vor sich hin[9], in nachbiblischer Zeit feiert Israel die Tora im jährlichen »Fest der Torafreude«, bei welchem die Schriftrollen aus dem Toraschrein genommen, in fröhlicher Prozession umhergetragen und wieder in den Schrein eingesetzt werden.

Sakramentale Struktur haben auch die *prophetischen Zeichenhandlungen*: Elija wirft seinen Mantel über Elischa – so wird dieser sein Jünger[10]; Hosea heiratet eine Ehebrecherin – und bildet damit das Verhalten Jahwehs zu seinem untreuen Volke ab[11]; Jeremia, obwohl im Wachhof gefangen, kauft einen Acker – und zeigt damit eine Zukunft an, in der man wieder Häuser, Äcker und Weinberge kaufen kann[12], usw. »Zwischen der symbolischen Handlung und der gemeinten Wirklichkeit besteht ein sozusagen ›sakramentales Band‹ ... Die prophetische Handlung ... ist nicht nur ein Ausdrucksmittel, sondern ereignisgeladene Handlung; nicht nur ein eindrückliches Zeichen, sondern wirkungsmächtige Tat«[13].

Die *ganze Geschichte Israels* hat zeichenhaften Charakter. In den politischen Prozessen von Aufbruch aus der Sklaverei, Gesetzgebung, Landnahme und Rückführung aus dem Exil wächst eine Geschichte mit Gott, der befreit, eine Lebensordnung stiftet, das Land gibt, verzeiht und neuen Anfang ermöglicht. Sogar die Unheilsereignisse können zu Zeichen der Nähe Gottes werden. Auch die Wegführung ins Exil offenbart Gottes Handeln: Er richtet sein untreu gewordenes Volk, führt es zurück und bleibt ihm gerade so treu.

In einem weiteren Sinne kann sogar die ganze *geschaffene Welt* als »Zeichen« Gottes verstanden werden und insbesondere der Mensch, der »zum Bilde Gottes« (Gen 1,26 f) geschaffen wurde. In der Schöpfung zeigt und realisiert Gott seine Macht und sein Wohlwollen.

---

[7] Vgl. auch Dtn 4,32–40.
[8] Vgl. Dtn 31,10.
[9] Vgl. Ps 1,2.
[10] Vgl. 1 Kö 19,19–21.
[11] Vgl. Hos 3,1–5; ferner: 1,2–9.
[12] Vgl. Jer 32,6–15.
[13] G. Fohrer, Die symbolischen Handlungen der Propheten, Zürich 2. Aufl. 1968, 115 f.

Der Zusammenhang von Schöpfungs- und Heilshandeln Gottes ist z. B. erkennbar in den Werken der Scheidung im ersten Schöpfungsbericht[14], in der Anlage des Paradiesgartens für den Menschen im zweiten Schöpfungsbericht[15], ebenso in einer Reihe von Psalmen[16] und in eschatologischen Hoffnungstexten wie 2 Makk 7,23.28 u. a. Psalm 19 verbindet das Zeugnis der wohltuenden Tora (Ps 19,8–11) mit dem Zeugnis der geschaffenen Welt: »Die Himmel rühmen die Herrlichkeit Gottes« (Ps 19,2). Die Weisheitsliteratur relativiert gegenüber der zeitgenössischen Naturvergottung die sichtbare Welt und gibt ihr zugleich eine positive Zeichenfunktion: »denn von der Größe und Schönheit der Geschöpfe läßt sich auf ihren Schöpfer schließen« (Weish 13,5).

Aber die vorfindliche Welt trägt nicht nur die Spuren des Schöpfers. Dornen und Disteln, die Härte der Arbeit, Mühsal und Schmerzen bei Schwangerschaft und Geburt, die mißlingende Partnerschaft zwischen Mann und Frau[17], das Gesetz der Blutrache[18], die in Kriegen sich entladende Unversöhnlichkeit der Menschen[19] sind Zeichen dafür, daß die Schöpfung durch menschliche Schuld entstellt ist. Deshalb ist die Welt, und in ihr der Mensch, ein zwiespältiges Zeichen: Zeichen der wohlwollenden und mächtigen Zuwendung Gottes, aber auch Zeichen der Sünde und der Erlösungsbedürftigkeit.

2.2.2. Im Neuen Testament

Ähnlich zwiespältig spricht auch das Neue Testament von der Welt. Gottes ewige Macht und Gottheit kann aus der geschaffenen Welt erkannt werden[20]; die Vögel des Himmels und die Blumen des Feldes sprechen von Gottes Fürsorge[21]; aber das »Seufzen« der Schöpfung zeugt von ihrer »Sklaverei und Verlorenheit«, die Welt liegt »bis zum heutigen Tage in Geburtswehen«, sie muß noch »befreit« werden (Röm 8,21f), umgestaltet zu »neuem Himmel und neuer Erde« (2 Petr 3,13; Offb 21,1).

Das eindeutige Zeichen Gottes ist im Neuen Testament *Jesus Christus.* An seinen Worten und Werken kann man ablesen, was Gott am Menschen tut. Die Synoptiker beschreiben deshalb in plastischer Bildhaftigkeit einzelne Handlungen Jesu: Er berührt den Aussätzigen[22], holt im

---

[14] Vgl. Gen 1,4.7.9.18 f.
[15] Vgl. Gen 2,8.
[16] Vgl. Ps 8; 93; 95; 104; 136; 148.
[17] Vgl. Gen 3,16–19.
[18] Vgl. Gen 4,14.
[19] Vgl. Gen 4,23 f.
[20] Vgl. Röm 1,20.
[21] Vgl. Mt 6,25–34 par.
[22] Vgl. Mk 1,41.

Synagogengottesdienst den behinderten Menschen in die Mitte[23], nimmt den Taubstummen beiseite, weg von der Menge, legt ihm die Finger in die Ohren, berührt die Zunge des Mannes mit Speichel[24], legt der gekrümmten Frau die Hände auf den Rücken[25]: So konkret-leibhaftig wendet sich Gott dem Menschen zu. Die Mahlgemeinschaften Jesu, besonders die mit Zöllnern und Sündern, werden als Zeichen der Solidarisierung verstanden, von den Schriftgelehrten dementsprechend kritisiert[26] und von Jesus selbst als Zeichen der Solidarisierung Gottes gedeutet[27]. In diesen Zeichen wird die befreiende, heilende, vergebende und zusammenführende Nähe Gottes aber nicht nur dargestellt, in ihnen ereignet sie sich: »Wenn ich durch den Finger Gottes die Dämonen austreibe, dann ist doch das Reich Gottes zu euch gekommen« (Lk 11,20).

Das Johannes-Evangelium nennt die großen Taten Jesu oft »Zeichen« (σημεῖα [semeia])[28] und übersteigt nochmals den Zeichenbegriff der synoptischen Wundererzählungen: Jesus selbst ist das Zeichen Gottes. »Niemand hat Gott je gesehen. Der Einzige, der Gott ist und am Herzen des Vaters ruht, er hat Kunde gebracht« (Joh 1,18). Im Menschen Jesus hat Gott sich verleiblicht: »Das Wort ist Fleisch geworden und hat unter uns gewohnt« (Joh 1,14).

Bei den Jüngern der nachösterlichen *Gemeinde* setzen sich die Zeichen Jesu fort: »In meinem Namen werden sie Dämonen austreiben, . . . und die Kranken, denen sie die Hände auflegen, werden gesund werden« (Mk 16,17f). Die Apostelgeschichte verdeutlicht den Zusammenhang durch ein sprachliches Signal: Gott hat Jesus durch »Wunder und Zeichen« beglaubigt (Apg 2,22), und nun geschehen »Wunder und Zeichen« »durch die Hände der Apostel« (Apg 5,12)[29]. Es ist aber »der Herr« selbst, der die »Wunder und Zeichen« durch sie geschehen läßt (Apg 14,3). So wird die von Petrus und Johannes gewirkte Heilung des Gelähmten zu einem unübersehbaren Zeichen, in welchem sich die Kraft des auferweckten Jesus bekundet[30].

---

[23] Vgl. Mk 3,3.
[24] Vgl. Mk 7,33.
[25] Vgl. Lk 13,13.
[26] Vgl. Mk 2,15 f; Lk 15,2.
[27] Vgl. Mk 2,17; Lk 15,3–32.
[28] Vgl. Joh 2,11.23; 3,2; 4,54; 20,30 u. ö.
[29] Vgl. Apg 2,43; 8,13; 14,3; 15,12.
[30] Vgl. Apg 3,1–16; 4,10.16.

Aber nicht nur die außerordentlichen Machttaten sind Zeichen. In dem idealtypisch gezeichneten Bild der Jerusalemer Gemeinde[31] ist das ganze Leben der Gemeinde – das Festhalten an der Lehre der Apostel, die Sorge füreinander bis hin zur Gütergemeinschaft, das gemeinsame Beten, das »in Freude und Einfachheit« gefeierte Mahl – ein einladendes Zeichen und ein Ort »reicher Gnade« (Apg 4,33). Vieles von diesem Leben ist zusammengefaßt im Ritus des »*Brotbrechens*«[32], mit welchem die Gemeinde das von Jesus praktizierte Zeichen der Mahlgemeinschaft aufnimmt und fortsetzt[33]. Dieser Ritus wird zur zentralen Zeichenhandlung der Gemeinde.

Daneben werden *andere das Wirken Jesu widerspiegelnde Riten* der neutestamentlichen Gemeinden bezeugt: Handauflegungen[34], Salbungen[35], die Fußwaschung[36] und die Taufe[37]. Bei der Handauflegung ist die Bedeutung nicht festgelegt: Sie kann als Gestus der Heilung[38], der Geistmitteilung[39] und der Bestellung zu einem besonderen Dienst[40] fungieren. Am stärksten im Neuen Testament bezeugt und theologisch reflektiert werden Taufe und Eucharistie.

So zeigt sich ein ähnlicher Befund wie beim neutestamentlichen Gebrauch des Wortes mysterion. *Wie Jesus Christus das Geheimnis Gottes schlechthin ist und wie dieses Geheimnis gegenwärtig wird in der Gemeinde, so ist Jesus Christus das realisierende Zeichen Gottes schlechthin, und die Gemeinde wird zum Zeichen, weil und insofern in ihr der auferstandene Jesus wirkt. Einzelne Handlungen der Gemeinde schließlich werden zu Zeichen, weil und insofern die Gemeinde in ihnen Jesus verkündigt und ihn als gegenwärtig erfährt.*

---

[31] Vgl. Apg 2,42–47; 4,32–37.

[32] Apg 2,42.46.

[33] Vgl. die Wendung »Brechen des Brotes« für die Handlungen Jesu: Mk 6,41; 8,6; 14,22; 1 Kor 11,24; Lk 24,30.35, und für die Praxis der Gemeinde: 1 Kor 10,16; Apg 2,42.46; 20,7; 27,35.

[34] Vgl. Mk 16,18; Apg 6,6; 8,17; 9,12; 13,3; 19,6; Hebr 6,2; 1 Tim 5,22; 2 Tim 1,6; Handauflegungen durch Jesus: Mk 5,23; 6,5; 8,23; 10,16; Lk 13,13.

[35] Vgl. Mk 6,13; Jak 5,14.

[36] Vgl. Joh 13,1–15.

[37] Vgl. Mk 16,16; Mt 28,19; Apg 2,38–41; 8,12f; 8,16; 8,26–40; 9,18; 10,47f; 16,15; 18,8; 19,5; 22,16; Röm 6,1–14; 1 Kor 1,13–17; 12,13; Gal 3,27; Eph 4,5; Kol 2,12; Hebr 6,2; 1 Petr 3,21; für die Taufe Jesu durch Johannes: Mk 1,9–11; Mt 3,13–17; Lk 3,21 f; für die umstrittene Frage, ob Jesus selbst getauft hat, vgl. Joh 3,22 und 4,1 f.

[38] Vgl. z.B. Mk 16,18.

[39] Vgl. z.B. Apg 8,17.

[40] Vgl. z.B. Apg 6,6; 1 Tim 5,22.

3. Dogmengeschichtliche Entwicklung

3.1. Alte Kirche

3.1.1. Begriffsgeschichte

Vom 2. Jahrhundert an werden in der westlichen Theologie die Begriffe μυστήριον (mysterion) und sacramentum miteinander verschmolzen. Deshalb ist zunächst ein Blick auf die Begriffsgeschichte zu werfen, bevor die theologische Reflexion der Alten Kirche über Wesen und Wirkung des Sakraments dargestellt wird.

3.1.1.1. Mysterion

Die Theologen der Alten Kirche gebrauchen das Wort μυστήριον (mysterion) in ähnlicher Bedeutungsbreite wie das Neue Testament[41]. Infolge der Auseinandersetzung mit Gnosis und Mysterienkulten kommt aber bei den Apologeten eine weitere Assoziation hinzu: Den Geheimlehren der Gnostiker und den heidnischen Kulten, die Mysterien genannt werden, stellen die Apologeten, besonders ausdrücklich die Alexandriner Clemens († um 216) und Origenes († um 254), die Inhalte des christlichen Glaubens als die wahren Mysterien gegenüber. Dadurch ergeben sich zwei wesentliche Veränderungen gegenüber dem Neuen Testament: Erstens wird entgegen der paulinischen Konzentration auf das eine Mysterium, das Christus ist, nun von Mysterien im Plural gesprochen, und zweitens werden nun auch die liturgischen Handlungen Mysterien genannt.

3.1.1.2. Sacramentum

Die Grundbedeutung des lateinischen Wortstamms »sacr« meint die Sphäre des Heiligen, Religiösen; »sacrare« bedeutet: etwas oder jemanden dem Bereich des Heiligen zuweisen, »weihen«; »sacramentum« ist sowohl die Weihehandlung als auch das weihende Mittel. Im konkreten Wortgebrauch der lateinischen Antike hat das Wort eine stark rechtliche Färbung: »Sacramentum« werden der Eid im Zivilprozeß, der Fahneneid beim Militär und die Geldsumme genannt, die von den streitenden Parteien als Kaution im Prozeß niederzulegen war. In allen

---

[41] Vgl. oben: 2.1.

drei Fällen ist zugleich mit dem rechtlichen Aspekt ein religiöser gegeben: Eid und Fahneneid liefern dem Urteil der Gottheit aus, die Prozeßkaution fällt im Fall der Niederlage an ein Heiligtum.

3.1.1.3. Sacramentum als Übersetzung von mysterion

Die ersten lateinischen Bibelübersetzungen verfahren unterschiedlich mit dem griechischen Wort »mysterion«: Die in Italien entstehenden Übersetzungen bevorzugen das Lehnwort »mysterium« (so auch die Vulgata), die in Afrika entstehenden dagegen das Wort »sacramentum«. Auch der einflußreiche Afrikaner *Tertullian* († nach 220) übersetzt mit »sacramentum«. Außerdem wendet er die Vokabel »sacramentum« auch auf die Taufe an. Der Vergleich mit dem Fahneneid (als Aufnahmeritus in den Soldatenstand) ist für ihn ein brauchbarer Zugang zum Verständnis der Taufe als Initiation in das Christentum. Schließlich bezeichnet er auch die Eucharistie als Sakrament. Damit sind entscheidende Weichen für den weiteren Sprachgebrauch in der lateinischen Kirche gestellt.

Aber das Wort »sacramentum« behält, ähnlich wie »mysterion«, vorläufig seine weite Bedeutung: »Sacramenta« heißen bei Tertullian und in der Folgezeit nicht nur Taufe und Eucharistie, sondern auch die Heilspläne Gottes und die Geschehnisse der alt- und neutestamentlichen Heilsgeschichte, insbesondere Menschwerdung, Tod und Auferstehung Jesu, die Sätze der Glaubenslehre, die verschiedensten kirchlichen Riten, der Eid, die biblischen Allegorien; auch die ganze christliche Religion wird »sacramentum« genannt.

Augustinus gebraucht die Worte »sacramentum« und »mysterium« oft synonym. Er meint damit in einem weiteren Sinne »jeden sinnlich wahrnehmbaren Sachverhalt, dessen Sinn sich nicht darin erschöpft, das zu sein, als was er sich unmittelbar gibt, sondern der darüber hinaus auf eine geistige ... Wirklichkeit hinweist«[42]. Dazu gehören die »Sakramente Israels« (Beschneidung, Opfer, Paschafest, die Salbung der Priester und der Könige usw.) sowie alle Zeremonien des Neuen Bundes. Das größte Sakrament, auf das alle anderen hingeordnet sind, ist die Inkarnation Gottes in Jesus Christus. Daneben findet sich bei Augustinus ein engerer Begriff: Ein gutes Drittel der Verwendung des Wortes sacramentum bezieht sich auf Taufe und Eucharistie.

---

[42] J. Finkenzeller, Die Lehre von den Sakramenten im allgemeinen. Von der Schrift bis zur Scholastik (HDG IV / 1a), Freiburg 1980, 39.

3.1.2. Theologische Reflexion

Das aufgezeigte weite Bedeutungsspektrum legt es nahe, die theologische Reflexion der Kirchenväter nicht so sehr bei der Erörterung des Begriffs »sacramentum«, sondern eher bei der Behandlung einzelner Sakramente zu suchen. Hierfür kommen, wegen ihrer bevorzugten Bezeugung, insbesondere Taufe und Eucharistie in Betracht.

3.1.2.1. Griechische Väter

Das Denken fast aller griechischen Kirchenväter bewegt sich im »Verstehenshorizont des *Realsymbols* . . . Mensch und Welt werden gedeutet in einer Weise, daß eine Wirklichkeit Symbol einer anderen, höheren Wirklichkeit ist, aber nicht Symbol bloß in dem Sinne, daß wir eine Ähnlichkeit sehen und eine Beziehung herstellen, sondern Symbol in dem Sinne, daß die höhere Wirklichkeit sich selbst in der niederen ausdrückt, in ihr gegenwärtig ist und durch sie wirkt, wenn auch in einer defizienten, abgeschwächten Weise«[43]. Den Hintergrund dieses Verstehenshorizonts bildet das platonische Urbild-Abbild-Denken: Das Urbild zeigt sich im Abbild, es ist, wenn auch seinsschwächer, im Abbild präsent.

Realsymbolisches Abbild-Denken bestimmt auch die Deutung der Eucharistie. Wie im Bild das Abgebildete gegenwärtig wird, so wird Christus in der Eucharistie gegenwärtig. Diese wird »Bild« (εἰκών [eikon]), »Abbild« (τύπος, ἀντίτυπος [typos, antitypos]), »Gleichnis« (ὁμοίωμα [homoioma]), »Symbol« (σύμβολον [symbolon]) des erhöhten Herrn, der himmlischen Liturgie und des Erlösungswerkes genannt. Damit ist nicht nur ein bloß statisches Bild gemeint, sondern auch ein abbildend-realisierendes Geschehen, so daß man im Sinne der griechischen Väter nicht nur von einer »Realpräsenz«, sondern auch von einer »Aktualpräsenz« Christi[44] sprechen kann. Im bildhaft-anschaulichen Geschehen der Eucharistiefeier werden die Feiernden hineingezogen in die Geschichte Jesu Christi; er selbst teilt sich in diesem Bildgeschehen mit. Wer sich auf das Bild einläßt, bekommt es mit dem Dargestellten zu tun.

Ein ähnlicher Gedanke wird durch den Begriff der *Nachahmung* (μίμησις [mimesis]) ausgedrückt. Ursprünglich (z. B. bei Ignatius von Antiochien, † um 117) zur Bezeichnung der gesamten christlichen Existenz gebraucht – Nachahmung im Sinne von Nachfolge –, wird dieser Begriff in der Folgezeit zunehmend auf die Liturgie bezogen. So inter-

---

[43] A. Gerken, Theologie der Eucharistie, München 1973, 67.

[44] Vgl. J. Betz, Die Eucharistie in der Zeit der griechischen Väter I/1: Die Aktualpräsenz der Person und des Heilswerkes Jesu im Abendmahl nach der vorephesinischen Patristik, Freiburg 1955, 65–259.

pretieren die Jerusalemer Mystagogischen Katechesen (dem Bischof Cyrill von Jerusalem [† um 387] zugeschrieben) die Taufriten als »Bilder« und »Nachahmungen« von Leiden, Sterben und Auferstehen Christi: In der Ablegung der Kleider vor dem Taufbad »ahmen« die Täuflinge Christus »nach«, der am Kreuz entblößt wurde, im dreimaligen Untertauchen sein Sterben und die drei Tage und drei Nächte, die er im Schoß der Erde verbrachte, usw. »Nachahmung« bedeutet hier erfahrungsstarken spielerischen Nachvollzug in der Liturgie, durch den die Getauften »teilhaben« an der Geschichte Christi und auf diese Weise das Heil gewinnen.[45]

Die Bild-Terminologie ist vor allem bei den griechischen Vätern zu finden; sie ist aber nicht auf die Ostkirche beschränkt. So heißt es zum Beispiel in der lateinischen Textüberlieferung (4. Jh.) der (ursprünglich griechischen) Kirchenordnung des Hippolyt (um 215), der Bischof spreche das Dankgebet über das Brot, damit es »exemplum, quod dicit graecus antitypum« des Leibes Christi werde, und über den Kelch mit Wein, damit er »antitypus«, »similitudo« des Blutes werde.[46] Andererseits war diese Terminologie auch in der Ostkirche nicht ganz unumstritten. Cyrill von Alexandrien († 444) kritisert die Vokabel »Typos«, Theodor von Mopsuestia († 428) das Wort »Symbol« und Johannes Damascenus († um 749) den Ausdruck »Bild«, offenbar deshalb, weil auch in der griechischen Kirche »Bild« und »Symbol« nicht immer im Sinne von »Realsymbol« (wirklich, weil im Bild), sondern auch als Gegensatz zur Wirklichkeit verstanden werden konnten (nicht wirklich, sondern »nur« Bild).

3.1.2.2. Augustinus

Großen Einfluß auf die abendländische Sakramententheologie hat die Zeichen-Theorie des Augustinus († 430). Sie geht aus von der Unterscheidung zwischen res (Sache) und signum (Zeichen).

Sachen im eigentlichen Sinne sind jene Dinge, die nicht existieren, um etwas zu bezeichnen, sondern für sich selbst stehen, wie Holz, Tier und dergleichen. Zeichen dagegen verweisen immer auf etwas anderes. Daneben gibt es aber auch Sachen, die in sich existieren und zugleich Zeichen für andere Sachen sind. Biblische Beispiele dafür sind jenes Holz, das Mose in bitteres Wasser warf, um es von Bitterkeit freizumachen[47], und jenes Tier, das Abraham für seinen Sohn opferte[48]. Innerhalb der Zeichen sind die »natürlichen Zeichen (signa naturalia)« von den »gegebenen Zeichen (signa data)« zu unterscheiden. »Natürliche Zeichen« lassen absichtslos eine Sache erkennen, wie z. B. der Rauch auf ein Feuer hinweist und die Miene eines betrübten Menschen seine Gemütsstimmung verrät. »Gegebene Zeichen« dagegen, wie z. B. ein bewußtes Nicken mit dem Kopf, eine gezielte

---

[45] Vgl. Cyrill von Jerusalem, Mystagogische Katechesen, II,2–5.
[46] Hippolyt, Trad apost., 21.
[47] Vgl. Ex 15,25.
[48] Vgl. Gen 22,13.

Handbewegung oder ein militärisches Fahnenzeichen werden absichtlich gesetzt, um etwas zur Kenntnis zu bringen. Hierzu gehört vor allem das Wort. Es hat für Augustinus einen solchen Vorrang, daß er alle anderen Zeichen »sozusagen sichtbare Worte« nennen kann[49].

Sakramente sind »gegebene Zeichen«. Sie werden »heilige Zeichen (signa sacra)« genannt, weil sie auf eine heilige Wirklichkeit hinweisen. Durch die sichtbaren Dinge wird der Glaubende zu den unsichtbaren Wirklichkeiten geführt. Das Wasser der Taufe »berührt den Leib und wäscht das Herz ab«. Aber das entscheidende Zeichen ist das Wort. »Nimm das Wort weg, und was ist das Wasser als eben Wasser? Es tritt das Wort zum Element, und es wird Sakrament.« So ist auch das Sakrament »gleichsam ein sichtbares Wort«.[50] Der hohe Rang des Wortes ist aber nicht nur phänomenologisch (in einer allgemeinen Zeichentheorie), sondern auch theologisch begründet: Das sakramentale Wort ist Glaubenswort der Kirche, der Bibel entnommenes Wort, letztlich Wort Christi. Von daher hat es seine Kraft.

Durch Augustins betonte Unterscheidung zwischen »Zeichen« und »Wirklichkeit« und durch seine Betonung des Wortes gegenüber dem sichtbaren Zeichen bekommt die westliche Theologie einen anderen Akzent als die östliche: Gegenüber dem mehr bildbezogenen, realsymbolischen Denken der Ostkirche gewinnt im Westen ein mehr wort- und begriffsbestimmtes, zergliederndes Denken an Boden.

3.2. Scholastik

3.2.1. Auf der Suche nach einer Definition

Der weite, nicht genau festgelegte Sakramentsbegriff der Alten Kirche gilt bis ins 12. Jahrhundert. Zur Zeit der Vorscholastik herrschen noch sehr unterschiedliche Vorstellungen über die Zahl der Sakramente. Die Bischöfe Fulbert von Chartres († 1028) und Bruno von Würzburg († 1045) zählen nur zwei: Taufe und Eucharistie, Bernhard von Clairveaux († 1153) dagegen zehn (darunter die Fußwaschung), Kardinal Petrus Damiani († 1072) zwölf (einschließlich der Königssalbung), andere bewegen sich zwischen diesen Größen. Erst mit dem systematisierenden Interesse der Frühscholastik entstehen die ersten Sakramenten-

---

[49] Augustinus, De doctrina christiana, II,3,4.
[50] Augustinus, Tractatus in Joannis evangelium, 80,3.

traktate und mit ihnen Definitionsversuche sowie (um die Mitte des 12. Jahrhunderts) die Festlegung auf die Siebenzahl.

Hugo von St. Viktor († 1141), der einflußreiche Theologe der Augustinerchorherrenschule in Paris, sucht nach einer Definition, die nur für die Sakramente im engeren Sinne gilt. Der Begriff »Zeichen« ist ihm zu weit: Zeichen bezeichnen, aber können das Bezeichnete nicht verleihen, »im Sakrament dagegen ist nicht nur Zeichenhaftigkeit, sondern auch Wirksamkeit«[51]. Die Sakramente »enthalten« die Gnade, die sie bezeichnen, sind also nicht nur Zeichen, sondern auch Gefäße der Gnade. Im Bild des Gefäßes kommt auch das therapeutische Verständnis der scholastischen Sakramentenlehre zum Ausdruck: Die sakramentale Gnade wird weitgehend (wenn auch nicht ausschließlich) als Arznei gegen die Sünde und ihre Folgen verstanden, die Sakramente selbst sind gleichsam Gefäße der Arznei.

Hugos Hauptwerk »De sacramentis christianae fidei« ist ein typisches Beispiel für den Wandel im Sprachgebrauch. Im Titel hat »sacramentum« noch den weiteren Begriff von Geheimnis, Glaubensinhalt. Er ist also zu übersetzen: »Über die Geheimnisse des christlichen Glaubens«. Innerhalb des Werkes entwickelt Hugo dann, nachdem er im ersten Buch u. a. über die Schöpfung, den Glauben und die Sakramente des Alten Bundes gehandelt hat, im zweiten Buch einen systematischen Traktat über die Sakramente im engeren Sinne. Seine Definition lautet: »Sakrament ist ein materielles Element, das äußerlich sinnenhaft vor Augen gestellt wird und eine unsichtbare, geistliche Gnade aufgrund einer Ähnlichkeit darstellt (repraesentans), aufgrund der Einsetzung [durch Christus] bezeichnet (significans) und aufgrund einer heiligenden Weihe enthält (continens)«[52].

Petrus Lombardus († 1160), dessen vier Sentenzenbücher im 13. Jahrhundert zur Pflichtlektüre jedes Theologen wurden, formuliert: »Sacramentum . . . proprie dicitur, quod ita signum est gratiae Dei . . ., ut ipsius imaginem gerat et causa existat«[53] (»Sakrament im eigentlichen Sinne . . . wird genannt, was auf solche Weise Zeichen der Gnade Gottes . . . ist, daß es deren Bild trägt und deren Ursache ist.« Das Stichwort »imago« (»Bild«) erinnert noch an die Tradition der Alten Kirche, die Vokabel »causa« (»Ursache«) signalisiert das neue Interesse: die Frage nach der Kausalität. Damit ist die zentrale Aufgabe benannt, um deren Lösung sich die scholastische Sakramententheologie bemüht: Wie kann etwas auf solche Weise Zeichen sein, daß es gleichzeitig abbildet und verursacht?

---

[51] Hugo von St. Viktor, Dialogus de sacramentis legis naturalis et scriptae, 34 D.
[52] Hugo von St. Viktor, De sacramentis christianae fidei, I,9,2.
[53] Petrus Lombardus, Sent., IV, d.1, c.4,2.

3.2.2. Ursache der Gnade

Der Begriff »Ursache« wird zunächst nur zögernd akzeptiert und in modifizierter Form verwendet. Gegen ihn sprechen das theologische Bedenken, die Souveränität Gottes werde eingeschränkt, wenn von ursächlicher Einwirkung auf seine Gnade gesprochen wird, und das anthropologische Problem, wie Materielles (die Elemente des Ritus) auf Geistiges (die Seele des Menschen) einwirken solle. Deshalb lehrt die *Summa Halensis* (ein Gemeinschaftswerk früher franziskanischer Theologen, nach 1235) eine *dispositive Wirksamkeit*: Das Sakrament bewirke eine gewisse Disposition, das heißt einen Effekt in der Seele, der noch nicht die Gnade selbst sei, aber auf die Gnade vorbereite. *Bonaventura* († 1274) weist in seinem Breviloquium den Gedanken einer kausalen Verursachung durch das Sakrament ausdrücklich zurück; denn von Gott allein werde die Gnade eingegossen, und Gott habe seine Macht nicht an die Sakramente gebunden. Die Worte »Gefäß« und »Ursache« seien nur so zu verstehen, daß aufgrund göttlicher Anordnung die Gnade in den Sakramenten und durch sie empfangen werden müßte. Daß auf diese Weise tatsächlich Heilung geschieht, liegt also nicht an einer den Sakramenten eigenen Kraft, sondern einzig an der Anordnung Gottes, oder, wie Bonaventura im Sentenzenkommentar sagt, an dem gleichsam vertraglich (»ex quadam pactione«) gegebenen *Versprechen Gottes,* jedesmal dann seine Kraft wirken zu lassen, wenn das Sakrament empfangen wird. (Diese Deutung wird in der Dogmengeschichte »Bedingungstheorie« oder »Vertragstheorie« genannt.)

Im Sentenzenkommentar referiert Bonaventura beide Deutungen: die Theorie von der dispositiven Kausalität und die Vertragstheorie, gibt dann zu verstehen, daß er (wie im Breviloquium) die zweite vorzieht, sieht sich aber außerstande, sich definitiv zwischen den beiden Theorien zu entscheiden, und erklärt eine rational-exakte Sprechweise in diesem Zusammenhang für eher unangebracht: »Wenn wir von wunderbaren Dingen sprechen, darf man nicht fest an der Ratio hängen«[54].

Thomas von Aquin († 1274) ist mit der von Bonaventura favorisierten Vertragstheorie nicht zufrieden; damit wären die Sakramente nämlich nicht Ursachen, sondern nur Bedingungen der Gnade. Ihre Wirksamkeit wäre nicht sachlich, sondern rein dekretistisch begründet: Sie glichen einer Bleimünze, die nur aufgrund einer Anordnung des Königs einen Wert von hundert Pfund bekommen hat, aber, im Gegensatz zu

---

[54] Bonaventura, In Sent., IV, d.1, p. 1, a. unicus, q.4.D.

echtem Gold, in sich nichts wert ist. Thomas vertritt deshalb die Idee der *Instrumentalkausalität:* Die Sakramente sind Werkzeuge (»causa instrumentalis«, »Instrumentalursache«) in der Hand Gottes. Gott selbst bleibt das eigentliche Subjekt des Gnadenhandelns; aber die Sakramente sind nicht nur aufgrund einer göttlichen Anordnung (die auch ebenso gut hätte unterbleiben können), sondern von der Sache selbst her notwendig. Die leibhaftig-materiellen Zeichen sind dem leibhaftigen Menschen angemessen. An dieser Materie und Leiblichkeit positiv wertenden Sicht wird der Unterschied zur zeitgenössischen Franziskanertheologie deutlich, welche die Tatsache, daß der geistige Mensch sich auf materielle Zeichen einlassen muß, eher als eine Gehorsamsprobe zur Demütigung des menschlichen Geistes ansah.

Allerdings versteht Thomas die Instrumentalkausalität zumindest im Sentenzenkommentar in eingeschränktem Sinne: Das Sakrament wirkt als causa instrumentalis bezüglich der sakramentalen Zwischenwirkung (der Vorbereitung der Seele auf die Gnade), bezüglich der letzten Wirkung (der Gnade selbst) wirkt das Sakrament nur dispositiv. Ob diese einschränkende Verbindung von Instrumentalkausalität und dispositiver Kausalität auch für die Summa theologiae gilt, ist in der heutigen Forschung umstritten.

3.2.3. Ex opere operato

Daß die Wirksamkeit des Sakraments nicht im persönlichen Glauben des Spenders oder des Empfängers, sondern im Handeln Gottes begründet liegt, wird in der Scholastik mit der Formel zum Ausdruck gebracht, die Sakramente wirkten »ex opere operato« (kraft des vollzogenen Ritus) und nicht nur »ex opere operantis« (aus der Kraft des das Sakrament Vollziehenden).

Der Sache nach war die Frage schon im Ketzertaufstreit des 3. Jahrhunderts und in der Auseinandersetzung mit dem Donatismus im 4. Jahrhundert entschieden worden: Die Gültigkeit der Taufe hängt nicht am rechten Glauben und auch nicht an der moralischen Integrität des Taufenden; denn der eigentlich im Sakrament Handelnde ist Gott bzw. Jesus Christus. Dadurch bekommt das Sakrament eine gewisse Objektivität: *Schon vor dem subjektiven Faktor – dem Glauben und der Offenheit der das Sakrament vollziehenden Menschen – ist Gottes Gnade verläßlich da.*

Zur Bezeichnung dieser Objektivität verwenden die hochscholastischen Theologen eine Terminologie, die zunächst (in der Frühscholastik) in der Erlösungslehre gebraucht wurde. Dort unterschied man beim Erlösungstod Jesu das eigentlich erlösende (gute) Werk der Lebenshingabe Jesu als das »opus operatum« von dem (schlechten) Werk der Menschen, die ihn zu Tode brachten, als dem »opus operans«. Odo von Ourskamp († nach 1171) arbeitet mit dieser Unterscheidung bei der Frage, wie eine durch einen Simonisten vollzogene Konsekration zu beurteilen sei: Das Tun des Simonisten (das »opus operans«) ist schlecht, die Konsekration selbst (das »opus operatum«) ist gut. In der Hochscholastik steht dann das Begriffspaar »ex opere operato« – »ex opere operantis« für die Unterscheidung zwischen objektivem, göttlichem und subjektivem, menschlichem Faktor im Sakrament. Dabei verlagert sich nochmals die Blickrichtung: Zunächst ist beim »opus operans« vor allem der Spender des Sakraments im Blick, seit Wilhelm von Auxerre († 1231 oder 1237) der Empfänger. Die Hochscholastik benutzt diese Terminologie auch zur Abgrenzung der Sakramente des Neuen Bundes von denen des Alten Bundes und von den Sakramentalien. Diese wirken nur aufgrund des opus operantis (des Glaubens der Beteiligten, der sich in den Zeichen ausdrückt), jene dagegen aufgrund des opus operatum (des göttlichen Werkes, das im Sakrament enthalten ist).

Weil in späteren Auseinandersetzungen, insbesondere in der Reformationszeit, die Formel »ex opere operato« den Verdacht förderte, die scholastische Sakramententheologie sei von magischem Ritualismus und vom Vertrauen auf menschliches Kulthandeln bestimmt und sie entwerte die göttliche Gnade, ist es wichtig, auf die eher entgegengesetzte Intention der Scholastik bei der Entwicklung dieser Formel hinzuweisen. Wie schon die Alte Kirche das Handeln Gottes über die persönliche Disposition des Sakramentenspenders stellte, so will auch gerade die scholastische Formel »ex opere operato« festhalten, daß in den Sakramenten nicht der Mensch, sondern Gott bzw. Christus das handelnde Subjekt ist. Wenn man bedenkt, daß die scholastischen Theologen noch die christologisch-soteriologische Herkunft der Begriffe kannten (das »opus operatum« ist die erlösende Lebenshingabe Christi), dann liegt auch eine Verselbständigung des Sakraments gegenüber dem Werk Christi fern: Der Ritus wirkt nicht aus sich, sondern in ihm wirkt das Handeln Christi und Gottes.

3.2.4. Res et sacramentum – character indelebilis

Für die scholastische Vorstellung von der sakramentalen Wirksamkeit ist noch eine weitere Unterscheidung von Bedeutung. *Augustinus* hatte zwischen dem äußeren Zeichen (signum, sacramentum) und der inneren Wirkung (der res sacramenti) unterschieden. Zwischen diese beiden Begriffe fügt die *Hochscholastik* ein Drittes ein: die sakramentale Zwischenwirkung (»res et sacramentum«, oder »res et signum«), etwas, das einerseits schon Wirkung (res) des sakramentalen Vollzugs ist, andererseits aber noch nicht die vom Sakrament letztlich angezielte Gnade, sondern nochmals deren Zeichen und Ursache (signum, sacramentum) ist.

Bei Taufe, Firmung und Priesterweihe identifiziert die Scholastik diese Zwischenwirkung mit dem (schon von Augustinus gelehrten) »character indelebilis«, dem unauslöschlichen Merkmal, welches das Sakrament verleiht. Damit ist eine Wirklichkeit gemeint, welche den Sakramentsempfänger bleibend prägt, auch wenn dieser sich der Gnade verschließt oder diese durch die Sünde wieder verliert. Aufgrund des character indelebilis ist das Sakrament unwiederholbar. Positiv ausgedrückt: In der Lehre vom character indelebilis spiegelt sich die Überzeugung, daß Taufe, Firmung und Priesterweihe eine bleibende Wirkung im Empfänger hervorrufen, eine objektive Gegebenheit, die unabhängig vom Glauben und von der Heiligkeit des Empfängers besteht.

Bei den anderen Sakramenten wird die Terminologie nicht so einheitlich angewendet. Manche Theologen sprechen vom »Seelenschmuck« (»ornatus animae«), also einer gewissen inneren Qualifikation des Menschen, welche der Gnade vorausgeht, andere halten diesen Terminus für überflüssig; in die Theorie von der dispositiven Wirksamkeit[55] dagegen fügt er sich plausibel ein. Albertus Magnus, Thomas von Aquin und andere Hochscholastiker sind davon überzeugt, daß sich die drei Ebenen »reines Zeichen« (sacramentum tantum), »Zeichen und Wirkung zugleich« (res et sacramentum) und »reine Wirkung« (res tantum) bei jedem Sakrament aufzeigen lassen.

3.2.5. Materia und forma sacramenti

Im Hintergrund der ausgedehnten Diskussion über die Kausalität steht das insbesondere von Thomas von Aquin rezipierte aristotelische Ursachen-Denken. Aus diesem Denken wird auch das hylemorphistische Begriffspaar »materia« (ὕλη/hyle) und »forma« (μορφή/morphe) übernommen. Augustinus hatte innerhalb des sakramentalen Zeichens streng zwischen sichtbarem Element (oder »Ding«) und hörbarem Wort unterschieden. Thomas fragt nach der Einheit des Zeichens und antwortet: »Aus Worten und Dingen wird in den Sakramenten gewissermaßen Eins, wie aus Form und Materie«[56]. Da Form und Materie im aristotelischen Hylemorphismus nicht trennbare Einzelteile, sondern einander bedingende Konstitutive eines Ganzen sind, ist dieses Begriffspaar geeignet, die sakramentale Zeichenhandlung als ein Gesamtgeschehen zu kennzeichnen.

Faktisch geriet allerdings der liturgische Gesamtzusammenhang aus dem Blick. Die Aufmerksamkeit der Theologie war so sehr von der Frage nach der Wirksamkeit und Gültigkeit des Sakraments gefesselt, daß hinter der Frage, welcher Minimalbestand an Worten und sichtbaren Zeichen zum Zustandekommen des Sakraments unbedingt erforderlich sei, das Interesse an der Liturgie als einem entfalteten Zeichengeschehen zurücktrat. Im Unterschied zur Alten Kirche hatte sich (in heutiger Terminologie gesagt) die Dogmatik von der Liturgik gelöst.

---

[55] Vgl. oben: 3.2.2.
[56] Thomas von Aquin, S.th., p.III, q.60, a.6, ad 2.

3.2.6. Lehramtliche Zusammenfassung

Im engen Anschluß an Thomas von Aquin faßt das Konzil von Florenz (1438–1445) im Dekret für die Armenier zusammen: »Es gibt sieben Sakramente des Neuen Bundes: Taufe, Firmung, Eucharistie, Buße, Letzte Ölung, Weihe, Ehe. Sie unterscheiden sich weit von den Sakramenten des Alten Bundes. Denn diese wirkten nicht die Gnade, sie wiesen nur darauf hin, daß die Gnade durch Christi Leiden einmal gegeben werde. Diese unsere Sakramente aber enthalten die Gnade und teilen sie denen mit, die sie würdig empfangen . . . Alle diese Sakramente werden in drei Stücken vollzogen: durch den dinglichen Vollzug als materia, durch die Worte als forma, durch die Person des Spenders, der das Sakrament erteilt in der Absicht, zu tun, was die Kirche tut. Wenn eines von diesen drei Stücken fehlt, so wird das Sakrament nicht vollzogen. Unter diesen Sakramenten sind drei, Taufe, Firmung und Weihe, die der Seele ein Merkmal [character] einprägen, das heißt ein unzerstörbares geistiges Zeichen, das sie von den übrigen unterscheidet. Deshalb werden sie an derselben Person nicht wiederholt. Die übrigen vier Sakramente prägen kein Merkmal ein und lassen eine Wiederholung zu«[57].

3.3. Auseinandersetzungen im Reformationszeitalter

Die reformatorischen Einsprüche gegen die scholastische Sakramentenlehre sind vor dem Hintergrund der spätmittelalterlichen Praxis zu sehen.

Die Vielzahl der Messen, oft, einander übertönend, gleichzeitig an zahlreichen Altären in ein und derselben Kirche, dazu noch oft ohne Gemeinde, nur durch einen Priester gefeiert, die Meßstipendien und die Lehre von den »Meßopferfrüchten«, die Verehrung des eucharistischen Brotes wie eine kostbare Reliquie, anstelle des gemeinsamen Mahlhaltens, magisch anmutende Berührungspraktiken, der Ablaßhandel u. v. a. ließen die Lehre von der Wirksamkeit der Sakramente »ex opere operato« in einem anderen Licht erscheinen, als es bei ihrer Entstehung intendiert gewesen war. Priester, die hektisch Kreuzzeichen über Brot und Wein schlugen, als ob darin die Konsekration bestünde, verstärkten den schon durch die leise und für das Volk in unverständlicher Sprache erfolgende Rezitation der liturgischen Texte begünstigten Eindruck, das verkündigende Wort sei abgewertet, aus dem Sakrament, das bei Augustinus »sichtbares Wort« gewesen[58], sei ein bloßes rituelles Werk geworden.

---

[57] DH 1310–1313/NR 501–504.
[58] Vgl. oben: 3.1.2.2.

3.3.1. Reformatorische Positionen

Dagegen pochen die Reformatoren, ihrem dreifachen Grundbekenntnis »sola gratia – sola fide – sola scriptura« entsprechend, auf die entscheidende Bedeutung der im Glauben angenommenen Gnade Gottes und auf eine Neuorientierung am Stiftungswillen Christi, wie er in der Schrift bezeugt ist. Dies führt zu einer gewissen Skepsis gegenüber dem (in der Bibel nicht vorkommenden) Allgemeinbegriff »Sakrament« und zur Beschränkung der Zahl der Sakramente auf drei bzw. zwei: Taufe, Eucharistie und Buße. (Bei der Buße schwankt Luther, weil sie kein sichtbares Zeichen enthält.) Entscheidend ist die dem Text des Neuen Testaments zu entnehmende Einsetzung durch Jesus Christus. Luther verwendet den Sakramentsbegriff zeitlebens bewußt mehrdeutig (und ist damit der Tradition der Alten Kirche nahe) und in »De captivitate Babylonica« (in Anlehnung an das Neue Testament) christologisch konzentriert: »Wenn ich nach dem Sprachgebrauch der Schrift reden will, gibt es nur ein einziges Sakrament und drei sakramentale Zeichen.«[59]

Die schärfste theologische Kritik richtet sich gegen die Formel »ex opere operato«. In ihr sehen die Reformatoren den Ausdruck einer Sakramenten-Automatik: Ohne Christus, ohne Glauben, ohne innere Beteiligung des Herzens solle der bloß äußerliche Vollzug des Ritus die Gnade bewirken. »Diese gottlose und verderbliche Vorstellung« finden sie »im ganzen Machtbereich des Papstes gelehrt«. Dagegen setzen sie betont die Bedeutung des persönlichen Glaubens, »der an jene Verheißungen glaubt und die verheißenen Güter empfängt, die dort im Sakrament angeboten werden«[60].

In der Zuordnung von Sakrament, Glaube und Gnade zeigen sich allerdings Unterschiede: Für *Huldrych Zwingli* († 1531) sind die Sakramente reine Erkennungszeichen, gewissermaßen Eintritts- und Verpflichtungszeremonien (wie der Fahneneid), durch welche die Menschen ihre Zugehörigkeit zur Kirche und ihren Glauben an Jesus Christus zu erkennen geben. Rechtfertigende Kraft von Gott her haben sie nicht. Sie sind allenfalls Zeichen der geschehenen Gnade; aber sie bewirken die Gnade nicht, sondern bezeugen sie lediglich. Gegen diese Einschränkung wenden sich die *lutherischen Bekenntnisschriften*: Die Sakramente sind »nicht nur als Zeichen eingesetzt, an denen man die Christen äußerlich erkennen kann«, sondern sie sind »Zeichen und Zeugnis des göttlichen Willens gegen uns, um dadurch unseren Glauben zu erwecken und zu stärken«[61]. Anders als Zwingli betonen sie das göttliche Wirken: »Die Sakramente sind Kennzeichen des göttlichen Willens gegen

---

[59] M. Luther, De captivitate Babylonica ecclesiae praeludium, WA, Bd. 6, 501.
[60] Apologie der Confessio Augustana, 13,18 f.
[61] Confessio Augustana, 13.

uns, sie sind nicht nur Kennzeichen der Menschen untereinander«, sie sind »Gnaden-zeichen«[62]. Auch *Johannes Calvin* († 1564) folgt Zwinglis radikalem Ansatz nicht; er versucht einen mittleren Weg, indem er beide Bewegungsrichtungen zusammenbringt – »Sakrament heißt ein mit einem äußeren Zeichen bekräftigtes Zeugnis der göttlichen Gnade gegen uns, bei dem zugleich auf der anderen Seite eine Bezeugung unserer Frömmigkeit Gott gegenüber stattfindet« – und das Handeln Gottes mit dem Bild des »Versiegelns« umschreibt: ». . . ein Merkzeichen, mit dem der Herr unserem Gewissen die Verheißungen seiner Freundlichkeit gegen uns versiegelt, um der Schwachheit unseres Glaubens eine Stütze zu bieten«[63].

3.3.2. Das Trienter Konzil

Als Antwort auf die reformatorische Herausforderung bekräftigt das Konzil von Trient (1545–1563) die Siebenzahl der Sakramente. »Taufe, Firmung, Eucharistie, Buße, Letzte Ölung, Weihe und Ehe« sind »von Christus, unserem Herrn eingesetzt«, alle sieben sind »eigentlich und wirklich Sakrament«[64]. Das Konzil verwirft aber auch die Vorstellung, die Sakramente »seien untereinander so gleich, daß unter keiner Rücksicht eines bedeutender sei als das andere«[65], und gibt damit Raum für ein differenzierendes Bedeutungsgefälle. Es schließt die aus, die sagen, »diese Sakramente seien allein dazu eingesetzt, den Glauben zu nähren«[66]. Auf Zwinglis Theologie zielt (ohne daß ein Name genannt wird) der Satz: »Wer sagt, die Sakramente des Neuen Bundes enthielten nicht die Gnade, die sie bezeichnen, oder sie teilten nicht die Gnade selbst denen mit, die kein Hindernis entgegensetzen, als ob sie nur äußere Zeichen der durch den Glauben erlangten Gnade oder Gerechtigkeit seien und gewisse Kennzeichen des christlichen Bekenntnisses, nach denen sich vor den Menschen Gläubige von den Ungläubigen unterscheiden, der sei ausgeschlossen«[67]. Die von allen Reformatoren verworfene scholastische Formel »ex opere operato« wird vom Konzil ausdrücklich verteidigt: »Wer sagt, durch die Sakramente des Neuen Bundes werde die Gnade nicht ex opere operato mitgeteilt, sondern zur Erlangung der Gnade reiche der bloße Glaube an die göttliche Verheißung hin, der sei ausgeschlossen«[68].

---

[62] Apologie der Confessio Augustana, 24,69.
[63] J. Calvin, Institutio, IV,14,1.
[64] DH 1601/NR 506.
[65] DH 1603/NR 508.
[66] DH 1605/NR 510.
[67] DH 1606/NR 511.
[68] DH 1608/NR 513.

3.3.3. Treffen die Verwerfungen die Gegenseite?

Die im letzten Satz formulierte Gegenüberstellung der Formeln »ex
opere operato« und »bloßer Glaube« (sola fides) scheint auf den ersten
Blick die konfessionelle Kontroverse auf den Punkt zu bringen. *Neuere,
in ökumenischer Absicht unternommene historische Untersuchungen haben aber
gezeigt, daß die Verwerfungssätze sowohl der Reformatoren als auch des Konzils
von Trient zum großen Teil an der jeweiligen Gegenposition vorbeigehen.*

Das Verständnis der Formel »*ex opere operato*« war durch unterschiedliche Perspektiven
bestimmt: »Die reformatorische Seite blickt auf den Empfang des Sakraments . . ., die katholische Seite blickt auf die Spendung des Sakraments . . . Beachtet man die jeweils verschiedene Perspektive nicht, so sieht die reformatorische Seite in der katholischen Bejahung des ›ex opere operato‹ die Bejahung einer automatischen Heilswirkung der Sakramente und sieht umgekehrt die katholische Seite in der reformatorischen Verneinung
des ›ex opere operato‹ . . . eine Bestreitung der Wirksamkeit der Sakramente überhaupt.
Beide Seiten weisen aber eine solche Deutung zurück. Auch für die katholische Seite ist für
den Empfang der Sakramente zum Heil die gläubige Annahme erforderlich . . . Indem die
Formel [ex opere operato] Christus als handelndes Subjekt des Sakraments definiert, wi-
derspricht sie tendenziell einer Auffassung, die die Sakramente im Sinne der Werkgerechtigkeit versteht. Umgekehrt kommen auch für die reformatorische Seite die Sakramente
zustande aufgrund der Stiftung Christi, unabhängig von der Würdigkeit sowohl des Spenders . . . als auch des Empfängers . . .; sie werden aber nur im Glauben heilswirksam.«[69]
  Auch unterschiedliche Sprachspiele trugen dazu bei, daß man die Position der jeweiligen Gegenseite mißverstand. Dies gilt insbesondere für den Begriff *Glauben* (fides).
Während die römischen Theologen von einem engeren Glaubens-Begriff (Glaube als Für-
wahr-Halten) ausgingen, vertraten die Reformatoren »einen Begriff von fides . . ., wonach
deren Empfang die Existenzumwandlung einschließt, welche die katholische Tradition mit
dem Begriff der gratia gratum faciens (heiligmachende Gnade) eigens benannte . . . Insofern trifft Can. 5 (DH 1605) mit seiner von einem engen Fides-Begriff ausgehenden Ver-
werfung der Position, die Sakramente dienten ›allein dazu, den Glauben zu nähren‹, nicht
die reformatorische Auffassung, weil fides für diese all das einschließt bzw. aus sich heraus-
setzt, was nach katholischer Auffassung die Sakramente bewirken.«[70]
  Ähnlich wirkte sich ein unterschiedliches Vorverständnis bezüglich der »*Einsetzung*«
aus. Für beide Seiten gehörte die Einsetzung durch Jesus Christus als konstitutives Element
zum Sakrament. Aber: »Das mittelalterliche Verständnis von Einsetzung (institutio) durch
Jesus Christus ist weiter gefaßt als das moderne, durch historisches Denken geprägte; es
meint, daß die Sakramente durch das Heilswerk Christi in Kreuz, Auferstehung, Geistmitteilung und Sendung der Apostel in Kraft gesetzt worden seien. ›Institutio‹ in diesem
Sinn schließt also die nachösterliche Entwicklung des sakramentalen Lebens der Kirche ein,
wobei zwischen der Stiftung durch Christus und dem Handeln des Heiligen Geistes in der
Kirche keine prinzipielle Differenz gesehen wird. Diese Sprechweise steht im Hintergrund
von Can. 1 des Trienter Dekrets über die Sakramente (DH 1601). Davon unterscheidet sich
das reformatorische Verständnis insofern, als es die direkt belegbare Einsetzung durch Jesus

---

[69] Lehrverurteilungen, 82.
[70] Ebd., 84.

Christus selbst bzw. durch ein ausdrückliches mandatum Dei (Auftrag Gottes) meint«[71].
Von hierher ist die Kontroverse über die Zahl der Sakramente zu verstehen.

3.4. Nachtridentinische Theologie

In der katholischen Sakramententheologie der Neuzeit werden zunächst die Ansätze der Scholastik weitergeführt, allerdings mit einem antireformatorischen Akzent. Weil die protestantische Theologie stärker den Zeichencharakter der Sakramente betont, verstärkt die katholische Theologie den Aspekt der Wirksamkeit.

Drei Theorien bilden sich heraus. Nach der Theorie der *physischen Wirkweise* üben die Sakramente einen »physischen« Einfluß auf Gott aus. Weil Gott sie zu Instrumenten seiner Gnade gemacht hat, bringt nun die ihnen innewohnende Kraft die bezeichnete Gnade unmittelbar hervor. Diese Theorie wird seit dem Dominikaner-Kardinal Cajetan († 1534) von den meisten Thomisten vertreten; sie geht aber über die Theorie des Thomas von der dispositiven Kausalität deutlich hinaus. Die Skotisten vertreten dagegen die Theorie der *moralischen Wirkweise:* Die Sakramente bewegen Gott, die Gnade zu erteilen. Hier ist eine gewisse Nähe zu Bonaventura zu erkennen; aber auch hier wird die verursachende Kraft der Sakramente nun höher eingeschätzt; ihnen eignet die Kraft, auf Gott einzuwirken. Der Jesuit Louis Billot († 1931) entwickelte die Theorie der *intentionalen Wirkweise:* Die Sakramente sind zwar auf die Gnade ausgerichtet, bewirken aber nicht unmittelbar diese selbst, sondern eine Disposition im Empfänger, welche die Gnade nach sich zieht, wenn ihr kein Hindernis entgegengesetzt wird. Dieser Ansatz knüpft an die Lehre des Thomas von der dispositiven Kausalität an. In der Neuscholastik dominiert aber, schon weil man sie für die authentische Interpretation der Lehre des Thomas von Aquin hielt, die Theorie von der physischen Wirkweise.

3.5. Neubesinnung im 20. Jahrhundert

3.5.1. Liturgische Erneuerung

Eine radikale Neubesinnung vollzieht sich im 20. Jahrhundert. Vor dem Wandel in der Theologie steht aber der Wandel in der liturgischen Praxis. Die *Liturgische Bewegung* entdeckt, unterstützt durch ein neues Kirchenbewußtsein, wieder den grundsätzlichen Gemeinschaftscharakter und die wesentliche Zeichenhaftigkeit des Sakraments. Sie versucht, die Kluft zwischen Priester und Gemeinde in der Liturgie zu

---

[71] Ebd., 78.

überwinden, und beginnt, die Zeichen neu wahrzunehmen, zu verstehen und mitzuvollziehen. Das *Zweite Vatikanische Konzil* greift diese Anliegen in der Liturgie-Konstitution auf: »Bei dieser Erneuerung sollen Texte und Riten so geordnet werden, daß sie das Heilige, dem sie als Zeichen dienen, deutlicher zum Ausdruck bringen, und so, daß das christliche Volk sie möglichst leicht erfassen und in voller, tätiger und gemeinschaftlicher Teilnahme mitfeiern kann« (SC 21). Von dieser, zunächst an der Basis entstandenen, später kirchenoffiziell übernommenen Erneuerungsbewegung wird die zeitgenössische Theologie inspiriert. Gleichzeitig lassen die Biblische Bewegung und ein neues Interesse an der Patristik hinter die Scholastik zurückfragen nach den älteren Quellen des Glaubens.

3.5.2. Mysterientheologie

Selbst aktiv beteiligt an der Liturgischen Bewegung, entwickelt der Benediktiner *Odo Casel* († 1948) im Rückgriff auf die östlichen Kirchenväter seine »Mysterientheologie«. Verstehensmodell für diese Theologie sind die (heidnischen) antiken Mysterienkulte, bei denen der Eingeweihte »im Mitspielen der Mysterien selbst, in der theatralisch-dramatisch vollzogenen Teilhabe am kultisch-symbolischen Geschehen ... zugleich Anteil am göttlichen Leben«[72] gewinnt. Von hierher versteht Casel die altkirchliche Liturgie, von diesem Ansatz aus möchte er auch die sakramentale Praxis und die Sakramententheologie seiner Zeit erneuern.

Weil es ihm um die existentielle Wahrnehmung der entfalteten Zeichenhandlungen geht, breitet er die liturgiegeschichtlichen Forschungsergebnisse bezüglich der altkirchlichen Taufpraxis anschaulich erzählend aus und beschreibt, wie die Kirche in zahlreichen dramatischen Gebärden (Abwehrgesten gegenüber dem finsteren Westen, Umwendung zum Osten, dem Ort des aufgehenden Lichtes, Ablegung der Kleider, Hinabsteigen in das Taufwasser, dreimaliges Untertauchen im Taufbecken, Aufstieg aus dem Wasser zur anderen Seite, brennendes Licht in der Hand . . .) »das Sterben des alten . . . Menschen immer deutlicher . . . ausprägt [und] wie sie andererseits den Kandidaten allmählich in den Bereich des Heiligen hineinzieht«. »Und dieser neue Mensch, ganz strahlend vom göttlichen Lichte und erglühend von göttlicher Liebe, zieht nun hinauf zur Ekklesia, wo ihn die schon getauften Christen empfangen, ihn umarmen und zum erstenmal in Gemeinschaft mit ihm beten. Dann darf er an dem höchsten Mysterium der Christen, der Eucharistie, teilnehmen, von der vergöttlichenden Speise essen und dem Blute des Sohnes Gottes trinken, das jetzt zum Kelche des Lebens geworden ist. Milch und Honig werden ihm gereicht als

---

[72] A. Schilson, Das Sakrament als Symbol, in: CGG, Bd. 28, Freiburg 1982, 127.

dem neugezeugten Kinde Gottes, das in das gelobte Land eingezogen ist und dort dem Herrn Loblieder singt.«[73]

Liturgie ist dramatisches Spiel, aber nicht Schauspiel für fremde Zuschauer, sondern ein Spielgeschehen, das die einzelnen Mitspieler selbst erfaßt und verwandelt. Das Sakrament wirkt, gerade weil und indem es Zeichen ist. Das wirksame Zeichen freilich umfaßt viel mehr als jenen minimalen Bestand an Ritus, den die scholastische Dogmatik für das theologisch Entscheidende am Sakrament hielt. Das sakramentale Zeichen ist eine dynamische Handlung, bildhaft-dramatisches Geschehen, in das möglichst alle Feiernden hineingezogen werden sollen; denn das Erleben ist ein wesentliches Element des Sakraments: »... sowohl zur Intensität des Mitlebens [!] wie zur Vollendung des symbolischen Ausdrucks gehört die auch äußere Beteiligung an der liturgischen Handlung.«[74]

3.5.3. Vom Gnadenmittel zum Symbolgeschehen

Mit der Mysterientheologie kündigt sich ein Perspektivenwechsel an: vom Ansatz beim Begriff des Gnadenmittels zum Ansatz beim Begriff des Symbols. Dieser Wandel ist begleitet von der Tendenz, die Sakramentenlehre stärker mit anderen theologischen Themen (Ekklesiologie, Christologie, Anthropologie, Wort-Theologie, gelegentlich auch mit der Schöpfungslehre) zu verzahnen.

Otto Semmelroth († 1979) prägte den Begriff der »Kirche als Ursakrament«.[75] Die Kirche »teilt« nicht nur Sakramente »aus«, sondern ist selbst Sakrament, wirksames Zeichen der Gnade Gottes. Aufgrund einer vertiefenden Reflexion auf die christologische Fundierung des Sakraments modifizierten er und eine Anzahl katholischer Theologen später diese Terminologie und nannten Christus »Ursakrament«, die Kirche »Grundsakrament« und die sieben Einzelsakramente »Selbstvollzüge (bzw. Grundvollzüge) der Kirche«. So entstand, näher beim Sprachgebrauch der Alten Kirche, ein *analoger Sakramentsbegriff*. Der ökumenische Dialog inspirierte die katholische Theologie, das *Verhältnis von Wort und Sakrament* zu reflektieren. Erst bei dieser Gelegenheit begann man auch auf katholischer Seite, eine Theologie des Wortes zu erarbei-

---

[73] O. Casel, Das christliche Kultmysterium, Regensburg 2. Aufl. 1935, 82 und 84.
[74] Ebd., 91.
[75] Vgl. O. Semmelroth, Die Kirche als Ursakrament, Frankfurt 1953.

ten. In jüngster Zeit wurde bei vielen katholischen Theologen der Terminus »Symbol« zum Grundbegriff der Sakramentenlehre.

4. Systematische Reflexion

4.1. Grundbestimmungen des Sakraments

Sakramente lassen sich als die zentralen Feiern der Kirche beschreiben. »Feier« schließt die Elemente »Symbol«, »Wort« und »Spiel« ein. Als leibhaftig vollzogene Feiern sind sie Zeichen einer erlösten Welt.

4.1.1. Realisierendes Zeichen, Realsymbol

Im Stichwort »Symbol« sammeln sich das gegenwärtig neu erwachte Bewußtsein für die Ganzheit des Menschen, die Einsicht in die wesentliche Leibhaftigkeit aller zwischenmenschlichen Kommunikation sowie die Erfahrung, daß die Wirklichkeit mehrdimensional ist, daß Sichtbar-Vordergründiges auf Unsichtbar-Hintergründiges verweist, daß der Hintergrund sich im Sinnlich-Wahrnehmbaren wie in Bildern zeigt, ja, sich selbst mitteilt in leibhaftigem Ausdruck. Für die heutige Sakramententheologie könnte das Symboldenken eine ähnliche Schlüsselfunktion haben wie das Ursachendenken für die Sakramentenlehre der aristotelisch orientierten Scholastik des Hochmittelalters.

Was mit »Symbol« in der Sakramententheologie gemeint ist, läßt sich zunächst von einem anthropologischen Ansatz aus entwickeln. Aufgrund seiner Leib-Geist-Struktur realisiert der Mensch sich selbst in leibhaftigem Ausdruck: im Lachen realisiert er seine Freude, im Weinen seine Trauer, in der geballten Faust seinen Zorn, usw. Im künstlerischen Schaffen werden seine Ideen und Bilder Wirklichkeit. In leibhaftigen Gebärden vollzieht sich zwischenmenschliche Kommunikation: Im Zugehen auf den anderen, in Händedruck, Umarmung und Kuß geschieht Zuwendung, in räumlichem Abrücken, in der Verweigerung des Blicks geschieht Abwendung. In den realisierenden Ausdruck können außer dem eigenen Leib auch (an sich apersonale) Dinge einbezogen werden: Ein Geschenk, ein Ring, eine Einladung zum Essen können Symbole der Zuwendung sein. *In solchen Symbolen werden Zuwendung und Abwendung nicht nur signalisiert, sondern auch realisiert, nicht nur erkannt, sondern auch erfahren.*

Um diesen für das Symbol- und das Sakramentenverständnis fundamentalen Sachverhalt zu kennzeichnen, unterscheidet man zwischen *Realsymbol* und *Vertretungssymbol* oder, mit anderen Worten, zwischen dem realisierenden Zeichen und dem bloß informierenden Zeichen. Ein Verkehrszeichen zum Beispiel, das auf eine Bodenwelle aufmerksam macht, ist ein informierendes Zeichen oder ein Vertretungssymbol. Es informiert den Kraftfahrer über eine Unebenheit der Straße, es »vertritt« die auf größere Entfernung nicht wahrnehmbare Sache. Die Sache existiert aber unabhängig vom Zeichen. In einem Realsymbol, einem realisierenden Zeichen, dagegen wird über einen Sachverhalt nicht nur informiert, er wird nicht nur vertreten, sondern er wird im Vollzug des Zeichens realisiert: Mit einem Handschlag wird ein Versprechen besiegelt, durch eine Unterschrift wird ein Vertrag geschlossen, in Umarmung und Kuß vollzieht sich die Liebe.

Für das Verständnis von Sakrament ist noch eine weitere Differenzierung von Bedeutung: Im Unterschied zur juridischen Ebene, auf welcher das realisierende Zeichen (z. B. die Unterschrift unter einen Vertrag, die Überreichung einer Urkunde) die damit angezeigte Wirklichkeit überhaupt erst entstehen läßt, gilt auf der Ebene des mehr Personalen (z. B. beim versöhnenden Handschlag, bei der liebenden Umarmung), daß die angezeigte Wirklichkeit wenigstens ansatzweise auch schon vor dem Vollzug des Zeichens gegeben sein muß, damit sie sich vollziehen und im Vollzug wachsen, sich intensivieren und stärkere Verbindlichkeit schaffen kann. Gesten sind wirksam, aber nicht magisch-zauberhaft. Das äußere Zeichen ersetzt nicht das innere Engagement, es läßt vielmehr das, was innen ist, zum Zuge kommen, indem es dies nach außen bringt.

In diesem Sinne können Sakramente als Realsymbole, realisierende Zeichen verstanden werden. In einem Initiationsritus (der selbst noch einmal ein Ensemble von Gesten darstellt: Begrüßung, Glaubensbekenntnis, Waschung, Salbung . . .) bekundet und realisiert die Kirche die Aufnahme neuer Mitglieder, bekunden und realisieren die Aufzunehmenden ihren Glauben an Christus und ihre Zugehörigkeit zur Gemeinde der Glaubenden. In der Feier eines Mahles wird Gemeinschaft (mit Christus und untereinander) sowohl dargestellt als auch vollzogen, vertieft, erneuert.

Bei der Frage nach der Wirksamkeit wird man wiederum die rechtliche Ebene von der personalen unterscheiden: auf der rechtlichen Ebene ist die Wirkung (z. B. die Kirchenmitgliedschaft) ganz an das Zeichen gebunden, auf der personalen Ebene ist die Wirkung (z. B. die Christusverbundenheit, die Gemeinschaft) stärker durch die wenigstens anfanghaft auch schon vor dem Sakrament vorhandene innere Bereitschaft zu glauben und zu lieben bedingt.

Nun ist aber zu bedenken, daß nach christlichem Verständnis sowohl der Glaube des einzelnen als auch die Versammlung des Gottesvolkes nicht den Anfang ausmachen, sondern bereits Antwort auf eine Initiative Gottes, Echo seines Wortes sind. Auch diese, für eine christliche Theologie fundamentale Überzeugung läßt sich in der Kategorie des Symbols ausdrücken. Allerdings kehrt sich dabei die Perspektive um: Statt die Sakramente vom Menschen her, der sich nach Gott ausstreckt, zu begreifen, sind sie dann von Gott her, der sich in die Menschheit hinein verleiblicht, zu verstehen.

Einen solchen Ansatz entwickelte Karl Rahner († 1984) mit seiner »Theologie des Symbols«. Er setzte ontologisch an und zog den Symbolbegriff über die Trinitätstheologie, die Christologie und die Ekklesiologie bis zur Sakramentenlehre durch: »Das Seiende ist von sich selbst her notwendig symbolisch, weil es sich notwendig ›ausdrückt‹, um sein eigenes Wesen zu finden«. »Das eigentliche Symbol (Realsymbol) ist der zur Wesenskonstitution gehörende Selbstvollzug eines Seienden im anderen«. Dies gilt schon innertrinitarisch: »Der Logos ist das ›Wort‹ des Vaters, sein vollkommenes ›Abbild‹, . . . sein ›Abglanz‹, seine Selbstaussage . . . der Vater ist er selbst, indem er das ihm wesensgleiche Abbild als den von sich anderen sich gegenüberstellt und so sich selbst hat. Das aber heißt: der Logos ist das ›Symbol‹ des Vaters«. Eine vom Symbolbegriff ausgehende Christologie »bräuchte fast nur eine Exegese des Wortes zu sein: Wer mich sieht, sieht den Vater (Jo 14,9) . . . Der menschgewordene Logos ist das absolute Symbol Gottes in der Welt«. Die Kirche wiederum als »das Gegenwärtigbleiben des menschgewordenen Wortes in Raum und Zeit« setzt »diese Symbolfunktion des Logos in der Welt« fort. Die Sakramente schließlich »konkretisieren und aktualisieren die Symbolwirklichkeit der Kirche . . . auf das Leben des einzelnen hin und setzen . . . darum, entsprechend dem Wesen dieser Kirche, eine Symbolwirklichkeit«. Die Kategorie des Symbols soll die Aussagen der scholastischen Sakramentenlehre nicht ersetzen, sondern übersetzen (und gleichzeitig in einen größeren Zusammenhang stellen); denn im Symbolbegriff werden die beiden scholastischen Grundbegriffe »Zeichen« und »Ursache« sachlich miteinander verbunden: Das Sakrament ist »Ursache der Gnade . . ., insofern es ihr Zeichen ist . . . Mit einem Wort: die Gnade Gottes setzt sich in den Sakramenten wirksam gegenwärtig, indem sie ihren Ausdruck, ihre raumzeitlich geschichtliche Greifbarkeit, eben ihr Symbol schafft.«[76]

4.1.2. Wirklichkeit schaffendes Wort

Liturgische Bewegung und Biblische Bewegung, vor allem aber der ökumenische Dialog mit den Kirchen der Reformation führten dazu, das Sakrament nicht nur von einer Reflexion auf die Bedeutung der Zeichen, sondern auch von einer Theologie des Wortes her zu verstehen.

---

[76] K. Rahner, Zur Theologie des Symbols, in: Schriften zur Theologie, Bd. 4, Einsiedeln 1960, 275–311, Zitate: 278. 290. 292. 293 f. 297. 299. 300.

Eine *Theologie des Wortes* wurde in der katholischen Dogmatik erst in den letzten Jahrzehnten erarbeitet. Sie kann sich aber auf einen breiten *Schriftbefund* stützen. Denn was in der katholischen Lehrtradition als Grundaussage über das Wesen des Sakraments gilt, nämlich daß es bewirke, was es bezeichnet, das wird in der Bibel deutlich vom Wort ausgesagt, sowohl vom Wort Gottes als auch von den menschlichen Worten, in denen das Wort Gottes sich zur Sprache bringt.

Gottes Wort ist schöpferisches Wort.[77] »In seinem Lautwerden geschieht, was er gesprochen, kommt zustande, was er befohlen«[78]. Es ist Beziehung stiftendes Wort: Mit dem Wort vom Sinai stiftet Jahwe seinen Bund mit Israel.[79] Das Wort trifft Menschen, verändert sie, überwältigt Widerstrebende, so daß sie Prophet sein »müssen«.[80] Das Prophetenwort hat teil an der verändernden, Wirklichkeit schaffenden Kraft des Gotteswortes: »Wie der Regen und der Schnee vom Himmel fällt und nicht dorthin zurückkehrt, sondern die Erde tränkt und sie zum Keimen und Sprossen bringt . . ., so ist es auch mit dem Wort: Es kehrt nicht zu mir zurück, sondern bewirkt, was es will, und erreicht all das, wozu ich es ausgesandt habe« (Jes 55,10 f). Auch das Verkündigen des Evangeliums ist mehr als nur das Überbringen einer Nachricht. So wie ein von Stadt zu Stadt ziehender Herold einen kaiserlichen Erlaß ausruft und ihn damit in Kraft setzt, so schafft das verkündigte Wort neue Wirklichkeit. Im Wort »wird das, wovon es spricht, präsent«[81].

Allerdings kann dieser Befund kein Grund sein, die Wirksamkeit des Wortes gegen die Wirksamkeit des Sakraments auszuspielen. Wenn Paulus z. B. schreibt: »Sooft ihr von diesem Brot eßt und aus diesem Kelch trinkt, verkündet ihr den Tod des Herrn« (1 Kor 11,26), dann steht ja gerade nicht Verkündigung gegen zeichenhaftes Handeln, sondern die Zeichenhandlung selbst (das Essen von dem Brot und Trinken aus dem Kelch) *ist* Verkündigung. Nicht nur das Wort, sondern auch das Sakrament ist Verkündigung – und damit Gegenwärtigmachen, Inkraftsetzen der verkündigten (dargestellten) Wirklichkeit. Und wenn im Johannesprolog Jesus als das fleischgewordene Wort vorgestellt wird[82], dann könnte das darauf verweisen, daß es eine dem gesprochenen Wort und der sakramentalen Zeichenhandlung vorausliegende *eine* Wirklichkeit gibt, die sich in Wort und Zeichen entfaltet. Gott »spricht« in der Zeichen- und Wort-Sprache dieses Jesus, in seinen Gesten, dem Verteilen des Brotes, der heilenden Berührung ebenso wie in seinem die

[77] Vgl. z. B. Gen 1,3.6. u. ö.; Jes 48,13; Ps 33,9; Röm 4,17.
[78] H. Schlier, Wort, II. Biblisch, in: HThG, Bd. 2, 845–867, Zitat: 846.
[79] Vgl. z. B. Ex 19f, bes. 19,3; 20,22.
[80] Vgl. z. B. Jer 1,4–9; Ez 2,1–3,3.
[81] H. Schlier, a. a. O., 863.
[82] Vgl. Joh 1,14.

Menschen verwandelnden Wort.[83] Jedenfalls sind von der Schrift her Wort und Sakrament in sehr engem Zusammenhang zu sehen.

Augustinus räumte in seiner Zeichen-Theorie dem Wort den ersten Platz ein und konnte so das Sakrament vom Wort her, als »verbum visibile (sichtbares Wort)«[84] definieren. In der *Scholastik* dagegen wurde zwar das Wort als wesentlicher Bestandteil des Sakraments (»forma sacramenti«[85]) reflektiert, eine eigene Theologie des Wortes aber nicht entfaltet. Damit waren die *konfessionellen Einseitigkeiten der Neuzeit* vorbereitet: die Betonung des Wortes auf evangelischer und die Betonung des Sakraments auf katholischer Seite.

Verglichen mit dieser Entwicklung markieren die Texte des *Zweiten Vatikanischen Konzils* eine deutliche Umorientierung. Die Liturgie-Konstitution nennt verschiedene Weisen der Gegenwart Jesu in seiner Kirche und stellt dabei nebeneinander: »Gegenwärtig ist er mit seiner Kraft in den Sakramenten, so daß, wenn immer einer tauft, Christus selber tauft. Gegenwärtig ist er in seinem Wort, da er selbst spricht, wenn die heiligen Schriften in der Kirche gelesen werden« (SC 7). Die Konstitution über die Offenbarung prägt die Formel vom »Tisch des Wortes Gottes wie des Leibes Christi« (DV 21), sie nennt Gottes Wort »Gottes Kraft zum Heil« (DV 17), spricht von der »Gewalt und Kraft«, die im Worte Gottes west, so »daß es für die Kirche Halt und Leben, für die Kinder der Kirche Glaubensstärke, Seelenspeise und reiner, unversiegelbarer Quell des geistlichen Lebens ist« (DV 21), und fordert eine »gesteigerte Verehrung des Wortes Gottes« (DV 26).

Bezüglich der Zuordnung von Wort und Sakrament schälten sich in der jüngeren katholischen Theologie, stark typisiert, zwei Gruppen heraus. Die eine arbeitet mit der Gegenüberstellung der beiden Größen. Dabei hat in der Regel das Wort eine mehr vorbereitende, aufschließende Bedeutung, die eigentliche Heilswirkung erfolgt im Sakrament: »Das Wort bezeugt, aber es wirkt nicht das Heil. Im Wort ist Gott als der Sichoffenbarende zugegen, im Sakrament aber als der mit uns Handelnde«[86]. Die andere Gruppe begreift das Sakrament nicht im Gegensatz zum Wort, sondern als einen besonderen Fall von Wort, bzw. sie sieht auch im Wort eine sakramentale Struktur: Das Wort der Verkündigung ist »wirksames Heilswort, hat also Sakramentenähnlichkeit, und das Sakrament ist sichtbare Glaubensverkündigung, hat also Wortcharakter.«[87] Das Wort Gottes »ist das heilskräftige

---

[83] Vgl. Joh 6,11; 9,6; 3,34; 15,3.

[84] Augustinus, De doctrina christiana, II,3,4. Vgl. dazu oben: 3.1.2.2.

[85] Vgl. oben: 3.2.5.

[86] V. Warnach, Wort und Sakrament im Aufbau der christlichen Existenz, in: Th. Bogler (Hg.), Schöpfergeist und Neuschöpfung, Maria Laach 1957, 68–90, Zitat: 82.

[87] M. Schmaus, Katholische Dogmatik, III/1, München 3.–5. Aufl. 1958, 744.

Wort, das an sich mitbringt, was es aussagt, ist selbst also Heilsereignis, das . . . anzeigt, was in ihm und unter ihm geschieht, und geschehen läßt, was es anzeigt. Es ist die Gegenwärtigsetzung der Gnade Gottes.«[88] Wort und Sakrament sind demnach nicht im Gegensatz, auch nicht komplementär zueinander, sondern eher eines durch das andere zu verstehen. Dieser Sicht folgen wir, wenn wir das Sakrament Wirklichkeit schaffendes Wort nennen.

Ähnlich wie zwischen Realsymbol und Vertretungssymbol, realisierendem und informierendem Zeichen[89] lassen sich auch beim Wort eine informierende und eine realisierende Funktion unterscheiden. Die informierende Rede (z. B. eine Presse-Meldung) soll über einen Sachverhalt unterrichten: Eine (vermeintliche oder wirkliche) Tatsache wird beschrieben, sie existiert unabhängig von dieser Beschreibung. Die realisierende (performative) Rede dagegen (z. B. eine Liebeserklärung oder die Verkündigung eines Urteils) stiftet Realität, macht das Ausgesagte wirklich.

Hier ist nochmals zu unterscheiden zwischen der Ebene des Rechts und der Ebene der persönlichen Kommunikation. Das richterliche Urteil, die Veröffentlichung eines Gesetzes im Amtsblatt haben ihre Wirksamkeit aufgrund eines gesellschaftlichen Einverständnisses. Die Tatsache, daß bestimmte »verabredete« Worte solche Wirkung haben, schafft Verläßlichkeit im Miteinanderleben. Daneben gibt es Worte, die eine neue Wirklichkeit schaffen, auch wo nichts rechtlich vereinbart wurde. Sie stiften oder verändern persönliche Beziehungen, verändern den Sprechenden und wollen auch den Hörenden verändern. Hierzu gehören z. B. die Worte, mit denen jemand seinen Dank oder sein Vertrauen ausspricht, um Entschuldigung bittet, Verzeihung gewährt, seine Freundschaft zusagt.

In diesem Sinne ist Sakrament Wirklichkeit schaffendes Wort, performative Rede, sowohl im Sinne des persönlich treffenden, innerlich umwandelnden, Beziehung stiftenden Wortes (z. B. der Zuspruch der Vergebung, die Erzählung vom Abendmahl) als auch im Sinne des rechtlich wirksamen Wortes (z. B. die Taufe als Aufnahme in die Kirche oder die Ordination zu einem Amt). Das zweite läßt sich am deutlichsten zeigen bei den Sakramenten, bei denen man von der Verleihung eines »unauslöschlichen Males« (character indelebilis) spricht, womit ja gerade eine objektive Gegebenheit gemeint ist, die auch noch weitgehend unab-

---

[88] K. Rahner, Wort und Eucharistie, in: Schriften zur Theologie, Bd. 4, Einsiedeln 1960, 313–355, Zitat: 321.

[89] Vgl. oben: 4.1.1.

hängig von der persönlichen Verfassung des Sakramentenempfängers da
ist: Wer einmal getauft ist, ist und bleibt Mitglied der Kirche, wer ordiniert ist, ist und bleibt Priester. Aber auch für die anderen Sakramente
gilt: Wo diese ganz bestimmten Worte gesprochen (und Zeichen gesetzt)
werden, da ist verläßlich und verbindlich Kirche engagiert.

Das realisierende Wort des Sakraments kann (wie auch sonst die performative Rede) in durchaus verschiedenen Formen ergehen. Es kann
als Anrede formuliert sein: »Ich taufe dich . . .«, »So spreche ich dich
los . . .«, »Ich nehme dich an als meine Frau . . .« Es kann aber auch die
Form der Erzählung haben (der Form nach also mit informativer Rede
verwechselbar) und doch in performativer Funktion gebraucht werden.
So wird in der Feier der Eucharistie von deren Anfang, vom Abendmahl
Jesu erzählt: »In der Nacht, in der er verraten wurde, nahm er das
Brot . . .«, und damit wird das Erzählte in der Runde der heute Versammelten so Wirklichkeit, die ganze Situation so verwandelt, daß die
innerhalb der Erzählung vorkommende Anrede »Nehmet und esset alle
davon . . .« zur Anrede an die jetzt das Wort Hörenden wird. Deshalb
kann auch die häufige Wiederholung desselben Wortes als sinnhaft erfahren werden. Wie Liebende gern die Worte der Liebe wiederholen
und immer wieder hören, so wird, wer die anrührende, wohltuend verwandelnde Kraft der sakramentalen Worte und Zeichen erfahren hat,
gern immer neu sich ihnen aussetzen und sich auf sie einlassen, in der
Erwartung, daß die begonnene Geschichte von Glaube und Liebe darin
weiterwächst.

*Der Ansatz der Sakramententheologie beim Wort kann mit dem Ansatz
beim Symbol ohne Widersprüche vermittelt werden. Auch die performative Rede
ist Realsymbol, realisierendes Zeichen. Deshalb kann das Sakrament sowohl (wie
bei Augustinus) als sichtbares Wort als auch (wie stärker in der ostkirchlichen
Tradition) als durch das Wort eindeutig gemachtes Bildgeschehen besprochen
werden.*

4.1.3. Verwandelndes Spiel

*Bei der Feier des Sakraments stehen Symbol und Wort in einem Hand-
lungszusammenhang, der sich als dramatisches, die Teilnehmer verwandelndes
Spiel beschreiben läßt.*

Spiel meint zweckfreies, aber gerade auf diese Weise wirksames
Handeln. (»Spiel« steht nicht im Gegensatz zu »Ernst«, sondern zu
zweckgerichtetem Handeln.) Mit »dramatischem« Spiel ist hier primär

nicht eine Vorführung vor Zuschauern gemeint, sondern eine Weise, wie die Teilnehmer an einer Feier sich auf das gefeierte Geschehen einlassen: Spielend-mitspielend lassen sich die Teilnehmer in das dargestellte Geschehen hineinziehen, und indem sie sich selbst, ihre eigenen Worte und Gebärden, kreativ in das Spiel einbringen, wirken sie mit an seiner konkreten Gestalt.

So spielen seit den Tagen der Urkirche die christlichen Gemeinden in Zeichen und Worten das Abendmahl Jesu nach und lassen sich durch dieses Spiel verwandeln. Sie übernehmen die Strukturen des Spiels von der Tradition und entwickeln sie weiter. Und wie in jedem Spiel die Möglichkeit liegt, den Augenblick und die gegenwärtige Situation zu überschreiten, so werden im sakramentalen Spiel die heilsgeschichtliche Vergangenheit und die erhoffte Zukunft gegenwärtig.

Dramatisches Spiel wurde in neuere sakramentale Feiern zunächst mehr als Element am Rande der Liturgie eingeführt: als Tanz, Pantomime, szenischer Dialog u. ä. »Spiel« kann aber auch als Grundkategorie von Liturgie verstanden werden. Darauf verweisen die liturgische Dramaturgie der Alten Kirche, die Mimesis-Idee in den Jerusalemer Mystagogischen Katechesen[90], die Mysterientheologie Odo Casels[91] und die Forderung des Zweiten Vatikanischen Konzils, die Christen sollten der Eucharistie »nicht wie Außenstehende und stumme Zuschauer beiwohnen« (SC 48); vielmehr solle bei der Erneuerung der Liturgie die »volle und tätige Teilnahme des ganzen Volkes« angestrebt werden (»totius populi plena et actuosa participatio«: SC 14)[92].

Aus der Konzeption des Sakraments als Spiel ergeben sich eine mehr theoretische und eine mehr praktische Konsequenz: (1) Zum Spiel gehört das Erleben. Das Spiel wird *nicht als Mittel eingesetzt,* um etwas anderes damit zu erreichen; sondern am Spiel möchte teilnehmen, wer die Erfahrung des Spiels schätzt. Auch das Spiel weist über sich hinaus; aber die den äußeren Ablauf transzendierende Wirklichkeit wird »realsymbolisch«, *im* Spiel (nicht: mit dem »Instrument« des Spiels) erreicht. Damit ist, zumindest sprachlich, ein Gegenakzent zum scholastischen Begriff der Instrumentalursache[93] und auch zur Kategorie des Gnadenmittels gesetzt. Mit diesem Gegengewicht könnte ein einseitig auf das Ursachendenken fixiertes und durch das zweckrationale Denken des 19. und 20. Jahrhunderts verstärktes Verständnis von Sakrament korrigiert

---

[90] Vgl. oben: 3.1.2.1.
[91] Vgl. oben: 3.5.2.
[92] Vgl. auch SC 19.21.41.48.
[93] Vgl. oben: 3.2.2.

werden. (2) Zum Spiel gehören *Ritus und Kreativität,* Überlieferung und Phantasie. Der Ritus ermöglicht das Zusammenkommen und die Kommunikation sowie die Erinnerung an den Ursprung, die Kontinuität mit der Überlieferung. Kreativität ermöglicht den Teilnehmern, sich mit ihrer Individualität in das Spiel einzubringen. Es ist wie mit der Sprache: Man erlernt ein überliefertes Zeichensystem und wird dadurch fähig, sich mitzuteilen; andererseits verändert sich die Sprache dadurch, daß sie von konkreten Menschen gesprochen wird, dadurch wiederum wird sie lebendig. Die Geschichte der Sakramentenpraxis zeigt, daß, auf längere Sicht gesehen, immer beide Faktoren am Werk waren. Heute wird es darum gehen, die spannungsvolle Einheit von Ritus und Kreativität neu zu finden.

4.1.4. *Feier der Kirche*

Was vom Spiel gesagt wurde, gilt auch für die Feier. Auch sie geschieht zweckfrei; auch sie überschreitet die gegenwärtige Situation, läßt einen größeren Horizont aufscheinen, erinnert an Ursprünge (z. B. die Feier von Geburtstag oder Hochzeitstag) und an uneingelöste Hoffnungen (wie z. B. die Feier des Gedenktags an einen Aufstand in einer Situation der Unterdrückung), wirkt dadurch subversiv gegenüber bestehenden Unrechtszuständen (was oft an ihrem Verbot zu erkennen ist). Über die Kategorien »Symbol«, »Wort« und »Spiel« hinaus besagt »Feier« ausdrücklicher das Miteinander einer Gemeinschaft und das Ensemble vieler Elemente: zur Feier gehört sowohl das Wort als auch die Gebärde und das Spiel.

»Feier« (celebratio, celebrare) ist ein Grundbegriff der Liturgie-Konstitution des Zweiten Vatikanischen Konzils. »Die liturgischen Handlungen sind . . . Feiern der Kirche« (SC 26)[94]. Mit der Vokabel Feier sind auch die neueren in deutscher Sprache kirchenamtlich herausgegebenen liturgischen Bücher überschrieben: »Feier der Taufe«, »Feier der Firmung«, »Feier der Buße« (bzw. »Feier der Versöhnung«), »Feier der Diakonenweihe und der Priesterweihe«, »Feier der Ehe«. Die Allgemeine Einführung in das Meßbuch spricht im 1. Kapitel über die »Bedeutung und Würde der Eucharistiefeier« und verwendet in jedem der sechs Abschnitte die Vokabel »Feier«. Damit ist ein anderer Akzent gesetzt als in älteren vergleichbaren Dokumenten, die von der »Verwaltung« und »Spendung« der Sakramente sprachen und in denen selbst das Wort »Zelebration« zum Terminus technicus für das Rollenhandeln des Priesters wurde und kaum an gemeinschaftliche Feier denken ließ: Der Priester »zelebriert«, die Gläubigen »hören« die Messe.[95]

---

[94] Vgl. auch SC 6−8.11.17.21.27.77 u. ö.
[95] So z. B. das Kirchliche Gesetzbuch von 1917: CIC/1917, can. 804, § 1; can. 806, § 1; can. 1248 f.

Sakramente sind Feiern der Kirche. In ihnen konstituiert sich Gemeinde: als Zusammenkunft im Namen Christi, als vergegenwärtigende Erinnerungsgemeinschaft und die Zukunft antizipierende Hoffnungsgemeinschaft, als das das Evangelium verkündende und das neue Leben zeichenhaft darstellende Volk Gottes. Aber die Kirche feiert nicht sich selbst, sondern die Geschichte, der sie sich verdankt, und die Hoffnung, welche sie bewegt.

Mit der Kategorie »Feier« verbinden sich mehrere Kennzeichen des Sakraments:

(1) Sakramente sind *Akte der Gemeinschaft.* Kein Sakrament ist dazu bestimmt, von einem allein realisiert zu werden.[96]

(2) Die Gemeinschaft (nicht ein einzelner) ist auch *das Subjekt der sakramentalen Feier.* Gerade im Zusammenhang mit der Vokabel »Feier« (»celebratio«) betont die Liturgie-Konstitution die Forderung nach der »vollen, bewußten und tätigen Teilnahme« aller Gläubigen (SC 14)[97]. Von daher sind die geläufigen Bezeichnungen »Spender« und »Empfänger« als Grundkategorien für die Rollenverteilung im Sakrament problematisch.

(3) Jede Feier lebt von einer *Hoffnung;* denn sie übersteigt mit ihrer Freude (oder ihrer Tröstung) die gegenwärtigen Verhältnisse. Ohne Hoffnung wäre die Feier betäubende Verdrängung der Wirklichkeit. In der Feier wird die erhoffte Zukunft antizipiert. So werden, mitten in der Erfahrung von Leid, Ungerechtigkeit und Sünde, in Taufe und Eucharistie die Auferstehung und die Tischgemeinschaft im kommenden Gottesreich gefeiert. Als Gegenbilder der kommenden Welt wirken die Sakramente gleichzeitig beunruhigend und relativierend gegenüber dem faktisch Bestehenden: sie bestärken den Einsatz für eine bessere Welt und lassen gleichzeitig an den Sinn der kleinen Schritte glauben.

(4) Von hierher läßt sich auch *die Praxis-Relevanz* des Sakraments aufweisen. Zielgerichtetes Handeln und absichtsloses Feiern, Praxis und Fest sind aufeinander verwiesen. »Praxis allein macht den Menschen verrückt, weil die Größe der Aufgaben ihn allmählich niederdrückt. Der Praxis, allein genommen, haftet ein ›tierischer Ernst‹ an. Das Fest dagegen mit seinem Lächeln hat die Gabe, zwischen der gewaltigen Größe der historischen Aufgaben und den begrenzten Kräften des Handelnden zu vermitteln«, schreibt Francisco Taborda vor dem Hintergrund der

---

[96] Vgl. z. B. SC 27.
[97] Vgl. auch SC 21.27.41.

Erfahrungen in der lateinamerikanischen Befreiungsbewegung.[98] Wie Fest und Feier, so soll auch das Sakrament nicht vom praktischen Engagement ablenken, sondern an dessen Sinn und die mit ihm verbundene Hoffnung erinnern.

(5) Von hierher wird aber auch deutlich, daß die Sakramente *nicht das Ganze christlicher Existenz* oder auch kirchlichen Lebens ausmachen können. Wie zum Ganzen des Lebens Fest *und* Praxis gehören, so gehören zum Ganzen der Kirche außer der Liturgie auch die Verkündigung und die Diakonie: Diese werden zwar im Sakrament zeichenhaft dargestellt; aber das Zeichen würde leer, wenn das Dargestellte nicht auch praktisch realisiert würde.

(6) Der Ansatz bei der Feier legt schließlich auch eine *ganzheitliche Betrachtung des Sakraments* nahe. Eine Feier läßt sich nicht auf einen einzigen, alles Wesentliche verursachenden Faktor reduzieren. Gegenstand der Sakramententheologie ist daher nicht ein »dogmatisch relevanter Kern« (z. B. der zur Gültigkeit der Messe erforderliche Minimalbestand an Einsetzungsworten), sondern die Feier als ganze. Von daher rücken Dogmatik und Liturgiewissenschaft einander näher, als es in der Vergangenheit der Fall war.

4.1.5. Zeichen erlöster Welt

Die sakramentalen Zeichen stellen nicht eine religiöse Sondersprache dar; vielmehr werden Grundelemente von Welt – Wasser, Brot, Wein, Öl – und Grundgebärden des Menschen – Handauflegung, Salbung, Mahlhalten, Hochzeit – zu Zeichen des Heils.

Nicht zufällig hatten spiritualisierende Bewegungen außerhalb und innerhalb der Kirche ein eher negatives Verhältnis zu den Sakramenten: Wenn grundsätzlich Materie zum Bereich der Finsternis und des Todes gezählt, Leibhaftigkeit in Gegensatz zu Geistigkeit verstanden, Essen, Trinken, Sexualität usw. nur in ihrem Betäubungs- und Verführungscharakter gesehen werden, dann können leibhaftig gefeierte Riten kein Ausdruck des Glaubens sein. Im Gegensatz dazu spiegelt sich in den Sakramenten ein positives Verhältnis des christlichen Glaubens zur materiellen Welt und zur Leibhaftigkeit des Menschen: Die Welt und in ihr

---

[98] F. Taborda, a. a. O. (oben: Anm.1), 53.

der leibhaftige Mensch sind Gottes Schöpfung, zur Vollendung bestimmt, in den Erlösungsprozeß einbezogen.

Allerdings sind die Elemente der Welt und die Gebärden des Menschen nicht naturnotwendig Wege zum Heil, sondern immer nur in einem erlösenden, die Schöpfung vollendenden Zusammenhang: Sakramentales Zeichen ist nicht die Chaosmacht Wasser, sondern das
Wasser in seiner reinigenden und lebenspendenden Kraft; nicht der
Untergang in der Flut, sondern das Durchschreiten des Wassers; nicht
das Brot an sich oder die pure Nahrungsaufnahme, sondern das geteilte
und gemeinsam gegessene Brot; nicht der Wein als Ursache rauschhafter
Ekstase, sondern der Becher, der weitergereicht wird; nicht die Gebärde
der Gewalt, sondern die Geste der Heilung; nicht das besitzergreifende,
sondern das den anderen als Partner annehmende Wort.

*Sakramente sind Zeichen erlöster Welt. Das bedeutet also zweierlei: Erstens
sind sie Ausdruck des Schöpfungsglaubens und der Vollendungshoffnung, zweitens zeigen sie die Richtung an, in der Erlösung und Vollendung zu suchen sind.*

4.2. Begriffliche Präzisierungen

4.2.1. Analoger Sakramentsbegriff

Bei der Reflexion über das Sakrament als Symbol[99] wurde eine
durchgehende trinitarisch-christologisch-ekklesiologisch-sakramenten-
theologische Perspektive angedeutet. Im Hintergrund steht ein analoger
Sakramentsbegriff: *Christus als Ursakrament, die Kirche als Grundsakrament,
die einzelnen Sakramente als in Christus begründete und ihn repräsentierende
Lebensvollzüge der Kirche.* Dieser Sprachgebrauch erinnert an die mehr-
schichtige Bedeutung der Begriffe Mysterium und Sakrament im Neuen
Testament und in der Alten Kirche: Das Mysterium Gottes ist seine
Menschwerdung in Jesus Christus, dieses Mysterium wird gegenwärtig
in der Gemeinde, welche Christus verkündigt, und dargestellt in den
liturgischen Feiern der Kirche.

Das Ursakrament ist *Jesus Christus.* Er ist das realisierende Zeichen,
das Realsymbol schlechthin, die Verleiblichung Gottes in unsere Welt
hinein. Er ist Gottes Zeichen im doppelten Sinn: An ihm, an seinem
Leben, seinen Worten, seinem Wirken und seinem Geschick kann man

---

[99] Vgl. oben: 4.1.1.

erkennen, wie Gott am Menschen handelt – und in ihm selbst realisiert Gott seine Geschichte mit den Menschen. Anders gesagt: Er ist das Wort Gottes, das nicht nur über Gott spricht, sondern ihn selbst in die Geschichte hineinbringt.

Vom Ursakrament Jesus Christus her kann auch *die Kirche* Sakrament genannt werden. Die »komplexe Wirklichkeit« der Kirche, »die aus menschlichem und göttlichem Element zusammenwächst«, ist »in einer nicht unbedeutenden Analogie dem Mysterium des fleischgewordenen Wortes ähnlich. Wie nämlich die angenommene [menschliche] Natur dem göttlichen Wort als lebendiges, ihm unlöslich geeintes Heilsorgan dient, so dient auf eine ganz ähnliche Weise das gesellschaftliche Gefüge der Kirche dem Geist Christi, der es belebt, zum Wachstum seines Leibes« (LG 8). Mit anderen Worten: Das vom Geist Christi inspirierte Leben der Kirche, ihre Verkündigung, ihre Diakonie und ihre Liturgie, dient dazu, »Zeichen« Jesu Christi zu sein, seine bleibende Gegenwart und Wirksamkeit in der Welt zu bezeugen und zu realisieren. »Die Kirche ist in Christus gleichsam das Sakrament, das heißt Zeichen und Werkzeug für die innigste Vereinigung mit Gott wie für die Einheit der ganzen Menschheit« (LG 1)[100].

Wenn die Kirche in Analogie zu Christus Mysterium oder Sakrament genannt wird, so ist allerdings daran zu erinnern, daß Analogie in der katholischen Theologie nicht Gleichheit oder gar Identität besagt, sondern Ähnlichkeit bei gleichzeitiger größerer Unähnlichkeit[101]. In der von Lumen gentium angesprochenen Analogie besteht die Unähnlichkeit darin, daß zwischen dem göttlichen Wort und der menschlichen Natur Jesu Christi ein Verhältnis hypostatischer Union besteht, nicht aber zwischen Geist und Kirche. »Der Geist wirkt nicht durch eine konkrete menschliche Einzelnatur, wie der Logos in Christus, sondern durch das ›soziale Gefüge‹ . . . der Kirche, also durch eine Vielheit von Personen, deren Bereitschaft mitzuwirken höchst unterschiedlich und in vielem mangelhaft ist.«[102] Es soll und darf also nicht behauptet werden, die Kirche verkörpere so Christus, wie Christus den Vater verkörpert. Christus ist ganz erfüllt von Gott, die Kirche dagegen eine Mischung aus Gnade und Sünde. Dies bringt die Kirchenkonstitution zum Ausdruck, indem sie von der »unvollkommenen Heiligkeit« der Kirche spricht: »Bis es aber einen neuen Himmel und eine neue Erde gibt, in denen die Gerechtigkeit wohnt (vgl. 2 Petr 3,13), trägt die pilgernde Kirche in ihren Sakramenten und Institutionen, die noch zu dieser Weltzeit gehören, die Gestalt dieser Welt, die vergeht, und zählt so selbst zur Schöpfung, die bis jetzt noch seufzt und in Wehen liegt und die Offenbarung der Kinder Gottes erwartet (vgl. Röm 8,12–22)« (LG 48).

---

[100] Vgl. auch SC 5; GS 42.45; AG 1.5.
[101] Vgl. DH 806/NR 280.
[102] A. Grillmeier, Kommentar zum Ersten Kapitel der Dogmatischen Konstitution über die Kirche, in: LThK.E, Bd. 1, 156–176, Zitat: 174.

Mit der Bezeichnung der Kirche als »Grundsakrament« soll, in umgekehrter Blickrichtung, der Zusammenhang zwischen dem Sakrament, das die Kirche ist, und den *einzelnen Sakramenten* ausgedrückt werden: Diese sind Zeichen, Lebensvollzüge der Kirche, »Feiern der Kirche, die das Sakrament der Einheit ist« (SC 26). So wird z. B. in der Eucharistie nicht nur das Pascha-Mysterium Jesu Christi vollzogen, sondern in ihr wird auch dargestellt, was Kirche sein soll: Zusammenkunft, dankende, geschwisterlich miteinander teilende Erinnerungs- und Hoffnungsgemeinschaft, und dies wird nicht nur dargestellt, sondern auch realisiert: In der Eucharistie und durch sie wird Kirche, was sie ist.

4.2.2. Herkunft von Jesus Christus

Vom Zusammenhang zwischen Kirche und Sakrament her kann auch das Problem der »Einsetzung« angegangen werden. Sowohl in der scholastischen und nachtridentinisch-katholischen als auch in der protestantischen Lehrtradition gehört zur Definition des Sakraments die Einsetzung durch Jesus Christus.[103]

Dabei geht es vor allem um die theologische Bedeutung des Sakraments. *Die Sakramente sind grundgelegt in den biblisch bezeugten Zeichenhandlungen Jesu. In ihnen setzt sich das leibhaftig-zeichenhafte Heilshandeln Jesu fort.* Hierin stimmen katholisches und evangelisches Sakramentenverständnis weitgehend überein: »Sakramente sind Gaben des Herrn an seine Kirche, nicht selbstderachte Werke der Kirche.«[104] »Gegenwärtig ist er [Christus] mit seiner Kraft in den Sakramenten, so daß, wenn immer einer tauft, Christus selber tauft« (SC 7).

Außerdem soll die Einsetzung als Kriterium im Streit um die Zahl der Sakramente dienen: Nur von Jesus Christus selbst eingesetzte und mit der Zusage der Gnade versehene Zeichen dürfen Sakrament genannt werden. Aufgrund dieses Kriteriums reduzierten die Reformatoren die Liste der Sakramente auf Taufe und Abendmahl (und zeitweilig die Buße). Daß das Konzil von Trient wie die scholastische Tradition von einem weiteren Begriff von Einsetzung ausging und damit die Siebenzahl rechtfertigen konnte, wurde im historischen Teil dargelegt.[105] Heute verschärft sich das historische Problem durch die Ergebnisse der historisch-kritischen Exegese, insbesondere durch die Unterscheidung zwischen vorösterlichem Jesus und nachösterlichem Christus, dessen Bild von der jeweils verkündigenden Gemeinde geprägt ist. Denn auch der Taufbefehl

---

[103] Vgl. DH 1601/NR 506.
[104] U. Kühn, Sakramente, Gütersloh 1985, 309.
[105] Vgl. oben: 3.3.3.

Jesu ist nach dem Zeugnis des Neuen Testaments (vgl. Mt 28,19; Mk 16,16) eindeutig nachösterlich, und bezüglich des Abendmahls ist zumindest fraglich, ob der ausdrückliche Wiederholungsauftrag (»Tut dies . . .«, 1 Kor 11,24 f) als historisches Jesuswort gelten kann. Andererseits relativiert sich damit die konfessionelle Kontroverse. In beiden Konfessionen muß man heute neu darüber nachdenken, »ob und, wenn ja, in welchem Sinne dennoch von einer Stiftung der Sakramente durch Christus gesprochen werden kann«, bzw. »wie ausdrücklich und explizit diese Stiftung [durch Jesus] im Neuen Testament bezeugt sein muß«[106].

Auf katholischer Seite greift man hier auf den oben dargelegten Zusammenhang zwischen Kirche und Sakrament[107] zurück und denkt an eine mittelbare Herkunft der Sakramente von Christus: Die Sakramente »haben . . . ihre Herkunft von Gott in Jesus Christus durch den Heiligen Geist insofern, als die Kirche ihre Herkunft von Gott hat«[108]. Mit anderen Worten: Insofern sich die Kirche auf Jesus zurückführen läßt, lassen sich auch ihre Grundvollzüge, die Sakramente, auf ihn zurückführen. Damit ist freilich das Problem der »Einsetzung« der Sakramente mit dem Problem der »Kirchengründung« durch Jesus Christus verbunden. In beiden Fällen wird man »Einsetzung« bzw. »Gründung« nicht als direkte historisch greifbare Stiftungsakte Jesu verstehen dürfen, sondern als geschichtliche Entwicklungen (Entstehen von Gemeinden, welche taufen, das Abendmahl feiern usw.), in denen gläubige Interpretation das Wirken des erhöhten, im Heiligen Geist in seiner Gemeinde präsenten Christus erkennt. Diese Sicht wird auch vom II. Vaticanum angedeutet: »Auferstanden von den Toten . . . hat er [Christus] seinen lebendigmachenden Geist den Jüngern mitgeteilt und durch ihn seinen Leib, die Kirche, zum allumfassenden Heilssakrament gemacht« (LG 48).

Ähnlich spricht der evangelische Systematiker Ulrich Kühn von einem »Stiftungszusammenhang«: Es war »der in der frühchristlichen Gemeinde lebendige Geist des Erhöhten«, der die nachpfingstliche Gemeinde zu Taufe und Abendmahl ermächtigte. Aber für ihn gehört zum »Stiftungszusammenhang«, daß »dem Handeln des vorösterlichen Jesus auch dann eine ausschlaggebende Bedeutung zukommt, wenn eine ausdrückliche Einsetzung nicht nachgewiesen werden kann«. Hier ist, obwohl bezüglich der Funktion der Kirche bei der Entstehung der Sakramente eine Annäherung der Sichtweisen unverkennbar ist, doch die Tendenz stärker, wenigstens einen Anhaltspunkt im Leben des vorösterlichen Jesus nachzuweisen und damit ein Kriterium zu behalten als »Schutz dagegen . . ., daß die Kirche nach Belieben selbst Sakramente ins Leben rufen oder auch fallenlassen könnte.« Allerdings ergibt sich »von der Figur des Stiftungszusammenhangs her . . . eine neue Gesprächssituation im Blick auf Handlungen, für die im Neuen Testament kein ausdrückliches Einsetzungswort formuliert ist, die jedoch in der katholischen Tradition als Sakrament gelten.«[109] Kühn verweist hier auf den Zusammenhang zwischen den Krankenheilungen Jesu und der Krankensalbung in der neutestamentlichen Gemeinde.

Nach dem (stärker am biblischen Jesus ausgerichteten) »evangelischen« Modell ist das Motiv der Einsetzung eher als Kriterium brauchbar, nach dem (stärker an der Geschichte der Gemeinde ausgerichteten) »katholischen« Modell eher nicht.

---

[106] U. Kühn, a. a. O., 309 f.
[107] Vgl. oben: 4.2.1.
[108] H. Vorgrimler, Sakramententheologie, Düsseldorf 1987, 93.
[109] U. Kühn, a. a. O., 310.

4.2.3. Die Vor-gabe Gottes

Daß in den Sakramenten Christus selbst handelt, ist auch der ursprüngliche (scholastische) Sinn der später (in der Reformationszeit) umstrittenen Formel »ex opere operato«[110]. *Das Sakrament bezieht seine Kraft nicht aus dem menschlichen Werk, aus der klugen Regie einer liturgischen Feier oder aus der Heiligkeit der an der Feier beteiligten Personen, sondern aus Gottes Erlösungshandeln in Christus.* Dieser, Christus, ist verläßlich gegenwärtig, wo das Sakrament gefeiert wird. Die Formel »ex opere operato« will diese Vor-gabe Gottes, die Verläßlichkeit seiner Zuwendung zum Ausdruck bringen. Das bedeutet nicht, daß für die Wirkung des Sakraments der Glaube und die persönliche Offenheit für Gott unerheblich wären, wohl aber, daß der Glaube und alle aktive Beteiligung an der Feier nicht das Erste sind, sondern ein Sich-einlassen auf eine Bewegung, die schon vorher von Gott in Gang gebracht wurde. In der Sprache der Mysterientheologie gesagt: Wer sich auf die Feier einläßt, »den Tod und die Auferstehung des Herrn im Zeichen mit-vollzieht«, der erfährt, daß er »als Mit-spieler . . . zugleich Mit-Gespielter [ist], dessen Existenz von Christus und seiner Heilstat neu bestimmt ist«[111].

Der Sache nach besteht hier kein konfessioneller Gegensatz. »Es ist um des Glaubens willen notwendig, das vorgängig zum Glauben geschehende Kommen Gottes festzuhalten . . . In diesem Sinne hält Luther der Sache nach an der Wirksamkeit der Sakramente ›ex opere operato‹ fest, er lehnt eine solche Wirksamkeit nur im Sinne . . . einer Heilswirkung ohne Glauben ab«[112].

Ob die Formel »ex opere operato« aber, wie in der Scholastik, zur Abgrenzung der Sakramente von anderen Feiern des Glaubens dienen kann, das erscheint heute, nach der Wiederentdeckung des Wortes in der katholischen Theologie und nach der Überwindung sakramentalistischer Verengungen fragwürdig. Gilt nicht auch für das Wort der Verkündigung, ja für alle Zusammenkunft im Namen Jesu die Zusage seiner wirkenden Nähe? »Gegenwärtig ist er in seinem Wort, da er selbst spricht, wenn die heiligen Schriften in der Kirche gelesen werden. Gegenwärtig ist er schließlich, wenn die Kirche betet und singt, er, der versprochen hat: ›Wo zwei oder drei versammelt sind in meinem Namen, da bin ich mitten unter ihnen‹ (Mt 18,20)«. »Jede liturgische Feier« ist für die Liturgie-Konstitution »Werk Christi« (SC 7).

4.2.4. Das Proprium des Sakraments

Was also ist ein Sakrament? Zunächst einmal muß die historische Tatsache, daß die kirchliche Glaubensgeschichte über tausend Jahre lang

---

[110] Vgl. oben: 3.2.3. und 3.3.
[111] A. Schilson, a. a. O. (oben: Anm. 72), 127.
[112] U. Kühn, a. a. O., 71f; vgl. auch G. Wenz, Einführung in die evangelische Sakramentenlehre, Darmstadt 1988, 43.

ohne Sakramentsdefinition auskam, auch in eine systematische Reflexion positiv einbezogen werden. Der in der Scholastik entwickelte und heute gebräuchliche Sakramentsbegriff ist eine nachträgliche Abstraktion. Die (von einem heutigen Verständnis aus empfundene) »Ungenauigkeit« im Sprachgebrauch der Alten Kirche enthält eine indirekte positive Aussage über die Wirklichkeit als ganze: Was wir heute, von anderen Lebensformen abgrenzend, Sakrament nennen, ist bei den Kirchenvätern und den frühmittelalterlichen Theologen viel stärker verwoben in eine ganze Welt von Zeichen, in die Ereignisse der Heilsgeschichte Gottes mit seinem Volk, welche in der Menschwerdung des Gottessohnes ihren Höhepunkt erreicht und über Taufe, Eucharistie und vielerlei religiöse Ausdruckshandlungen bis in die Welt des Profanen hineinreicht.

Auf Abgrenzung zielende Definitionen bringen oft das Wesen, die Mitte nicht in den Blick. Deshalb soll an erster Stelle nicht das Unterscheidende, sondern die Mitte, das Wesen des Sakraments benannt werden. Die bis hierher genannten Aspekte zusammenfassend können wir formulieren: *Sakramente sind an der Verkündigung Jesu Christi orientierte Feiern der kirchlichen Gemeinschaft, in denen die rettende und verwandelnde Zuwendung Gottes leibhaftig dargestellt, in kommunikativem Spiel, in Worten und Gebärden nachvollzogen und auf diese Weise glaubend empfangen wird.*

Ein präzises Unterscheidungsmerkmal, welches das Sakrament klar von anderen kirchlichen Feiern (z. B. der Fußwaschung oder einem von Zeichenhandlungen begleiteten Wortgottesdienst) abgrenzt, liefert diese Wesensbeschreibung nicht. Fragt man nach dem Spezifischen, von allem anderen Unterscheidenden des Sakraments, dann wird man auf das faktische Engagement der Kirche verwiesen: *Sakramente sind jene Feiern der Kirche, welche die Kirche mit Blick auf Jesus Christus und das Zeugnis des Neuen Testaments als ihre zentralen liturgischen Vollzüge erkennt, mit denen sie sich höchst offiziell identifiziert und in denen sie sich radikal engagiert.*

Damit ist bezüglich der Entscheidung darüber, was als Sakrament zu gelten habe, der Kirche eine große Kompetenz zugesprochen. In der Tat: Daß genau diese sieben Vollzüge, sie alle und keine anderen, Sakrament sind, das ist weder eindeutig aus der Bibel zu begründen noch deduktiv von einem vorgefaßten Sakramentsbegriff abzuleiten, sondern das ist zunächst das kontingente Ergebnis der kirchengeschichtlichen Entwicklung. Bedenkt man aber, daß die einzelnen Sakramente als Ausformungen und Vollzüge des Grundsakraments Kirche zu verstehen sind und daß Kirche immer auch eine geschichtliche Größe ist, dann liegt es nahe, daß den geschichtlich gewordenen Akzenten kirchlichen Lebens eine solche Bedeutung beigemessen wird.

Außerdem ist natürlich der Passus »mit Blick auf Jesus Christus und das Zeugnis des Neuen Testaments« ernst zu nehmen. Dieser Blick auf den Ursprung wird immer wieder zu Korrekturen in Theorie und Praxis der Kirche führen. So wurden z. B. in unserem Jahrhundert, angeregt durch eine neue Beschäftigung mit der Bibel, der Charakter der Eucharistie als einer Mahlfeier und die theologische Bedeutung der Wortverkündigung wiederentdeckt und neu realisiert, und so sieht heute auch die katholische Theologie ein Bedeutungsgefälle zwischen (den in der Bibel weitaus am stärksten bezeugten Sakramenten) Taufe und Eucharistie einerseits und den übrigen Sakramenten andererseits.

Literatur

1. Systematische Gesamtdarstellungen der Sakramentenlehre
Courth, Franz, Die Sakramente. Ein Lehrbuch für Studium und Praxis der Theologie, Freiburg 1995
Ganoszy, Alexandre, Einführung in die katholische Sakramententheologie, Darmstadt 1979
Koch, Günter, Sakramentenlehre – Das Heil aus den Sakramenten, in: Wolfgang Beinert (Hrsg.), Glaubenszugänge. Lehrbuch der katholischen Dogmatik, Bd. 3, Paderborn 1995, 309–523
Kühn, Ulrich, Sakramente, Gütersloh 1985
Lies, Lothar, Sakramententheologie. Eine personale Sicht, Graz 1990
Schneider, Theodor, Zeichen der Nähe Gottes. Grundriß der Sakramententheologie, Mainz 1979
Tillard, Jean-Marie, Das sakramentale Handeln der Kirche, in: Peter Eicher (Hrsg.), Neue Summe Theologie, Bd. 3, Freiburg 1989, 239–304
Vorgrimler, Herbert, Sakramententheologie, Düsseldorf 1987
Wenz, Gunther, Einführung in die evangelische Sakramentenlehre, Darmstadt 1988

2. Außerdem zum allgemeinen Sakramentsbegriff
Boff, Leonardo, Kleine Sakramentenlehre, Düsseldorf 1976
Bornkamm, Günther, μυστήριον, μυέω (mysterion, myeo), in: ThWNT, Bd. 4, 809–834
Emeis, Dieter, Sakramentenkatechese, Freiburg 1991
Finkenzeller, Josef, Die Lehre von den Sakramenten im allgemeinen (HDG IV/1), 1a: Von der Schrift bis zur Scholastik, Freiburg 1980; 1b: Von der Reformation bis zur Gegenwart; Freiburg 1981
Hempelmann, Reinhard, Sakrament als Ort der Vermittlung des Heils. Sakramententheologie im evangelisch-katholischen Dialog, Göttingen 1992

Herten, Joachim u. a. (Hrsg.), Vergegenwärtigung. Sakramentale Dimensionen des Lebens, Würzburg 1997

Jüngel, Eberhard/Rahner, Karl, Was ist ein Sakrament?, Freiburg 1971

Klauck, Hans-Josef, Die Sakramente und der historische Jesus, in: Ders., Gemeinde, Amt, Sakrament. Neutestamentliche Perspektiven, Würzburg 1989, 273–285

Lehmann, Karl/Pannenberg, Wolfhart (Hrsg.), Lehrverurteilungen – kirchentrennend?, Bd. 1: Rechtfertigung, Sakramente und Amt im Zeitalter der Reformation und heute, Freiburg/Göttingen 1986

Meuffels, Hans Otmar, Kommunikative Sakramententheologie, Freiburg 1995

Moos, Alois, Das Verhältnis von Wort und Sakrament in der deutschsprachigen Theologie des 20. Jahrhunderts, Paderborn 1993

Nocke, Franz-Josef, Wort und Geste. Zum Verständnis der Sakramente, München 1985

Pannenberg, Wolfhart/Schneider, Theodor (Hrsg.), Lehrverurteilungen – kirchentrennend? Bd. 4: Antworten auf kirchliche Stellungnahmen, Freiburg/Göttingen 1994

Rahner, Karl, Kirche und Sakramente, Freiburg 1960

Rahner, Karl, Zur Theologie des Symbols, in: Ders., Schriften zur Theologie, Bd. 4, Einsiedeln 1960, 275–311

Rahner, Karl, Über die Sakramente der Kirche. Meditationen, Neuausgabe Freiburg 1985

Sattler, Dorothea/Schneider, Theodor, Hermeneutische Erwägungen zur »Allgemeinen Sakramentenlehre«, in: Wolfhart Pannenberg (Hrsg.), Lehrverurteilungen – kirchentrennend? Bd. 3: Materialien zur Lehre von den Sakramenten und vom kirchlichen Amt, Freiburg/Göttingen 1990, 15–32

Schilson, Arno, Das Sakrament als Symbol, in: Franz Böckle u. a., Christlicher Glaube in moderner Gesellschaft, Bd. 28, Freiburg 1982, 122–150

Taborda, Francisco, Sakramente: Praxis und Fest, Düsseldorf 1988

Werbick, Jürgen, Kirche. Ein ekklesiologischer Entwurf für Studium und Praxis, Freiburg 1994

DRITTER TEIL:
SPEZIELLE SAKRAMENTENLEHRE

I. TAUFE

1. Zugang

1.1. Ort

Taufe und Eucharistie sind die beiden Hauptsakramente der Kirche (sacramenta maiora). Die Taufe ist das erste und grundlegende Sakrament im Prozeß christlicher Initiation. Deshalb wird sie, seit es systematische Sakramententheologie gibt, an erster Stelle genannt.

1.2. Heutige Problematik

Aus mehreren Gründen wird heute die Taufe unmündiger Kinder problematisiert: Die Tatsache, daß eine große Zahl von Menschen zwar getauft wird, aber praktisch ohne kirchliche Sozialisation aufwächst, führt für die einzelnen zu Rollenproblemen und für die Kirche zum Verlust ihres Profils. Weil die bisherige volkskirchliche Gestalt des Christentums zurückgeht, wird stärker die Notwendigkeit individueller Glaubensentscheidungen bewußt. Der Wandel von der frühchristlichen Praxis, in welcher (zumindest vorwiegend) entscheidungsreife Bewerber getauft wurden, zu einem Christentum, »in das man sich nicht hineinentscheidet, sondern unbewußt hinein-›geboren‹ wird«, erscheint manchen als »die folgenschwerste aller Entscheidungen der Kirchengeschichte«[1]. So reflektieren evangelische und katholische Theologie seit der Mitte des 20. Jahrhunderts neu die Legitimität der Kindertaufe und damit die theologische Bedeutung der Taufe überhaupt. Gefragt wird insbesondere nach dem Zusammenhang von Glaube und Taufe, nach

---

[1] H. U. von Balthasar, Kirchenerfahrung dieser Zeit, in: Sponsa Verbi, Einsiedeln 1961, 11–44, Zitat: 16.

der Wertung des geschichtlichen Wandels und nach dem Zusammenhang zwischen Gesellschaftsstruktur, Kirchenbild und Taufverständnis.

Neuere katholische kirchenamtliche Stellungnahmen (z. B. die Pastoralanweisung der
deutschen Bischofskonferenz vom Herbst 1970 und die römische Instruktion über die
Kindertaufe vom 20. 10. 1980) warnen vor undifferenzierter Taufpraxis und sehen für bestimmte Fälle einen »Taufaufschub« vor. Daß einerseits diese Anweisungen bisher in der
kirchlichen Praxis in Deutschland weitgehend wirkungslos blieben, andererseits in einzelnen konkreten Fällen die Ablehnung der Kindertaufe zu erheblichen innerkirchlichen
Konflikten führte, dürfte u. a. auch ein Zeichen dafür sein, daß an diesem Punkt unterschiedliche theologische Vorstellungen aufeinanderstoßen: Die einen sehen in der Taufe
mehr das Symbol für eine Glaubensantwort auf das Angebot der Verkündigung, die anderen mehr ein Gnadengeschehen, das auch relativ unabhängig von menschlichen Voraussetzungen wirksam wird.

2. Biblische Grundlagen

2.1. Religionsgeschichtliches Umfeld: Initiationsriten

Die Religionsgeschichte kennt Prozesse religiöser und ethnischer
Sozialisation, das heißt, der Aufnahme in die engere Gemeinschaft des
Stammes, der Einweihung in einen neuen Lebensstand, der Reifung des
einzelnen und der Begegnung mit der Gottheit, welche weitgehend gemeinsame Züge aufweisen: Trennung aus den bisherigen Lebenszusammenhängen, Zeit des Übergangs, welche durch Gefahren und
Schmerzen, aber auch durch das Erlernen wichtiger Worte und die
Einübung in Lebenspraktiken der sozialisierenden Gruppe gekennzeichnet ist, schließlich Aufnahme in die Gemeinschaft, wo ein neues,
verändertes Leben beginnt. In diesem Prozeß sind praktische Übungen
und symbolische Riten ineinander verwoben. Im Hinblick auf den
Aspekt der Einführung sprechen Religionsgeschichtler von »Initia-
tionsriten«, im Hinblick auf den Aspekt des Übergangs von »Schwel-
lenriten« (»rites de passage«).

2.2. Symbolik des Wassers

So stehen auch hinter der Wassertaufe ursprüngliche Symbole, in
denen sich menschliche Ur-Erfahrungen mit dem Element des Wassers

verdichteten. Drei (zum Teil gegensätzliche) Erfahrungen sind von besonderer Bedeutung. Sie schlugen sich in den Mythen der Religionen, aber auch in der Sprache der Bibel nieder.

(1) Wasser kann als *lebensgefährdende Chaosmacht* erfahren werden. Überschwemmungskatastrophen leben weiter in Sintflutgeschichten, die Erfahrung Schiffbrüchiger macht den Ozean zum verschlingenden Ungeheuer. Erst dadurch, daß göttliche Mächte den chaotischen Urgewässern Grenzen weisen, entsteht für die Menschheit eine Lebenschance. So bedeutet auch für Israel das Leben ermöglichende Schöpfungshandeln Gottes Scheidung der Wasser, Ausgrenzung von Land aus der chaotischen Flut[2], Kampf gegen das Meer und die Seeungeheuer[3]. Die Erinnerung an Israels fundamentale Rettungserfahrung verdichtet sich in den Liedern vom Durchzug durch das Schilfmeer.[4] In Gebeten wird Wasser zum Bild tödlicher Ängste.[5] Daß einmal Gott »den Drachen im Meer« vollends töten (Jes 27,1) und »das Meer nicht mehr sein wird« (Offb 21,1), gehört zur endzeitlichen Hoffnung.

(2) Mindestens ebenso ursprünglich aber ist die gegenteilige Erfahrung: Wasser ist *Quelle des Lebens*. Das ist besonders den Völkern am Rande der Wüste bewußt. Alt-Ägypten weiß sich als Geschenk des Nils. Für den Nomaden bedeuten Wasserquelle und Oase das Überleben. Wasser aus dem Felsen rettet das Volk in der Wüste.[6] Der Strom, der in Eden entspringt, gehört zu den Wohltaten der Schöpfung[7], das Wasser des Lebens, an dessen Ufern die überaus fruchtbaren Bäume des Lebens wachsen, zur messianischen Zukunft.[8] Das Lechzen der Tiere nach frischem Wasser wird zum Bild für die Sehnsucht des Beters, für sein Dürsten nach Gott.[9]

(3) Wasser *reinigt und belebt*. Nicht nur das getrunkene Wasser, auch Waschung und Bad haben eine elementare Bedeutung. Sie ergibt sich aus dem Zusammenhang zwischen Schmutz und Krankheit: Unreinheit muß zur Ausscheidung aus der Gemeinschaft führen, die Reinigung im Wasser eröffnet den Weg zurück. Darüber hinaus wird in manchen

---

[2] Vgl. Gen 1,6–10.
[3] Vgl. Ijob 7,12; 26,12; Ps 65,8; 74,13 f; 77,17; 89,10 f; 93,3 f; 104,6 f; 107,29.
[4] Vgl. Ex 15; Jes 51,10.
[5] Vgl. 2 Sam 22,5; Ps 42,8; 66,12; 69,2 f.15 f; Jona 2,4–6.
[6] Vgl. Ex 17,1–7; Num 20,1–11.
[7] Vgl. Gen 2,10–14.
[8] Vgl. Offb 22,1 f.
[9] Vgl. Ps 42,2 f.

Kulturen dem Bad im Wasser eine lebenssteigernde, ja unsterblich machende Wirkung zugeschrieben. Für Alt-Ägypten ist die Vorstellung bezeugt, daß vergöttlicht wird, wer im Nil ertrinkt. In Israel steht der Gedanke der Reinigung im Vordergrund. Dabei gehen physische (Krankheit), moralische (Sünde) und kultische Unreinheit (durch Berührung mit den geheimnisvollen und Schrecken erregenden Kräften des Lebens und des Todes) ineinander über. Der aussätzige Naaman wird durch das Bad im Jordan wieder rein.[10] Wer kultisch unrein geworden ist, muß rituell gereinigt werden, bevor er in die Gemeinschaft zurückkehren darf.[11] Auch Gottes Handeln, das den Menschen von der Schuld befreit, wird mit dem Bild des Wassers verbunden: »Entsündige mich . . ., wasche mich, dann werde ich weißer als Schnee« (Ps 51,9). Aber das Bild von der Ausgießung »reinen Wassers« über das Volk Israel geht noch über Heilung, Reinigung und Entsündigung hinaus: Es spricht von der Gabe eines neuen Herzens, von der Mitteilung des göttlichen Geistes, von neuer Lebendigkeit und Freude am verheißenen Land.[12]

2.3. Waschungen in Israel

Israel entwickelte eine vielfältige Praxis von Reinigungsriten, von der Besprengung mit dem Reinigungswasser bis zum Bad im Fluß.[13] »Das siebenmalige Tauchen Naamans (2 Kön 5,14) streift vielleicht sakramentale Gedanken«[14]. Die Bedeutung der Reinigungsriten steigert sich im Lauf der nachexilischen Geschichte bis zur Zeit Jesu. Häufige Wiederholung und das Untertauchen des ganzen Körpers wird zur Pflicht; bei den Synagogen entstehen die Tauchbäder. Die Waschungen erhalten zusätzlich die Funktion zu trennen: zwischen Israeliten und Nicht-Israeliten sowie zwischen den Angehörigen bestimmter Gruppen (z. B. den Essenern) und den anderen in Israel. Die ausgedehnten Badeanlagen in Qumran illustrieren gerade das letztere.

In diesem Zusammenhang ist auch die Proselytentaufe zu sehen. Sie hat ihren Platz innerhalb einer Initiations-Liturgie für Heiden, die zum Volk Israel übertreten. Wie bei

---

[10] Vgl. 2 Kön 5,14.
[11] Vgl. Lev 11–15; Num 19,11–22.
[12] Vgl. Ez 36,25–27; Jes 32,15–20; 44,3; Joel 3,1 f.
[13] Vgl. Lev 11–15; Num 19,17–22; Jdt 12,7.
[14] A. Oepke, βάπτω (bapto), in: ThWNT, Bd. 1, 527–544, Zitat: 532.

den anderen jüdischen Tauchbädern vollzieht der Proselyt die Tauchtaufe selbst; im Unterschied zu den wiederholten Bädern aber geschieht die Proselytentaufe einmalig. Hierin ähnelt sie der Taufe des Johannes. Allerdings ist historisch ungeklärt, ob die Proselytentaufe schon zur Zeit Jesu in Übung war. Deshalb kann auch nicht ausgemacht werden, ob sie auf die Johannestaufe und das Entstehen der christlichen Taufe Einfluß hatte.

2.4. Die Johannestaufe

Den weitaus deutlichsten Bezug zur christlichen Taufe hat das Wirken des Propheten Johannes. Er verkündigt das nahe bevorstehende endzeitliche Gericht Gottes und ruft – vor diesem Hintergrund – auf zu radikaler Umkehr und zur »Taufe der Umkehr zur Vergebung der Sünden« (Mk 1,4). Ihn nennen nach dem Zeugnis der synoptischen Evangelien alle, die von ihm sprechen, Freund oder Feind, »den Täufer«[15] – so sehr ist sein Name mit dieser Tätigkeit verbunden. Seine Taufe ist – im Unterschied zu den im Volk bekannten wiederholten Reinigungen – einmalig. Darin zeigt sich die Einmaligkeit der von ihm verkündeten eschatologischen Situation und die Radikalität der geforderten Umkehr. Ein zweiter auffallender Unterschied (der die Johannestaufe auch von der Proselytentaufe unterscheidet) besteht darin, daß die Hinzutretenden sich nicht selbst taufen, sondern von Johannes die Taufe empfangen. Darin könnte sich andeuten, daß diese Taufe Zeichen nicht nur des eigenen Umkehrwillens, sondern auch der gewährten einmaligen Chance ist. Für die Jünger Jesu und die späteren neutestamentlichen Gemeinden war die Johannestaufe deshalb höchst bedeutsam, weil Jesus selbst sich von Johannes hatte taufen lassen[16].

2.5. Die Taufe Jesu durch Johannes

An der historischen Tatsache der Taufe Jesu durch Johannes besteht so gut wie kein Zweifel. Sie wird von allen vier Evangelisten berichtet, obwohl sie ihnen argumentative Schwierigkeiten bereiten mußte: In der Konkurrenz zwischen Jesus-Jüngern und Johannes-Jüngern[17] konnte sie

---

[15] Vgl. Mt 11,11 f; 14,2.8; 16,14; 17,13; Mk 6,25; 8,28; Lk 7,20.33; 9,19.
[16] Vgl. Mk 1,9–11 parr.
[17] Vgl. Mt 9,14 parr.; Lk 11,1; Joh 3,22–25; 4,1–3.

als ein Argument für die Priorität des Täufers gebraucht werden – steht nicht der Täufer über dem Getauften? Auf jeden Fall unterstreicht sie die Ausstrahlungskraft des Johannes. Über Jesus dürfte sie zweierlei aussagen: Auch Jesus ist von der Erwartung des nahen Endes bestimmt. Und: Jesus sieht sich solidarisch mit seinem rettungsbedürftigen Volk. Hieran wird die gläubige Interpretation der Jesus-Jünger anknüpfen. In ihren Berichten von der Taufe Jesu spiegeln sich christologische und sakramententheologische Deutungen.

Christologisch ist (neben der Problematisierung der Rollenverteilung zwischen dem Größeren und dem Geringeren[18]) einerseits die Solidarität Jesu mit den unter das Gesetz Gestellten von Bedeutung: Dieser Messias sondert sich von den Sündern nicht ab, sondern stellt sich zu ihnen[19]. Andererseits betonen die Evangelisten die Sendung Jesu, indem sie die Taufgeschichte zu einer Berufungserzählung gestalten: Jesus erfährt sich (nach Mk und Lk) als bevorzugten Sohn und verborgenen König (nach Mt wird er vor den Umstehenden als solcher proklamiert); der Geist Gottes kommt auf ihn nieder und treibt ihn zu seiner Sendung.

Aber auch ihr eigenes Verständnis der in den Gemeinden praktizierten christlichen Taufe haben die Evangelisten in die Taufgeschichte Jesu hineingeschrieben: Taufe ist Zeichen der endzeitlichen Rettung; in ihr schenkt Gott seinen Geist, seine liebende Zuwendung; durch sie entsteht Solidarität unter allen Getauften. Die christologisch relevanten Aspekte sind gleichzeitig auch *sakramententheologisch* relevant. Offenbar sahen die neutestamentlichen Gemeinden die christliche Taufe im Weg Jesu und in der Taufe Jesu durch Johannes begründet. Dieser Zusammenhang hat auch Bedeutung für die Frage, wie die christliche Taufpraxis entstand.

2.6. Hat Jesus selbst getauft?

In den synoptischen Evangelien wird vom irdischen Jesus (im Unterschied zu Johannes dem Täufer) nirgends gesagt, daß er selbst getauft oder seinen Jüngern den Auftrag zu taufen gegeben habe. (Mk 16,16 und Mt 28,19 sind eindeutig als Worte des Auferstandenen gekennzeichnet.) Nach dem Johannesevangelium dagegen hat Jesus, parallel zur Tauftätigkeit des Johannes, in Judäa getauft[20], später aber wird die Aussage modifiziert: »... allerdings taufte nicht Jesus selbst, sondern seine Jünger«[21]. Wie diese Differenz historisch zu werten ist, ist exegetisch

---

[18] Vgl. Mt 3,14; Joh 1,19–27.
[19] Vgl. Mt 3,15.
[20] Vgl. Joh 3,22.
[21] Joh 4,2.

umstritten. Das Schweigen der Synoptiker bekommt zusätzliches Gewicht durch den Inhalt der Aussendungsbefehle Jesu an seine Jünger: Sie
sollen die nahegekommene Herrschaft Gottes verkünden, Kranke heilen, Aussätzige rein machen, Dämonen austreiben, Tote auferwecken[22];
aber ihnen wird keinerlei Ritus aufgetragen. Demnach könnten die
beiden Angaben im Johannesevangelium darauf zurückzuführen sein,
daß die Gemeinde ihre nachösterliche Taufpraxis im Handeln des vorösterlichen Jesus verankern möchte.

Manche Exegeten sehen in Joh 3,22 aber die Erinnerung an eine historische Praxis
Jesu. In einer »frühen, weithin unbekannten Phase des Wirkens Jesu . . ., die ihn als Schüler
und Mitarbeiter des Täufers sieht«, habe Jesus selbst getauft, sich nach einiger Zeit vom
Täufer gelöst und die Tauftätigkeit eingestellt.[23] Diese Theorie bringt zwar die Praxis Jesu
und die der nachösterlichen Gemeinden etwas näher zueinander; aber auch hier ergibt sich
keine ungebrochene historische Kontinuität zwischen der Verkündigung Jesu und der
Taufpraxis der christlichen Gemeinden.

2.7. Die christliche Taufe

2.7.1. Die Praxis

2.7.1.1. Taufe von Anfang an

Die ersten Jünger waren offenbar nicht auf den Namen Jesu getauft.
Nach dem Zeugnis der Apostelgeschichte[24] verbinden sie aber von Anfang an, d. h. seit der Geistsendung an Pfingsten, die Verkündigung des
auferstandenen Jesus mit der Taufe auf seinen Namen. Dieses Zeugnis
wird gestützt durch die frühen Paulusbriefe: Schon im Galaterbrief[25] und
im 1. Korintherbrief geht Paulus selbstverständlich von der Taufpraxis
aus. »In einem einzigen Geist sind wir alle in einen einzigen Leib hineingetauft worden«, schreibt Paulus, sich selbst einschließend, im 1.
Korintherbrief (1 Kor 12,13) und bestätigt damit auch den Bericht in
Apg 9,18. Gemeindebildung und Taufe gehören zusammen; darüber
gibt es keine Diskussion. Wie kamen die Jünger zu dieser Praxis? Die

---

[22] Vgl. Mt 10,8.

[23] H.-J. Klauck, Die Sakramente und der historische Jesus, in: Gemeinde, Amt, Sakrament. Neutestamentliche Perspektiven, Würzburg 1989, 273–285, Zitat: 275. Ähnlich urteilt auch R.
Schnackenburg, Das Johannesevangelium, 1. Teil, Freiburg 1965, 449.

[24] Vgl. Apg 2,38–41.

[25] Vgl. Gal 3,27.

historische Brücke ist nicht ein ausdrücklicher Auftrag des irdischen Jesus, sondern das Vorbild seines missionarischen Lebens, das mit der Taufe durch Johannes begann.

Die Bedeutung dieses Zeichens wurde möglicherweise dadurch verstärkt, daß Jesus sich sehr positiv über die Heilsbedeutung des Täufers geäußert hatte[26], und auch dadurch, daß »nach Ostern ein nicht unerheblicher Teil der Anhängerschaft des Täufers im palästinischen Judenchristentum Aufnahme gefunden hat«[27]. Theologisch entscheidend dürfte aber die Identifikation der Jünger mit dem Vorbild Jesu sein. Dafür spricht auch die von der Gemeindepraxis geprägte Gestaltung der Perikope von der Taufe Jesu.

Die christlichen Gemeinden taufen in der festen Überzeugung, damit im Auftrag des auferstandenen Jesus zu handeln. Diese Überzeugung drückt sich aus in dem nachösterlichen Taufbefehl: »Geht zu allen Völkern und macht alle Menschen zu meinen Jüngern; tauft sie auf den Namen des Vaters und des Sohnes und des Heiligen Geistes und lehrt sie, alles zu befolgen, was ich euch gelehrt habe« (Mt 28,19 f).

2.7.1.2. Die Form der Taufe

Die Taufformeln variieren. In der Apostelgeschichte ist von der Taufe »auf den (oder: im) Namen Jesu Christi« bzw. »auf den Namen Jesu des Herrn« die Rede (Apg 2,38; 10,48; 8,16), bei Paulus von der Taufe »auf Christus Jesus« bzw. »auf Christus«, genauer: $\epsilon \acute{\iota} \varsigma\ X \rho \iota \sigma \tau \acute{o} \nu$ (eis Christon) – »in Christus hinein« (Röm 6,3; Gal 3,27). Im Unterschied der Formeln spiegeln sich Akzentunterschiede im Verständnis: Die lukanische Formel bringt stärker den Gedanken der Übereignung an Jesus Christus zum Ausdruck, die paulinische stärker den einer inneren Verbindung, des »Zusammenwachsens« mit dem Schicksal Christi. Später wurde die eingliedrige Formel »auf den Namen Jesu« weiterentwickelt zur trinitarischen Formel: »auf den Namen des Vaters und des Sohnes und des Heiligen Geistes« (Mt 28,19). Sie kommt allerdings in dieser Form nur ein einziges Mal im Neuen Testament vor.

Die Täuflinge taufen sich nicht selbst (wie bei den rituellen Waschungen in Israel üblich), sondern werden getauft (wie bei Johannes dem Täufer). Die Taufe ist also nicht nur eine Handlung derer, die zur Taufe hinzutreten, sondern mehr noch ein Geschehen, das ihnen zuteil wird. Im Hinblick auf die Symbolkraft des Zeichens hat die liturgiege-

---

[26] Vgl. Mt 11,7–19 par.; Mk 9,13; 11,30–32 parr.; Lk 7,28 par.
[27] U. Wilckens, Der Brief an die Römer, 2. Teilband, Zürich 1987, 54 f.

schichtliche Forschung viel Mühe auf die Frage verwendet, ob die Täuflinge dabei gänzlich untergetaucht (Submersion) oder, im Wasser stehend, mit Wasser übergossen wurden (Immersion und Infusion). Für die christliche Taufpraxis im Neuen Testament (wie auch für die Johannestaufe) kann die Frage jedoch nicht eindeutig beantwortet werden.

2.7.1.3. Taufe einzelner und ganzer »Häuser«

Bekehrung und Taufe sind nicht unbedingt Sache rein individueller Entscheidungen, sondern oft eingebunden in den Zusammenhang von Familie oder Sippe. Ganze »Häuser« bekehren sich und werden zu Kristallisationspunkten von Gemeinden.[28] Sowohl die jüdische als auch die zeitgenössische hellenistische Gesellschaftsstruktur ist stark von der Solidarität des Familienverbandes und aller, die mit im Hause wohnen, geprägt; daher hat diese Weise der Konversion eine gewisse Selbstverständlichkeit. Paulus geht aber auch auf die Situation von Christinnen und Christen ein, die zum Glauben kamen, ohne daß ihr Mann bzw. ihre Frau den Schritt mitvollzogen[29], und die Apostelgeschichte erzählt ausführlich vom Bekehrungsweg und der Taufe einzelner Personen[30]. So werden unterschiedliche Zugänge zu Glaube und Taufe sichtbar, ohne daß der Unterschied innerhalb des Neuen Testaments problematisiert würde.

2.7.1.4. Wurden auch Kinder getauft?

In der neueren Diskussion über die Legitimität der Kindertaufe wurde die Frage gestellt, ob das Neue Testament auch die Taufe unmündiger Kinder kennt. Nach einer ausgedehnten Kontroverse hierüber zeigte sich, daß eine historisch gesicherte Aussage nicht möglich ist.

In der vor allem zwischen Joachim Jeremias (pro) und Kurt Aland (contra) geführten Kontroverse wurden insbesondere drei Textgruppen untersucht. (1) Die »Oikos-Formel«[31] verweist auf die Taufe eines »ganzen Hauses«: Gehören zum »Haus« nicht auch die Kinder? (2) Die Formulierung »Hindert sie nicht! (μή κωλύετε αὐτά [me koluete auta])« in der Erzählung von der Segnung der Kinder (Mk 10,14) könnte an eine mögliche Frage-Formel innerhalb des altkirchlichen Taufritus erinnern: »Was hindert, daß diese getauft werden?«[32]

---

[28] So z. B. Apg 16,15: das Haus der Lydia in Philippi; Apg 18,8: das Haus des Synagogenvorstehers Krispus in Korinth; 1 Kor 1,16 und 16,15: das Haus des Stephanas.
[29] Vgl. 1 Kor 7,12–16.
[30] So z. B. Apg 8,26–40: der äthiopische Kämmerer; Apg 9,1–19 und 22,3–16: Paulus.
[31] Vgl. 1 Kor 1,16; Apg 16,15; 16,31.33.
[32] Vgl. auch Apg 8,36; 10,47; 11,17.

Nimmt Mk 10,14 schon, wenn auch indirekt, gegen die Ablehung der Kindertaufe Stellung? (3) In 1 Kor 7,14 unterstützt Paulus den Gedanken, daß in einer Mischehe der ungläubige Ehepartner durch seine christliche Frau geheiligt wird, mit dem Argument »Sonst wären [ja auch] eure Kinder unrein, sie sind aber heilig«. Spiegelt sich in diesem Gedanken das jüdische Proselytenrecht, nach welchem Kinder, die nach dem Übertritt der Mutter zum Judentum geboren wurden, nicht getauft wurden (weil sie durch die gläubige Mutter schon »geheiligt« waren), wohl aber Kinder, die zusammen mit ihren Eltern zum Judentum kamen? Muß man dann nicht im Analogieschluß dasselbe von der christlichen Taufpraxis vermuten?

Keiner der herangezogenen Texte ist hinreichend beweiskräftig. (1) Der Oikos-Begriff ist im Neuen Testament nicht so fest umrissen, daß er notwendig die Kinder einschlösse (1 Kor 16,15 wird z. B. vom »Haus« des Stephanas gesagt, daß es der Gemeinde wichtige Dienste geleistet habe, wobei kaum an unmündige Kinder gedacht sein dürfte). (2) Zwischen Mk 10,14 einerseits und Apg 8,36; 10,47; 11,17 ist (über den Gebrauch derselben Vokabel »koluein« hinaus) kein sachlicher Zusammenhang zu erkennen: Bei Mk 10,14 ist nicht von der Taufe die Rede, in den anderen Texten nicht von den Kindern. (3) Auch die Vermutung, daß Paulus sich in 1 Kor 7,14 am jüdischen Proselytenrecht orientiere, scheint weit hergeholt, zumal nicht einmal gesichert ist, ob um diese Zeit die Proselytentaufe überhaupt schon existiert.

Biblische Argumente für oder gegen die Kindertaufe können also wohl kaum von der Frage historischer Faktizität her gewonnen werden, sondern eher von systematischen Gesichtspunkten her wie etwa der biblischen Verhältnisbestimmung von Glaube und Taufe.

2.7.2. Theologische Deutung

Was wird im Zeichen der Taufe realisiert? Was ist ihre innere Wirklichkeit? Zur Beantwortung dieser Frage folgen wir, weil die Apostelgeschichte dort in narrativer Form wesentliche Elemente einer Tauftheologie bietet, zunächst dem Duktus von Apg 2,37 – 41.[33]

2.7.2.1. Zeichen des Glaubens

Der Taufe geht das aufsehenerregende Pfingstereignis und die Verkündigung des Evangeliums voraus. Die Angesprochenen zeigen sich vom Wirken des Geistes und von der Botschaft betroffen. Sie hören den Ruf zu Umkehr und Taufe und lassen sich darauf ein. Diese Momente finden sich in allen Taufberichten der Apostelgeschichte wieder: ein die Menschen bewegendes geistgewirktes Geschehen, Verkündigung des Evangeliums, glaubende Annahme, Taufe. Die Reihenfolge Verkündi-

---

[33] Ein ähnliches Bild bieten die Berichte Apg 8,4 – 13; 8,26 – 40; 9,1 – 18; 10,44 – 48; vgl. auch 22,3 – 16.

gung – Annahme – Taufe ist auch in den Taufbefehl-Perikopen Mk
16,16 und Mt 28,19 zu erkennen. So ist die Taufe Zeichen des Glaubens
und der Umkehrbereitschaft.

Das Neue Testament kennt aber auch noch einen anderen Zusammenhang zwischen Glaube und Taufe. Paulus will mit der mystagogischen Verkündigung in Röm 6,1–14 seine Adressaten nicht zur Taufe
hinführen, sondern die Getauften auf den Grund der schon an ihnen
geschehenen Wirklichkeit führen. Sie müssen nachträglich begreifen,
was sich an ihnen ereignet hat, damit sie mit der Praxis ihres Lebens
wahrmachen, was in der Taufe geschehen ist.[34] Taufe ist hier also nicht
das Ende eines Erkenntnis- und Glaubensweges; vielmehr lebt der Weg
des Glaubenden auch aus dem vertieften Begreifen und Realisieren des
in der Taufe Geschehenen.

Nimmt man beides zusammen, kommt man zu einer dialektischen
Verhältnisbestimmung: *Taufe setzt den Glauben voraus; andererseits lebt der
Glaube des Getauften von der Tauferfahrung und dem in der Taufe geschenkten
Geist Gottes.*

2.7.2.2. Übereignung an Jesus Christus

Die Taufe erfolgt »auf den Namen Jesu Christi« (Apg 2,38). Damit
sind die Richtung und das Ziel der Umkehr benannt: Diese ist wesentlich Hinwendung zu Jesus als dem Messias. In der Frage, was die Formel
»auf den Namen Jesu (Christi)« genauer beinhalte, hat die Exegese unterschiedliche Deutungen versucht. Alle Deutungen laufen aber darauf
hinaus, daß die Taufe eine Bewegung zu Jesus hin ist, eine Beziehung zu
ihm aufbaut, Zugehörigkeit zu ihm schafft. *Da die christliche Taufe mit der
kurzen Formel »auf den Namen Jesu Christi« gekennzeichnet wird, kann dies
als das grundlegende Geschehen in der Taufe gelten: Taufe ist Übereignung an
Jesus Christus.*

Paulus hat diesem Gedanken im Rahmen einer Paränese in Röm
6,1–14 eine spezifische Ausprägung gegeben. Gegen die Meinung, die
durch Christus gewonnene Freiheit lade zu weiterem Sündigen ein, stellt
er den Appell, das neue Leben konsequent zu leben: Wir sind doch in
der Taufe zu einem neuen Leben verwandelt worden, »vom Tod zum
Leben gekommen« (Röm 6,13)! Dieses Geschehen sieht er in engem

---

[34] Vgl. auch 1 Kor 6,11; 1 Petr 3,21.

Zusammenhang mit Tod und Auferweckung Jesu: Durch die Taufe sind wir in das Schicksal Jesu hineingenommen worden. Paulus verbindet die Wirkung der Taufe bedeutend enger als die übrigen neutestamentlichen Zeugnisse mit Tod und Auferweckung Jesu. Er versteht den Begründungszusammenhang als *Teilhabe* am Schicksal Jesu. Nicht nur: wir sind von der Sünde befreit, *weil* Christus für uns gestorben ist; wir können das neue Leben leben, *weil* Christus auferweckt wurde; sondern: an uns ist geschehen, *was* an Christus geschah.

Das verdeutlichen die zahlreichen »syn(mit)«-Aussagen: Wir sind mit ihm »mitgekreuzigt« (Röm 6,6), »mit Christus gestorben« (Röm 6,8), »mitbegraben« (Röm 6,4), »verbunden (zusammengewachsen) mit dem Bild seines Todes« (Röm 6,5), damit wir »mit ihm leben« (Röm 6,8), »in Christus« (Röm 6,11) leben. Dies geschah in der Taufe: »Wißt ihr nicht, daß wir, die wir auf Christus Jesus getauft worden sind, in seinen Tod hinein getauft worden sind?« (Röm 6,3). Hier zeigt sich der Akzentunterschied zwischen der im Neuen Testament geläufigen Formel »Taufe auf den Namen Jesu Christi« und der paulinischen Formel »auf (in) Christus (hinein) getauft«. Diese begreift die Übereignung des Getauften an Christus noch enger: Wir sind mitgenommen auf den Weg Jesu, hineingenommen in sein Schicksal.

Von hierher fällt auch Licht auf die beiden synoptischen Logien, in denen Jesus von der bevorstehenden Passion im Bild des Getauftwerdens spricht: »Mit einer Taufe muß ich getauft werden, und wie bin ich in Bedrängnis, bis es vollbracht ist!« (Lk 12,50). In Mk 10,38 wird das Bild auch auf den Weg der Jünger bezogen: »Könnt ihr den Becher trinken, den ich trinke, oder mit der Taufe, mit der ich getauft werde, getauft werden?« Der Weg Jesu (und die Nachfolge auf diesem Weg) führt in eine konfliktreiche, beängstigend-gefährliche Geschichte hinein, Taufe ist Bild für Gefahr und Tod. »Die Metapher baut auf jenen alttestamentlichen Aussagen auf, die Leiden, Verfolgung und Ungemach mit einer Wasserflut vergleichen, in der der Mensch unterzugehen droht«[35].

2.7.2.3. Vergebung der Sünden

Die Taufe geschieht »zur Vergebung der Sünden« (Apg 2,38). Die Sündenvergebung wird an anderen Stellen der Apostelgeschichte an die Bereitschaft, zu glauben[36] und das Leben zu ändern[37], geknüpft. Wenn sie hier mit der Taufe verbunden wird, so zeigt sich darin die für das Neue Testament selbstverständliche Zusammengehörigkeit von Glaube, Umkehr und Taufe. Dieser Zusammenhang wird auch deutlich in der Bekehrungsgeschichte des Paulus: »Steh auf, laß dich taufen und deine Sünden abwaschen, nachdem du seinen Namen angerufen hast« (Apg

---

[35] J. Gnilka, Das Evangelium nach Markus, 2. Teilband, Zürich 1979, 102.
[36] Vgl. Apg 10,43; 13,38 f.
[37] Vgl. Apg 3,19; 5,31; 26,18.

22,16). Hier tritt die Symbolik der Reinigung[38] in den Vordergrund: Die Sünden werden »abgewaschen«. Auch die paulinische Wendung »abgewaschen . . . geheiligt . . . gerechtfertigt« (1 Kor 6,11) und das Wort vom reinigenden »Wasserbad« (Eph 5,26) verweisen auf die Taufe, wenn diese auch nicht ausdrücklich genannt wird.

2.7.2.4. Gabe des Geistes

»Dann werdet ihr die Gabe des Geistes empfangen« (Apg 2,38). Im Kontext der Pfingstgeschichte bedeutet Gabe des Geistes zunächst die Erfahrung der Lebendigkeit des Auferstandenen[39], die Gabe der Sprachen, so daß Fremde sich verstehen können[40], und, der Verheißung des Joel entsprechend, die Prophetengabe für alle: Nicht mehr nur einzelne Erwählte, sondern alle sollen Prophetinnen und Propheten sein, Junge und Alte, auch die Sklavinnen und Sklaven.[41] Allgemein liegt in der Apostelgeschichte bei der Gabe des Geistes der Akzent auf dem Außergewöhnlich-Aufsehenerregenden: Man kann sinnlich wahrnehmen, »sehen«, daß der Heilige Geist verliehen wurde[42]; man erkennt es vor allem an der Zungenrede und dem ekstatisch-begeisterten Lob Gottes. Und das Wirken des Geistes ist ekklesiologisch ausgerichtet: Durch ihn entsteht sichtbar und erlebbar Kirche.

Schon Paulus spricht vom Zusammenhang von Taufe und Geist: »Ihr seid abgewaschen . . . im Namen Jesu Christi, des Herrn, und im Geist unseres Gottes« (1 Kor 6,11). Auch bei ihm gründet auf Taufe und Geist die Zusammengehörigkeit in der Gemeinde; doch liegen die Akzente anders. Erstens betont Paulus weniger das spektakuläre Wirken, sondern mehr das Zusammenführende, die anderen Gemeindemitglieder Aufbauende.[43] Zweitens hat er stärker auch die innere Umwandlung der einzelnen Glaubenden im Blick.[44] Als drittes schließlich fällt eine sprachliche Besonderheit auf: Paulus spricht von der Taufe »im Geist« (1 Kor 6,11; 12,13). *Der Geist Gottes ist also nicht nur die in der Taufe verliehene Gabe, sondern selbst Dynamik und Raum des Taufereignisses. Er trägt,*

---

[38] Vgl. oben: 2.2.
[39] Vgl. Apg 2,32.
[40] Vgl. Apg 2,4.8 – 11.
[41] Vgl. Apg 2,17 f; Joel 3,1 f.
[42] Vgl. Apg 8,18; 10,44 – 46.
[43] Deshalb zieht Paulus die Prophetengabe der Glossolalie vor, vgl. 1 Kor 14,1 – 25.
[44] Vgl. Röm 5,5; Gal 5,22.

umgibt und durchdringt das Geschehen ebenso, wie er die Gemeinde und die
einzelnen Glaubenden erfüllt und bewegt.

Obwohl Taufe und Geist grundsätzlich zusammengehören, sind Getauftsein und
Geistbesitz keineswegs deckungsgleich. Nach dem Pfingstbericht entsteht die Kirche durch
die Herabkunft des Geistes an Pfingsten, welche erst die Taufe begründet. Damit ist von
vornherein eine Priorität des Geistwirkens vor dem sakramentalen Handeln der Kirche
angedeutet. Damit muß auch für die Zukunft gerechnet werden: Im Haus des Kornelius
kommt der Heilige Geist, noch während Petrus das Evangelium verkündet, zum großen
Staunen derer, die schon gläubig sind, auf die heidnischen Zuhörer herab, so daß die Mis-
sionare nur noch sakramental einholen können, was der Geist schon vorher geschaffen hat.
Die rhetorische Frage des Petrus »Kann jemand denen das Wasser zur Taufe verweigern, die
ebenso wie wir den Heiligen Geist empfangen haben?« zeigt beides: einerseits die grundsätzliche Zusammengehörigkeit von Taufe und Geist (die Taufe wird ja nicht wegen der
schon geschehenen Geistgabe überflüssig), andererseits das unverfügbar überraschende
Wirken des Geistes, der nicht an das Sakrament der Taufe gebunden ist[45]. Sicher spielt dabei auch eine Rolle, daß gerade in dieser Erzählung die Kirche vor einer absolut neuen
Situation steht (das erste Mal und nach beträchtlichem Zögern[46] betritt Petrus das Haus
eines Heiden) und eines besonderen Impulses durch den Geist bedarf.

Umgekehrt kennt Lukas auch den Fall, daß Getaufte den Geist noch nicht empfangen.
In Samaria waren Männer und Frauen auf die Predigt und das Wirken des Philippus hin
gläubig geworden und ließen sich taufen. Aber erst als Petrus und Johannes, von den Aposteln in Jerusalem abgesandt, nach Samaria kamen und ihnen die Hände auflegten, empfingen sie den Heiligen Geist. »Denn er war noch auf keinen von ihnen herabgekommen;
sie waren nur auf den Namen Jesu, des Herrn, getauft« (Apg 8,16). Was fehlte ihnen? Offenbar der Zusammenhang mit der Urgemeinde in Jerusalem. Durch die Handauflegung
der eigens deswegen von Jerusalem hergekommenen Apostel wurde dieser Zusammenhang
hergestellt.[47] Man sieht, wie sehr Lukas den Zusammenhang zwischen Geist und kirchlicher Gemeinschaft betont.

Ferner bedeutet auch die Geistverleihung durch die Taufe nicht einen sicheren Besitz.
Zwar entsteht durch den in der Taufe geschenkten Geist Gemeinde als geschwisterlich-
solidarische Gemeinschaft[48]; aber das schließt geistwidriges Verhalten in der Gemeinde
nicht aus: Unmittelbar im Anschluß an den Bericht von der vorbildlichen Gütergemeinschaft erzählt Lukas von dem betrügerischen Christenpaar, das mit einer finanziellen Un-
terschlagung »den Heiligen Geist belog« (Apg 5,3). Und unmittelbar nach der Handauflegung durch die Apostel schildert er die Sünde des christlich getauften Zauberers Simon,
welcher mit der geistlichen Macht manipulieren wollte, »voll bitterer Galle und Bosheit«
(Apg 8,23).

Aus diesen Beobachtungen ergibt sich: Taufe und Geist gehören zwar eng zusammen;
aber aus dieser Zusammengehörigkeit ergibt sich weder eine Exklusivität noch eine Auto-
matik. Weder ist nur dort der Geist, wo die Kirche mit ihren Sakramenten wirkt, noch
geschieht die Gabe des Geistes allein dadurch, daß das Sakrament vollzogen wird.

---

[45] Vgl. Apg 10,44–48.
[46] Vgl. Apg 10,9–23.
[47] Vgl. Apg 8,14–17.
[48] Vgl. Apg 2,4; 44 f; 4,32–35.

2.7.2.5. Zusammengehörigkeit und gleiche Würde aller Getauften

»An jenem Tage kamen etwa dreitausend hinzu« (Apg 2,41) – damit schließt die Taufperikope und geht über in die Schilderung des Lebens der Urgemeinde. Lukas nennt knapp die vier Konstitutiva des Gemeindelebens (Lehre der Apostel, Gemeinschaft, Brechen des Brotes, Gebet) und hebt danach betont die Gütergemeinschaft hervor: »Alle, die gläubig geworden waren, bildeten eine Gemeinschaft und hatten alles gemeinsam. Sie verkauften Hab und Gut und gaben davon allen, jedem so viel, wie er nötig hatte« (Apg 2,44 f). *Durch die Taufe entsteht und wächst Gemeinde. Entscheidend ist aber nicht die zahlenmäßige Größe, sondern die Solidarität unter den Getauften.*

Paulus leitet aus der Taufe die Aufhebung aller gesellschaftlichen Schranken ab: »Durch den einen Geist wurden wir in der Taufe alle in einen einzigen Leib aufgenommen« (1 Kor 12,13). In Glaube und Taufe entstand eine Verbundenheit mit Jesus Christus, die alle Getauften unterschiedslos zu Kindern Gottes und Erben der Verheißung macht: »Ihr seid alle durch den Glauben Söhne Gottes in Christus Jesus. Denn ihr alle, die ihr auf Christus getauft seid, habt Christus angezogen. Es gibt nicht mehr Juden und Griechen, nicht Sklaven und Freie, nicht Mann und Frau; denn ihr alle seid einer in Christus« (Gal 3,27 f). Voraus geht das Bild von der Befreiung aus Gefängnis und Vormundschaft: Die in der Taufe begründete gleiche Würde aller ist eine neue Erfahrung von Freiheit. Ähnlich begründet der Epheserbrief die Einheit der Gemeinde: »*Ein* Leib und *ein* Geist, . . . *eine* gemeinsame Hoffnung . . ., *ein* Herr, *ein* Glaube, *eine* Taufe, *ein* Gott und Vater aller« (Eph 4,4–6). Alle Ausdifferenzierung für verschiedene Aufgaben innerhalb der Gemeinde (Apostel, Propheten, Prediger, Hirten, Lehrer[49]) ist sekundär gegenüber dieser fundamentalen Gleichheit.

2.7.2.6. Geburt zu neuem Leben: Gabe und Aufgabe

Die Apostelgeschichte handelt vor allem von der sozialen Wirkung des in der Taufe geschenkten Geistes, dem neuen Leben in der Gemeinde. Das Johannesevangelium, das stärker auf die Wirkung im einzelnen schaut, spricht von der »Geburt« zu einem neuen Leben. Daß der Geist Gottes den Menschen um-schaffen, ihm ein neues Herz geben

---

[49] Vgl. Eph 4,11 f; 1 Kor 12,28–31.

wird, so daß dieser den Willen Gottes nicht nur von außen hören, sondern im Innern vernehmen und wie selbstverständlich realisieren kann,
ist eine von den alttestamentlichen Propheten und dem zeitgenössischen
Judentum her bekannte Vorstellung.[50] Diese Umwandlung des Menschen bezeichnet das Johannesevangelium als »Geborenwerden aus dem
Geist« (Joh 3,6.8), »Geborenwerden von oben« (Joh 3,3.7)[51]. Diese
»Geburt« ist Voraussetzung dafür, daß man am endzeitlichen Heil teilhaben, »das Reich Gottes sehen« kann (Joh 3,3). Und in diesen Zusammenhang gehört für das Johannesevangelium die Taufe: »Wenn jemand
nicht aus Wasser und Geist geboren wird, kann er nicht in das Reich
Gottes gelangen« (Joh 3,5).

Das Bild von der Geburt steht im Zusammenhang mit einem drin-
genden Appell: »Wenn jemand nicht . . .« Zeigt sich hier nicht ein Widerspruch? Ist Geboren-werden nicht ein ganz und gar passives Geschehen? Kann das Geschenk des Geistes befohlen werden? Der schein-
bare Widerspruch löst sich, wenn man von der Spannung zwischen
Indikativ und Imperativ ausgeht: Die »Wahrheit« muß »getan« werden
(Joh 3,21). Das Geschenk muß angenommen, das Leben muß gelebt
werden. Der Akt der realisierenden Annahme, das ist der Glaube: »Wer
glaubt, hat das Leben« (Joh 6,47).

Ein ähnliches Bild begegnet uns innerhalb einer Ermahung im Ti-
tusbrief: Titus soll seine Gemeinde an ihre Aufgabe erinnern, »freund-
lich und gütig gegenüber allen Menschen zu sein«. Darin soll sich die
entscheidende Lebenswende zeigen: »Denn auch wir waren früher un-
verständig . . . waren verhaßt und haßten einander.« Dann aber erschien
»die Güte und Menschenfreundlichkeit Gottes«. Er hat uns »gerettet . . .
durch das Bad der Wiedergeburt und der Erneuerung im Heiligen
Geist« (Tit 3,1–5). *Die Taufe ist das erneuernde Bad, aus dem wir wie neu-
geboren hervorgingen, die grundlegende Wende zwischen »früher« und »heute«.
Diese Wende ist nicht unser Werk, sondern Geschenk Gottes, Werk seines Geistes; aber dieses Werk soll nun in einem neuen Lebensstil realisiert werden.*

---

[50] Vgl. Ez 11,19; 36,25 ff; Jes 44,3; Jer 31,33; Jub 1,23.
[51] Andere Übersetzung: »von neuem«, »wiedergeboren werden«. Welche Übersetzung den Sinn des
mehrdeutigen ἄνωθεν/anothen besser trifft, ist umstritten.

3. Dogmengeschichtliche Entwicklung

In der Geschichte der Taufe spiegelt sich die Geschichte der Kirche. Praxis und Theologie der Taufe sind (außer von den normativen Anfängen her) immer auch beeinflußt von der epochalen Gestalt und vom Selbstverständnis der Kirche und außerdem von dem epochalen Muster persönlicher Glaubensentscheidungen und sozialer Einbindungen. Das Verständnis der Taufe schlägt sich sodann nieder in der Taufliturgie – und wird wiederum auch von der Liturgie geprägt. Dies gilt insbesondere von den ersten Jahrhunderten, in denen die Tauftheologie in engem Zusammenhang mit der Taufkatechese entstand. Deshalb soll die dogmengeschichtliche Behandlung der Taufe, wenigstens andeutungsweise, auch den epochalen Hintergrund, das Kirchenbild und die Liturgie einbeziehen.

3.1. Alte Kirche:
Taufe als Übergang in die eschatologische Heilsgemeinde

Bis zur Konstantinischen Wende existierte Kirche in kleinen Gemeinden, die sich innerhalb der Gesamtgesellschaft in einer Diaspora-Situation befanden.

Sie wuchs auch nach den großen missionarischen Impulsen des 1. Jahrhunderts weiter, aber nun nicht mehr so sehr durch missionierende Wanderprediger, sondern einfach aufgrund ihrer Präsenz und ihres ansteckenden Zeugnisses. Das Kirchenbild war stark eschatologisch und pneumatologisch bestimmt: Die Hoffnung auf die kommende Welt und die Erfahrung des Geistes ermöglichten einen alternativen Lebensstil. Kirche verstand sich als vom endzeitlichen Geist Gottes geprägte eschatologische Heilsgemeinde. Was die gesetzlichen Ordnungen betraf, verhielten sich die Christen weitgehend loyal, im übrigen aber standen sie der Gesellschaft mit einer gewissen skeptischen Distanz gegenüber.

Bekehrung zum Christentum bedeutete den Beitritt zu einer Kontrastgesellschaft, verlangte die Absage an viele der in der übrigen Gesellschaft selbstverständlichen Lebenspraktiken. Die Taufe wurde als stark einschneidende Zäsur, als anspruchsvolle Lebenswende erfahren. Davon zeugen viele Einzelanweisungen in der Kirchenordnung des Hippolyt (um 215), welche über die römische Initiationspraxis gegen Ende des 2. Jahrhunderts berichtet: Die Kandidaten sollen nach den Motiven für ihre Bewerbung befragt werden, bevor sie ins Katechumenat aufgenommen werden. Gladiatoren und deren Ausbilder, Rekruten und Offiziere, Hersteller von Götzenbildern, Schauspieler, Prostituierte u. v. a. müssen, wenn sie Christen werden wollen, entweder ihre Beschäftigung aufgeben oder vom Katechumenat zurückgewiesen werden, Lehrern wird (im heidnischen Staat!) von der weiteren Ausübung ihrer Tätigkeit abgeraten. In einer dreijährigen Katechumenatszeit sollen sich die Bewerber in die Praxis christlichen Lebens einüben. Bevor sie zur letzten Phase der Taufvorbereitung zugelassen werden, prüft die Gemeinde ihren Lebenswandel: »ob sie während des Katechumenats ehrbar gelebt, die Witwen unterstützt, Kranke besucht, ob sie alle Arten von guten Werken getan haben«[52].

Die Lebenswende wird auch in den liturgischen Handlungen betont. Zum Taufbekenntnis »Ich glaube« tritt im 2. Jahrhundert die Absage: »Ich sage mich los«. Mehrmalige Exorzismen und die Salbung mit dem Bannöl richten sich gegen die Einflüsse des Bösen. Der ganze Prozeß der Initiation bedeutet eine langwierige Herauslösung aus dem alten Leben und eine schrittweise erfolgende Einführung in das Leben der Gemeinde.

Die Initiation erreicht oft ihren Höhepunkt in der Osternacht. Nach gemeinsam durchwachter Nacht und nachdem in der Morgenfrühe über das (möglichst fließende) Wasser gebetet wurde, legen die Täuflinge ihre Kleider ab, die Frauen auch ihren Gold- und Silberschmuck, »da nichts ›Fremdes‹ mit ins Wasser genommen werden‹ darf«. Ein Presbyter faßt jeden Täufling bei der Hand und läßt ihn sagen: »Ich widersage dir, Satan, all deinem Pomp und all deinen Werken!« Am Wasser fragt der Taufende den Täufling in drei Fragegängen nach seinem Glauben an den Vater, den Sohn und den Heiligen Geist, und jeweils nach der Antwort »Ich glaube« tauft er ihn. Nachdem die Täuflinge das Wasser verlassen und sich wieder angezogen haben, legt der Bischof ihnen die Hand auf und salbt sie mit dem Öl der Danksagung. Danach beten sie zum erstenmal zusammen mit der ganzen Gemeinde und bieten einander mit dem Munde den Friedenskuß (was sie bisher nicht durften; »denn ihr Kuß [war] noch nicht heilig«[53]). Die Initiation mündet in die Feier der Eucharistie.

Der Liturgie entspricht die Theologie der Taufe: Taufe ist vor allem Abwendung vom Alten, Durchgang durch das Rote Meer, Übergang in ein neues Land. »Sie mußten unbedingt durch Wasser heraufsteigen, um lebendig gemacht zu werden; sie konnten nämlich nur so ins Reich Gottes hineingelangen, daß sie das Totsein ihres [früheren] Lebens ablegten . . . Sie steigen tot ins Wasser hinunter und steigen lebendig wieder herauf.«[54] Origenes spricht von der Taufe als Auszug, Verlassen des Bisherigen, Übergang ans andere Ufer.

---

[52] Hippolyt, Trad. apost., 20; vgl. 16.
[53] Ebd., 18. Zum ganzen Verlauf vgl. 21.
[54] Hirt des Hermas, Similitudo IX,16,2.4.

Wie die Ekklesiologie ist auch die Tauftheologie stark eschatologisch-pneu-
matologisch ausgerichtet: Taufe ist der Übergang in die durch den Geist Gottes
erleuchtete und bewegte Gemeinschaft derer, die sich auf das Leben der kom-
menden Welt eingelassen haben. Bevorzugte biblische Motive sind die Abwa-
schung des Alten, die Geburt zu neuem Leben und die Erleuchtung durch den
Geist.

Das besonders in Afrika stark betonte pneumatologische Kirchen- und Taufverständnis
führte auch zur Auseinandersetzung über die *Gültigkeit der Ketzertaufe:* Müssen Christen,
die in einer häretischen oder schismatischen Sekte getauft wurden, wenn sie zur katholischen Kirche übertreten, nochmals getauft werden? Seit dem 2. Jahrhundert bestand in
diesem Punkt eine unterschiedliche Praxis: In Afrika und weiten Teilen des Ostens ging
man davon aus, daß die Ketzer nicht den Heiligen Geist haben und ihn deshalb auch nicht
weitergeben können; folglich gilt ihre Taufe nichts, und sie müssen bei ihrer Konversion
getauft werden. In Rom und Alexandrien betonte man weniger die Gabe des Geistes und
stärker die Kraft des Namens Christi, der über dem Täufling ausgerufen worden ist, man
erkannte deshalb die außerhalb der Kirche gespendete Taufe an und nahm die Konvertiten
durch die Handauflegung auf. Später unterschied Augustinus († 430) zwischen der Geltung
und der Wirkung der Taufe und setzte damit im Bereich der westlichen Kirche die römische Praxis durch.

3.2. Frühe Reichskirche: Taufe als Teilhabe am Mysterium Christi

Durch die Konstantinische Wende (313: Toleranzedikt von Mailand)
und erst recht durch die institutionelle Verknüpfung von Kirche und
Römischem Reich unter Theodosius (391: Das Christentum wird
Staatsreligion) verändert sich das Verhältnis der Kirche zur Gesamtgesellschaft grundlegend. Bischöfe werden kaiserliche Beamte, der Kaiser
selbst ist getaufter Christ (379: Taufe des Theodosius) – die Kirche kann
sich nicht mehr im Gegensatz zur politischen Herrschaft definieren. Bei
den großen Menschenmengen, die jetzt in die Kirche einströmen, führt
die trotzdem noch wirksame überlieferte Vorstellung, daß die Taufe eine
radikale Lebenswende bedeute, häufig zum Aufschub der Taufe bis ans
Lebensende, so daß aus dem Katechumenat, das bisher Zeit der Einübung und der intensiven Vorbereitung auf die Taufe war, nun ein le-
benslänglicher Status wird. Die Kirche sucht nach einer neuen Identität,
und dabei wandeln sich auch die Akzente in der Tauftheologie.

Stärker als der eschatologisch-pneumatologische tritt jetzt der christologische
Aspekt in den Vordergrund. Das wird besonders deutlich daran, daß nun Röm

*6,1–11 zum grundlegenden Bibeltext in der Taufunterweisung wird: Taufe be-
deutet die Teilhabe am Pascha-Mysterium Jesu Christi.*

Daraufhin werden jetzt die alle Sinne ansprechenden Elemente der
altkirchlichen Taufliturgie gedeutet: »Ihr wurdet zum heiligen Bade der
göttlichen Taufe geführt, wie Christus vom Kreuz weg zu dem in der
Nähe gelegenen Grabe gebracht wurde«. Das dreimalige Untertauchen
wird (neben der weiter geltenden trinitarischen Deutung) zum Bild der
drei Tage und drei Nächte, die Christus »im Schoß der Erde verbrachte«.
Das Taufbecken wird zum Bild des Grabes Christi, im Hinabsteigen in
das Becken geschieht die Nachahmung des Todes und des Begräbnisses
Christi: Der Getaufte ist mit Christus gestorben und auferstanden. »Jenes
heilsame Wasser wurde für euch zugleich Grab und Mutter.«[55] »Bild«
bedeutet hier »Teilhabe« auf dem Weg der »Nachahmung«.[56]

Stärker als der ethische Aspekt der Lebenswende ist jetzt der mystagogische Aspekt des Hineinwachsens in das Christus-Mysterium. Die
großen Taufkatechesen des 4. Jahrhunderts (im Osten: Cyrill von Jerusalem, † um 387; im Westen: Ambrosius von Mailand, † 397) werden
erst nach erfolgter Taufe gehalten. Dies hat (wie die Arkandisziplin
überhaupt) einen psychologisch-pädagogischen Grund: Das Geheimnis
muß erst erfahren werden, bevor es gedeutet werden kann. Die vor-
herige Erklärung würde den Täuflingen die Offenheit für das Geschehen
und damit die Erfahrung des Mysteriums nehmen.

Wie sehr es bei Ambrosius um die Gemeinschaft mit Christus geht,
zeigt sein Beharren auf dem in Mailand geübten Brauch der Fußwaschung im Anschluß an die Taufe. Mit allem Nachdruck rechtfertigt
Ambrosius diese Praxis gegenüber Rom, das die postbaptismale Fußwaschung nicht kennt: »Ich wünsche, der römischen Kirche in allem zu
folgen, jedoch besitzen auch wir gesunden Menschenverstand. Daher
behalten wir aus gutem Grund bei, was anderswo ebenfalls aus guten
Gründen eingehalten wird«. Der Grund ist das Motiv der Teilhabe:
»›Wenn ich dir die Füße nicht wasche‹, erklärt er [der Herr], ›wirst du
keinen Anteil an mir haben‹.«[57]

Auch Augustinus († 430) geht von Röm 6,1–11 aus, betont dabei
aber stärker den Gedanken der Sündenvergebung. Die »Taufe in Chri-

---

[55] Cyrill von Jerusalem, Mystagogische Katechesen, II,4.
[56] Vgl. oben: Zweiter Teil, 3.1.2.1.
[57] Ambrosius, De sacramentis, 3,4 f; vgl. Joh 13,8.

stus« ist »nichts anderes als ein Abbild des Todes Christi, der Tod des gekreuzigten Christus aber hinwiederum nichts anderes als das Abbild der
Sündennachlassung. Wie also bei Christus wahrhaftig der Tod eintrat, so
erfolgt bei uns wahrhaftig der Nachlaß unserer Sünden, und wie bei ihm
wirklich die Auferstehung folgte, so folgte bei uns wirklich die Rechtfertigung.«[58]

Augustinus verbindet die Sündenvergebung in der Taufe mit der von
ihm entwickelten Erbsündenlehre. Dabei ist eine folgenreiche Wech-
selwirkung im Spiel: Zu seiner Zeit wurden, neben der Praxis, die Taufe
bis ans Lebensende oder (wie bei Augustinus selbst) wenigstens in ein
»ungefährlicheres« Alter aufzuschieben, mit einer gewissen Selbstverständlichkeit auch unmündige Kinder gläubiger Eltern getauft. In
seiner Auseinandersetzung mit Pelagius († nach 418) greift Augustinus
für seine Erbsündentheorie auf diese Praxis zurück: Die Kindertaufe
kann, weil Taufe immer zur Vergebung der Sünden geschieht, nur dann
einen Sinn haben, wenn die Kinder schon als sündige geboren werden;
da sie aber noch nicht persönlich sündigen konnten, muß es ererbte
Sünde geben. In der Folgezeit wirkte das Argument dann umgekehrt:
Folgerte Augustinus aus der Kindertaufe die Erbsünde, so wurde später
aus der Erbsündenlehre ein Argument für die Kindertaufe.

3.3. Frühmittelalter: Taufe als Herrschaftswechsel

Im Frühmittelalter wandelt sich grundlegend die Missionsmethode.
Die Christianisierung der nördlichen Völker erfolgt nicht (wie in der
hellenistischen Antike) durch die Bekehrung einzelner oder einzelner
Familienverbände, sondern durch den geschlossenen Übertritt ganzer
Völkerschaften, veranlaßt durch die Entscheidung ihres Fürsten.

*Bestimmender biblischer Text der Tauftheologie wird jetzt der Befehl zur
Völkermission Mt 28,19. Die Taufe wird unter dem Bild des Herrschaftswechsels
verstanden.* Diese Metapher ist zwar nicht ursprünglich politisch gemeint, zeigt aber doch, wie leicht Mission und Eroberung ineinander
übergehen konnten. Die Zwangsmissionierung der Sachsen durch Karl
den Großen († 814) ist das berüchtigtste mittelalterliche Beispiel dafür.
Deshalb mußte nun der Zusammenhang von Taufe und Glaube sowie

---

[58] Augustinus, Enchiridion ad Laurentium seu de fide, spe et caritate, 14,52.

von Glaube und Freiheit neu bedacht werden. So protestiert Alkuin († 804), Hoftheologe Karls des Großen: »Wie kann ein Mensch gezwungen werden zu glauben, was er nicht glaubt? Zur Taufe kann ein Mensch getrieben werden, aber nicht zum Glauben.«[59] Die Theologie gerät in Spannung zur Praxis der Missionierung.

3.4. Scholastik: Tauftheologie im Kontext systematischer Sakramententheologie

In der Tauftheologie der Scholastik ist der Zusammenhang zwischen zeitgenössischer Praxis und theologischer Theorie weniger deutlich. *Im Vordergrund steht das Interesse an einer die Vätertheologie rezipierenden und konsequent durchdachten Systematik im Zusammenhang der neu erarbeiteten, sehr stark von den Kategorien Ursache und Wirkung geprägten Allgemeinen Sakramentenlehre*[60].

In der Frage, wann das Sakrament der Taufe eingesetzt worden sei, berichtet Petrus Lombardus († 1160) von unterschiedlichen Positionen: Die einen sehen die Einsetzung im Nikodemus-Gespräch (vgl. Joh 3,5), die anderen im Taufbefehl in Mt 28,19. Die meisten Scholastiker versuchen hier zu differenzieren. Dabei wird schon deutlich, wie stark die hochscholastische Sakramententheologie vom Ursache-Wirkung-Denken bestimmt ist. Während Hugo von St. Viktor († 1141) noch von einer genetischen Entwicklung ausgeht (die Einsetzung erfolgte in Stufen: »unmittelbarer Vorentwurf ist die Taufe Jesu, erstmalige Empfehlung das Nikodemus-Gespräch und allgemeine [Einsetzung] der Taufbefehl an die Apostel«[61], versucht die Summa Halensis (nach 1235) eine systematische Konzeption, indem sie das (aristotelische) Vier-Ursachen-Schema zugrunde legt: Die Taufe Jesu im Jordan ist »Materialursache«, der Taufbefehl Jesu in Mt 28,19 »Formalursache«, das Nikodemus-Gespräch »Zielursache« (weil vom Eingehen in das Himmelreich die Rede ist), das Wort Mk 16,16 »Wirkursache«. Thomas von Aquin († 1274) erläutert zunächst, was er unter Einsetzung versteht (und verrät dabei wiederum die für ihn fundamentale Bedeutung der Wirksamkeit): »Ein Sakrament scheint dann eingesetzt zu werden, wenn es die Kraft empfängt, seine Wirkung hervorzubringen. Die Taufe aber empfing diese Kraft, als Christus getauft wurde. Somit wurde die Taufe in Wahrheit damals eingesetzt . . . Dagegen wurde die Pflicht, dieses Sakrament zu empfangen, den Menschen erst nach der Passion und der Auferstehung auferlegt.«[62]

---

[59] Alkuin, Epistolae (PL 100,194B).
[60] Vgl. oben: Zweiter Teil, 3.2.
[61] B. Neunheuser, Taufe und Firmung (HDG IV/2), Freiburg 1956, 85.
[62] Thomas von Aquin, 5. th., III, q.66, a.2.

Was die Wirkungsweise betrifft, so gilt die Taufe als ein Musterbeispiel für eine Wirksamkeit ausschließlich ex opere operato[63]. Das Taufgeschehen beruht ausschließlich auf dem Handeln Gottes. Dem kann
der (erwachsene) Mensch allenfalls ein Hindernis entgegensetzen, indem
er als »fictus« (einer, der sich verstellt: der im Innern entweder ohne
Glauben ist oder das Sakrament verachtet) zur Taufe hinzutritt; aber
selbst bei ihm kommt die Taufe später zur Wirkung, sobald er das Hindernis ausräumt; denn »das Sakrament der Taufe ist das Werk Gottes und
nicht Menschenwerk«[64]. In der Frage, wozu der Glaube beim Empfang
der Taufe nötig ist, unterscheidet Thomas: Für das reine Zustandekommen des Sakraments und die Einprägung des »Charakters« ist
der Glaube nicht erforderlich, wohl aber dazu, daß die sakramentale
Gnade (»die letzte Wirkung des Sakraments«) erlangt wird. »Denn das
Sakrament wird vollzogen nicht durch die Gerechtigkeit des Menschen . . ., sondern durch die Kraft Gottes.«[65]

Im Hintergrund steht die Vorstellung einer gestuften Wirkung aller Sakramente[66]: Das
reine Zeichen (sacramentum tantum, oder: signum tantum) bewirkt die Zwischenwirkung
(res et sacramentum) und diese die eigentlich angezielte Gnadenwirkung (res tantum). Die
Zwischenwirkung ist bei der Taufe der »Charakter«, das unauslöschliche sakramentale Mal.
In der Bestimmung dessen, was der »Character« inhaltlich sei, bleiben die scholastischen
Aussagen eher formal: Er ist der Grund der Unwiederholbarkeit und auch die Ursache
dafür, daß das dem unehrlichen Empfänger (»fictus«) gespendete Sakrament später doch
noch gnadenwirksam werden kann. Die Gnadenwirkung selbst besteht in der Tilgung aller
Sünden und Sündenstrafen, in der Verleihung der heiligmachenden Gnade und in der
Eingießung der Tugenden (Glaube, Hoffnung, Liebe). Statt dieser mehr sachhaft klingenden Aufzählung sprechen die scholastischen Theologen, das Motiv von Röm 6,1–11 und
den Grundgedanken der Vätertheologie des 4. und 5. Jahrhunderts aufnehmend, auch,
stärker personal, von der Teilhabe am Leiden Christi: Aus Röm 6,8 »ist klar, daß jeder
Getaufte am Leiden Christi . . . Gemeinschaft erhält, als hätte er selbst gelitten und als wäre
er selbst gestorben.«[67]

Wenn der Glaube des Empfängers Voraussetzung für die Gnadenwirkung ist, stellt sich natürlich die Frage nach der Kindertaufe.
Nicht nur ihre Legitimität, sondern sogar ihre Notwendigkeit steht für
die Scholastik fest. Thomas von Aquin geht dabei von der seit Augustinus üblichen Verbindung von Erbsündenlehre und Tauftheologie aus.

---

[63] Vgl. oben: Zweiter Teil, 3.2.3.
[64] Thomas von Aquin, S.th., p.III, q.69, a.10, ad 1.
[65] Ebd., p.III, q.68, a.8.
[66] Vgl. oben: Zweiter Teil, 3.2.4.
[67] Thomas von Aquin, S.th., p.III, q.69, a.2.

Gerade in diesem Zusammenhang sieht er aber auch den Er-
möglichungsgrund für die Wirksamkeit der Kindertaufe: »Die Kinder
ziehen sich aus der Sünde Adams die Erbsünde zu . . . Daher können die
Kleinen noch viel eher durch Christus die Gnade empfangen«. Trotzdem
bleibt die Taufe »Sakrament des Glaubens«. Denn wie die noch unge-
borenen Kinder im Mutterschoß an der mütterlichen Ernährung teilhaben, so haben die noch unmündigen Kinder am Glauben der Kirche
teil, »die Kleinen glauben durch andere«.[68]

Mit den »anderen« denkt Thomas nicht unbedingt an die unmittelbaren Bezugspersonen des Kindes, sondern an die Gemeinschaft der Kirche als ganzer. Deshalb »wird ihr
Heil auch dann nicht vereitelt, wenn die Eltern ungläubig sind«; denn »der Glaube . . . der
gesamten Kirche kommt dem Kleinen zugute durch das Wirken des Heiligen Geistes, der
die Kirche eint und die Güter des einen dem anderen mitteilt.«[69] Wie weit Thomas den für
die Taufe notwendigen Glauben von den unmittelbar Beteiligten ablösen kann, zeigt sich
an seiner Antwort auf die Frage, ob auch die Kinder von Juden »oder anderen Ungläubigen« gegen den Willen ihrer Eltern getauft werden sollen: Er spricht sich zwar eindeutig dagegen aus, aber nicht, weil hier das Sakrament nicht wirke, sondern ausschließlich
deshalb, weil dies gegen das Naturrecht wäre.[70]

3.5. Zeitalter der Reformation:
»Sakrament des Glaubens« – unterschiedlich verstanden

*Alle Gruppierungen der Reformationszeit hielten prinzipiell an der Taufe
fest, ja sogar (bis auf die Täuferbewegung) an der Gültigkeit der Taufe, die in den
von ihnen bekämpften Konfessionen vollzogen wurde. Unterschiede finden sich,
den Unterschieden im grundsätzlichen Verständnis von Sakrament entsprechend,
in der Verhältnisbestimmung zwischen Glaube und Taufe.*

Martin Luthers († 1546) Tauftheologie ist von der Auseinandersetzung
an verschiedenen Fronten bestimmt. Gegen die Dominikanertheologie,
die nach seinem Eindruck das Wort vergißt und dem Wasser eine göttliche Kraft beilegt, und gegen die Bedingungstheorie der Franziskaner-
theologen, nach denen weder das Wort noch das Wasser etwas bewirke,
formuliert Luther: »Die Taufe ist . . . Gottes Wort im Wasser«[71]. Das

---

[68] Ebd., p.III, q.68, a.9, sol. u. ad 2 f.
[69] Ebd., ad 2.
[70] Vgl. ebd., a.10.
[71] M. Luther, Schmalkaldische Artikel, WA 50,241.

Wort ist Gottes Brief an uns, die Taufe das Siegel auf dem Brief.[72] Gegen magische Vorstellungen und Werkgerechtigkeit betont er den Vorrang des Glaubens: »Ohne Glauben ist es [das Taufwasser] nichts nütze.« Gegenüber der Täuferbewegung beruft Luther sich auf die jahrhundertelange Erfahrung: So viele als Kleinkinder Getaufte wurden heilige, vom Geist erfüllte Menschen, so »bestätigte Gott diese Taufe«. Der rechte Gebrauch der Taufe ist ein lebenslanges Einüben in den Glauben: »Das heißt recht in die Taufe hineinkriechen und täglich wieder daraus hervorkommen.«[73] Für *Huldrych Zwingli* († 1531) ist Taufe, vergleichbar den aufgehefteten Abzeichen des Eidgenössischen Heeres, reines Verpflichtungszeichen auf seiten des Menschen. *Johannes Calvin* († 1564) sucht eine mittlere Position: Die Taufe ist an erster Stelle ein Zeichen Gottes uns gegenüber, »gleichsam eine unterschriebene Urkunde, mit der er uns bekräftigen will, daß alle unsere Sünden ... abgetan ... sind«, aber auch »ein Merkzeichen, mit dem wir ... unserem Glauben vor der Öffentlichkeit Ausdruck geben«.[74]

Das Taufverständnis der *Täuferbewegung* steht in engem Zusammenhang mit ihrem Gemeindeverständnis: Kennzeichen der Gemeinde sind die Entschiedenheit ihrer Mitglieder (man muß das Wirken des Heiligen Geistes auch nach außen erkennen können) und die Freiheit, sowohl nach außen (Unabhängigkeit von staatlichen Institutionen) als auch nach innen (Freiwilligkeit der Glaubensentscheidung). Taufe als Zeichen der Entscheidung setzt Unterrichtung, Glauben, Bekehrung und deshalb Mündigkeit voraus. Da die an unmündige Kinder erteilte Taufe für sie ungültig ist, vollziehen die »Taufgesinnten« neu die »Glaubenstaufe« an denen, die zu ihnen kommen (und werden deshalb von ihren Gegnern »Wiedertäufer«, »Anabaptisten« genannt).

Das *Konzil von Trient* (1545–63) wiederholt im wesentlichen die Tauftheologie der Scholastik, stellt sie in den Zusammenhang der Erbsünden- und der Rechtfertigungslehre und versucht, auch den Ort des Glaubens innerhalb des Rechtfertigungsprozesses zu präzisieren: Alle Menschen haben »im Sündenfall Adams ihre Unschuld verloren«, sind »der Sünde versklavt und Satan und dem Tod untertan«. Darum hat Gott Jesus Christus »zum Versöhner aufgestellt ... für die Sünden ... der

---

[72] Vgl. M. Luther, Sermon vom Himmelfahrtstage, WA 12,561.
[73] M. Luther, Großer Katechismus, WA 30,216.218.221.
[74] J. Calvin, Institutio, IV,15,1.13.

ganzen Welt«. Aber, obwohl er für alle gestorben ist, haben doch nur diejenigen am Verdienst seines Leidens Anteil, die »in Christus wiedergeboren« werden.[75] Das »Bad der Wiedergeburt« ist die Taufe. Der »Anfang der Rechtfertigung« ist aber die »zuvorkommende Gnade Gottes«, mit welcher Gott »das Herz des Menschen berührt« und ihm hilft, sich seiner eigenen Rechtfertigung zuzuwenden. »Geweckt und unterstützt von der göttlichen Gnade«, beginnt der Mensch zu glauben, zu hoffen und zu lieben, steht deshalb in der Buße auf gegen die Sünde und nimmt sich schließlich vor, »die Taufe zu empfangen, ein neues Leben zu beginnen und die göttlichen Gebote zu beachten«.[76]

Die Bindung der Rechtfertigung an die Taufe wird, wie auch schon in der Scholastik, modifiziert durch die Lehre vom »votum baptismi« (Verlangen nach der Taufe): Wer nach dem Sakrament begehrt, es aber ohne eigene Schuld nicht erlangt, erhält dennoch die Frucht des Sakraments.[77] Ebenso wie Luther, Zwingli und Calvin verteidigt das Konzil die Taufe der unmündigen Kinder und verwirft die Wiedertaufe.[78] Außerdem präzisiert es die altkirchliche Lehre von der Gültigkeit der Ketzertaufe[79]: Die von einem Häretiker gespendete Taufe ist wahre Taufe, wenn der Spender »mit der Absicht, zu tun, was die Kirche tut«, taufte und wenn er dabei die trinitarische Formel gebrauchte.[80]

3.6. Neuere Reformen

Zur Signatur des 20. Jahrhunderts gehören die Pluralität der Sinnangebote, die Auflösung des volkskirchlichen Milieus sowie wachsendes Mißtrauen gegenüber Fremdbestimmung und Manipulation. Vor diesem Hintergrund entstand, zunächst im evangelischen Raum, eine Diskussion über die *Taufe unmündiger Kinder.*

Den Anstoß gab der reformierte Theologe *Karl Barth* († 1968) mit seiner 1943 erschienenen Schrift »Die kirchliche Lehre von der Taufe«. Gegen das (»römisch-katholische« und »lutherische«) »kausative« oder »generative« Verständnis setzt er sein (»reformiertes«)

---

[75] DH 1521–1523/NR 791–793.
[76] DH 1524 ff/NR 794 ff.
[77] Vgl. DH 1524/NR 794.
[78] Vgl. DH 1625 ff/NR 543 ff.
[79] Vgl. oben: 3.1.
[80] DH 1617/NR 535.

»kognitives« Verständnis des Taufgeschehens: Taufe ist ein Akt der Verkündigung. Ihr sinnvoller Vollzug setzt das Verstehen und die Annahme durch den Täufling voraus. Von daher hält Barth die Taufe unmündiger Kinder zwar nicht für ungültig, aber für eine den Sinn der Taufe verdunkelnde Praxis, »eine Wunde am Leib der Kirche und eine Krankheit der Getauften«.[81] In starkem Gegensatz dazu geht der aus der lutherischen Tradition kommende *Edmund Schlink* († 1984) vom Grundverständnis der Taufe als »Neuschöpfung« aus und verteidigt die Kindertaufe als die deutlichste Realisierung des Sola-gratia-Prinzips: Die Kirche »bekennt durch keine andere Handlung so unüberhörbar, daß Gott allein den Menschen rettet. Denn durch die Kindertaufe wird der Mensch ganz ohne eigenes Zutun hineingenommen in die Gottesherrschaft.«[82] Die Diskussion belebte auch in der katholischen Theologie die Reflexion über das Wesen der Taufe und führte zu Differenzierungen bezüglich der Kindertaufe.

Auf katholischer Seite traf sich die Diskussion über die Kindertaufe mit den Ideen der Liturgischen Bewegung[83], welche, von Theologie und Praxis der Alten Kirche inspiriert, vor allem den *Initiationscharakter* der Taufe betonte. Dies schlug sich auch in den Texten des II. Vatikanischen Konzils nieder: Die Katechumenen sollen »stufenweise in das Leben des Glaubens, der Liturgie und der liebenden Gemeinschaft des Gottesvolkes« eingeführt werden (AG 14). Zwar gebraucht das Konzil die Vokabel »Initiation« nur im Kontext der Taufe in den Missionsländern; der Sache nach aber hat es – mit der Forderung, »ein mehrstufiger Katechumenat für Erwachsene« solle »wiederhergestellt ... werden« (SC 64) – eine entsprechende Reform für die gesamte Kirche im Blick.

Der Gedanke der Initiation wurde dann in der Neuordnung der »*Feier der Eingliederung Erwachsener in die Kirche*« (1975) realisiert. Die Eingliederung soll in einem gestuften Prozeß erfolgen: Der »Feier der Annahme« folgt ein (evtl. mehrjähriges) Katechumenat, der »Feier der Einschreibung« eine Intensivphase als »Zeit der Reinigung und Erleuchtung« vor der »Feier der Eingliederung in die Kirche«, in deren Mittelpunkt Taufe, Firmung und Eucharistie stehen. Daran schließt sich eine mystagogische »Zeit der Einübung und Vertiefung« an.[84]

Für die Kindertaufe regte das Konzil an, ihr Ritus solle »der tatsächlichen Situation der Kinder angepaßt werden« (SC 67). Dieser Intention

---

[81] K. Barth, Die kirchliche Lehre von der Taufe, München 1947, 28 f.
[82] E. Schlink, Die Lehre von der Taufe, Kassel 1969, 134.
[83] Vgl. oben: Zweiter Teil, 3.5.1 f.
[84] Vgl. Die Feier der Eingliederung Erwachsener in die Kirche nach dem neuen Rituale Romanum. Studienausgabe, hrsg. von den Liturgischen Instituten Salzburg, Trier, Zürich, Einsiedeln/Freiburg 1975.

entsprechend entstand zum ersten Mal in der Kirchengeschichte ein *Ritus der Kindertaufe,* welcher deutlich zum Ausdruck bringt, daß hier an unmündigen Kindern gehandelt wird.[85]

Auf ein gewandeltes Verständnis von Taufe läßt schließlich auch die kirchenamtliche Forderung schließen, vor der Taufe unmündiger Kinder ein die Voraussetzungen für die Taufe klärendes Gespräch mit den Eltern zu führen und *notfalls die Taufe aufzuschieben.*

Diese Forderung wurde nach französischem Vorbild (1965) von der Deutschen und der Österreichischen Bischofskonferenz (1970) erhoben und in die »Vorbemerkungen« der amtlichen Ordnung »Die Feier der Kindertaufe« aufgenommen: »Es wird Fälle geben, in denen man das Taufgespräch zur Bedingung für die Gewährung der Taufe machen muß.« Wenn das Gespräch »ergebnislos« verläuft, »so darf die Taufe – auch wenn die Eltern bei ihrer Bitte bleiben – vorerst nicht gespendet werden«[86]. Die Synode der deutschen Bistümer in der Bundesrepublik Deutschland (1972–1975) unterstrich die Forderung nach Taufgespräch und eventuellem Taufaufschub[87]; der neue Codex des kanonischen Rechts (1983) fixierte den Taufaufschub.[88] Der Wandel zeigt sich im Vergleich mit der Bestimmung des Kirchlichen Gesetzbuches von 1917: Dort wurde katholischen Eltern ohne Differenzierung eingeschärft, ihre Kinder »möglichst bald« nach der Geburt taufen zu lassen.[89]

4. Systematische Reflexion

4.1. Vorüberlegungen

Der Blick in die Geschichte zeigt eine eigenartige Diskrepanz: In allen Jahrhunderten geht die Tauftheologie, bei allem Wechsel der Akzente, durchweg vom Modell der Taufe eines mündigen Menschen aus: Taufe ist das Sakrament des Glaubens, Antwort auf die Verkündigung des Evangeliums, Zeichen der Umkehr, Ablegung des alten und Anziehen des neuen Menschen, Erfahrung des Sterbens und Auferstehens mit Jesus Christus, Verpflichtung zu christlicher Lebenspraxis usw. Seit über tausend Jahren ist aber, zumindest im europäischen Kulturkreis, die Säug-

---

[85] Römische Fassung: Ordo baptismi parvulorum, 1969; deutsche Fassung: Die Feier der Kindertaufe, hrsg. im Auftrag der Bischofskonferenzen Deutschlands, Österreichs und der Schweiz und des Bischofs von Luxemburg, Einsiedeln u. a. 1971. Vgl. hierzu auch unten: 4.5.2.

[86] Die Feier der Kindertaufe, Vorbemerkungen, 36.

[87] Vgl. Schwerpunkte, B.3.1.4 und D.3.1.4.

[88] Vgl. CIC/1983, Can. 868, § 1,2.

[89] CIC/1917, Can. 770.

lingstaufe die weitaus vorherrschende kirchliche Praxis. Der theologische Modellfall scheint der statistische Ausnahmefall zu sein. Wie ist
diesem Auseinanderklaffen von Theorie und Praxis zu begegnen?

Die unterschiedlichen Antworten auf diese Frage lassen sich in vier Lösungsrichtungen
zusammenfassen: (1) Man lehnt die Kindertaufe grundsätzlich als Produkt einer Fehlent-
wicklung ab, radikal wie die Täuferbewegung (die Säuglingstaufe ist ungültig[90]) oder nu-
ancierter wie Karl Barth (sie ist zwar gültig, aber sinnwidrig[91]). Gegen diese Konsequenz
spricht das Gewicht der Geschichte. (2) Man wendet die am Modell der Mündigentaufe
entwickelte Theologie unverändert auf die Säuglingstaufe an: Es gehe in beiden Fällen um
dasselbe Geschehen, nur in teilweise veränderter Reihenfolge; die Entscheidung zum
Glauben gehe das eine Mal der Taufe voraus, das andere Mal folge sie ihr nach; so oder so
sei aber die Taufe Sakrament des Glaubens. Ein Teil der theologischen Tradition geht in
diese Richtung. Diese Tendenz ist aber aus zwei Gründen problematisch: Erstens würden
Worte wie »Umkehr« und »Entscheidung« nahezu inhaltsleer, wenn sie nichts anderes bedeuteten als die nachträgliche Anerkennung eines vorgegebenen Status. Und zweitens
würde der Stellenwert der Erfahrung von vornherein reduziert. Wesentlich für die altkirchliche Taufpraxis und ebenso für die nach dem II. Vatikanischen Konzil erstellte Ordnung zur Eingliederung Erwachsener in die Kirche ist doch die Erfahrung der Lebenswende, des Neuwerdens, des Sterbens und Auferstehens mit Christus. Diese Erfahrung
kann aber grundsätzlich nicht mit seiner Taufe verbinden, wer als Säugling getauft wurde.
(3) Man versucht, umgekehrt die Kindertaufe zum Leitbild zu machen und von diesem Bild
her eine allgemeine Tauftheologie zu entwickeln: Der Täufling sei in keiner Weise Subjekt
des Taufgeschehens, die Taufgnade komme dort am reinsten zur Erscheinung, wo
menschliche Aktivität noch gar nicht im Spiel sein kann, usf. Diese Interpretation dürfte
(wohl infolge der vorherrschenden Praxis der Kindertaufe) vulgärtheologisch weit verbreitet sein (Spuren dieser Sicht finden sich auch bei Edmund Schlink[92]). Sie steht aber im
Gegensatz zum biblischen und altkirchlichen Befund, welcher die Kindertaufe zwar möglicherweise nicht ausschließt, sie aber sicher nicht als Modellfall kennt. Und sie stünde auch
in Spannung zur katholischen Gnadenlehre, welche die Wirksamkeit Gottes eben gerade
nicht dadurch gesichert sieht, daß das menschliche Handeln möglichst gering angesetzt
wird. (4) Der im folgenden skizzierte Weg versucht, sowohl die Verschiedenheit als auch
die Einheit zwischen Erwachsenentaufe und Kindertaufe zu berücksichtigen:

Die geschichtlich gewordene kirchliche Praxis und insbesondere die
nachkonziliare Ritus-Reform legen nahe, die Taufe erwachsener
Menschen am Ende eines Initiationsprozesses und die Taufe von unmündigen Kindern gläubiger Eltern als zwei qualitativ verschiedene
Ausformungen des einen Sakraments der Taufe zu betrachten. Wir
behandeln deshalb die Taufe zunächst als Erwachsenentaufe und versuchen im Anschluß daran, das spezifische Profil der Kindertaufe und die

---

[90] Vgl. oben: 3.5.
[91] Vgl. oben: 3.6.
[92] Vgl. oben: 3.6.

spezifischen Unterschiede zwischen Erwachsenentaufe und Kindertaufe herauszustellen.

4.2. Das zentrale Taufgeschehen: Initiation zur Übereignung an Jesus Christus und zum Leben in der Gemeinschaft des dreifaltigen Gottes

Das durch die Taufe dargestellte und realisierte Geschehen (in der Sprache der Scholastik und der Neuscholastik: die »Wirkung« der Taufe) wird in Schrift und Tradition mit einer Fülle von Begriffen und Bildern benannt. Das Neue Testament spricht von der Teilhabe am Schicksal Jesu Christi, der Gabe des Heiligen Geistes, der Vergebung der Sünden, der Geburt zu neuem Leben, der Zusammengehörigkeit mit allen Getauften, der prinzipiellen Gleichheit in der Würde und der Verpflichtung zu einer entsprechenden Lebenspraxis. Seit den Tagen des Augustinus spricht man zudem vom Herrschaftszeichen (signum dominicum) bzw. vom unauslöschlichen Merkmal (character indelebilis) und von der Tilgung der Erbsünde, seit der Scholastik von der »heiligmachenden Gnade« und von der »Eingießung« der göttlichen Tugenden Glaube, Hoffnung und Liebe. Gibt es einen zentralen Punkt, auf den sich alle diese Wirkungen zurückführen lassen, eine grundlegende Aussage, von der aus sich alle anderen Aspekte ordnen ließen? Eine solche Aussage soll in zwei Anläufen gewonnen werden.

(1) Setzt man beim Begriff der Initiation an, so lautet die Grundaussage: *Die Taufe ist Aufnahmeritus, sie bewirkt die Eingliederung in die christliche Kirche.* Alles andere ergibt sich hieraus: In der solidarischen Gemeinschaft der Gemeinde erfahren die Getauften die Lebensgemeinschaft mit Jesus Christus, die Dynamik seines Geistes. Getragen vom Glauben, Hoffen und Lieben der anderen erfahren sie das Geschenk, glauben, hoffen und lieben zu können, die Vergebung der Sünden, die Loslösung aus erbsündiger Schuldverstrickung. So sollte es wenigstens sein. Aber selbst wo dies kaum oder nur sehr defizitär geschieht, weil die konkret angetroffene Kirche selbst zu wenig vom Geist Gottes geprägt ist oder weil der Getaufte sich zu wenig für diesen Geist öffnet, selbst da bleibt die Taufe nicht absolut unwirksam. Es bleibt wenigstens die eine Grundwirkung der Taufe, welche die Tradition den sakramentalen Charakter (das unauslöschliche Mal) nennt und womit inhaltlich die

unwiderrufliche Zugehörigkeit zur Kirche als bleibende Basis für das »Aufleben« aller anderen Wirkungen gemeint ist.

(2) Das sakramentale Zeichen selbst aber verweist nicht unmittelbar auf die Kirche. Die Wasserhandlung wird in der Taufformel gedeutet, und diese verweist auf den Namen Jesu, bzw. in der heutigen, entfalteten Form, auf den Namen des dreifaltigen Gottes. Von hierher legt sich als Grundaussage nahe: *Die Taufe bedeutet die Übereignung an Jesus Christus zum Leben in der Gemeinschaft des dreifaltigen Gottes.* Auch von diesem Ansatz lassen sich die vielen Aussagen zusammenfügen. Übereignung an Christus bedeutet Teilhabe an seinem Leben, an seiner Hingabe und seinem Sieg über die Mächte des Todes. Durch die Christus-Verbundenheit wird das alte Leben überholt, die Todesmacht der Sünde überwunden, wächst die Gabe zu glauben, zu hoffen und zu lieben. In der Verbundenheit mit Jesus Christus geschieht die Gabe des Geistes; denn der Heilige Geist ist der Geist Jesu, »durch ihn« gegebener Geist Gottes. Aus der gemeinsamen Erfahrung des Angenommenseins und dem gemeinsamen Bekenntnis entsteht Gemeinde als geschwisterliche Gemeinschaft. Durch Christus sind alle Unterschiede der völkischen Herkunft, des gesellschaftlichen Ranges und des Geschlechts relativiert, weil durch ihn alle Getauften Töchter und Söhne Gottes sind und weil es über diese Würde hinaus keine höhere Würde gibt.

Von hierher erschließt sich auch das Zeichen des Wassers in seiner dreifachen Symbolik des Gefährlichen, des Reinigenden und des Lebendigmachenden: Taufe bedeutet Mit-Sterben mit Jesus Christus, Reinigung von der Schuld, neues Leben in der Gemeinschaft Gottes.

Der sakramentale Charakter (das unauslöschliche Mal) ist bei diesem Ansatz nicht so sehr ein Basis-, sondern eher ein Restbegriff: Er soll jenen »Rest« bezeichnen, der bleibt, selbst wenn das eigentlich in der Taufe dargestellte und von ihr intendierte Geschehen, die verwandelnde Lebensgemeinschaft mit Jesus Christus, nicht zustandekommt.

Die beiden Ansätze lassen sich zusammenfügen und in eine einzige Perspektive bringen mit Hilfe des Symbolbegriffs[93]: Taufe ist das realisierende Zeichen (Realsymbol) für die Aufnahme in die Kirche. Die Gemeinschaft der Kirche wiederum ist Realsymbol der Lebensgemein-

---

[93] Vgl. oben: Zweiter Teil, 4.1.1.

schaft mit Christus. Und diese ist nochmals Realsymbol der Teilhabe am Leben des dreifaltigen Gottes.

Man kann dasselbe auch mit der scholastischen Unterscheidung von res et sacramentum (sakramentale Zwischenwirkung) und res sacramenti (Gnade des Sakraments) ausdrücken: Die Kirchengliedschaft ist die Zwischenwirkung, die Übereignung an Jesus Christus zur Teilhabe am Leben Gottes die eigentliche Gnade des Sakraments.

Als Grundaussage kann also gelten: *In der Taufe geschieht die Eingliederung in die Kirche zur Übereignung an Jesus Christus und zum Leben in der Gemeinschaft des dreifaltigen Gottes.*

4.3. Ekklesiologische Aspekte

4.3.1. Taufe als Initiation

Das II. Vatikanische Konzil spricht von den »Sakramenten der Initiation« (AG 14). Es nimmt damit die Tauftheologie der Alten Kirche auf, für welche Taufe, Handauflegung und Eucharistie Teile des einen Initiationsritus waren und den Übergang in die eschatologische Heilsgemeinde bedeuteten.

»Initiation« bedeutet mehr als eine bloße Folge von Riten. Zu ihr gehört ein Prozeß des Lernens und Hineinwachsens, der den ganzen Menschen beansprucht und an dem auch die aufnehmende Gemeinde als ganze beteiligt ist. In diesem Prozeß geht es nicht nur um kognitive Aneignung, sondern um das Hineinwachsen in die drei Grundvollzüge kirchlichen Lebens: Der vom Konzil geforderte erneuerte Katechumenat soll »nicht in einer bloßen Erläuterung von Lehren und Geboten [bestehen], sondern in der Einführung und genügend langen Einübung im ganzen christlichen Leben, wodurch die Jünger mit Christus, ihrem Meister, verbunden werden . . .; durch die Übung eines Lebenswandels nach dem Evangelium und durch eine Folge heiliger Riten soll man sie [die Katechumenen] stufenweise in das Leben des Glaubens, der Liturgie und der liebenden Gemeinschaft des Gottesvolkes einführen« (AG 14).

Die Initiation betrifft nicht nur die Neuaufzunehmenden, sondern auch die aufnehmende Kirche, »nicht nur der Bewerber wächst stufenweise in die Kirche hinein, auch die Gemeinschaft der Glaubenden wächst stufenweise auf den Bewerber zu«[94]. Lebendige Sozialisation bedeutet nämlich nicht pure Anpassung, sondern immer auch Individuation, d. h. Selbstfindung in Begegnung und Auseinandersetzung. Sie hat deshalb immer auch Rückwirkungen auf die Gesellschaft und die Kul-

---

[94] B. Kleinheyer, Sakramentliche Feiern I (GdK 7/1), 263.

tur, in welche sie hineinführt. So finden Menschen im Sozialisations-
prozeß ihre Identität, und so wachsen Gruppen und Kulturen lebendig
weiter.

Dies gilt auch für die Kirche. Daß faktisch ein großer Teil kirchlicher
Entwicklung nach diesem Modell erfolgte, beweist insbesondere die
Missionsgeschichte, insofern sie als Geschichte der Begegnung mit
neuen Kulturen (Hellenismus, Franken und Germanen) das Profil der
Kirche entscheidend mitgeprägt hat. Auch heute »bedarf [die Kirche] der
Unternehmungslust und der Originalität ihrer Mitglieder, um lebendig
zu bleiben, um ihren Auftrag in einer vorwärtsdrängenden Welt selbst
neu zu sehen und ins Spiel zu bringen.«[95] Auf diese Weise ist die Taufe
Quelle neuen Lebens nicht nur für die Täuflinge, sondern auch für die
Kirche selbst. Sie trägt nicht nur zur Erhaltung oder zum quantitativen
Wachstum der Kirche bei, sondern auch zu ihrer Innovationskraft und
Lebendigkeit.

4.3.2. Taufe als Band ökumenischer Einheit

Die römisch-katholische Kirche hat in den letzten Jahrzehnten ihre
Praxis aufgegeben, in einer nichtkatholischen Kirche getaufte Konvertiten vorsorglich »bedingungsweise« zu taufen. Sie geht also nunmehr in
der Regel von der Gültigkeit der in einer anderen christlichen Kirche
vollzogenen Taufe aus.[96]

Die ökumenische Bedeutung dieser Tatsache besteht nicht etwa nur
darin, daß damit ein weiterer Inhalt gemeinsamen Glaubens gefunden
ist; die Taufe anerkennen, bedeutet vielmehr, eine schon gegebene Einheit feststellen, die aller Bemühung um gegenseitiges Verstehen, um
Übereinstimmung in der Lehre und um gemeinsames Handeln vorausliegt. Die Zusammengehörigkeit mit allen Getauften gehört ja zu den
Wirkungen der Taufe.[97] »Die Taufe begründet ... ein sakramentales
Band der Einheit zwischen allen, die durch sie wiedergeboren sind«,
lehrt das II. Vatikanische Konzil (UR 22). Die Synode der deutschen
Bistümer und die Konvergenzerklärung von Lima stellen den Zusam-
menhang von Indikativ und Imperativ, von schon vorhandenem
»Grund« und seiner »drängenden« Funktion, von »Sein« und »Ruf« her-

---

[95] G. Biemer/J. Müller/R. Zerfaß, Eingliederung in die Kirche, Mainz 1972, 16.
[96] Vgl. CIC/1983, Can. 869, § 2.
[97] Vgl. oben: 2.7.2.5.

aus: »Die Bemühungen der Kirchen ... um Einigung im Glauben haben ... ihren drängenden Grund darin, daß durch die Taufe ›in Christus‹ eine Wirklichkeit eröffnet ist, die alle Christen mit ihren geschichtlichen und gesellschaftlichen Unterschieden erfaßt«[98]. »Durch ihre eigene Taufe werden Christen in die Gemeinschaft mit Christus, miteinander und mit der Kirche aller Zeiten und Orte geführt. ... Wir sind *ein* Volk und berufen, *einen* Herrn an jedem Ort und auf der ganzen Welt zu bekennen und ihm zu dienen. Die Einheit mit Christus, an der wir durch die Taufe teilhaben, hat wichtige Folgen für die Einheit der Christen ... Daher ist unsere eine Taufe in Christus ein Ruf an die Kirchen, ihre Trennungen zu überwinden und ihre Gemeinschaft sichtbar zu manifestieren.«[99]

Insofern besteht ein Widerspruch (die Konvergenzerklärung von Lima spricht von »gebrochenem Zeugnis«) zwischen der gegenseitigen Anerkennung der Taufe und der faktisch fortdauernden Trennung. Positiv formuliert: Die Einsicht in die durch die Taufe schon vorhandene Verbundenheit könnte ein starkes Motiv dafür werden, die theologisch gegebene Wirklichkeit auch in der Praxis einzuholen.

4.4. Zur Frage der Heilsnotwendigkeit

Für alle christlichen Kirchen ist die Taufe ein zentrales Heilszeichen. Wie notwendig ist sie? Die Frage ist sachlich identisch mit der nach der Heilsnotwendigkeit der Kirche. Die überaus wechselhafte Geschichte der Antwortversuche kann hier nur kurz angedeutet werden. Überschaut man die Aussagen von Schrift und Tradition von weitem, so ergibt sich ein spannungsvolles Bild, das einerseits vom eindringlichen Appell zur Bekehrung und zum Anschluß an die Kirche und andererseits von der Warnung vor einem negativen Urteil über die »draußen« Befindlichen geprägt ist.

Dies gilt allerdings nur für die »von weitem« zu ziehende systematische Bilanz. Innerhalb bestimmter Perioden herrschten durchaus negative Urteile. Die Spannung findet sich schon im Neuen Testament: Der unbedingten Aufforderung zur Neugeburt in »Wasser und

---

[98] Gemeinsame Synode der Bistümer in der Bundesrepublik Deutschland, Pastorale Zusammenarbeit der Kirchen im Dienst an der christlichen Einheit, 4.1.1.

[99] Lima, Taufe, 6.

Geist« (Joh 3,5) und der Verbindung der Rettungschance mit Glaube und Taufe[100] steht Gottes universaler Heilswille gegenüber, der auch die heidnischen Obrigkeiten einschließt[101], sowie die Warnung vor der Abwertung derer, die »nicht mit uns gehen« (Mk 9,38 f), und vor allem die Gerichtsrede, welche das heilsentscheidende Verhalten nicht am Kult und auch nicht am ausdrücklichen Bekenntnis zu Jesus Christus, sondern an der dem konkreten Nächsten gegenüber praktizierten Liebe festmacht[102]. In der Kirchenväterzeit entsteht einerseits das Axiom »Außerhalb der Kirche kein Heil«; andererseits kennt auch die Kirchenordnung des Hippolyt (um 215) eine »Taufe« in bloß übertragener Bedeutung: auch der ungetaufte Märtyrer wird gerechtfertigt sein, »denn er wurde in seinem eigenen Blute getauft«[103], und Justin († um 165) nennt Sokrates, Heraklit und auch seine heidnischen Zeitgenossen, die dem Logos entsprechend leben, »Christen«, die »ohne Furcht und Unruhe« sein können.[104] Im Mittelalter, als man die gesamte Welt für missioniert hielt und viele sich einen gutgläubigen Nichtchristen nicht vorstellen konnten, sprach das Konzil von Florenz jegliche Heilschance denen ab, die außerhalb der Kirche sind[105]; aber die scholastische Theologie entwickelte die Lehre vom »votum baptismi« (das »Verlangen nach der Taufe« habe ebenso rechtfertigende Wirkung wie die Taufe selbst). Das Konzil von Trient (1545–1563) übernahm diese Lehre[106], verwarf aber die Aussage, die »Taufe stehe frei, sei nicht notwendig zum Heil«[107]. Als zu Beginn der Neuzeit die ungetauften Völker außerhalb des Abendlandes in den Blick kamen, löste das zunächst riesige missionarische Anstrengungen und große Massentaufen aus, begründet in der Überzeugung, alle Ungetauften gingen ewig verloren; aber im Laufe der Neuzeit wurde die Lehre vom »votum baptismi« ausgeweitet zur Lehre vom »votum implicitum baptismi«[108]: Man konnte sich nun ein Verlangen nach Gott und seinem Heil vorstellen, das nicht ausdrücklich auf Taufe und Kirche gerichtet war, sondern nur »implizit«: Wenn der Betreffende den Zusammenhang zwischen Taufe, Kirche und Heil sähe, würde er nach der Taufe verlangen. Das II. Vatikanische Konzil (1962–1965) schließlich lehrt einerseits, »den katholischen Gläubigen zugewendet«, »daß diese pilgernde Kirche zum Heil notwendig sei« (LG 14), und erklärt andererseits mit Blick auf die Angehörigen fremder Religionen: »Wer . . . das Evangelium Christi und seine Kirche ohne Schuld nicht kennt, Gott aber aus ehrlichem Herzen sucht, seinen im Anruf des Gewissens erkannten Willen . . . zu erfüllen trachtet, kann das ewige Heil erlangen«. Ähnlich sagt es bezüglich derer, die, ohne eigene Schuld atheistisch, »ein rechtes Leben zu führen sich bemühen«, »die göttliche Vorsehung« verweigere auch ihnen »das zum Heil Notwendige nicht« (LG 16).

Heute wird man Appell und definitorische Aussagen deutlicher voneinander unterscheiden. Vor allem aber ist zu beachten, daß das eigentlich Heilsnotwendige die Gemeinschaft mit dem dreifaltigen Gott

---

[100] Vgl. Mk 16,16.
[101] Vgl. 1 Tim 2,1–3.
[102] Vgl. Mt 25,31–46.
[103] Hippolyt, Trad. apost., 19.
[104] Justin, Apologia, I,46.
[105] Vgl. DH 1351/NR 381.
[106] Vgl. DH 1524/NR 794.
[107] DH 1618/NR 536.
[108] Vgl. DH 3870.

ist, gelebt in der Praxis der Nächstenliebe. Demgegenüber haben das Sakrament und die Kirchengliedschaft nur eine vermittelnde Funktion. Da die Kirche heute – bei allem Bewußtsein ihrer missionarischen Verpflichtung – davon überzeugt ist, daß Gott auch außerhalb der Kirche Menschen »auf Wegen, die er weiß« (AG 7), zum Glauben führen kann, kann sie, ohne dadurch einzelne Menschen aufzugeben, eine differenziertere Taufpraxis entwickeln und z. B. für Fälle, in denen die Getauften durch das Sakrament in eine sie entfremdende Rolle versetzt würden, den Taufaufschub vorsehen.

4.5. Das spezifische Profil der Kindertaufe

Bezüglich der Kindertaufe sind zwei Problemkreise zu bedenken: Erst ist nach ihrer theologischen Bedeutung zu fragen: Was ist die Kindertaufe, was geschieht in ihr? Danach kann über ihre Legitimität nachgedacht werden. Doch beidem vorausgehend ist zur Präzisierung der Fragestellung das Problem einzugrenzen.

4.5.1. Eingrenzung des Problems

Zur Diskussion steht nicht, ob die Kirche möglichst alle Kinder taufen solle, sondern ob Kinder, die in einer christlichen Umgebung aufwachsen, getauft werden sollen. Die Frage stellt sich am schärfsten beim unmündigen Kind, das noch in keiner Weise eine Stellungnahme zur Glaubensfrage artikulieren kann. Deshalb beziehen sich die folgenden Überlegungen auf diesen Fall.

Freilich verlangt die heute zunehmende Praxis, Kinder im Rahmen der Vorbereitung auf den ersten Kommunionempfang (also im Alter von acht–neun Jahren) zu taufen, weitere Differenzierungen: Hier können ja die Täuflinge einerseits schon gefragt werden und Stellung nehmen, andererseits aber wären sie noch überfordert, wenn man von ihnen eine für das Leben bindende Entscheidung erwarten wollte. Um der Kürze willen und um die Diskussion übersichtlich zu halten, beschränken wir uns im folgenden aber auf den Vergleich zwischen der Taufe entscheidungsfähiger Erwachsener und der unmündiger Kinder.

4.5.2. Was geschieht in der Kindertaufe?

Daß in der Kindertaufe nicht in jeder Hinsicht dasselbe geschieht wie in der Erwachsenentaufe, ergibt sich deutlich aus dem 1969/71 überarbeiteten Ritus.

Der bisherige Ritus, »eine notdürftig für die Taufe der Unmündigen hergerichtete Ordnung der Erwachsenentaufe«[109], ging von der Fiktion eines Dialogs zwischen Kirche und Täufling aus. Das Kind wurde gefragt: »Was begehrst du von der Kirche ...?«, »Widersagst du ...?«, »Glaubst du...?«, »Willst du getauft werden?«, und die Paten antworteten stellvertretend für das Kind. Nach dem neuen Ritus werden die Eltern befragt: »Was erbitten Sie von der Kirche für Ihr Kind?«, »Widersagen Sie ...?«, »Glauben Sie ...?« Und nachdem die Eltern ihre Bitte um die Taufe des Kindes geäußert und (zusammen mit den Paten) ihre eigene Abwendung vom Bösen und ihren eigenen Glauben bekannt haben, erklärt der Taufende: »Sie haben sich eben zum Glauben der Kirche bekannt. In diesem Glauben empfängt Ihr Kind N. nun die Taufe«. Über das Kind wird gebetet, an ihm wird gehandelt, es wird auch angesprochen; aber das Kind wird nicht in den Dialog einbezogen.

Damit hat sich die kommunikative Struktur des Taufgeschehens verändert: Waren nach bisherigem Ritus Taufender und (unmündiger) Täufling die Dialogpartner, so sind es jetzt Taufender und Eltern; das Kind aber ist der Bezugspunkt des Dialogs. Ein alter Grundsatz der Sakramententheologie besagt, daß das »Zeichen« die »Sache« zeigt. Das bedeutet: Wenn man das sakramentale Zeichen nicht auf den »Kern« (das Übergießen des Wassers und das Sprechen der Taufformel) beschränkt, sondern auch seine dialogische Struktur ernst nimmt, verdeutlicht diese (längst fällige) Ritusänderung die Notwendigkeit einer (längst fälligen) theologischen Präzisierung: Neben den Gemeinsamkeiten sind die Unterschiede zur Erwachsenentaufe aufzuzeigen.

Wie bei der Erwachsenentaufe wird der Täufling in die Kirche aufgenommen. Zumindest von der Seite der Kirche her entsteht eine bleibende Zugehörigkeit. Dies wird theologisch als Einprägung des unauslöschlichen Males formuliert und bedeutet praktisch, daß dem Getauften die Gliedschaftsrechte in der Kirche (zwar beschnitten, aber) niemals grundsätzlich abgesprochen werden können und daß er, welche Wege er auch immer gegangen sein mag, kein zweites Mal getauft werden wird, weil er keine erneute Taufe »braucht«.

Wie bei der Erwachsenentaufe kann bei der Kindertaufe vom Hineinwachsen in den Lebensweg Jesu Christi, von der Gabe des Geistes

---

und damit von einer Gegenmacht gegen die in der Menschheit herrschende Macht der Sünde gesprochen werden. Genauer gesagt: Dies
kann in dem Maße behauptet werden, in dem das Zeichen der Taufe in
der Praxis des Lebens realisiert wird: in der gelebten Christus-Bezie-
hung, im Glauben, Hoffen und Lieben der Bezugspersonen, in deren
Atmosphäre das getaufte Kind aufwächst, um Nahrung, Kraft und Orientierung für seinen eigenen Lebensweg zu finden.

Im Unterschied zur Erwachsenentaufe ist die Kindertaufe nicht ein
vom Täufling bewußt vollzogenes Zeichen der Umkehr und der
Glaubensantwort auf das Evangelium. Wenn man auch die Kindertaufe »Sakrament des Glaubens« nennen will, dann kann man das nur
in zweifacher Modifikation gegenüber der Erwachsenentaufe tun:
Entweder denkt man an den Glauben der um die Taufe bittenden
Bezugspersonen – für diese kann und soll in der Tat die Entscheidung
für die Taufe ihres Kindes, vielleicht herangereift nach gründlichen
Überlegungen, Zeichen und Realisierung ihres Glaubens sein. Oder
man denkt an die Zukunft des Kindes, weil die Taufe zum Anfang
seines Glaubensweges werden soll. Ein solches »Sakrament des An-
fangs« ist aber nicht einfach dasselbe wie jenes realisierende Zeichen,
in dem jemand ausdrücklich ein Angebot annimmt, ein Stück gegangenen Weges bejaht, sich zu eigen macht und sein Ja öffentlich
bekundet.

Die praktische Bedeutung dieser Unterscheidung wird sofort deutlich, wenn man an den Verpflichtungscharakter der Taufe denkt. Verpflichtung übernehmen Eltern und Paten, der Täufling ist dazu noch
nicht in der Lage.

Es wäre deshalb eine schlechte und dem Gesprächspartner gegenüber ungerechte Ar-
gumentation, wenn man etwa jemandem, der seinen Kirchenaustritt erwägt, vorhält, ein
solcher Schritt bedeute einen Bruch des Taufversprechens (auch wenn andere es stellvertretend für ihn abgegeben hätten) und damit einen Akt der Untreue. Die Kindertaufe kann
nicht als Selbstverpflichtung verstanden werden.

Selbstverständlich gilt auch für die als Kinder Getauften, was für alle
pädagogischen und sozialen Vorgaben gilt: Die eigenen Lebens-
entscheidungen fußen immer auf dem durch die Lebensgeschichte
Vorgegebenen, und zu verantwortlichem Handeln gehört auch, diese
Vorgaben einzubeziehen; aber das bedeutet nicht, daß die zu treffende
Entscheidung nicht auch in bewußter Absetzung von den Vorgaben bestehen kann und darf. Sonst wären ja auch keine Bekehrungen möglich,

in denen jemand, wie z. B. in Mk 10,29, sein Haus und seine Eltern verläßt, um seiner neu gewonnenen Überzeugung zu folgen.

Stärker als bei der Erwachsenentaufe sind bei der Kindertaufe die Bezugspersonen des Täuflings beansprucht. Während sie dort (etwa als Paten) die Funktion wichtiger Begleiter haben können, sind sie hier Subjekte des Handelns. Erst ihr Glaube und ihre Bereitschaft zur Weggemeinschaft mit dem Kind macht die konkrete Taufhandlung sinnvoll. So ist die Kindertaufe geeignet, ein besonderes Zeichen für die Kirche als Weggemeinschaft und für die durch Menschen vermittelte Vorgabe Gottes zu sein.

4.5.3. Zur Frage der Legitimität

In der Diskussion über die Kindertaufe sind vier verschiedene (wenn auch einander berührende) Aspekte erkennbar: (1) Biblisch-historisch: Kennt das Neue Testament die Kindertaufe? (2) Dogmatisch: Erlaubt die Zusammengehörigkeit von Taufe und Glaube die Kindertaufe? (3) Ethisch: Bedeutet Kindertaufe Zwangsmissionierung? (4) Religionspädagogisch: Steht in einer emanzipatorisch geprägten Gesellschaft die Kindertaufe einer vom Heranwachsenden zu treffenden positiven Glaubensentscheidung nicht eher im Wege?

(1) Das Ergebnis der um die Jahrhundertmitte durchgeführten detaillierten historischen Untersuchungen wurde bereits im biblischen Teil erwähnt: Im Gegensatz zu deutlichen Berichten von Erwachsenentaufen wissen wir nichts (weder positiv noch negativ) über die Taufe von Kindern in den neutestamentlichen Gemeinden.

(2) Bezüglich des Zusammenhangs zwischen Glaube und Taufe ist zunächst an die aufgezeigten unterschiedlichen biblischen Modelle zu erinnern: Neben dem Modell der Apostelgeschichte (Hören-Glauben-Taufe) findet sich das stärker bei Paulus erkennbare Modell: Glauben aus der Erfahrung der Taufe. So könnte Taufe als Eröffnung eines Glaubensraums verstanden werden. Darüber hinaus verweist die Kindertaufe auf die soziale Dimension des Glaubens: Christlicher Glaube ist – bei aller Notwendigkeit individueller Gewissensentscheidung des (erwachsenen) einzelnen – doch immer auch Teilhabe am Glauben der anderen.

(3) Das Faktum massiver Zwangsmissionierungen im Laufe der Kirchengeschichte (z. B. bei den Sachsen, aber auch gegenüber den Juden) kann weder geleugnet noch gerechtfertigt werden. Von diesem Faktum

muß aber der freiwillige korporative Übertritt ganzer Familien (in der Antike) oder ganzer Stämme (im Frühmittelalter) unterschieden werden. Außerdem existierte die Kindertaufe längst vor der Konstantinischen Wende. Je nach Epoche sind Freiheit einerseits und Individualität bzw. Sozialität einer Entscheidung andererseits auf unterschiedliche Weise miteinander verbunden. Insofern kann die Taufe eines unmündigen Kindes aufgrund der Entscheidung seiner Eltern nicht ohne weiteres als Zwangsmaßnahme oder unredliche Manipulation bezeichnet werden.

(4) Auch die religionspädagogische Frage wird nicht zu allen Zeiten gleich beantwortet werden können. Einerseits werden Kinder immer, auch was Sinnorientierungen und Wertungen betrifft, auf Vorgaben der Älteren angewiesen sein, andererseits haben sich in unserem Jahrhundert dabei die Gewichte verschoben: Die Erziehung überläßt zunehmend lebensbestimmende Wertungen der freien Entscheidung der Heranwachsenden (z. B. die Schul-, Berufs- und Partnerwahl). So bahnt sich gegenwärtig nicht nur wegen der Auflösung des volkskirchlichen Milieus, sondern auch vom allgemeinen Erziehungsideal her auch bei gläubig engagierten Eltern eine Änderung in der Einstellung zur Kindertaufe an. Da epochale Entwicklungen einander nicht abrupt ablösen, sondern eine Zeitlang ungleichzeitig nebeneinander existieren, wäre eine kirchliche Praxis, die sowohl für die Kindertaufe als auch für den von den Eltern gewünschten Taufaufschub Platz hat, eine angemessene Antwort auf die gegenwärtige Situation.

Literatur

Jeweils das Kapitel über die Taufe in den Gesamtdarstellungen der Sakramententheologie von Franz Courth, Alexandre Ganoszy, Günter Koch, Ulrich Kühn, Lothar Lies, Theodor Schneider, Jean-Marie Tillard, Herbert Vorgrimler, Gunther Wenz (s. oben: Allgemeine Sakramentenlehre, Literatur) Außerdem:

Frankemölle, Hubert, Das Taufverständnis des Paulus. Taufe, Tod und Auferstehung nach Röm 6, Stuttgart 1970

Hubert, Hans, Der Streit um die Kindertaufe. Eine Darstellung der von Karl Barth 1943 ausgelösten Diskussion um die Kindertaufe und ihre Bedeutung für die heutige Tauffrage, Frankfurt 1972

Kasper, Walter (Hrsg.), Christsein ohne Entscheidung oder Soll die Kirche Kinder taufen?, Mainz 1970

Kleinheyer, Bruno, Sakramentliche Feiern I. Die Feiern der Eingliederung in die Kirche (Gottesdienst der Kirche, 7/1), Regensburg 1989

Kretschmar, Georg, Die Geschichte des Taufgottesdienstes in der alten Kirche, in: Leiturgia. Handbuch des evangelischen Gottesdienstes, hrsg. von Karl Ferdinand Müller u. Walter Blankenburg, Bd. 5, Kassel 1970, 1–348

Molinksi, Waldemar (Hrsg.), Diskussion um die Taufe, München 1971

Neunheuser, Burkhard, Taufe und Firmung (HDG IV/2), Freiburg 1956

Rahner, Karl, Taufe und Tauferneuerung, in: Ders., Schriften zur Theologie, Bd. 16, Zürich 1984, 406–417

Ratschow, Carl Heinz, Die eine christliche Taufe, Gütersloh 1972

II. Firmung

1. Zugang

1.1. Ort

Die Firmung als ein eigenständiger Ritus hat sich aus dem ursprünglich *einen* Initiationsritus heraus entwickelt, der in der Alten Kirche Taufe genannt wird. Sie ist deshalb in engem Zusammenhang mit der Taufe zu verstehen.

1.2. Heutige Problematik

In der liturgischen und katechetischen *Praxis* hat die Firmung, verglichen mit der Zeit vor dem Zweiten Vatikanischen Konzil, an Stellenwert gewonnen. Die Firm*theologie* dagegen ist von einer gewissen Unsicherheit gekennzeichnet. Gewöhnlich denkt man in Mitteleuropa an die Firmung eines als Kind Getauften und inzwischen zur Eucharistie geführten Heranwachsenden, und man bezeichnet sie als das Sakrament der Geistverleihung. Aber wurde der Heilige Geist nicht auch schon in der Taufe, in der Eucharistie, in christlicher Erziehung und in vielen anderen Vollzügen christlichen Lebens verliehen? Was ist das Besondere der Firmung? Versuche spezifischer Sinngebungen, etwa die Firmung sei das Sakrament der Mündigkeit oder der Stärkung zum Kampf gegen den Unglauben, sind oft nur wenig durch den Befund von Schrift und Tradition gedeckt. Im Disput über das rechte Firmalter, über die Häufigkeit der Firmfeier (selten und mit großen Zahlen von Firmlingen?) und, damit verbunden, über den Spender (nur der Bischof?) spiegelt sich die theologische Unsicherheit über den Sinn der Firmung. Außerdem läßt das neu gewonnene ökumenische Bewußtsein nach der Vergleichbarkeit von Firmung und Konfirmation fragen.

2. Biblische Grundlagen

Ein eigener, von der Taufe getrennter Ritus der Geistverleihung ist im Neuen Testament nicht als Regelfall christlicher Initiation zu erkennen. Man kann nur nach einzelnen Elementen suchen, welche einen Anknüpfungspunkt für die spätere Praxis und Theologie der Firmung bieten.

2.1. Ein Ritus für die Gabe des Geistes?

Für das Neue Testament gehört die Gabe des Geistes zum Taufgeschehen. Davon war im Kapitel über die Taufe die Rede.[1] An zwei Stellen der Apostelgeschichte steht die zur Taufe gehörige Geistverleihung in Zusammenhang mit einer Handauflegung durch die Apostel[2], im Hebräerbrief werden »Taufen und Handauflegung« wie selbstverständlich hintereinander genannt[3]. Andererseits ist in der Apostelgeschichte auch von Taufe und Geistgabe die Rede, ohne daß eine Handauflegung erwähnt würde[4], und Paulus, für den Taufe immer auch Geistverleihung bedeutet, sowie Johannes, der von der Geburt »aus Wasser und Geist« spricht[5], lassen außer dem Wasserbad keinen eigenen Ritus der Geistverleihung erkennen. Vermutlich war die Praxis unterschiedlich; sicher aber wurde die Gabe des Geistes immer mit der christlichen Taufe verbunden. Wenn es dafür einen eigenen Ritus gab, dann gehörte dieser zur Taufe.[6]

2.2. Aufteilung der Initiation in Taufe und Geist-Ritus?

Ein einziges Mal spricht die Apostelgeschichte von einer christlichen Taufe, bei welcher der Geist nicht verliehen wurde: Trotz des Missionserfolgs des Philippus in Samaria war der Heilige Geist »noch auf keinen von ihnen herabgekommen, sie waren nur auf den Namen Jesu, des Herrn getauft. Dann legten sie [Petrus und Johannes] ihnen die

---

[1] Vgl. oben I.2.7.2.4.
[2] Vgl. Apg 8,17 f; 19,6.
[3] Vgl. Hebr 6,2.
[4] Vgl. Apg 2,38; 10,44–48.
[5] Vgl. Joh 3,5.
[6] Vgl. Apg 19,6.

Hände auf, und sie empfingen den Heiligen Geist« (Apg 8,16 f). Die neuscholastische Theologie sah in diesem Text den Beleg für die Existenz einer eigenen, nicht mit der Taufe identischen, den Aposteln (und ihren Nachfolgern) vorbehaltenen Handlung der Geistgabe im Neuen Testament: Weil Philippus zwar taufen, aber nicht den Geist vermitteln konnte, mußten die Apostel nach Samaria gehen, um den Neubekehrten die Hände aufzulegen.

Die Aussageabsicht der Apostelgeschichte dürfte jedoch in eine andere Richtung gehen. Ihr zentrales Thema ist die vom Geist Gottes angetriebene, von der Urgemeinde in Jerusalem ausgehende, die bisherigen Grenzen überschreitende Ausbreitung des Wortes Gottes und der Kirche. Deshalb muß bei entscheidenden Grenzüberschreitungen vom Heiligen Geist die Rede sein[7], so auch in Samaria, wo zum erstenmal eine Gemeinde aus Juden und Samaritern entsteht. Und die Apostel müssen einbezogen sein, weil sie für die geistgewirkte Gemeinschaft mit der Urgemeinde stehen. Aus der Schilderung dieser besonderen Situation kann man aber nicht den Schluß ziehen, der Initiationsritus sei im Neuen Testament generell in Wassertaufe einerseits und apostolische Handauflegung andererseits aufgeteilt.

Daß es in Apg 8,14–17 primär um diese Zusammenhänge und nicht um eine grundsätzlich zur Geistvermittlung nicht ausreichende Kompetenz des Philippus geht, wird auch daraus deutlich, daß derselbe Philippus den äthiopischen Kämmerer taufte, ohne daß seiner Taufe etwas hinzugefügt werden mußte.[8] Auch Hananias konnte Paulus taufen, ihm die Hände auflegen und den Heiligen Geist zusagen.[9] Die besondere Zuständigkeit der Apostel ist nach Lukas dort gegeben, wo die Gemeinschaft der Kirche auf dem Spiel steht. Das kann bei einer Taufe[10] oder bei einer Handauflegung[11] der Fall sein, gilt aber nicht für jede Taufe und jeden Akt der Geistverleihung.

2.3. Die Symbolik von Handauflegung, Salbung und Besiegelung

Das Auflegen der Hände, ein Gestus der Zuwendung und der Übertragung von Leben, Kraft, Macht, Gewalt, begegnet uns in der Bibel u. a.

---

[7] Vgl. auch Apg 10,44–48; 15,28.
[8] Vgl. Apg 8,26–40.
[9] Vgl. Apg 9,17 f.
[10] Vgl. Apg 10,44–48.
[11] Vgl. Apg 8,14–17.

als Segenshandlung[12], als Heilungsgebärde[13] und als Zeichen der Beauftragung[14]. An diese Inhalte ist zu denken, wenn die Handauflegung zum Gestus der Geistgabe wird: Annahme, Hereinnahme in den Lebensbereich Gottes, Heilung von entfremdender Schuld, Sendung.

Salbungen mit Öl wurden in der Antike, insbesondere nach dem Bad, wegen des wohltuenden Duftes vorgenommen. Man salbte sich auch vor dem Ringkampf, um den Körper geschmeidig und unangreifbar glatt zu machen. In Israel wurden Priester und Könige durch Salbung in ihr Amt eingeführt.[15] »Der Gesalbte Gottes« wurde zum Königstitel[16] und später zum Titel des erhofften endzeitlichen Retters[17]. Mit der Salbung wird auch die Gabe des Geistes verbunden.[18] Im Neuen Testament ist zwar kein Salbungsritus im Zusammenhang mit der Geistmitteilung zu erkennen; aber »Salbung« wird ein Bildwort für die in der Taufe erfolgende Geistverleihung: »Gott, der . . . uns alle gesalbt hat, er ist es auch, der uns sein Siegel aufgedrückt und uns . . . den Geist in unser Herz gegeben hat« (2 Kor 1,21f).[19]

Hier verbindet sich mit Salbung und Geistgabe auch das Bild des *Siegels,* das ebenfalls in Recht und Religion der Antike eine bedeutende Rolle spielt. »Es dient zur Beglaubigung von Verträgen und zur Kennzeichnung von persönlichem Eigentum, bis hin zur Brandmarkung von entlaufenen Sklaven. Die jüdische Apokalyptik entwickelt die Vorstellung von einer endzeitlichen Versiegelung der Erwählten, die durch das Zeichen, das sie sichtbar an sich tragen, für die Rettung bestimmt sind. Auch die Deutung der Beschneidung als Siegel des Bundes reicht im Judentum weit zurück. Das wird in christlicher Sicht auf die Taufe übertragen. Sie ist das Bundeszeichen, das den Täufling in der Welt bewahrt und für die endzeitliche Rettung aussondert.«[20]

In nachbiblischer Zeit werden (wenn auch örtlich unterschiedlich) Handauflegung und Salbung zu festen Bestandteilen des Initiationsritus, »Besiegelung« wird ein zentrales Wort für dessen vollendenden Abschluß.

---

[12] Vgl. Gen 48,14f; Mk 10,13–16.

[13] Vgl. Mk 5,23; 6,5; 16,18; Apg 28,8.

[14] Vgl. Num 27,15–23; Dtn 34,9; Apg 6,1–6; 1 Tim 4,14; 5,22; 2 Tim 1,6.

[15] Vgl. Ex 29,7; Lev 4,3; 1 Sam 16,1–13, 2 Sam 2,4 u. ö.

[16] Vgl. z. B. Ps 2,2.

[17] Vgl. Jes 61,1.

[18] Vgl. z. B. 1 Sam 16,13; 2 Sam 23,1 f.

[19] Vgl. auch 1 Joh 2,20.27.

[20] H.-J. Klauck, 2. Korintherbrief, Würzburg 1986, 26.

3. Dogmengeschichtliche Entwicklung

3.1. Der eine Initiationsritus: Taufe, Handauflegung und Salbung

Zum entfalteten Initiationsritus der Alten Kirche gehören mehrfache Handauflegungen und Salbungen. Hippolyt bezeugt für Rom die post-baptismale Handauflegung und Salbung durch den Bischof[21], die Afri-kaner Tertullian († 220) und Cyprian († 258) kennen eine post-baptismale Handauflegung ohne Salbung. In der westlichen Kirche be-kommt die Handauflegung ein stärkeres Gewicht, im Osten die Salbung mit dem heiligen Myron. Entsprechend unterschiedlich akzentuiert sind auch die pneumatologischen Deutungen: Die westlichen Theologen sehen das Symbol der Geistverleihung vor allem in der Handauflegung durch den Bischof, die Jerusalemer Tradition in der Myron-Salbung, der Antiochener Johannes Chrysostomos († 407) in der während des Tauf-bades erfolgenden Handauflegung durch den Presbyter. Durchweg wird aber die Gabe des Geistes nicht von der Taufe abgehoben; sie ist vielmehr Frucht der einen, in viele Riten aufgefächerten Initiation.

3.2. Die Trennung der Handauflegung von der Taufe

Im Westen beginnt sich seit dem 4. Jahrhundert die bischöfliche Handauflegung von der Taufe zu lösen. Vor allem drei Faktoren sind an dieser sich über Jahrhunderte hinziehenden Entwicklung beteiligt: (1) die im Zusammenhang mit der Erbsündenlehre wachsende Über-zeugung von der Notwendigkeit einer möglichst frühen Kindertaufe, (2) die Aufnahme von getauften Häretikern: sie geschah durch bischöfliche Handauflegung, aber ohne Taufe, (3) die Gründung von Filialge-meinden und die damit verbundene Ausfächerung des bischöflichen Amtes: Presbyter taufen, die Handauflegung erfolgt später durch den Bischof. Für die nun eigene Feier der Handauflegung wird die Vokabel confirmatio (Bestätigung, Firmung) üblich.

In der Ostkirche dagegen wurde, auch nachdem die Kirche angewachsen und die Kindertaufe üblich geworden war, der ganzheitliche Initiationsritus beibehalten. Bis heute werden auch dem Säugling Taufe, Myronsalbung und Eucharistie zusammen gespendet.

---

[21] Vgl. oben I.3.1.

Die Salbung wird in der Regel vom Presbyter vollzogen, die Präsenz des Bischofs wird dadurch dargestellt, daß bei der Salbung das vom Bischof geweihte heilige Myron verwendet wird.

Im Gefolge der neuen Praxis versucht nun die westliche Theologie, die spezifische Funktion der Firmung herauszuarbeiten, indem sie diese von der Taufe abgrenzt. Die der Firmung zugeschriebenen Wirkungen variieren, im Vordergrund stehen die Fülle des Christseins, die Sendung zur Verkündigung und die Stärkung zum Kampf. Das letztere wird in der Scholastik das führende Motiv: Der Heilige Geist wird in der Taufe zur Vergebung der Sünden gegeben, in der Firmung aber zur Stärkung (»ad robur«).[22] Gestärkt wird der Gefirmte nach innen gegen die Anfechtungen zur Sünde und nach außen zum mutigen Bekenntnis des Namens Christi. Die scholastische Theologie zählt die Firmung als eigenes Sakrament und begründet ihre Unwiederholbarkeit mit dem eigenen Firmcharakter, welcher der Seele eingeprägt wird. Die Frage der Einsetzung wird als problematisch empfunden, aber positiv beantwortet: Bonaventura († 1274) spricht von einer Einsetzung durch die Apostel, Thomas von Aquin († 1274) von der »Verheißung« Jesu. Gegenüber der Ostkirche betonen kirchenamtliche Festlegungen die Rolle des Bischofs als des »ordentlichen« Spenders, was freilich amtlich festgelegte Ausnahmen zuläßt.[23]

3.3. Streit um die Sakramentalität

Die Reformatoren sehen in der Lehre von einem eigenen Sakrament der Firmung eine Abwertung der Taufe und eine Überbewertung des bischöflichen Amtes. Und sie befürchten ein abergläubisches Verhältnis zum Salböl. Weil die Firmung aber nicht von Christus eingesetzt sei, könne sie kein Sakrament sein. Wegen der Heilsbedeutung des Glaubens treten sie aber für eine katechetische Unterweisung der als Kleinkinder Getauften ein. So entwickelt der Straßburger Reformator Martin Bucer († 1551), wahrscheinlich angeregt von Erasmus von Rotterdam († 1536), als Ergänzung und Bestätigung zur Kindertaufe eine Art von Katechumenat, das mit einem öffentlichen Glaubensbekenntnis und einer

---

[22] Vgl. z. B. Petrus Lombardus, IV. Sent., d.7, cap. 3.
[23] Vgl. DH 1068–1071/NR 548–551; DH 1318/NR 553.

Handauflegung abgeschlossen wird. Hieraus entsteht die evangelische
»Konfirmation«. Das Konzil von Trient (1545–1563) bekräftigt die Sakramentalität der Firmung und die Spendegewalt des Bischofs und weist
den Vorwurf zurück, es sei ein Unrecht wider den Heiligen Geist, dem
Salböl eine bestimmte Kraft zuzuschreiben.[24]

3.4. Wiederentdeckung der Initiation

Im 20. Jahrhundert wird im Zuge der liturgischen Erneuerung in der
katholischen Theologie der Gedanke der ganzheitlichen Initiation wieder stärker betont.[25] Individuell ausgesuchte Paten werden zu Weg-
begleitern der Firmlinge, das Sakrament selbst soll mit der ganzen Gemeinde gefeiert werden und in die Feier der Eucharistie übergehen. Bei
der Eingliederung Erwachsener sollen Taufe und Firmung in derselben
Feier vollzogen werden; aus diesem Grund hat jeder Priester, der zur
Erwachsenentaufe befugt ist, von Rechts wegen auch die Firmgewalt.[26]
Für die Form des zentralen Ritus legte Paul VI. 1971 fest: »Das Sakrament der Firmung wird gespendet durch die Salbung mit Chrisam
auf der Stirn unter Auflegen der Hand und durch die Worte: ›Sei besiegelt durch die Gabe Gottes, den Heiligen Geist‹.«[27] (Vorher hatte es,
inhaltlich weniger aufschlußreich, in der lateinischen Kirche geheißen:
»Ich bezeichne dich mit dem Zeichen des Kreuzes und firme dich mit
dem Chrisam des Heils.«[28]) Mit dem veränderten Deutewort wurde eine
alte, schon im 4. Jahrhundert bezeugte Formel der griechischen Kirche
aufgegriffen, welche die Firmung als »Besiegelung« der Initiation verdeutlicht.

---

[24] Vgl. DH 1628–1630/NR 555–557.

[25] Vgl. SC 71.

[26] Vgl. CIC/1983, Can. 883,2.

[27] »Accipe Signaculum Doni Spiritus Sancti«. Paul VI., Divinae consortium naturae. Apostolische
Konstitution über das Sakrament der Firmung (15.8.1971), in: Die Feier der Firmung in den katholischen Bistümern des deutschen Sprachgebietes, hrsg. im Auftrag der Bischofskonferenzen
Deutschlands, Österreichs und der Schweiz und der Bischöfe von Bozen-Brixen und von Luxemburg, Einsiedeln u.a. 1973, 11–17, Zitat: 17.

[28] »Signo te signo crucis et confirmo te chrismate salutis in nomine Patris et Filii et Spiritus Sancti.«
Collectio rituum ad instar appendicis Ritualis Romani pro omnibus Germaniae dioecesibus, Editio
quinta Regensburg 1960, 28.

4. Systematische Reflexion

4.1. Der Sinn der Firmung

Das in der 1971 erneuerten Spendeformel wieder in Kraft gesetzte Bild der »Besiegelung« kann als Schlüssel für ein heutiges Verständnis der Firmung dienen, das dem geschichtlichen Befund am ehesten gerecht wird. Die Firmung hat sich ja aus der bischöflichen Handauflegung und Salbung als dem letzten Akt der altkirchlichen Taufliturgie entwickelt. Dieser Akt war, wie das Siegel auf einer Urkunde, die »Besiegelung«, die Bestätigung des Taufgeschehens. Genau das könnte auch von einem heutigen Verständnis von Taufe und Firmung als Initiationselementen her gelten: *Die Firmung ist die Besiegelung, Ratifizierung, Vollendung der Taufe.* Was an der Taufe zu vollenden ist, hängt von der konkreten Situation ab: Bei denen, die als Erwachsene getauft werden, unterstreicht die Firmung besonders den Aspekt der vollgültigen Kirchengliedschaft mit allen Rechten und Pflichten sowie den Aspekt der Beauftragung und Stärkung zum Zeugnis; bei denen, die als unmündige Kinder getauft wurden, wird die im Erwachsenenalter erfolgende Firmung zusätzlich zum Zeichen der persönlichen Glaubensentscheidung. In all diesen Aspekten ereignet sich die Gabe des Geistes, welche ihrerseits zentraler Inhalt des Taufgeschehens ist.

Obwohl durch das kirchliche Recht zunehmend auch andere Amtsträger zur Firmung autorisiert werden, gilt der Bischof als der »ordentliche« Spender der Firmung.[29] Das ist ein weiterer Hinweis darauf, daß mit der Firmung die Eingliederung in die Kirche höchst offiziell besiegelt wird.

4.2. Konsequenz für den Inhalt der Firmkatechese

Daher ist es durchaus sachgemäß, wenn die Firmkatechese als allgemeine Einführung und Einübung in den christlichen Glauben verstanden wird. Sie verfehlt ihr Thema nicht, wenn sie sich nicht speziell auf die Geist-Theologie oder gar auf die Firm-Theologie konzentriert.

---

[29] Vgl. CIC/1983, Can. 882–888.

Oft wird sie ja eine Art nachgeholten Katechumenats sein, und damit entspricht sie genau dem Charakter von Taufe und Firmung als Initiation.

4.3. Konsequenzen für den Zeitpunkt

Wenn der Sinn der Firmung richtig als Besiegelung der Taufe beschrieben wird, dann haben für die, welche *als Erwachsene getauft* werden, Taufe, Firmung und Eucharistie ihren angemessenen Platz in einer einzigen, gegliederten Feier mit der Gemeinde. So wird ja die eine Initiation dargestellt: Absterben des alten und Neugeburt des neuen Menschen im »Durchgang« durch das Wasser, Hereinnahme in die kirchliche Gemeinschaft zum gemeinsamen Brechen des Brotes und zum Leben aus dem Mysterium von Tod und Auferstehung. Für die *als Kleinkinder Getauften* folgt aus der Sinnbestimmung der Firmung als Zeichen der Glaubensentscheidung, daß die Firmung erst von einem Alter an, in welchem man einem Menschen lebensbestimmende Entscheidungen zumutet, gefeiert werden sollte. »Die Bitte um die Firmung käme dann einem eigenständigen Bekenntnis zum christlichen Glauben gleich. Das Sakrament bildet einen dem natürlichen Wachstumsprozeß angemessenen Abschluß der Eingliederung in die Kirche.«[30]

4.4. Firmung und Konfirmation

Auch über die Grundbedeutung der Konfirmation herrscht gegenwärtig kein Konsens. In der evangelischen Theologie stehen verschiedene Motive nebeneinander: Zulassung zum Abendmahl, Unterweisung im Glauben, persönliche Glaubensentscheidung, Stärkung an der Schwelle zum Erwachsenenalter, Laienordination u. a. In der Regel ist in der evangelischen Kirche die Konfirmation Voraussetzung für die Zulassung zum Abendmahl, während in der katholischen Kirche die Firmung den als Kindern Getauften vorwiegend erst nach der Hinführung zur Kommunion erteilt wird. Die enge Verzahnung von Firm- und Tauftheologie führte aber dazu, daß sich das katholische Verständnis der

---

[30] Gemeinsame Synode, Schwerpunkte, B.3.4.1.

Firmung und das evangelische Verständnis der Konfirmation einander annäherten. So urteilt die ökumenische Studie »Lehrverurteilungen – kirchentrennend?« (1986): »Wenn man die differenzierte Einheit von Taufe und Firmung betrachtet, dann steht die katholische Lehre, durch die Firmung würden die Gläubigen vollkommener mit der Kirche verbunden und mit einer besonderen Kraft des Heiligen Geistes ausgestattet, so daß sie in strengerer Weise verpflichtet sind, den Glauben als wahre Zeugen Christi in Wort und Tat zugleich zu verbreiten und zu verteidigen (vgl. LG 11 [1]), in keinem kirchentrennenden Widerspruch zu der evangelischen Auffassung, die Konfirmation sei ein Handeln der Kirche an Menschen, die durch die Taufe die volle Gliedschaft in der Kirche Jesu Christi bereits empfangen haben und die im Katechumenat zum vollen Gebrauch dieser Gliedschaft angeleitet werden.«[31]

Literatur

Jeweils das Kapitel über die Firmung in den Gesamtdarstellungen der Sakramententheologie von Franz Courth, Alexandre Ganoszy, Günter Koch, Lothar Lies, Theodor Schneider, Jean-Marie Tillard, Herbert Vorgrimler, Gunter Wenz (s. oben: Allgemeine Sakramentenlehre, Literatur) Außerdem:

Amougou-Atangana, Jean, Ein Sakrament des Geistempfangs? Zum Verhältnis von Taufe und Firmung, Freiburg 1974

Auf der Maur, Hansjörg/Kleinheyer, Bruno (Hrsg.), Zeichen des Glaubens. Studien zu Taufe und Firmung, Zürich u. a. 1972

Biemer, Günter, Firmung. Theologie und Praxis, Würzburg 1973

Kleinheyer, Bruno, Sakramentliche Feiern I. Die Feiern der Eingliederung in die Kirche (Gottesdienst der Kirche, 7/1), Regensburg 1989, 191–236

Küng, Hans, Was ist Firmung? Zürich 1976

Lehmann, Karl/Pannenberg, Wolfhart (Hrsg.), Lehrverurteilungen – kirchentrennend? Bd. 1: Rechtfertigung, Sakramente und Amt im Zeitalter der Reformation und heute, Freiburg/Göttingen 1986, 125–132: Firmung/Konfirmation

Neunheuser, Burkhard, Taufe und Firmung (HDG IV/2), Freiburg 1956

Thurian, Max, Die Konfirmation, Gütersloh 1961

---

[31] Lehrverurteilungen, 132.

III. EUCHARISTIE

1. Zugang

1.1. Ort

Nach der Taufe ist die Eucharistie das zweite Hauptsakrament. Als immer neu gefeierte Zusammenkunft im Namen Jesu und realisierendes Zeichen seines immer neuen Kommens bildet sie die Mitte des sakramentalen Lebens der Kirche und zugleich die deutlichste zeichenhafte Darstellung des christlichen Mysteriums.

1.2. Heutige Problematik

Der Wandel, der sich in den letzten Jahrzehnten in der katholischen Kirche ereignete, wurde von vielen Menschen wohl nirgends so deutlich wahrgenommen wie bei der Eucharistie. Es wandelten sich Raum und Gestalt der Liturgie: von der Altarwand zum Abendmahlstisch, von der frontalen Ausrichtung der Meßbesucher zur Versammlung der Gemeinde um den Tisch, von der fremden Liturgiesprache zur eigenen Volkssprache, von der Anbetung der konsekrierten Hostie zum Teilen des Brotes. Und es wandelten sich auch die Benennungen: vom »Meßopfer« zur »Eucharistie«, von der »Vormesse« zum »Wortgottesdienst«, von den »Wandlungsworten« zum »Einsetzungsbericht«, vom »Zelebranten« zum »Vorsteher« der Feier usw. In diesem Gestalt- und Begriffswandel zeigt sich ein Wandel in Akzentuierungen und Perspektiven der Eucharistietheologie: Gegenüber den Konzeptionen der Neuscholastik und der Lehre der Katechismen der ersten Jahrhunderthälfte wurden viele Aussagen neu bedacht. Dadurch daß die Erneuerung der Eucharistie und des Eucharistieverständnisses auch heute noch ungleichzeitig, von Gemeinde zu Gemeinde unterschiedlich, realisiert wird, fällt der Wandel um so deutlicher ins Auge.

Die Ungleichzeitigkeit ist auch darin begründet, daß der Wandel unterschiedlich beurteilt wird. Die an der Liturgischen Bewegung Beteiligten begrüßten ihn als erstes sichtbares Zeichen der Erneuerung durch das Zweite Vatikanische Konzil. Einige besonders stark auf die Bewahrung der Tradition Bedachte sehen in ihm Untreue gegenüber der Überlieferung. Von kulturkritischer Seite wurde der Verdacht einer »konziliaren Symbolzerstörung«[1] ausgesprochen. Andere, besonders Jüngere, sehen in dem gewandelten Eucharistieverständnis und einer entsprechenden Praxis neue Möglichkeiten, sich selbst und das Geheimnis des Glaubens in Symbolen zu erfahren.

Aufgrund der wachsenden ökumenischen Gemeinsamkeit wird die Frage nach der Abendmahlsgemeinschaft zwischen Christen verschiedener Konfessionen dringlicher. Diese Fragestellung trifft sich mit der »Neuentdeckung des Abendmahls« in den evangelischen Kirchen, ebenfalls Ergebnis einer Liturgischen Bewegung und ökumenischer Begegnungen, aber auch Frucht des Kirchenkampfs der dreißiger Jahre sowie eines neuen Symbolbewußtseins. Auf Kirchentagen und bei Jugendtreffen (wie z. B. in Taizé) wurde seit den achtziger Jahren verstärkt die gemeinschaftsbildende Kraft des (oft in neuen Formen gefeierten) Abendmahls erfahren. »Wichtig ist sodann, daß offensichtlich der in neuer Weise gefeierte alte Ritus sich als etwas erweist, was Grundbedürfnisse des Menschseins aufnimmt, so daß man angefangen hat, nach der anthropologischen und soziologischen Bedeutung gemeinsamen Essens und Trinkens zu fragen.«[2]

Im folgenden gehen wir, wie es die biblische Tradition des Herrenmahles vorgibt, von der kommunikativen Grundstruktur des Mahlhaltens aus. Von hier aus werden die anderen Motive der Eucharistietheologie entfaltet: Danksagung, Gedächtnis, Realpräsenz, Opfer usw. Dementsprechend werden im biblischen Teil zunächst die Linien aufgezeigt, welche auf das Abendmahl hinführen.

---

[1] A. Lorenzer, Das Konzil der Buchhalter. Die Zerstörung der Sinnlichkeit. Eine Religionskritik, Frankfurt/M. 1984, 193.
[2] U. Kühn, Sakramente, Gütersloh 1985, 265.

2. Biblische Grundlagen

2.1. Symbolik des Mahlhaltens

Essen und Trinken, selbstverständliche Tätigkeiten des Menschen, erhalten und stärken das Leben und sind gleichzeitig der ursprünglichste Kontakt zur Welt. In der lebensnotwendigen Nahrungsaufnahme realisiert der Mensch, daß die Quelle des Lebens nicht in ihm selbst liegt und daß das Empfangen eine Grundbedingung des Daseins ist. Über die bloße Ernährungsfunktion von Essen und Trinken hinaus haben die meisten Völker eine Kultur des Mahlhaltens entwickelt: Durch gemeinsames Essen und Trinken wird Gemeinschaft dargestellt und hergestellt. Von der Grundstruktur des Empfangens her legt sich ein weiterer Inhalt des Mahlhaltens nahe: Dank an den Schöpfer als den Grund des Lebens und der Mahlgemeinschaft. So wird das Mahl auch zum Zeichen der Gemeinschaft mit Gott. Die Religionsgeschichte kennt vielfältige Gestalten des sakralen Mahls, und vielerorts wird auch das alltägliche Essen zum Ort des Dankens.

2.2. Mahl in Israel

2.2.1. Praxis

Auch im Alten Testament ist das Mahl ein *realisierendes Zeichen von Gemeinschaft*. In der eifrigen Bewirtung wird Gastfreundschaft realisiert[3], im Brechen des »Trauerbrotes« die Tröstung des in seiner Trauer Isolierten[4], im Platz an der königlichen Tafel die Begnadigung des gefangenen Staatsfeindes[5]. Mit gemeinsamem Essen und Trinken werden Friedensverträge und Bundesschlüsse besiegelt.[6] Dem sterbenden Vater bereiten die Söhne ein Abschiedsmahl, bevor sie seinen Segen empfangen.[7]

Oft bedeutet das Gemeinschaft stiftende Mahl zugleich auch *Verbundenheit mit Gott*. In der Erzählung von Abrahams Gastfreundschaft[8]

---

[3] Vgl. Gen 18,1–8.
[4] Vgl. Jer 16,7.
[5] Vgl. 2 Kö 25,27–29.
[6] Vgl. Gen 14,18; 26,30; 31,54; Ex 18,12.
[7] Vgl. Gen 27,4.
[8] Vgl. Gen 18,1–8.

gehen die Gestalten der drei bewirteten Männer in die Gestalt des »Herrn« über (eine Ausprägung des in vielen Religionen bekannten Motivs der Aufnahme Gottes in der Aufnahme des Fremden). Jitro, der midianitische Priester, hält mit Aaron und allen Ältesten Israels ein Mahl »vor dem Angesicht Gottes« (Ex 18,12). Ähnlich heißt es von Mose und den Ältesten Israels: Nach dem Bundesschluß am Sinai durften sie auf dem Berge Gott sehen, »und sie aßen und tranken« (Ex 24,11).

In diesem Erzählmotiv, dem Mahl *vor* Gott (nicht: Mahl *mit* Gott), wird eine Verbindung zwischen Gott und Mensch dargestellt, die zugleich die Unvergleichbarkeit der Bündnispartner sichtbar macht: Gott ist der Stifter des Bundes, der Geber des Mahles, er macht sich zum Verbündeten; aber er ist nicht Tischgenosse neben den anderen Mahlteilnehmern.

Beim Bundesschluß am Sinai (auf den die eucharistischen Einsetzungsberichte anspielen[9]) steht das *Opfer* im Vordergrund: Vom Blut der geschlachteten Jungstiere nimmt Mose die Hälfte und besprengt damit den Opferaltar, danach verliest er die Bundesurkunde, das Volk stimmt den Satzungen der Urkunde zu, und im Anschluß daran besprengt Mose das Volk mit der anderen Hälfte des Blutes und sagt dazu: »Das ist das Blut des Bundes, den der Herr . . . mit euch geschlossen hat« (Ex 24,8). So verbindet sich bei diesem Bundesschluß das Opfer mit dem Mahl. Beides verbindet mit Gott: das auf Altar und Volk verteilte Opferblut und das Mahl der Ältesten, die dabei Gott sehen durften.

In Israel hat aber nicht nur das Mahlhalten an den Höhepunkten der Heilsgeschichte, sondern auch *das alltägliche gemeinsame Essen* eine religiöse Dimension: Jedes Mahl beginnt mit dem Lobspruch beim Brechen des Brotes und endet mit dem Dankgebet. Dies wird oft mit der *Anamnese* (Gedächtnis, dankende Erinnerung) der Heilstaten Gottes verbunden. So werden die genossenen Speisen zum Symbol der Fürsorge Gottes, seines rettenden und Leben spendenden Handelns.

Anschauliches Beispiel einer Anamnese, in welcher Stolz und Freude über das kostbare Land sich mischen mit den Erinnerungen an die harte Vergangenheit und gerade deshalb zum Grund werden, für die eigene Geschichte zu danken, ist der Appell in Dtn 8,7–18: »Wenn der Herr, dein Gott, dich in ein prächtiges Land führt, ein Land mit Bächen, Quellen und Grundwasser, das im Tal und am Berg hervorquillt, ein Land mit Weizen und Gerste, mit Weinstock, Feigenbaum und Granatbaum, ein Land mit Ölbaum und Honig, ein Land, in dem du nicht armselig dein Brot essen mußt, ein Land, in dem es dir an nichts fehlt . . . wenn du dort ißt und satt wirst, dann vergiß nicht den Herrn, deinen Gott, . . . der dich aus Ägypten, dem Sklavenhaus, geführt hat; der dich durch die große und furchtbare

---

[9] Vgl. Mk 14,24; Mt 26,28.

Wüste geführt hat, durch Feuernattern und Skorpione, durch ausgedörrtes Land, wo es kein Wasser gab; der für dich Wasser aus dem Felsen der Steilwand hervorsprudeln ließ; der dich in der Wüste mit dem Manna speiste, das deine Väter noch nicht kannten . . . Er war es, der dir die Kraft gab, Reichtum zu erwerben.«

Zum »Mahl vor Gott«, bei dem alle Familienangehörigen mit den Knechten und Mägden und den landlosen Leviten versammelt sind, gehört eine Grundstimmung von dankbarer Fröhlichkeit: »Dort sollt ihr vor dem Herrn, eurem Gott, das Mahl halten. Ihr sollt fröhlich sein, ihr und eure Familien, aus Freude über alles, was eure Hände geschafft haben, weil der Herr, dein Gott, dich gesegnet hat« (Dtn 12,7).[10]

Das zentrale Gedächtnis der befreienden Heilstaten Jahwehs ist das *Pesach-Fest.* Entstanden aus einem vor-israelitischen Frühlingsfest von Nomaden, welche den Aufbruch zu neuen Weideplätzen mit der Schlachtung eines Kleintieres und einem Gemeinschaftsmahl begehen, sowie aus dem Erntedankfest der Ackerbauern in Kanaan (Mazzot), bei welchem die erste Gerstenähre geopfert und anschließend Mahl gehalten wurde mit dem aus der neuen Ernte gebackenen, ungesäuerten Brot, wurde es in Israel mit dem Exodus-Ereignis verbunden. Wieder sind Mahl, Opfer und Gedächtnis miteinander verbunden: Die Tiere werden im Tempel, dem zentralen Heiligtum, geopfert, das Mahl mit dem geschlachteten Lamm und den ungesäuerten Broten wird in kleinen Gemeinschaften in den Häusern bzw. bei den Zelten der Jerusalem-Pilger gehalten. Die alten Riten (Schlachtung, Blutanstrich, Verzehren des Lammes, des ungesäuerten Brotes und der Bitterkräuter) werden nun zu Zeichen der befreienden Herausführung aus dem Sklavenland Ägypten. Erzählend und in dialogischem Spiel mit dem fragenden Kind deutet der Hausvater die Zeichen, und zwar so, daß die Feiernden zu Zeitgenossen der erinnerten Heilsgeschichte werden.

»In jedem Zeitalter ist jeder verpflichtet, sich so anzusehen, als wäre er selbst aus Ägypten ausgezogen . . . Deshalb sind wir verpflichtet, zu danken, zu preisen, zu loben . . . den, der an uns [!] und unseren Vätern alle diese Wunder getan hat. Er hat uns [!] herausgeführt aus der Knechtschaft in die Freiheit, aus dem Kummer in die Freude, aus der Trauer in die Festlichkeit.«[11]

Das Pesach-Gedächtnis bedeutet aber nicht nur Aktualisierung der Vergangenheit, sondern auch eine in den befreienden Erfahrungen der

---

[10] Vgl. auch Dtn 12,12.18; 14,26; 15,20; 27,7.
[11] Pesachim, 10,5 bc.

Geschichte begründete Hoffnung. Dieser (eschatologische) Aspekt wird in nachexilischer Zeit und nochmals nach der Zerstörung Jerusalems (70 n. Chr.) verstärkt, u. a. durch die Bitten um erneute Befreiung und den Wiederaufbau Jerusalems sowie durch die Zusage Gottes: »Dieses Zeichen sei in eurer Hand, an dem Tage, an dem ich euch in Ägypten Heil bereitet habe; in derselben Nacht, so sollt ihr wissen, werde ich euch erlösen.«[12] Die Pesach-Nacht gilt als die Nacht, in welcher der Messias kommen wird.

2.2.2. Metaphorik

Von hierher versteht sich auch die Mahl-Metaphorik. In der Jesaja-Apokalypse ist das »Festmahl für alle Völker« (neben den Bildern von der Völkerversammlung auf dem Sions-Berg, von der zerrissenen Hülle der Verblendung und von den abgewischten Tränen) Bild für die eschatologische Königsherrschaft Gottes.[13]

Zum Verständnis des neutestamentlichen Deutewortes zum eucharistischen Becher[14] ist ein Hinweis auf die ambivalente *Becher-Metaphorik* wichtig: Der Becher, welcher dem Gast gefüllt wird, kann Grund der Freude, Zeichen des Wohlwollens und der Fürsorge sein: »Du deckst mir den Tisch, . . . du füllst mir reichlich den Becher« (Ps 23,5). Die Erfahrung mit der betäubenden, die Sinne raubenden Kraft des Weins macht den Becher aber auch zum unheimlichen Zeichen des Verderbens, zum »Becher des Grauens und des Schauderns« (Ez 23,33). So durchzieht das Bild des »Zornesbechers« alt- und neutestamentliche Gerichtsreden.[15] Von hierher erschließt sich das Wort vom Leidenskelch als Bild für ein ängstigendes Schicksal, in dem sich Gottes Gericht vollzieht.[16]

2.3. Mahl in der Verkündigung Jesu

2.3.1. Praxis

»Johannes ist gekommen, der aß nicht und trank nicht; da sagen sie: Er hat einen Dämon. Der Menschensohn ist gekommen, der ißt und trinkt; da sagen sie: Siehe, ein Schlemmer und Zecher, Freund mit

---

[12] Midrash Shemot Rabba, 18,9 [150 b].
[13] Vgl. Jes 25,6.
[14] Vgl. 1 Kor 11,25; Lk 22,20.
[15] Vgl. Jes 51,17; Jer 25,15 – 29; 49,12; Ez 23,31 – 33; Offb 14,10; 17,4; 18,6 u. ö.
[16] Vgl. Mk 10,38 par.; 14,36 parr.; Joh 18,11.

Zöllnern und Sündern!« (Mt 11,18 f), so unterscheiden die Zeitgenossen Jesus von dem asketischen Bußpropheten Johannes. In der Tat
ist die Mahlgemeinschaft die in den Evangelien am meisten berichtete
Zeichenhandlung Jesu. Sie wird von Freunden und Gegnern verstanden.
Auf die einen wirkt sie einladend, bei den anderen erregt sie Anstoß und
Feindschaft wegen der Mahlgenossen, auf die Jesus sich einläßt. »Er gibt
sich mit Sündern ab und ißt sogar mit ihnen«, lautet der pauschale Vorwurf (Lk 15,2).[17] Sein Mahl mit »vielen Zöllnern und Sündern« im Haus
des Zöllners Levi, von den Schriftgelehrten kritisch beobachtet, wird für
Jesus zum Anlaß einer programmatischen Erklärung: »Ich bin nicht gekommen, Gerechte zu berufen, sondern Sünder« (Mk 2,17). Sein Essen
beim Pharisäer Simon wird zum Ort der Begegnung zwischen dem
Pharisäer und der Sünderin, für die Frau zum Ort der Vergebung und für
Simon zur Chance eines Blickwandels: Jesus versucht, ihn dazu zu bewegen, »diese Frau« in ihrer verwundeten Liebe wahrzunehmen.[18] An
dem Widerstand, den Jesu Tischgemeinschaft mit den Sündern hervor-
ruft, und an ihrer unnachgiebigen Verteidigung durch Jesus wird deutlich, daß dieses Zeichen nicht nur Solidarisierung und Versöhnung besagt, sondern auch Kampf und Risikobereitschaft.

2.3.2. Metaphorik
Ebenso wie in Jesu Handlungen ist das Mahl in seinen Reden, vor
allem seinen Gleichnissen, Bild für die anbrechende Gottesherrschaft.
Im Wort von den »vielen«, die »von Osten und Westen kommen werden
und sich mit Abraham, Isaak und Jakob . . . zu Tische setzen« (Mt 8,11),
greift er das alttestamentliche Hoffnungsbild von der Völkerversammlung zum Festmahl auf.[19] Mit dem Gleichnis vom großen Gast-
mahl[20] spricht er die Einladung Gottes aus, zugleich die Chance für die
Außenseiter und die Gefahr der Erstberufenen, das Fest zu verpassen.
Mit dem Gleichnis vom barmherzigen Vater[21] rechtfertigt Jesus seine
Tischgemeinschaft mit den Sündern, und mit der Einladung zum Fest-
essen, mit dem das Gleichnis schließt, wirbt er bei den Gerechten, sich
mitzufreuen über die Rückkehr des Verlorenen. Gegen den naiven

---

[17] Vgl. Mk 2,16 parr.
[18] Vgl. Lk 7,36−50.
[19] Vgl. oben 2.2.2.
[20] Vgl. Mt 22,1−10 par.
[21] Vgl. Lk 15,11−32.

Wunsch der Zebedäus-Söhne, die sich schon die Plätze zur Rechten und
Linken des Meisters sichern wollen, stellt er das Wort vom Leidens-
becher[22]: Die eschatologische Mahlgemeinschaft ist nicht ohne Kampf
und Opfer zu haben.

Ähnlich verschränkt Lukas Praxis und Redemetaphorik in der Erzählung vom Essen
im Haus eines der führenden Pharisäer.[23] Die Mahlsituation, insbesondere das Gerangel um
die vornehmsten Plätze, wird zum Rahmen für eine Rede, in der Jesus von der Ordnung
im Reich Gottes spricht, und zwar wiederum in der Metaphorik des Mahles: Statt sich um
die Plätze zu streiten, läßt man gern den anderen den Vortritt; statt sich nur im Kreis der
Wohlhabenden gegenseitig mit Einladungen zu revanchieren, wird man gerade die »Armen, Krüppel, Lahmen, Blinden« einladen; wo diese Ordnung heute schon praktiziert
wird, spürt man schon etwas von der künftigen Freude.

2.4. Das letzte Abendmahl

Vor dem Hintergrund der Mahlkultur in Israel und der Verkündigung Jesu ist auch sein letztes Abendmahl zu verstehen: als *Zusammenfassung und Aufgipfelung seines Lebens.* Seine Sendung war, mit seiner
Existenz und seinem Wort die bedingungslose Zuwendung Gottes zu
bezeugen und so die Gottesherrschaft anfangshaft Wirklichkeit werden
zu lassen. Jede der in den Evangelien berichteten Tischgemeinschaften
war schon ein realisierendes Zeichen dieser Sendung. Sie ließen etwas
von der eschatologischen Freude ahnen und wurden zum Anlaß für
gefährliche Auseinandersetzungen. Mit jeder Zuwendung lieferte sich
Jesus ein Stück mehr aus. Das letzte dieser Mähler bekommt sein besonderes Gewicht durch die Nähe des Todes: Weil die Widerstände
stärker werden und Jesus konsequent seinen Weg geht, führt seine Sendung ihn in den Untergang. Alle Evangelisten sprechen von Judas Iskariot, der mit zu Tische liegt[24]: Die Mahlgemeinschaft mit dem Verräter
ist das stärkste Symbol für den Zusammenhang von Zuwendung und
Auslieferung, von Mahl und Lebenshingabe.

Mit der ganzen Mahlhandlung gibt sich Jesus den Jüngern in die
Hand, und zwar in dem doppelten Sinne von *Sich-Schenken und Sich-
Ausliefern.* Das Brot, das Jesus, wie jeder jüdische Hausvater, zu Beginn

---

[22] Vgl. Mk 10,38 par.
[23] Vgl. Lk 14,7–24.
[24] Vgl. Mk 14,17–21 parr.; Joh 13,21–30.

des Mahles austeilt, und der Becher, den er reicht, sind, sozusagen die Zeichen im Zeichen, konzentrierte Realsymbole der Selbstgabe und Selbstauslieferung: »Nehmt, das ist mein Leib . . . das ist mein Blut« (Mk 14,22.24 par.). »Leib« und »Blut« meinen ja nicht Bestandteile, sondern den ganzen lebendigen Menschen, wobei »Leib« vor allem an das konkrete Ich und »Blut« vor allem an das Leben denken läßt, das »vergossene« Blut aber an die Lebenshingabe.

Alle Zeichenhandlungen Jesu sind realisierende Symbole der anbrechenden Gottesherrschaft. Das letzte Abendmahl erhält seine besondere Dichte durch den bevorstehenden Verrat und die drohende Hinrichtung. Es ist einerseits Abschiedsmahl: Zusammenfassung des Lebens und zugleich verpflichtendes Testament für die Jünger. Diesen Aspekt arbeiten Lukas und besonders Johannes dadurch heraus, daß sie in die Erzählung vom Mahl Abschiedsreden[25] einfügen, in denen das Lebenszeugnis Jesu als Vermächtnis für die Jünger zusammengefaßt wird. Andererseits weist es, wie alle Mahlgemeinschaften Jesu, in die eschatologische Zukunft. Der Doppelaspekt von Abschied und Zukunft kommt prägnant zum Ausdruck in dem Wort: »Von jetzt an werde ich nicht mehr von der Frucht des Weinstocks trinken bis zu jenem Tage, da ich mit euch von neuem davon trinke im Reich meines Vaters« (Mt 26,29)[26]. Das letzte Abendmahl ist also *Abschiedsmahl in eschatologischer Perspektive, Hoffnungszeichen angesichts des Untergangs.*

Was die Möglichkeit einer *historischen Rekonstruktion* des letzten Abendmahls betrifft, so gilt für die vier neutestamentlichen Erzählungen vom Abendmahl[27] dasselbe, was für die Evangelien überhaupt gilt: Sie sprechen von Erfahrungen, die nicht einfach objektiv protokolliert, sondern nur persönlich bezeugt werden können. Das persönliche Zeugnis aber ist immer von der Praxis des bezeugenden Lebens mitgeprägt. So spiegeln sich in den Abendmahlsberichten die eucharistische Praxis und die theologischen Deutungen der verschiedenen neutestamentlichen Gemeinden. Von daher erklären sich die Unterschiede in der Darstellung:

a) *Zum Termin:* Nach den Synoptikern feierte Jesus mit seinen Jüngern das Pesach-Mahl[28], nach Johannes fand das Abendmahl am Vorabend des Pesach-Festes statt, so daß die Kreuzigung Jesu in dieselbe Stunde fiel, in der im Tempel die Lämmer geschlachtet wurden[29]. Die meisten Exegeten halten das Pesach-Fest für den wahrscheinlicheren Termin des

---

[25] Vgl. Lk 22,14–38; Joh 13–17.

[26] Vgl. auch Mk 14,25; Lk 22,15–18; 1 Kor 11,26.

[27] Vgl. Mt 26,26–29; Mk 14,22–25; Lk 22,14–20; 1 Kor 11,23–26.

[28] Vgl. Mt 26,17; Mk 14,12; Lk 22,7 f.

[29] Vgl. Joh 18,28; 19,31; zur spezifisch johanneischen Bezeichnung Jesu als »Lamm Gottes« vgl. Joh 1,29.36.

Abendmahls; Sicherheit ist aber nicht zu gewinnen. In jedem Fall kann man aber davon ausgehen, daß der Ablauf eines jüdischen Festmahles den formalen Rahmen für das Abendmahl bildete und daß die Thematik des (gegenwärtigen oder nahen) Pesach-Festes auch den Inhalt des Abendmahls mitbestimmte.

b) *Zum Verlauf:* Die von Paulus und Lukas überlieferte Tradition trennt die Brothandlung von der Becherhandlung »nach dem Mahle«,[30] die von Markus und Matthäus überlieferte Version erzählt Brot- und Becherhandlung im unmittelbaren Nacheinander. In diesem Punkte ist der von Paulus und Lukas zitierte Bericht historisch wahrscheinlicher, da er dem Verlauf des jüdischen Festmahls eher entspricht, der von Markus und Matthäus zitierte dürfte dagegen an einem späteren Stadium neutestamentlicher Eucharistiepraxis orientiert sein, bei dem Brot- und Becherhandlung schon an das Ende des abendlichen Mahles gerückt und zu einem Doppelritus zusammengewachsen waren.

c) *Zum Stiftungswort:* Lukas und Paulus überliefern den Auftrag: »Das tut zu meinem Gedächtnis«,[31] Markus und Matthäus nicht. Vermutlich kannte die älteste Überlieferung dieses Jesuswort nicht, in einer späteren (freilich auch sehr frühen, vorpaulinischen) Traditionsschicht kam es hinzu. Das bedeutet: Das letzte Abendmahl Jesu muß nicht schon bei seinem Vollzug als Stiftung eines Sakraments verstanden worden sein; die neutestamentlichen Gemeinden sahen aber die Feier des Herrenmahls im letzten Abendmahl Jesu begründet.

2.5. *Das Mahl des Herrn in den neutestamentlichen Gemeinden*

2.5.1. *Praxis*

Die neutestamentlichen Gemeinden nehmen die Mahlpraxis Jesu auf und feiern mit deutlichem Bezug auf Jesu letztes Abendmahl das »Mahl des Herrn« (1 Kor 11,20) oder, wie vornehmlich die Apostelgeschichte formuliert, das »Brechen des Brotes« (Apg 2,42.46; 20,7.11)[32]. Ein vollständiges Bild über die Form dieser Feier kann aus den Texten nicht gewonnen werden; einige theologisch relevante Züge lassen sich aber benennen.

Den Rahmen des eucharistischen Mahls bildet die Gemeindeversammlung (nach Apg 20,7 am Abend des ersten Wochentages[33]). Zu ihr gehören Gespräche über das Gemeindeleben, insbesondere die Sorge für die Bedürftigen, Elemente der Wortverkündigung (die Christus-Anamnese, Psalmen- und Hymnengesang, charismatische Rede und deren Aus-

---

[30] Vgl. 1 Kor 11,25; Lk 22,20.
[31] Lukas nur nach dem Deutewort zum Brot (vgl. Lk 22,19), Paulus nach dem Brot- und nach dem Kelchwort (vgl. 1 Kor 11,24 f.).
[32] Vgl. auch Lk 24,30.35; 1 Kor 10,16.
[33] Vgl. dazu auch Joh 20,19. 26; 1 Kor 16,2.

legung, Belehrungen u. ä.) und ein Abendessen. In diesem Zusammenhang wird das Brot geteilt, der Becher gereicht, werden die Brot und Becher deutenden Worte gesprochen. Hierin zeigt sich eine enge Verzahnung von gemeindlichem Miteinander und eucharistischem Mahlhalten.

Dies wird auch unterstrichen durch die lukanische Abendmahlsperikope[34], die gleichzeitig »Gottesdienstordnung, Gemeindeordnung und Lebensordnung«[35] ist, sowie durch die idealtypische Schilderung des Gemeindelebens in Apg 2,42–47: Lehre der Apostel, soziale Verantwortung füreinander, das Brechen des Brotes und gemeinsames Beten sind die tragenden Elemente der Urgemeinde. Dabei hebt Lukas die Verteilung von Hab und Gut besonders hervor, so daß das Brechen des Brotes zum Symbol für das Teilen des Besitzes wird.

Paulus macht den Zusammenhang am negativen Beispiel deutlich: Weil in Korinth die reichen keine Rücksicht auf die armen Gemeindemitglieder nehmen, ist, was sie veranstalten, »keine Feier des Herrenmahles mehr« (1 Kor 11,20). Positiv zeichnet er das Idealbild der Gemeindezusammenkunft als einer geschwisterlichen Gemeinschaft dadurch, daß es dort keine Unterschiede zwischen Armen und Reichen, Freien und Sklaven, Juden und Griechen geben soll.[36]

Was den *Zusammenhang zwischen Abendessen und eucharistischer Handlung* betrifft, so scheint sich schon in der ersten Generation ein Wandel vollzogen zu haben. Dieser Wandel spiegelt sich in den unterschiedlichen Abendmahlstraditionen wider: die paulinisch-lukanische erinnert noch an einen Verlauf, bei dem die Brot- und die Becherhandlung das Essen umrahmten; nach der von Markus und Matthäus zitierten Überlieferung dürften Brot- und Becherhandlung zu einer eucharistischen Doppelhandlung zusammengefügt und an das Ende des Abendessens gerückt sein.[37] Manche Theologen unterscheiden deshalb zwischen »Sättigungsmahl« und »Herrenmahl«. Mit dieser Terminologie entfernt man sich allerdings von der Sprache des Paulus: Weil in Korinth die Gemeinschaft beim Abendessen (dem »Sättigungsmahl«!) zerstört war, erklärt er, die Zusammenkunft der Gemeinde sei »keine Feier des Herrenmahles [!]« mehr (1 Kor 11,20). Damit kritisiert er nicht den veränderten Verlauf (erst Abendessen, dann Brot- und Becherhandlung), wohl aber die Vorstellung, das gemeinsame Essen und das eucharistische Teilen von Brot und Wein hätten nichts miteinander zu tun. Beides zusammen ist für ihn »Mahl des Herrn«.

---

[34] Vgl. Lk 22,7–38.
[35] H. Schürmann, Der Abendmahlsbericht Lukas 22,7–38 als Gottesdienstordnung, Gemeindeordnung, Lebensordnung, in: Ders., Ursprung und Gestalt, Düsseldorf 1970, 108–150.
[36] Vgl. 1 Kor 11,22; 12,13.
[37] Vgl. oben 2.4.

2.5.2. Theologische Deutung

Die Darstellung der Praxis enthält – das wird aus dem Vorhergehenden deutlich – immer auch schon theologische Deutung. Im folgenden heben wir einzelne theologische Motive hervor: Dabei orientieren wir uns zunächst weiter am ersten Korintherbrief, weil in ihm der Zusammenhang zwischen Theorie und Praxis besonders deutlich zutage tritt.

2.5.2.1. Zusammenkommen

In seiner Kritik an der korinthischen Praxis gebraucht Paulus fünfmal das Wort »zusammenkommen« (συνέρχεσθαι [synerchesthai]).[38] Zusammenkunft ist also ein Grundwort für das, was hier geschieht. Das Zusammenkommen ist aber ein Prozeß: Es kann sich »zum Besseren hin« und »zum Schlechteren hin« vollziehen.[39] In Korinth geschieht das zweite. Die Reichen, die es sich leisten können, früher zu kommen, beginnen zu tafeln und beschämen so die Ärmeren, die erst später von der Arbeit kommen und mit den übriggebliebenen Speiseresten vorlieb nehmen müssen. Damit spalten sie die Gemeinde: Die einen hungern, während die anderen maßlos zechen.[40] *Alles kommt aber darauf an, daß die Zusammenkunft wirkliches Zueinanderkommen wird.* Das verdeutlichen die Kontrastformulierungen: »Eigenmahl« (ἴδιον δεῖπνον [idion deipnon]) steht gegen »Mahl des Herrn« (κυριακόν δεῖπνον [kyriakon deipnon]), das von einzelnen »vorweg« genommene Essen gegen das Aufeinander-Warten, die Spaltung in Hungernde und Schlemmende gegen »Gemeinde Gottes«.[41] Wer die Armen demütigt, »verachtet die Gemeinde Gottes« (1 Kor 11,22), ißt und trinkt »auf unwürdige Weise«, »macht sich schuldig am Leib und am Blut des Herrn« (1 Kor 11,27). Für Paulus geht es nicht um ein bloß pastorales oder sozialethisches Problem; das Mahl des Herrn selbst steht auf dem Spiel: »Das ist keine Feier des Herrenmahles mehr« (1 Kor 11,20). Deshalb erinnert er an die Abendmahlsüberlieferung. Die in diesem Zusammenhang entscheidenden Stichworte sind »Hingabe«, »mein Leib«, »für euch«, »Bund«, »Tod des Herrn«.[42] Sie geben den Maßstab für die scharfe Kritik an der korinthischen Praxis; gleichzeitig markieren sie positiv die Akzente paulinischer Eucharistietheologie.

---

[38] Vgl. 1 Kor 11,17.18.20.33.34.
[39] Vgl. 1 Kor 11,17.
[40] Vgl. 1 Kor 11,21.
[41] Vgl. 1 Kor 11,21 f.33.
[42] Vgl. 1 Kor 11,23–26.

2.5.2.2. Teilhabe am Leib Christi

Die Korinther sind in Gefahr, zu essen und zu trinken, »ohne zu bedenken, daß es der Leib des Herrn ist« (1 Kor 11,29). Was ist hier mit
»Leib des Herrn« gemeint? Brot und Wein, die gegessen und getrunken
werden? Oder das Mahlgeschehen als ganzes, in welchem die Lebenshingabe Jesu präsent werden soll?[43] Oder die Gemeinde, die im folgenden Kapitel Leib Christi genannt wird?[44] Die überzeugendste Deutung
ist die, welche alle drei Ebenen einbezieht, und zwar so, daß eine auf die
andere verweist: *Brot und Wein sind konzentrierte Zeichen des Mahlhaltens,
das Mahlhalten ist realisierendes Zeichen des gemeindlichen Miteinanders.*

Diese Deutung legt sich auch durch das vorhergehende Kapitel nahe.
Paulus nimmt Stellung gegen die Teilnahme an heidnischen Götzen-
diensten: Eucharistische Gemeinschaft duldet kein Paktieren nach zwei
Seiten, sondern bedeutet entschiedene Solidarität. Man kann nicht Gast
sein »am Tisch des Herrn« und gleichzeitig »am Tisch der Dämonen«.[45]
Zur Begründung zitiert Paulus ein einprägsames Wort aus der Euchari-
stiekatechese: »Ist der Kelch des Segens, über den wir den Segen sprechen,
nicht Teilhabe am Blut Christi? Ist das Brot, das wir brechen, nicht Teilhabe
am Leib Christi? *Ein* Brot ist es. Darum sind wir viele *ein* Leib; denn wir
alle haben teil an dem einen Brot« (1 Kor 10,16 f). Auch hier verschränken
sich im Bild vom Leib Christi die drei Ebenen: das eucharistische Brot (und
der »Kelch des Segens«), das Brechen des Brotes und »wir viele«. Das ver-
bindende Wort ist κοινωνία (koinonia): Gemeinschaft durch Teilhabe.

»Der . . . Zentralbegriff Koinonia . . . gewinnt bei Paulus eine doppelte Ausrichtung:
Gemeinschaft (mit jemandem) durch (gemeinsame) Teilhabe (an etwas), so daß man para-
phrasieren kann: Das Essen des Brotes und das Trinken aus dem Kelch, gemeinsam vollzogen, vermitteln personale Gemeinschaft mit dem gekreuzigten und erhöhten Christus
durch Teilhabe an seinem Leib und Blut . . . Weil es dieses eucharistische Brot gibt und
jeder einzelne dann ein Stück davon bekommt . . ., entsteht auch eine enge Gemeinschaft
zwischen allen, die das gemeinsam tun; die zerstreuten ›vielen‹ . . . finden zu einer Gemeinde zusammen, die sich vom Herrenmahl her konstituiert und deshalb mit Recht Leib
Christi genannt wird.«[46]

*Leib Christi ist also vor allem eine dynamisch-personale Wirklichkeit: Ge-
meinschaft mit Christus in der Gemeinschaft untereinander, symbolisch realisiert*

---

[43] Vgl. 1 Kor 11,16.
[44] Vgl. 1 Kor 12,12–27.
[45] Vgl. 1 Kor 10,21.
[46] H.-J. Klauck, 1. Korintherbrief, Würzburg 1984, 73 f.

im Brechen des Brotes und im Teilen des Bechers. »Leib und Blut Christi«
meint aber nicht nur das gelingende Miteinander, sondern auch eine
Wirklichkeit, die dem vorausliegt. Dafür sprechen sowohl der Begriff
der Teilhabe im zehnten als auch die Warnung im elften Kapitel: Wer
sich unsolidarisch verhält, bleibt nicht etwa unberührt von der eucharistischen Wirklichkeit, sondern »macht sich schuldig am Leib und Blut
des Herrn« (1 Kor 11,27).

2.5.2.3. Neuer Bund – Blut des Bundes

Das Deutewort zum Becher enthält Opfer-Terminologie, allerdings
mit unterschiedlichen Akzenten. In der von Paulus und Lukas zitierten
Tradition heißt es: »Dieser Becher ist der neue Bund in meinem Blut« (1
Kor 11,25, bei Lukas mit der Hinzufügung »das für euch vergossen
wird«, Lk 22,20), in der markinisch-matthäischen Überlieferung: »Das
ist mein Blut des Bundes, das für viele vergossen wird« (Mk 14,24; Mt
26,28).

In beiden Traditionen verbindet sich das Reichen des Bechers mit
dem Motiv des Bundes und mit dem Motiv des (vergossenen) Blutes,
also mit der Anspielung auf den Kreuzestod Jesu. Im Hintergrund stehen
aber unterschiedliche Bundes-Traditionen: *Das Wort vom »Blut des Bundes« verweist auf den mit dem Blut der geschlachteten Tiere geschlossenen Sinai-
Bund[47] und seine jährliche Feier im Jerusalemer Tempel-Kult. Es steht damit der
priesterlichen Tradition nahe. Das Wort vom »neuen Bund« dagegen hat seinen
Ort in der prophetisch-eschatologischen Tradition:* »Nach jenen Tagen« werden Gott und Mensch verbunden werden nicht durch priesterlich-kul-
tische Vermittlung, sondern durch eine innere Umwandlung der Menschen, dadurch, daß Gott ihnen ein neues Herz gibt, daß sie sein Gesetz
in sich tragen und daß sie alle mit Gott vertraut sind, so daß niemand
mehr belehrend über dem anderen steht.[48]

2.5.2.4. Verkündigung des Kreuzestodes

»Sooft ihr von diesem Brot eßt und aus dem Becher trinkt, verkündet
ihr den Tod des Herrn . . .« (1 Kor 11,26). Wie ist der Zusammenhang
zwischen Tod und Mahl zu verstehen? Und was heißt verkünden?

---

[47] Vgl. Ex 24,8.
[48] Vgl. Jer 31,33 f.

Das Wort vom *Tod* hat außer zum (eben besprochenen) Motiv vom vergossenen Blut eine inhaltliche Nachbarschaft zum Wort παραδιδόναι (paradidonai = ausliefern[49]). Paradidonai (verstärkte Form von διδόναι [didonai] = geben) bedeutet einerseits in Prozeßberichten und in der Passionsgeschichte so viel wie preisgeben, verraten, an jemanden ausliefern, töten[50]; andererseits gebraucht Paulus paradidonai, um das aktive Handeln Gottes bzw. Jesu auszusagen: Gott hat seinen Sohn »nicht geschont, sondern für uns alle hingegeben« (Röm 8,32); der Sohn Gottes hat »mich geliebt und sich für mich hingegeben« (Gal 2,20). Johannes, der unter den Evangelisten am stärksten den Tod Jesu als dessen Tat, als letztes »Vollbringen«, interpretiert, gibt diesen Tod mit der Wendung wieder: »παρέδωκεν τό πνεῦμα« (paredoken to pneuma = er gab seinen Geist hin: Joh 19,30).

Das (nur scheinbar mehrdeutige) Wort signalisiert den doppelbödigen Charakter des Todes Jesu: Er ist einerseits (passiv) zugefügt, erlitten, andererseits aber (aktiv) Konsequenz eines ganzen Lebens, mit dem Jesus sich um der Liebe willen mehr und mehr auslieferte. So wird verständlich, wie das Essen und Trinken »von diesem Brot« und »aus diesem Becher« den Tod Jesu repräsentieren kann: *Das Mahl wird gefeiert als Zeichen seiner liebenden Hingabe, durch die er sich verwundbar machte und sich auslieferte bis zum Äußersten.*

Das Mahl »spricht« von der Hingabe Jesu. Die es feiern, »*verkünden*« seinen Tod. »Verkünden« meint freilich mehr als bloßes Informieren oder Erinnern. Es ist dem »*Gedenken*« verwandt: »Tut dies zu meinem Gedächtnis!« (1 Kor 11,24 u. 25; Lk 22,19). Wie beim Pesach-Gedächtnis das Heilsgeschehen von »damals« und die Geschichte von »heute« miteinander verschmelzen[51], so wird in der Feier des eucharistischen Mahles die liebende Hingabe Jesu gegenwärtig, werden die am Mahl Teilnehmenden in die Hingabe-Bewegung Jesu hineingezogen. Daß dies allerdings nicht magisch oder wie von selbst geschieht, sondern das Engagement der Teilnehmenden braucht, zeigt gerade die Situation in Korinth: Die Korinther verfälschen das Gedächtnis und die Verkündigung, indem sie die Mahlgemeinschaft zerstören.

---

[49] Vgl. 1 Kor 11,23.

[50] Vgl. Mk 1,14 par.: die Verhaftung Johannes des Täufers; Mk 14,10 parr. und Mt 27,3: der Verrat des Judas; Mk 15,1 par.: die Auslieferung an Pilatus; Mk 15,15 parr.: die Auslieferung an die Soldaten zur Hinrichtung.

[51] Vgl. oben 2.2.1.

2.5.2.5. Erfahrung der Auferstehung

Beim Brechen des Brotes wird den Jüngern die Erfahrung geschenkt, daß der gekreuzigte Jesus auferstanden ist und ihnen auf neue Weise nahekommt. Das bezeugen Anspielungen auf die Eucharistie in den lukanischen und johanneischen Erzählungen von der Ostererfahrung. Das eindeutigste Beispiel ist die katechetisch stark durchgestaltete Geschichte der Emmaus-Jünger[52]: Am Anfang steht die Resignation der Jünger; auf dem Weg, im Sich-Einlassen auf den Fremden und im Gespräch, das die eigene Situation im Licht der biblischen Überlieferung bedenkt, wächst die Ahnung (»brannte nicht unser Herz in uns?«), und sie wird zum deutlichen »Erkennen« beim Brechen des Brotes. Ähnlich strukturiert ist die Erzählung von der Erscheinung Jesu am See von Tiberias[53]: Nach der erfolglosen Nacht lassen sich die Fischer auf den Ruf des Fremden am Ufer ein, und in einem Prozeß von Fragen und Gewißwerden ereignet sich beim Frühmahl die Offenbarung des lebendigen Herrn.[54]

Drei Elemente in diesen Erzählungen verdienen besondere Beachtung, in ihnen kehren zentrale Motive der neutestamentlichen Eucharistietheologie wieder:

(1) Ort der Ostererfahrung ist die Zusammenkunft, die zum gemeinsamen Mahl wird. Das bedeutet umgekehrt: *Die Feier der Eucharistie ist das realisierende Gedächtnis der Auferstehung des Gekreuzigten.*

(2) Obwohl in den Ostererzählungen eucharistische Terminologie zu erkennen ist,[55] wird doch das »Brechen des Brotes« nicht ausdrücklich vom alltäglichen Miteinander-Essen abgehoben. Die Grenzen bleiben fließend. *Das unterstreicht den Zusammenhang zwischen der eucharistischen Feier und der gemeindlichen Kommunikation.*

(3) Im Verlauf der Handlung wird Jesus der Gebende, so daß, vom Ende her gesehen, deutlich wird, daß die Initiative von Anfang an bei ihm lag: Der von den Jüngern eingeladene, zum Bleiben gedrängte Fremde »nimmt das Brot ...«; der die Fischer um etwas Eßbares Bittende lädt am Ende selber ein: »Kommt und frühstückt«, und teilt Brot und Fisch aus.[56] So wird deutlich, daß der auferstandene Jesus selbst das

---

[52] Vgl. Lk 24,13–35.
[53] Vgl. Joh 21,1–14.
[54] Vgl. ferner Lk 24,41–43; Apg 10,41.
[55] Vgl. Lk 24,30: »nahm das Brot, sprach das Dankgebet, brach es und gab es ihnen«; Joh 21,13: »nahm das Brot und gab es ihnen«; vgl. beide Texte mit Lk 22, 19.
[56] Vgl. Lk 24,30; Joh 21,12 f.

Subjekt der Ostererfahrung wie auch der Eucharistiefeier ist. *In der Begegnung von Menschen, in der von den Jüngern anberaumten Versammlung der Gemeinde, beim Brechen des Brotes, bringt der gekreuzigte Jesus sich lebendig in die Erfahrung der Versammelten: Sie erkennen ihn als den eigentlichen Gastgeber, als den Einladenden, Zusammenführenden, sie Verwandelnden und in seine Sendung Einbeziehenden.*

2.5.2.6. Eschatologisches Zeichen

Das Mahl spricht aber nicht nur von der geschehenen Heilsgeschichte, sondern auch von der verheißenen Zukunft. *Wie das Mahl in Israel und wie das letzte Abendmahl Jesu ist auch das von den Christen gefeierte Mahl des Herrn eschatologisches Zeichen.* Was Paulus mit der knappen Wendung ». . ., bis er kommt,« andeutet[57], formulieren die Synoptiker anschaulicher in dem eschatologischen Ausblick auf das »Trinken von der Frucht des Weinstocks . . . im Reich des Vaters« (Mt 26,29)[58]. Zur urchristlichen Liturgie gehört der Ruf »Marana tha!« (1 Kor 16,22)[59]. Er kann ebenso als Bitte (»Unser Herr, komm!«) wie als dankende Aussage verstanden werden (»Unser Herr ist gekommen«). Das eine Mal hat futurische Bedeutung, das andere Mal präsentische. Diese Doppeldeutigkeit macht ihn geeignet, die eschatologische Spannung von »Schon und noch nicht« wiederzugeben. Von ihr ist auch die Feier der Eucharistie geprägt: In ihr »kommt« der gekreuzigte und auferstandene Christus, in ihr wird seine Lebensgeschichte gegenwärtig; und gleichzeitig eröffnet sie die eschatologische Perspektive auf sein Kommen »an jenem Tage«[60].

2.5.2.7. Vergebung der Sünden

Matthäus verbindet mit dem Abendmahl (als einziger ausdrücklich) die Vergebung der Sünden: »Das ist mein Bundesblut, *das für viele vergossen wird zur Vergebung der Sünden*« (Mt 26,28). Zum Verständnis dieser matthäischen Formulierung sind zwei Beobachtungen wichtig: (1) In der Erzählung von der Heilung des Gelähmten, die zugleich eine Sündenvergebungsgeschichte ist[61], preist am Ende die Menge Gott dafür,

---

[57] Vgl. 1 Kor 11,26.
[58] Vgl. Mk 14,25; Lk 22,15–18. 30.
[59] Vgl. Offb 22,20.
[60] Vgl. Mt 26,29 par.
[61] Vgl. Mt 9,1–8.

daß er »den Menschen solche Vollmacht gegeben hat« (Mt 9,8). Die Vollmacht zur Vergebung ist im Matthäusevangelium (anders als bei Markus und Lukas) nicht nur dem Menschensohn[62] gegeben, sondern »den Menschen«. Hier wird angedeutet, was Mt 18,15−20 deutlicher ausspricht: Die Gemeinde ist Ort der Vergebung. (2) Die Formel »zur Vergebung der Sünden« findet sich bei Markus und Lukas in der Täufer-Perikope[63], Matthäus hat sich aber der Markus-Vorlage nicht angeschlossen und die Formel statt dessen in den Abendmahlsbericht eingefügt. Damit verdeutlicht er nochmals die Tendenz, Vergebung und Gemeinde miteinander zu verbinden. »Vergebung also wirkt der Herr in seiner Gemeinde, die das Mahl feiert.« Durch diesen Zusammenhang bekommt der Vergebungsgedanke eine spezifische Färbung: Vergebung geschieht durch »die Zusage, zum Bund zu gehören, das heißt zur Gemeinde zu gehören, in welcher der Herr Vergebung durch sein Kreuz wirkt.«[64]

Diese Aussage ist für das Verständnis der Eucharistie ebenso aufschlußreich wie für das Verständnis von Vergebung: *Die eucharistische Mahlgemeinschaft ist, wie das Mahlhalten Jesu, Ort der Versöhnung.* Und Vergebung bedeutet versöhnende Aufnahme und Annahme.

2.5.2.8. Glauben – Lieben – Mahlhalten

Das *Johannesevangelium* enthält keinen eucharistischen Einsetzungsbericht, statt dessen aber die Perikope von der Fußwaschung im Rahmen des letzten Mahles[65] und eine eucharistische Rede[66] im Rahmen einer Brot-Rede[67] im Anschluß an die Erzählung vom Brotwunder. In der letzteren fallen besonders die massiv klingenden Worte vom Fleisch und Blut des Menschensohnes auf: »Wenn ihr das Fleisch des Menschensohns nicht eßt und sein Blut nicht trinkt, habt ihr das Leben nicht in euch« (6,53). Die johanneische Vokabel »Fleisch« ($\sigma\acute{\alpha}\rho\xi$ [sarx]) verweist bedeutend stärker auf die Dimension des materiell Greifbaren als das Wort »Leib« ($\sigma\tilde{\omega}\mu\alpha$ [soma]) bei Paulus und in den synoptischen Texten.

---

[62] Vgl. Mt 9,6 parr.
[63] Vgl. Mk 1,4; Lk 3,3.
[64] H. Leroy, Zur Vergebung der Sünden. Die Botschaft der Evangelien, Stuttgart 1974, 37.
[65] Vgl. Joh 13,1−20.
[66] Vgl. Joh 6,51b-58.
[67] Vgl. Joh 6,26−58.

Diese massiven Formulierungen im Rahmen eines Evangeliums, das stark auf den Geist abhebt, der »weht, wo er will« (Joh 3,8), haben zu unterschiedlichen exegetischen Theorien geführt, die von einer magischen Interpretation des Johannesevangeliums bis zur Annahme einer ursprünglich antisakramentalistischen Tendenz und einer späteren kirchlich-sakramentalen Überarbeitung reichen. Die neuere Exegese setzt allerdings wieder stärker auf ein Gesamtkonzept des Evangeliums, das in der Endredaktion zum Ausdruck kommt. Davon gehen auch wir aus.

In der *Brotrede* hat die Metapher »essen und trinken« eine doppelte Bedeutung. Die vorangehende Speisung der Fünftausend in der Wüste[68] ist, wie alle Wunder im Johannesevangelium, ein »Zeichen«. Was Jesus bietet, ist mehr als das Brot, von dem man immer nur vorübergehend satt wird: ein unzerstörbares Leben aus der Verbundenheit mit ihm. Er selbst ist »das Brot des Lebens«[69]. »Von diesem Brot essen« (Joh 6,51a) heißt: *an Jesus Christus glauben,* aus der Gemeinschaft mit ihm leben. »Essen« (und »Trinken«) ist im ersten Teil der Brotrede (bis Joh 6,51a) also streng personal zu verstehen: als Bild für die glaubende Kommunikation mit Christus, ebenso wie »hungern« und »dürsten« (Joh 6,35) Metaphern für das Verlangen nach dem Leben schlechthin sind. Daß aber gerade diese Metaphern, »hungern« und »dürsten«, »Brot« und »essen«, hier stehen, hängt damit zusammen, daß der Evangelist im Hintergrund das Bild des eucharistischen Essens und Trinkens sieht.

Dies wird dann ab Joh 6,51b zum ausdrücklichen Thema: Im zweiten Teil der Brotrede meint »Essen und Trinken« die *Teilnahme an der sakramentalen Feier.* Dieselbe Unbedingtheit der Forderung und dieselbe Verheißung des Lebens, die sich im ersten Teil auf den Glauben beziehen, werden im zweiten Teil mit dem eucharistischen Tun verknüpft.[70] Jetzt wird die innige Christus-Gemeinschaft mit den massiv klingenden Vokabeln »mein Fleisch« und »mein Blut« verbunden: »Wer mein Fleisch ißt und mein Blut trinkt, der bleibt in mir, und ich bleibe in ihm« (Joh 6,56).

Neben dem personalen Glauben und dem sakramentalen Tun kommt in den Abschiedsreden noch ein scheinbar drittes Element ins Spiel. Hier hängt die Christus-Gemeinschaft am »Halten des Gebots«, das heißt: an der Liebe zu Christus, konkret praktiziert in der *Liebe gegenüber dem Nächsten.*[71]

---

[68] Vgl. Joh 6,1–15.
[69] Joh 6,35.48; vgl. 6,33;51a.
[70] Vgl. Joh 6,40.47 mit 6,53 f.
[71] Vgl. Joh 13,34 f; 14,21; 15,10.12; ferner: 1 Joh 3,23; 4,16.

Der logische Zusammenhang zwischen den drei Realisierungen der Christus-Gemeinschaft (Glauben, Lieben, Mahlhalten) wird deutlich, wenn man an die antidoketische Spitze des Johannesevangeliums denkt. Gegen die Vorstellung, die Gemeinschaft mit Gott (bzw. mit dem göttlichen Logos) könne gefunden werden in einem vergeistigten, geschichtslosen, die sozialen Beziehungen ignorierenden Glauben, betont der Evangelist die inkarnatorische Struktur der Offenbarung und des Glaubens: Der Logos ist »Fleisch« (σάρξ [sarx]) geworden.[72] Deshalb wird die Gemeinschaft mit Gott nicht durch den Ausstieg aus der Welt und der menschlichen Geschichte erreicht, sondern durch einen Glauben, der das Erscheinen Gottes im Fleisch der Menschheit, die Geschichte des menschgewordenen Sohnes bis zum blutigen Tod am Kreuz ernst nimmt und der das in der eigenen, sich bis zum letzten einsetzenden Liebe zu den Brüdern und Schwestern realisiert. Beides, der Glaube und die Liebe, wird zeichenhaft dargestellt in der eucharistischen Mahlgemeinschaft. Deshalb, um aller Verflüchtigung in ein rein geistiges Glauben entgegenzuwirken, betont der Evangelist das Essen und Trinken mit der provozierenden Formulierung vom »Fleisch« und »Blut« des »Menschensohnes« (Joh 6,53). *Deshalb gehören die drei zusammen: das Bekenntnis zum menschgewordenen Logos, die sich im konkreten Einsatz inkarnierende Liebe und die leibhaftige Feier des Sakraments.* Dieser inkarnatorische Glaube ist der Weg, auf dem der Hunger und der Durst nach dem wahren Leben gestillt werden.

Von hierher läßt sich auch deuten, warum Johannes in den Mittelpunkt des letzten Mahles die Erzählung von der *Fußwaschung* stellt.[73] Inkarnation meint nicht nur eine seinsmäßige Verbindung von Gottheit und Menschheit, sondern ein existentiell realisiertes Hinabsteigen bis zum erniedrigend banalen Dienst an den Tischgenossen, der seinerseits nochmals Zeichen für die bis in die letzte Erniedrigung gehende Liebe ist. Der Evangelist zeichnet ein provokant kontrastierendes Bild: »Jesus, der wußte, daß ihm der Vater alles in die Hand gegeben hatte und daß er von Gott gekommen war und zu Gott zurückkehrte« (Joh 13,3), dieser Jesus bindet sich eine Schürze um, geht mit einer Waschschüssel herum, wäscht seinen Schülern die Füße und trocknet sie mit seiner Schürze ab. Dieses Bild soll den Jüngern vor Augen stehen, wenn sie miteinander Mahl halten.[74] So werden sie das Bekenntnis zum menschgewordenen Gottessohn mit dem die Erniedrigung nicht scheuenden Dienst an den Brüdern und Schwestern und mit der leibhaftig vollzogenen Tischgemeinschaft verbinden.

---

[72] Vgl. Joh 1,14.
[73] Vgl. Joh 13,1–20.
[74] Vgl. Joh 13,15.

3. Dogmengeschichtliche Entwicklung

3.1. *Versammlung zur Eucharistia*

Schon im 1. Jahrhundert trennt sich die eucharistische Brot- und Becherhandlung vom Sättigungsmahl und wird mit dem aus der jüdischen Synagogenpraxis bekannten Wortgottesdienst verbunden. So tritt einerseits der Verkündigungscharakter der Feier deutlicher zutage, andererseits läßt die stärkere Stilisierung der Mahlfeier das Dankgebet über Brot und Wein, die εὐχαριστία (eucharistia), klarer hervortreten. Seit etwa 100 n. Chr. wird »*Eucharistia*« zur festen Bezeichnung der Feier.

Das Wort hat im Profangriechischen eine doppelpolige Bedeutung. Es meint sowohl eine erwiesene Wohltat als auch die dankende Antwort auf diese Wohltat. Ähnlich bedeutet auch im kirchlichen Sprachgebrauch das Substantiv eucharistia nicht nur das liturgische Geschehen, sondern auch die Gaben, die im Mittelpunkt dieses Geschehens stehen: Brot und Wein. Das Verbum εὐχαριστεῖν (eucharistein) bedeutet dementsprechend »sich als Beschenkter verhalten«.

Damit wird der katabatische Charakter der Liturgie (die Bewegung von oben nach unten) betont: Christlicher Gottesdienst ist vor allem dankendes Annehmen des »von oben« geschenkten Heils. Der andere biblische Akzent, der in den Vokabeln »Brotbrechen«, »Zusammenkommen«, »Koinonia« zum Ausdruck kommt, wird dadurch aber nicht abgeschwächt. Das bezeugt z. B. die zu Anfang des 2. Jahrhunderts in Syrien entstandene Zwölf-Apostel-Lehre: »An jedem Herrentag versammelt euch, brecht das Brot, sagt Dank und bekennt eure Übertretungen, damit euer Opfer rein sei! Jeder aber, der Streit mit seinem Nächsten hat, soll nicht mit euch zusammenkommen, bis sie sich ausgesöhnt haben, damit euer Opfer nicht entweiht werde!«[75] Mit dem Wort vom »reinen« Opfer wird in anderer Terminologie die paulinische Sicht[76] wiederholt, daß Spaltung das Mahl des Herrn zerstört: Entzweiung entweiht das Opfer, die Zusammenkunft verlangt Versöhnung.[77]

Der *Vorsitz* wurde nach dem Zeugnis der Didache je nach charismatischer Begabung vergeben: Propheten (d. h. solchen, die »im Geist« zu reden verstehen und deren Lebensweise sich an Christus orientiert), soll man gestatten, »Dank zu sagen, soviel sie wollen.«[78]

---

[75] Didache, 14,1 f.
[76] Vgl. 1 Kor 11,17–34; dazu oben 2.5.2.1.
[77] Vgl. Mt 5,23 f.
[78] Didache, 10,7; vgl. 11,7 f.

Im Zuge zunehmender Institutionalisierung lösten gewählte Bischöfe und Diakone die Propheten ab.[79] Bezüglich des *Kommunionempfangs* kündigte sich schon früh ein Wandel an: Vom 2. Jahrhundert an war er nicht mehr immer und überall für alle Versammelten selbstverständlich. Vor allem drei Faktoren führten dazu, daß Eucharistiefeier und Kommunion auch voneinander getrennt werden konnten: die Aufbewahrung des eucharistischen Brotes und sein Empfang außerhalb der Feier, die Teilnahme von öffentlichen Büßern, die (an einem gesonderten Platz) bei der Feier anwesend sein, aber bis zu ihrer Rekonziliation nicht die Kommunion empfangen durften[80], und schließlich auch spiritualisierende Tendenzen in der Theologie (vornehmlich der Alexandriner), welche den leiblich-sakramentalen Kommunionempfang relativierten.

3.2. Vergegenwärtigung im Bild

Mit der Konstantinischen Wende wandeln sich die gesellschaftliche Funktion und die liturgische Gestalt der Eucharistie. Beides wirkt sich auch auf die Theologie aus. Die staatliche Anerkennung und das zahlenmäßige Anwachsen der Kirche machen die Eucharistiefeier zum öffentlichen Kult. Die jetzt als liturgischer Raum benutzte kaiserliche Basilika prägt den Stil der Feier: Der Bischof wird durch Thronsitz, Kleidung, Insignien und byzantinisches Hofzeremoniell hervorgehoben, das Zentrum der Feier verlagert sich: von der Tischgemeinschaft zum heiligen Geschehen um Altar und Bischofssitz. Außerdem führt der nun häufig praktizierte Aufschub der Taufe bis zum Lebensende[81] dazu, daß die Teilung der Versammlung in Kommunizierende und Nichtkommunizierende zum Normalfall wird.

Damit verlagert sich auch der theologische Akzent: Es geht nun stärker darum, sich in das durch die Liturgie dargestellte Heilsgeheimnis durch Schauen hineinziehen zu lassen. Dem versuchen die *griechischen Kirchenväter* vor allem dadurch zu dienen, daß sie den Begriff der Anamnesis[82] weiter entfalten: Eucharistie ist vergegenwärtigende Erinnerung, in ihr wird die Heilsgeschichte gegenwärtig, die ganze Geschichte Jesu von der Inkarnation bis zu Kreuzestod, Auferstehung und Himmelfahrt, und mit ihr das Subjekt dieser Geschichte: Jesus Christus als Handelnder (Aktualpräsenz); »gegenwärtig wird Jesus aber auch . . .

---

[79] Vgl. Didache, 15,1 f.
[80] Vgl. unten IV.3.1.
[81] Vgl. oben I.3.2.
[82] Vgl. oben 2.2.1.; 2.5.2.4.

als Opfergabe in seinem Leib und Blut . . . Damit weitet sich die Aktualpräsenz der Heilstat zur Realpräsenz des Leibes und Blutes Jesu aus.«[83]

Der Gedanke der Vergegenwärtigung wird in unterschiedlichen Kategorien vermittelt: Die Eucharistie ist »Nachahmung« (mimesis), »Bild« (eikon), »Abbild« (typos, antitypos), »Gleichnis« (homoioma), »Symbol« (symbolon) des erhöhten Herrn und seiner Geschichte.[84] Die zur Liturgie Versammelten haben teil an dieser Heilsgeschichte. Die Teilhabe geschieht durch glaubend-verstehendes Betrachten der liturgischen Handlung, durch Schauen des Geheimnisses im Bild (in der »Nachahmung«, im »Gleichnis«, im »Symbol«).

»Durch den Glauben zeichnen wir die Schau der himmlischen Realitäten in unseren Verstand ein, indem wir erwägen, daß Christus, der im Himmel ist, der für uns gestorben, auferstanden und in den Himmel aufgefahren ist, daß also dieser Christus auch jetzt vermittels der Symbole geopfert wird; so werden wir, wenn wir im Glauben mit unseren Augen die jetzt geschehenden Erinnerungshandlungen betrachten, dahin geführt, zu sehen, daß er *noch* stirbt, aufersteht und in den Himmel aufsteigt.«[85]

Unter den *lateinischen Kirchenvätern* nehmen vor allem die Bischöfe Ambrosius von Mailand († 397) und Augustinus von Hippo († 430) Einfluß auf die Geschichte der Eucharistietheologie, und zwar mit unterschiedlichen Akzenten. *Ambrosius* legt den Ton auf die Verwandlung der Gaben.

»Bevor die Konsekration vollzogen wird, ist es Brot. Sobald aber die Worte Christi hinzugekommen sind, ist es der Leib Christi . . . Ebenso ist vor den Worten Christi der Kelch mit Wein und Wasser gefüllt. Sobald aber die Worte Christi gewirkt haben, entsteht dort Blut, welches das Volk erlöst.«[86] »Der Herr Jesus selbst ruft: ›Das ist mein Leib‹ . . . Und du sagst ›Amen‹, das heißt: ›Es ist wahr‹.«[87]

Augustinus dagegen betont den Zeichencharakter des Sakraments. Ihn interessiert vor allem die symbolische Verschränkung der Ebenen: Brot – irdischer Leib Christi – Gemeinschaft der Kirche.

Auf die Frage, wieso der Leib Christi, der doch in den Himmel aufgefahren ist und nun zur Rechten des Vaters sitzt, im Brot auf dem Altar sein könne, antwortet er: »Wenn du ›Leib Christi‹ verstehen willst, dann höre, was der Apostel den Gläubigen sagt: ›Ihr seid der

---

[83] J. Betz, Eucharistie. In der Schrift und Patristik (HDG IV/4a), Freiburg 1979, 86.

[84] Vgl. oben Zweiter Teil, 3.1.2.1.

[85] Theodor von Mopsuestia († 428), Homiliae catecheticae des sacramentis et de fide, 15,20.

[86] Ambrosius, De sacramentis, 4,23.

[87] Ambrosius, De mysteriis, 54.

Leib Christi ...‹ Wenn also ihr der Leib Christi seid ..., dann ist euer Mysterium [das Mysterium, das ihr seid] auf dem Tisch des Herrn niedergelegt. Ihr empfangt euer Mysterium. Auf das, was ihr seid, antwortet ihr: ›Amen‹ ... Du hörst: ›Leib Christi‹, und du antwortest: ›Amen‹. Sei ein Glied am Leibe Christi, damit dein ›Amen‹ wahr sei!«[88] In der Deutung des »Amen« zeigt sich besonders klar der Unterschied zu Ambrosius: Für diesen geht es um die bekenntnishafte Zustimmung zur Wesensverwandlung von Brot und Wein, für Augustinus um die Realisierung der kirchlichen Gemeinschaft.

Der »Symbolismus« des Augustinus steht nicht im Widerspruch zum »Metabolismus« des Ambrosius; aber die Denkstrukturen und die Akzentsetzungen unterscheiden sich. Im mittelalterlichen Streit um die Realpräsenz werden aus den Akzentunterschieden gegensätzliche Schulen.

3.3. Konzentration auf die Realpräsenz

Die mittelalterliche Theologie ist in mehrfacher Hinsicht von anderen Voraussetzungen bestimmt. Das realsymbolische Denken tritt zurück hinter einen stärker realistischen Zugriff auf die Wirklichkeit. Mehr und mehr rücken Bild und Wahrheit, Zeichen und Sache, Symbol und Wirklichkeit auseinander, so daß man nicht mehr (wie die griechischen Väter) sagen kann: wirklich, *weil* im Bild gegeben, sondern alternativ fragt: Bild *oder* Wirklichkeit? Dadurch gerät die bisher am realsymbolischen Denken orientierte überlieferte Sakramententheologie in eine Krise.

Das römisch-fränkische Kulturgefälle führt dazu, daß die lateinische Liturgie unübersetzt ins missionierte Frankenreich übernommen wird und damit für lange Zeit Liturgiesprache und Volkssprache auseinanderklaffen. Der nun stärker werdende Gedanke der Ehrfurcht vor dem Heiligen läßt zudem den Priester das Hochgebet (samt dem Bericht vom Abendmahl) leise sprechen, so daß der Verkündigungs- und Anamnesecharakter der Eucharistie verblaßt. Dafür werden andere frömmigkeitsgeschichtliche Elemente wirksam. Die frühmittelalterliche, mehr sachhaft geprägte Mentalität sieht im verwandelten Brot eine Art Arznei, die hochmittelalterliche, mehr personal ausgerichtete Spiritualität sucht, unterstützt durch die Idee der heilbringenden Schau, den Kontakt mit Jesus Christus im Anschauen der Hostie. Innerhalb der Liturgie konzentriert sich die Aufmerksamkeit auf den Augenblick der Wandlung, die seit dem 13. Jahrhundert durch das Erheben der Hostie und des Kelches, durch Kniebeuge und Wandlungsläuten hervorgehoben wird. Seit dem 11. Jahrhundert kennt man statt des in der Feier zu brechenden Brotes vorgefertigte Hostienscheiben; im 12./13. Jahrhundert hört man auf, den Laien zur Kommunion den Kelch

---

[88] Augustinus, Sermo 272.

zu reichen. So gerät auch der Mahlcharakter in den Hintergrund. Die sakramentale Kommunion wird überhaupt zum Ausnahmefall, die Kommunikation mit Christus geschieht jetzt durch verehrendes Anschauen. Dieser Akzent wird nochmals verstärkt durch das Fronleichnamsfest (1246 in Lüttich, 1264 für die ganze Kirche eingeführt) und durch die Verehrung Christi in der (im 14. Jahrhundert aus der Reliquienmonstranz entwickelten) eucharistischen Monstranz.

Parallel zur Frömmigkeits- und Liturgiegeschichte wird die Verwandlung von Brot und Wein zum Hauptthema der Eucharistietheologie. Das Denken in der Alternative »entweder Bild oder Wirklichkeit« schlägt sich nieder in einer über mehrere Jahrhunderte andauernden Pendelbewegung zwischen einer massiv-dinglichen und einer spiritualistischen Interpretation der eucharistischen Gegenwart Christi.

Der sogenannte *erste Abendmahlsstreit* wird innerhalb eines Klosters ausgetragen: Gegen *Paschasius Radbertus,* den Abt von Corbie († 859), der stark die Identität des eucharistischen mit dem irdischen Leib Christi betont, vertritt der stärker an Augustinus orientierte *Rathramnus* († nach 868) die Auffassung, die Umwandlung von Brot und Wein müsse nicht leibhaftig, sondern geistlich, bildhaft verstanden werden. Der *zweite Abendmahlsstreit* beschäftigt dagegen die abendländische Öffentlichkeit: *Berengar von Tours* († 1088) versteht Brot und Wein als Symbole der Gegenwart Christi; der menschliche Leib Christi aber könne nicht in der Eucharistie gegenwärtig sein, weil er bis zur Parusie im Himmel zur Rechten Gottes thront. Berengar wird auf mehreren Synoden (1050 in Rom und Vercelli, 1051 in Paris, 1054 in Tours) verurteilt und muß 1059 in Rom ein von dem streitbaren Kardinal *Humbert von Silva Candida* († 1061) verfaßtes extrem realistisches Glaubensbekenntnis unterschreiben: »Brot und Wein . . . sind nach der Konsekration nicht nur Sakrament, sondern wahrer Leib und wahres Blut . . . Jesu Christi, sie werden sinnenhaft [sensualiter], nicht nur sakramental, sondern in Wahrheit, von den Händen des Priesters angefaßt und gebrochen und von den Zähnen der Gläubigen zerrieben.«[89]

Die Gegenüberstellungen in diesem Text (»nur sakramental« gegen »in Wahrheit«) sind ein Symptom für den Verlust des realsymbolischen Denkens der Alten Kirche und für die daraus erwachsenen Frontstellungen zwischen extremem Symbolismus (»nur [!] Symbol«) und extremem (sensualistischem) Realismus, der die Wirklichkeit von Brot und Wein nicht ernst nimmt. Das spätere, von Berengar vor Papst Gregor VII. abgelegte Glaubensbe-

---

[89] DH 690.

kenntnis (1079) formuliert differenzierter und spricht von einer substanzhaften Verwandlung (»substantialiter converti«).[90]

Etwa zur gleichen Zeit versucht der normannische Mönch *Guitmund von Aversa* († vor 1085) zu differenzieren, indem er zwischen Substanz und Akzidentien unterscheidet: »Das Wesen [substantia] der Dinge wird gewandelt, aber . . . der frühere Geschmack, die Farbe und die übrigen sinnfälligen Akzidentien bleiben.«[91] Damit bereitet er die *Transsubstantiationslehre* vor, die auf dem IV. Laterankonzil (1215) kirchenamtlich aufgenommen[92] und von der hochscholastischen Theologie im Sinne aristotelischer Metaphysik ausgebaut wird: »Akzidentien« meint die empirisch wahrnehmbare Dimension, »Substanz« das vom geistigen Intellekt geschaute metaphysische Wesen der Wirklichkeit. »Transsubstantiation« meint, daß sich das Wesen, nicht aber die Akzidentien verändern.

Mit dieser Differenzierung konnte die dem Sakramentsbegriff eigene Spannung zwischen wirklichem Zeichen (Brot und Wein) und bezeichneter Wirklichkeit (Leib und Blut Christi) ausgedrückt werden, ohne daß eines auf Kosten des anderen reduziert werden mußte. Allerdings war diese Begrifflichkeit nur so lange hilfreich, wie man sich dessen bewußt war, daß »Substanz« eine metaphysische Seinskategorie meint; sobald man (wie heute in der Chemie, aber auch schon im spätmittelalterlichen Sprachgebrauch) bei »Substanz« an die Dimension des Physischen denkt, verfehlt man mit dem Wort »Transsubstantiation« gerade die Überzeugung, um derentwillen der Begriff eingeführt wurde.

Außerdem zeugt die ganze mittelalterliche Diskussion über die Verwandlung von Brot und Wein von einer, gemessen an Schrift und Patristik, verengten Perspektive: Der Blick richtet sich nicht mehr so sehr auf das eucharistische Mahlgeschehen als ganzes, sondern konzentriert sich auf die Gaben von Brot und Wein und deren Verwandlung. Damit löst sich auch der Opfergedanke vom Mahlgedanken: Thomas von Aquin († 1274) unterscheidet zwischen der Eucharistie als »Opfer« (dies ordnet er der Konsekration zu) und als »Sakrament« (dem Empfang der Kommunion); denen, welche die Kommunion nicht empfangen, komme die Eucharistie als Opfer zugute, den Kommunizierenden dagegen als Sakrament *und* als Opfer.[93]

---

[90] DH 700.
[91] Guitmund von Aversa, De corporis et sanguinis Christi veritate in eucharistia, 3.
[92] Vgl. DH 802/NR 920.
[93] Vgl. Thomas von Aquin, S.th., III, q.79, a.7.

3.4. Auseinandersetzungen im Reformationszeitalter

3.4.1. Positionen der Reformatoren

Den Reformatoren geht es um die Integrität des biblischen Herrenmahles und damit um die Wiederherstellung des Mahlcharakters. Ihre Kritik an der scholastischen Eucharistielehre erwächst aus ihrer Kritik an der zeitgenössischen Praxis und der diese Praxis unterstützenden spätmittelalterlichen Theologie.

In den zahlreichen, jeweils für individuelle Anlässe gefeierten Winkelmessen, dem Handel mit Meßstipendien, den magischen Wundererwartungen, welche die Volksfrömmigkeit mit dem Anschauen der Hostie verband, dem weitgehenden Verzicht der Gläubigen auf die Kommunion und der generellen Vorenthaltung des Laienkelches zeigen sich die Trennung von Opfer und Sakrament, die Lehre vom in sich begrenzten und endlichen Wert der Messe, die (metaphysisch gemeinte, aber als physisch mißverstandene) Transsubstantiationslehre, die Höherbewertung des Klerikerstandes gegenüber dem der Laien.

Kritik und Reformintention spiegeln sich in der Gegenüberstellung der Vokabeln: Das von Christus gestiftete »Abendmahl« steht gegen die römische »Messe«. Die Auseinandersetzungen konzentrieren sich auf drei Themen: das Opfer, die Realpräsenz und den Laienkelch.

In der Ablehnung des *Meßopfer*-Gedankens sind sich alle reformatorischen Richtungen einig: Die »Wiederholung des Kreuzesopfers« widerspreche dem im Hebräerbrief betonten »Ein-für-allemal«[94], die »Darbringung des Meßopfers« sei Ausdruck einer die Tat Jesu entleerenden Werkgerechtigkeit.

Johannes Calvin († 1564) formuliert prägnant, wie die Reformatoren den Gegensatz empfinden: »Das Abendmahl selbst ist eine Gabe Gottes, die mit Danksagung empfangen werden sollte. Das Opfer in der Messe dagegen zahlt Gott angeblich einen Preis, den er dann als Genugtuung annähme.«[95]

An der Frage der *Realpräsenz* scheiden sich die verschiedenen Gruppierungen innerhalb der Reformation. *Martin Luther* († 1546) hält (wegen des für ihn eindeutigen Schriftwortes »Das ist mein Leib«) an einer wahrhaften Gegenwart Christi mit Leib und Blut fest, hält aber den Begriff der Transsubstantiation für eine wenig brauchbare »spitzfindige Sophistik«[96] und spricht statt dessen vom »wahren Leib und wahren Blut

---

[94] Vgl. Hebr 7,27; 9,12; 10,10.
[95] J. Calvin, Institutio, IV,18,7.
[96] M. Luther, Schmalkaldische Artikel, WA 50, 243.

des Herrn Christi *in und unter* dem Brot und Wein«[97]. Dem Einwand Zwinglis, der geschaffene und darum begrenzte irdische Leib Christi könne nicht gleichzeitig zur Rechten Gottes und in den vielen Abendmahlsfeiern auf Erden anwesend sein, begegnet er mit der Idee der Ubiquität: Der erhöhte Christus habe teil an der Allgegenwart Gottes. *Huldrych Zwingli* († 1531) betont die Verwandlung der Gläubigen. Diese bewirke Christus kraft seiner göttlichen Natur, mit der er beim Abendmahl gegenwärtig sei. Weil er aber seiner menschlichen Natur nach zur Rechten Gottes sitze, könne er nicht auf Erden leibhaftig empfangen werden. Das Schriftwort »Das ist mein Leib« versteht Zwingli in übertragenem Sinn (als »Tropus«, wie man z. B. auch die paulinische Metapher »Der Fels aber war Christus« verstehe[98]). Wie Luther lehnt er daher die scholastische Transsubstantiationslehre ab, im Gegensatz zu Luther aber auch die Ubiquitätslehre: sie verstoße gegen den Glauben an die wirkliche Menschheit Christi. *Johannes Calvin* († 1564) steht in dieser Frage zwischen Luther und Zwingli. Er betont einerseits die »Gegenwart Christi im Abendmahl« und »das wahre und wesenhafte Teilhaben an dem Leibe und Blute des Herrn«. Weil er aber andererseits befürchtet, die himmlische Herrlichkeit Christi würde beeinträchtigt, »wenn man ihn wieder unter die vergänglichen Elemente dieser Welt bringt«, und seine menschliche Natur werde nicht ernst genommen, wenn »seinem Leibe [etwas] angedichtet« werde, »was der menschlichen Natur nicht entspricht«[99], bindet er die leibhaftige Gegenwart Christi nicht an das Brot, sondern entwirft für die beim Abendmahl geschehende Vereinigung mit dem leibhaftigen Christus ein Gegenmodell: Christus steigt nicht aus dem Himmel hernieder, sondern führt uns durch das Wirken des Geistes zu sich empor.

Im Entzug des *Laienkelchs* sehen alle Reformatoren einen eindeutigen Verstoß gegen die Anordnung Christi »Trinket alle daraus!« (Mt 26,27), einen Betrug am Volke Gottes, dem »die Hälfte des Abendmahles gestohlen« wurde, und eine schriftwidrige Bevorzugung »einiger weniger geschorener und gesalbter Leute«[100]. Die vom Konstanzer Konzil (1414–1418) gegen Johannes Hus († 1415) verwendete schola-

---

[97] M. Luther, Großer Katechismus, WA 30/I, 224.
[98] Vgl. 1 Kor 10,4.
[99] J. Calvin, Institutio, IV,17,19.
[100] Ebd., IV,17,47.

stische Lehre von der Konkomitanz, nach welcher in jedem der Elemente, sowohl im Brot als auch im Wein, der ganze Christus mit Fleisch
und Blut gegenwärtig ist, Christus also auch als ganzer empfangen wird,
wo nur eines der beiden Elemente genossen wird, verwerfen die Reformatoren als spitzfindige Rechtfertigung einer schriftwidrigen Praxis.

Von diesen Positionen aus verstehen sich die *scharfen Abgrenzungen,*
die Lehre vom Meßopfer sei ein »Irrwahn«[101], die »päpstliche Messe« sei
»nichts anderes denn eine Verleugnung des einigen Opfers und Leidens
Jesu Christi ... und eine vermaledeite Abgötterei«[102], »das Heilige
Abendmahl« sei »durch die Aufrichtung der Messe aufgehoben, durch-
gestrichen und hinfällig gemacht worden«[103].

3.4.2. Das Trienter Konzil

Das Konzil von Trient (1545–1563) begegnet den spätmittelalterlichen magischen Praktiken durch eine *Reform* (vor allem durch
Straffung und weitgehende Reglementierung) der Liturgie und antwortet auf die theologische Kritik durch *Verteidigung* und durch *Differenzierung* der überkommenen Lehre.

Es verteidigt den *Opfercharakter:* »Wer sagt, in der Messe werde Gott
nicht ein wirkliches und eigentliches Opfer dargebracht, ... der sei ausgeschlossen«[104], greift aber, um die Einzigartigkeit des Opfers Christi zu
unterstreichen, ausdrücklich auf den Hebräerbrief zurück und spricht
nicht von einer »Wiederholung« des Kreuzesopfers oder einer »Hinzufügung«, sondern von seiner »Darstellung« (repraesentare), seinem »Gedächtnis« (memoria) und der »Zuwendung« (applicare) seiner Kraft.[105]

Es verteidigt die Lehre von der *Realpräsenz* des ganzen, leibhaftigen
Christus: »Wer leugnet, daß im Sakrament der heiligsten Eucharistie
wahrhaft, wirklich und wesentlich [vere, realiter et substantialiter] der
Leib und das Blut zugleich mit der Seele und mit der Gottheit unseres
Herrn Jesus Christus und folglich der ganze Christus enthalten ist, und
behauptet, er sei in ihm nur wie im Zeichen, im Bild oder in der
Wirksamkeit, der sei ausgeschlossen.«[106] Es bestätigt auch die Lehre von

---

[101] Confessio Augustana, 24.
[102] Heidelberger Katechismus, 80.
[103] J. Calvin, Institutio, IV,18,7.
[104] DH 1751/NR 606.
[105] DH 1739 f/NR 597.
[106] DH 1651/NR 577.

der Wesensverwandlung und benutzt dazu den Begriff der Trans-
substantiation, deutet aber durch seine Formulierung eine vorsichtige
Distanz gegenüber der eigenen Begrifflichkeit an: Es macht nicht die
Transsubstantiation selbst zum Glaubensgegenstand, sondern spricht von
einer Wandlung, welche die katholische Kirche »sehr treffend [aptissime]
Transsubstantiation *nennt*«[107].

In der Frage des *Laienkelchs* bekräftigt es die Konkomitanz-Lehre[108]
und wehrt die Behauptung ab, »alle Christen müßten nach göttlichem
Gebot oder aus Heilsnotwendigkeit beide Gestalten des . . . Sakraments . . . empfangen«[109]. Die Abwehr bedeutet aber keine Festlegung
auf die Kelchverweigerung.

Das geht auch aus dem Indult Pius IV. von 1564 hervor, der für die Bistümer Mainz,
Köln, Trier, Salzburg und Gran die Kelchkommunion der Laien erlaubte. »Doch nun zeigte
es sich, daß es kein allgemeines Anliegen mehr war. Der Laienkelch war ein ausgesprochen
konfessionelles Unterscheidungsmerkmal geworden und wurde deshalb, z. B. in Bayern
und am Niederrhein, von der katholischen Bevölkerung zurückgewiesen . . . 1584 sus-
pendierte Gregor XIII. das Indult.«[110] Dieser Vorgang ist ein Musterbeispiel für die nachtridentinische Entwicklung: Die vom Konzil vorgenommenen Differenzierungen wurden
nicht weitergeführt, statt dessen wurden die Kontroversen einseitig ausgebaut. Dasselbe läßt
sich am Umgang mit der reformatorischen Forderung nach der Volkssprache und nach
dem laut gesprochenen Hochgebet zeigen: Das Trienter Konzil wies nur die radikale Ver-
urteilung der römischen Praxis zurück[111], in der Neuzeit wurden aber die lateinische Liturgiesprache und der leise gesprochene Kanon zu nicht mehr hinterfragbaren Erkennungszeichen des Katholischen. Erst nach einer fast vierhundertjährigen »Periode der
ehernen Einheitsliturgie«[112] und entsprechend verfestigter Theologie geraten Liturgie und
Theologie wieder in Bewegung.

3.5. Liturgische Erneuerung und ökumenische Konvergenz

Praxis und Theologie der Eucharistie im 20. Jahrhundert sind auf
katholischer Seite vor allem durch folgende Faktoren geprägt: *Papst Pius
X.* (1903–1914) setzte sich für die häufigere Kommunion ein, »wenn
möglich, sogar täglich«[113]. Die *Liturgische Bewegung* entdeckte die Be-

---

[107] DH 1652/NR 578.
[108] Vgl. DH 1733/NR 594.
[109] DH 1731/NR 592.
[110] A. Franzen, Laienkelchbewegung I. Geschichtlich, in: LThK², Bd. 6, Freiburg 1961, 744.
[111] Vgl. DH 1759/NR 614.
[112] Th. Klauser, Kleine abendländische Liturgiegeschichte, Bonn 1965, 117.
[113] DH 3534.

deutung der Zeichen und insbesondere den Mahlcharakter der Messe wieder. Das *II. Vatikanische Konzil* (1962–1965) überwand den verengten Begriff von Realpräsenz, indem es von der Gegenwart Christi nicht nur in Brot und Wein, sondern auch in den anderen Sakramenten, im Wort der Verkündigung und (mit ausdrücklichem Bezug auf Mt 18,20) in der versammelten Gemeinde sprach.[114] Und es leitete Reformen ein mit dem Ziel der »vollen und tätigen Teilnahme des ganzen Volkes« (»totius populi plena et actuosa participatio«[115]).

> Das Konzil selbst gab u. a. (wenn zunächst auch vorsichtig eingrenzend) Raum für die Muttersprache[116] und für den Laienkelch[117]. Die Reformen im Gefolge des Konzils weiteten den möglichen Gebrauch der Muttersprache auf die gesamte Liturgie aus und führten zum lauten Vortrag des Hochgebets, so daß (vier Jahrhunderte nach der Forderung der Reformatoren!) der Verkündigungscharakter der Eucharistie wieder deutlich wurde, und ließen durch die Stellung des Priesters zur Gemeinde hin und die Gestaltung des Altartisches wieder die frühchristliche Gestalt der Mahlgemeinschaft erkennen. In der zunehmenden Praxis, sich gelegentlich in kleinen Kreisen zur Eucharistie um einen Tisch zu versammeln, wachsen entsprechende Erfahrungen.

Innerhalb des europäischen Protestantismus wurde mit den *Arnoldshainer Thesen* (1957) eine inhaltliche Annäherung erreicht, mit der *Leuenberger Konkordie* (1973) wurde (erstmals seit der Reformation) die Abendmahlsgemeinschaft zwischen den evangelischen Kirchen offiziell hergestellt. Zwischen der römisch-katholischen und den anderen christlichen Kirchen kam der Dialog über die Eucharistie auf offiziell-kirchlicher Ebene voran durch das 1978 von der Gemeinsamen römisch-katholischen / evangelisch-lutherischen Kommission veröffentlichte Dokument »Das Herrenmahl«, durch die 1982 in *Lima* beschlossene *Konvergenzerklärung* der Kommission für Glauben und Kirchenverfassung des Ökumenischen Rates der Kirchen (die römisch-katholische Kirche wurde 1968 Vollmitglied dieser Kommission) und durch die im Auftrag der Gemeinsamen Ökumenischen Kommission erarbeitete, 1986 veröffentlichte Studie »Lehrverurteilungen – kirchentrennend?«.

Liturgische Erneuerung und ökumenischer Dialog schlagen sich auch in der neueren katholischen Theologie nieder. Innovationen gingen, bevor sie die Dogmatik erreichten, zunächst von der Reflexion

---

[114] Vgl. SC 7.
[115] SC 14; vgl. 19. 41. 48. 50.
[116] Vgl. SC 36,§ 2; 54.
[117] Vgl. SC 55.

neuer liturgischer Erfahrungen (Romano Guardini [† 1968], Joseph Pascher [† 1979]) aus, unterstützt von liturgiehistorischen, zumal patristischen Studien (Odo Casel [† 1948], Joseph Andreas Jungmann [† 1975]),
und fanden mit Hilfe der vor allem in der Bibelwissenschaft und in der
Religionsphilosophie entwickelten Hermeneutik Eingang in die systematische Theologie.

Inhaltlich werden nun der *Mahlcharakter,* die Funktion des *Gedenkens*
(Anamnesis) und die theologische Bedeutung des *Wortes*[118] stärker bedacht und der *Opferbegriff* neu reflektiert. *Hermeneutische Reflexionen* helfen, unterschiedliche Denkvoraussetzungen sichtbar zu machen und
damit bisher für gegensätzlich gehaltene Positionen einander neu zuzu-
ordnen.

> Dies ermöglicht zum Beispiel, bezüglich der die Reformationszeit beherrschenden
> Kontroverse über die Realpräsenz nun von unterschiedlichen »Lehrgestalten« und
> »Theorieansätzen« zu sprechen: »Alle drei Lehrgestalten [Thomas von Aquin, Luther, Cal-
> vin] versuchten, das Geheimnis der Gegenwart Christi in der Eucharistie auszusagen, al-
> lerdings in unterschiedlichen Theorieansätzen, die unter den Bedingungen des 16. Jahr-
> hunderts offenkundig nicht zu vermitteln waren.«[119]

Strukturell hat sich die gegenwärtige Theologie von der neuscholastischen Aufteilung der Eucharistielehre in drei Traktate (Realpräsenz, Sakrament und Opfer) gelöst zugunsten einer ganzheitlichen
Perspektive und damit die Möglichkeit gewonnen, die Aspekte »Opfer«
und »Realpräsenz« miteinander zu verzahnen und vom sakramentalen
Mahlgeschehen her zu deuten.

4. Systematische Reflexion

4.1. *Grundzüge einer Eucharistietheologie*

Vor dem Hintergrund des biblischen und dogmengeschichtlichen
Befunds und aus der Perspektive der neueren liturgischen Erfahrungen
sowie des ökumenischen Gesprächs läßt sich das Sakrament der Eucharistie folgendermaßen umschreiben: *Im Zeichen der Mahlgemeinschaft
feiert die Gemeinde dankend das Gedächtnis der Heilsgeschichte, das Kommen*

---

[118] Vgl. oben Zweiter Teil, 4.1.2.
[119] Lehrverurteilungen, 104.

Jesu Christi, der sich selber schenkt in Brot und Wein, die in der Gemeinschaft des Heiligen Geistes Versammelten an seiner Lebenshingabe teilhaben läßt und die Feier zum Vorzeichen der Vollendung macht. Die einzelnen Aspekte dieser komprimierten Aussage sollen im folgenden entfaltet werden.

4.1.1. Mahlgemeinschaft

Das grundlegende Zeichen dieses Sakraments ist die Mahlgemeinschaft: Brot und Wein werden geteilt, das deutende Wort spricht vom letzten Abendmahl Jesu und lädt ein:»Nehmet, esset, . . . trinket!«(Mt 26,26 f). Die christliche Eucharistie, das»Mahl des Herrn«(1 Kor 11,20), gründet im Mahlhalten in Israel, das die Beteiligten untereinander und mit Gott verbindet, in den Jüngermahlzeiten Jesu, die realisierende Zeichen seiner Einladung zum Gottesreich und seiner Pro-Existenz (seines Daseins für die anderen) waren, in Jesu letztem Abendmahl, in welchem sich seine Pro-Existenz angesichts des bevorstehenden Todes zur äußersten Hingabe verdichtete, und in der Erfahrung seiner Auferweckung und seines neuen Kommens, welche den Jüngern beim »Brechen des Brotes« zuteil wurde[120]. Vom Bundesschluß am Sinai bis zur Sammlung der Gemeinde in der Oster-Erfahrung – immer wieder ist das Mahl Zeichen des Bundes: *Der Bund Gottes mit den Menschen wird realisiert in der Verbündung von Menschen. Im gemeinsamen Essen und Trinken wird das Leben empfangen, der Leben ermöglichende Bund gefeiert.*

Damit ist die Eucharistie Bild für das Zentrum des christlichen Glaubens: In der Begegnung unter Menschen ereignet sich die Zuwendung Gottes. Ihr Höhepunkt ist Gottes Selbstmitteilung in Jesus Christus, ihre ethische Konsequenz die Einheit von Gottes- und Nächstenliebe, ihre symbolische Darstellung die eucharistische Tischgemeinschaft.

Diese in der neueren Theologie wiedergewonnene Sicht hat Folgen für die Praxis. Für die *Liturgie* ergibt sich: Zum vollen Zeichen gehört das Essen und Trinken aller an der Eucharistie Teilnehmenden. (Daß einzelne Gründe haben können, nicht voll teilzunehmen, und daß diese Gründe zu respektieren sind, verträgt sich durchaus mit dieser Einsicht; nur muß eine systematische Reflexion von der Vollgestalt der Eucharistie ausgehen.) Und wichtiger Maßstab für Kritik und Reform ist die Frage, ob die Struktur der liturgischen Feier Gemeinschaft fördert oder behindert.

Für das *soziale Handeln* stellt das Zeichen der Mahlgemeinschaft eine Herausforderung dar. Das bedeutet im Hinblick auf die international gegebene innerkirchliche Kluft zwi-

---

[120] Vgl. Lk 24,30.35; ferner: 1 Kor 10,16; Apg 2,42.46; 20,7.

schen Armen und Reichen: »Wir dürfen . . . nicht zulassen, daß das kirchliche Leben in der
westlichen Welt immer mehr den Anschein einer Religion des Wohlstandes und der Satt-
heit erweckt, und daß es in anderen Teilen der Welt wie eine Volksreligion der Unglück-
lichen wirkt, deren Brotlosigkeit sie buchstäblich von unserer eucharistischen Tischgemeinschaft ausschließt.«[121] Und im Hinblick auf die gesamtgesellschaftlichen Beziehungen im sozialen, wirtschaftlichen und politischen Leben: »Als Teilnehmer an der
Eucharistie erweisen wir uns . . . als unwürdig, wenn wir uns nicht aktiv an der ständigen
Wiederherstellung der Situation der Welt und der menschlichen Lebensbedingungen beteiligen.«[122]

4.1.2. Danksagung (Eucharistia)

Zum Aspekt der Gemeinschaft tritt der Aspekt des Empfangens. In
Essen und Trinken erfährt ja der Mensch seine Angewiesenheit darauf,
daß ihm das Leben immer neu geschenkt wird. Deshalb ist das Mahl
auch klassischer Ort der Danksagung.

So steht auch in der Mitte der Eucharistiefeier das große Dankgebet.
Gedankt wird für die Gaben von Brot und Wein, aber auch für die ganze
Geschichte Gottes mit seinem Volk, die in diesem Mahl dargestellt wird
und zur Sprache kommt. Die Danksagung (griechisch εὐχαϱιστία
[eucharistia]) ist (wie die berakha, der dankende Lobpreis beim jüdischen
Mahl) ein wesentliches Element des neutestamentlichen Brotbrechens,
sie findet sich in allen vier Einsetzungsberichten[123] und in mehreren auf
die Eucharistie anspielenden Texten des Neuen Testaments[124]. Um etwa
100 n. Chr. wurde »eucharistia« zur festen Bezeichnung der Feier.[125]

Wenn also das Mahl des Herrn eucharistia ist, dann bedeutet das: *Der
Grundakt der Feiernden ist dankbares Empfangen, sich tragen lassen von einer
Bewegung, die von Gott ausgeht.*

Dadurch, daß die gegenwärtige katholische Theologie den Danksagungscharakter
wieder stärker betont (langsam löst die wiederentdeckte altkirchliche Bezeichnung »Eucharistie« die Vokabeln »Messe« und »Meßopfer« ab), kommt auch ein Grundanliegen der
reformatorischen Theologie stärker zur Geltung: Das Abendmahl ist eine »Gabe Gottes, die
mit Danksagung empfangen werden sollte.«[126]

Eucharistie als dankendes Empfangen ist auch ein Zeichen für die Grundstruktur
christlichen Umgangs mit der Schöpfung. Dieser besteht nicht darin, die Welt erobernd an
sich zu reißen oder sie gewissermaßen vom Nullpunkt aus neu zu gestalten, sondern darin,

---

[121] Unsere Hoffnung, IV,3.
[122] Lima, Eucharistie, 20.
[123] Vgl. Mk 14,23 parr.; 1 Kor 11,24.
[124] Vgl. Mk 8,6 par.; Joh 6,11; Lk 24,30; Apg 27,35.
[125] Vgl. oben 3.1.
[126] J. Calvin, Institutio, IV,18,7.

sich auf eine Vor-Gabe einzulassen und sich von ihr das Gesetz des Gestaltens geben zu lassen, anders gesagt, stärker auf die gegenwärtige Ökologie-Problematik bezogen: Christlicher Gebrauch der geschaffenen Welt ist nicht »verwüstende«, sondern »sein lassende Aneignung«[127].

4.1.3. Gedächtnis (Anamnesis)

In der Mitte des Dankgebets (= des eucharistischen Hochgebetes) geht die Danksagung in eine Erzählung über, in den Bericht vom letzten Abendmahl. Das mit Worten Erzählte wird gleichzeitig mit (leicht andeutenden) Gebärden gespielt und von der Gemeinde aufgenommen: »Deinen Tod, o Herr, verkünden wir . . .«[128] Die Erzählung ist zugleich Dank und Verkündigung. Dies ist die Grundstruktur der Anamnesis: dankende, vergegenwärtigende Erinnerung.[129]

Erinnern kann Vergangenes in die Gegenwart holen. So kann in Zeiten der Unterdrückung das Erzählen von den Tagen der Freiheit zur verändernden Erinnerung werden, so kann die Erinnerung an den Anfang einer Liebe diesen Anfang in die Gegenwart holen und die Beziehung neu beleben. Feierndes Erinnern (zikkaron, anamnesis, memoria) der geschichtsmächtigen Taten Gottes ist darüber hinaus realisierendes Innewerden des von Gottes Seite her bleibend bedeutsamen Heilshandelns, Eintreten in die von ihm auch uns in der Geschichte angebotene Beziehungswirklichkeit: Wie im jüdischen Pesach der Aufbruch aus Knechtschaft und Fremde zur Wirklichkeit der heute Feiernden wird, so wird in der Eucharistie die »erinnerte« Geschichte zur Gegenwart: das letzte Abendmahl Jesu und die in diesem Abendmahl zeichenhaft zusammengefaßte geschichtlich ergangene Zuwendung Gottes zu seinem Volk, vom Exodus aus Ägypten bis zur Auferweckung und Erhöhung Jesu.

Weil in der Anamnese das »Damals« und das »Heute« ineinander verschmelzen, ist die Feier der Eucharistie wirkliche Begegnung mit Jesus Christus und seiner Geschichte. »Christus selbst ist mit allem, was er für uns und für die gesamte Schöpfung vollbracht hat (in seiner Menschwerdung, seiner

---

[127] G. Bachl, Eucharistie – Essen als Symbol?, Zürich 1983, 7.

[128] Die Feier der heiligen Messe. Meßbuch, hrsg. im Auftrag der Bischofskonferenzen Deutschlands, Österreichs und der Schweiz sowie der Bischöfe von Luxemburg, Bozen-Brixen und Lüttich, Kleinausgabe: Einsiedeln u. a. 1976, 473.485.495.508. Für die (in den vier Hochgebeten unterschiedlich formulierte) Abendmahlserzählung vgl. jeweils den voraufgehenden Text.

[129] Vgl. oben 2.5.2.4. und 3.2.

Erniedrigung, seinem Dienst, seiner Unterweisung, seinem Leiden, seinem Opfer, seiner Auferstehung und Himmelfahrt und indem er den Geist sandte), in dieser ›Anamnese‹ gegenwärtig und schenkt uns Gemeinschaft mit sich.«[130]

Der Anamnese-Charakter der Eucharistie verweist auf den Geschichtsbezug christlichen Glaubens. Christliche Feier begeht nicht (zumindest: nicht nur) die ewige Wiederkehr des Gleichen, sondern die in der Geschichte ergangene Selbstmitteilung Gottes, aber wiederum nicht als bloße Erinnerung, sondern als Gegenwärtigwerden des geschichtlich Begonnenen. Deshalb spielt in der Verkündigung die Überlieferung eine unverzichtbare Rolle.[131]

4.1.4. Das Kommen Jesu Christi und die Gegenwart seines Opfers

In Dank und Gedächtnis feiert die Gemeinde das Kommen Christi in die eucharistische Zusammenkunft. Seit der Scholastik wird diese Überzeugung mit dem Begriff der Realpräsenz (der wirklichen Gegenwart Christi) ausgedrückt. Dieser Begriff, der meistens verengend auf die somatische Realpräsenz in den verwandelten Gaben von Brot und Wein bezogen wird, ist allerdings in einem größeren Zusammenhang zu sehen. Das soll die Rede vom »Kommen« Christi erreichen. Damit sollen vor allem drei Aspekte verdeutlicht werden:

(1) Der in seinem Geist gegenwärtige *Christus selbst ist das Subjekt* des eucharistischen Geschehens. Er wird nicht durch menschliche Manipulation gegenwärtig »gemacht«, sondern er selbst erfüllt seine Zusage und schenkt seine Nähe. Die Gemeinde »feiert« dieses Kommen, das heißt: sie läßt sich dankend darauf ein. (2) Das Kommen ist, wie alle personale Selbstmitteilung, ein *dynamischer Prozeß*: Christus kommt in die Runde der in seinem Namen Versammelten, in der Verkündigung des Wortes, in der Anamnese des letzten Abendmahles, im Brechen des Brotes, in der Austeilung der Gaben. (3) *Er kommt mit seiner Geschichte.* Weil die Auferweckung Jesu die Inkraftsetzung seiner Lebensgeschichte bedeutet, weil der erhöhte Herr (um es in einem johanneischen Bild zu sagen) die Spuren seines Lebens und seines Leidens für alle Zeit an seinem Leibe trägt[132], darum werden mit dem Kommen des Auferstandenen immer auch sein Leben und sein Leiden gegenwärtig, seine Liebe und das Opfer, das diese Liebe kostete.

---

[130] Lima, Eucharistie, 6.
[131] Vgl. 1 Kor 11,23; 15,3.
[132] Vgl. Joh 20,20.

So zeigt sich, vom Begriff des Kommens Christi her, der innere Zusammenhang zwischen Realpräsenz und Opfer. Und von der Idee der Anamnesis her wird deutlich, daß dies nicht als »Wiederholung« des Opfers Jesu zu verstehen ist, sondern als das Gegenwärtigwerden des erhöhten Herrn mit seiner »ein für allemal« geschehenen Hingabe.

Im Johannesevangelium ist »Kommen« ein Grundwort für die Erfahrung des Auferstandenen, und zwar gerade in Texten, welche Assoziationen an die Eucharistie nahelegen: bei der Begegnung mit dem Auferstandenen »am Abend des ersten Wochentages« (Joh 20,19) und bei der Gabe des Brotes[133]. Dabei werden die eben genannten drei Momente deutlich: (1) Das Wort vom »Kommen« signalisiert, daß er selbst die Erfahrung der Jünger heraufführt. (2) Daß es in Joh 21,13, mitten in der Erzählung, als er längst da ist, heißt, »er kam, nahm das Brot . . .«, spricht für das dynamisch-prozeßhafte Verständnis des Kommens. (3) Daß er seine Jünger »die Hände und auch die Seite« sehen läßt (Joh 20,20), deutet die Präsenz seiner Leidensgeschichte an.

Auf die Gegenwart des Opfers Christi in der Eucharistie verweisen auch die Wendungen »mein Leib, für euch hingegeben«, »mein Blut, für euch vergossen« im Einsetzungsbericht (Lk 22,19 f), wenn man sie im Zusammenhang mit der Aufforderung »Tut dies zu meinem Gedächtnis« liest; in dieselbe Richtung weist der paulinische Zusatz »Sooft ihr von diesem Brot eßt und aus diesem Kelch trinkt, verkündet ihr den Tod des Herrn« (1 Kor 11,26), wenn man die realisierende Bedeutung des Wortes »verkünden«[134] bedenkt.

4.1.5. Teilhabe an seiner Hingabe

In der Eucharistie kommt Christus, um die Versammelten in die Bewegung seiner liebenden Hingabe hineinzuziehen. Sie sollen sich von ihm ergreifen lassen, in seine Lebensgeschichte hineinwachsen. So wird die Teilnahme am Mahl zur »Teilhabe am Blut Christi«[135], so wird das Opfer Jesu zum Opfer der Eucharistie feiernden Gemeinde.

Allerdings muß gleich mitbedacht werden, was in den vorausgehenden Abschnitten über Dank, Gedächtnis und das Kommen Christi gesagt wurde: Das »Opfern« der Gläubigen ist die dankbare Annahme seines Opfers, Teilhabe an seiner Hingabe und auf diese Weise (!) Eintreten in seine Lebenshingabe an den Vater, für die Menschen. Christus selbst ist der eigentlich Handelnde, gerade auch im Opfer der Gemeinde.

Sakramentales Zeichen des Opfers ist das Teilen von Brot und Wein: Christus gibt sich selbst, die Brot und Wein Teilenden lassen sich auf die Bewegung seiner Hingabe ein. Den *inneren Zusammenhang* zwischen Mahl und Opfer erkennt man, wenn man den Zusammenhang zwischen

---

[133] Vgl. Joh 21,13.
[134] Vgl. oben 2.5.2.4.
[135] Vgl. 1 Kor 10,16.

Liebe und Tod sieht. Lieben bedeutet das Wagnis des Sich-Auslieferns, die Hin-Gabe des Lebens. Von daher ist es dem Sterben verwandt, insofern das Sterben als letzte Konsequenz eines Lebens in Hingabe verstanden werden kann. Das Mahl ist Zeichen der liebenden Zuwendung, das Wort vom Opfer spricht von der damit verbundenen Hingabe. Im Becher-Motiv gehen beide Ebenen ineinander über: Der »Leidenskelch« ist der »Becher des Bundes«.[136] Daß das eucharistische Mahl als Opfer bezeichnet wird, kann davor bewahren, die christliche Botschaft als harmlose Aufforderung mißzuverstehen, bloß nett zueinander zu sein. Die Geborgenheit in der Mahlgemeinschaft »kostet« die Bereitschaft, sich auf den Kampf, den Schmerz und das Sterben einzulassen, welche die Liebe mit sich bringt.

4.1.6. Wandlung

Das Kommen Christi verwandelt. Das Essen und Trinken bleibt nicht bloßes Essen und Trinken, sondern wird zum Mahl des Herrn; Brot und Wein bleiben nicht bloße Nahrungsmittel, sondern werden zu Realsymbolen seiner Gegenwart und seiner Hingabe, zu Leib und Blut Christi, damit die Versammelten zu einem Leib werden, an seiner Hingabe teilhaben.

Die Wandlung läßt sich (nicht in realer Trennung, aber in begrifflicher Differenzierung) auf drei Ebenen beziehen: (1) Die *Zusammenkunft* selbst wird verwandelt: Sie wird »Mahl des Herrn«. Deshalb verhält sich, wer das nicht beachtet, unangemessen, ißt und trinkt »auf unwürdige Weise«, »macht sich schuldig am Leib und Blut des Herrn« (1 Kor 11,27). (2) Die zentralen Zeichen der Mahlgemeinschaft werden verwandelt: *Brot und Wein* werden zu Leib und Blut Christi, »verkörpern« die Gegenwart des Herrn. Das Brechen des Brotes und das Reichen des Bechers werden zu Realsymbolen seiner Selbstgabe. (3) Dies geschieht um der Umwandlung der *Versammelten* willen: »Die Umwandlung von ichsüchtigen Menschen in geisterfüllte Kinder des Vaters, die Verwandlung der vielen Vereinzelten in die Gemeinschaft liebender Schwestern und Brüder, die erneuernde Heiligung der Sünder durch ›Eingliederung‹ in die liebende Selbsthingabe des Sohnes . . . ist der Ziel- und Höhepunkt und die Sinnmitte der Eucharistiefeier.«[137]

---

[136] Vgl. oben 2.2.2.
[137] B. J. Hilberath / Th. Schneider, Eucharistie B. Systematischer Grundriß, in: NHThG, Bd. 1, 426–438, Zitat: 436.

Auf diese Verwandlung kam es Augustinus besonders an: auf das Leib-Christi-Werden der Gemeinde.[138] Die Hochscholastik formulierte dieselbe Überzeugung, wenn sie den »wahren Leib Christi« (»corpus Christi verum«: den in Brot und Wein gegenwärtigen Christus) als sakramentale Zwischenwirkung (»res et sacramentum«) und den »mystischen Leib Christi« (»corpus Christi mysticum«: die zum Leib Christi geeinte Kirche) als die eigentliche Gnadenwirkung des Sakraments (»res sacramenti«) bezeichnete. – Von der verwandelnden Wirkung des Kommens Christi her läßt sich auch der Zusammenhang zwischen Abendmahl und Sündenvergebung deuten: Sein Kommen macht die Zusammenkunft zum Ort der Versöhnung, die Versammelten zu versöhnten Menschen.[139]

Die Wandlung von Brot und Wein – seit dem Mittelalter bevorzugtes Thema der Eucharistietheologie – kann auf verschiedene Weisen ausgedrückt werden. Die griechischen Kirchenväter sprachen, das Bild-Denken ihrer Epoche aufgreifend, von »Symbolen«, »Bildern« des Leibes Christi.[140] Die Scholastik entwickelte im Streit zwischen leibabwertend-spiritualisierenden und magisch-materialisierenden Deutungen, im Anschluß an die aristotelische Metaphysik, den Begriff der Substanzverwandlung (Transsubstantiation).[141] Die gegenwärtige Theologie sucht nach neuen Deutekategorien, weil sich Sprache und Denkvoraussetzungen wiederum geändert haben.

Erstens hat sich im allgemeinen Sprachgebrauch der Substanzbegriff geändert. Er wird durchweg nicht mehr metaphysisch (als Wesensaussage), sondern physisch verstanden (zur Beschreibung einer physikalisch-chemisch bestimmbaren Masse). »Wenn wir einem Menschen mit diesem neuzeitlichen Verständnis von Substanz sagen, die eucharistische Wandlung geschehe in der Weise einer Verwandlung der Substanz, so kommt der Betreffende zu einer Auffassung, die objektiv gesehen als Irrlehre zu bezeichnen ist. Denn was er unter Substanz versteht, ändert sich bei der eucharistischen Wandlung gerade nicht.«[142] Der zweite Grund ist noch fundamentaler: Verstehenshorizont und Denkform haben sich gewandelt. Das Substanzdenken wurde abgelöst vom Beziehungsdenken, nach welchem das Wesen der Dinge nicht in dem liegt, was sie in sich sind, sondern sich ergibt aus dem Beziehungsgefüge, in dem sie stehen.

Dem veränderten Verstehenshorizont entsprechend versucht man, die eucharistische Wandlung vom Geschehenszusammenhang, vom Wandel des Beziehungsgefüges her zu interpretieren. Wie ein Ring, der zunächst durch seinen Goldgehalt und seinen Verkaufswert zutreffend definiert werden konnte, etwas wesentlich anderes wurde, als je-

---

[138] Vgl. oben 3.2.
[139] Vgl. oben 2.5.2.7.
[140] Vgl. oben 3.2.
[141] Vgl. oben 3.3.
[142] F. Wetter, Die eucharistische Gegenwart des Herrn, in: H. Volk / F. Wetter, Geheimnis des Glaubens, Mainz 1968, 9–35, Zitat: 18.

mand ihn seiner Freundin zur Verlobung schenkte, und wie im
Schenken des Ringes der Freund sich selbst schenkte, so macht im
Geschehenszusammenhang der eucharistischen Feier Jesus Christus
Brot und Wein zu etwas, das wesentlich mehr ist als Brot und Wein.
Die Gaben hören nicht auf, Brot und Wein zu sein (wie der Ring
seinen Goldgehalt behält); aber sie haben eine andere Bedeutung bekommen, und wer etwas Wesentliches über sie aussagen will, würde
die Wirklichkeit verfehlen, wenn er sie einfachhin Brot und Wein
nennte (so wie die Verlobte das Wichtigste ausließe, wenn sie nur vom
Goldgehalt oder Warenwert ihres Ringes spräche). Dieselbe Aussageabsicht hatte die Scholastik, wenn sie von den bleibenden Akzidentien (dem Brot- und Wein-Sein) der eucharistischen Gaben und
von der Verwandlung der Substanz (ihres tiefsten Wesens) sprach. Vor
dem Hintergrund einer veränderten Denkform, einer nicht substanzhaften, sondern »relationalen Ontologie«[143] aber spricht man statt
von einem Substanzwandel (Transsubstantiation) von einem Bedeu-
tungswandel (Transsignifikation).

Mit diesen neueren Sprechversuchen kann der Inhalt der überlieferten Lehre voll eingeholt werden, wenn man tatsächlich und konsequent von einer relationalen Ontologie ausgeht. In diesem Fall besagt
die Vokabel »Bedeutung« ja nicht weniger, sondern eher noch mehr als
die Vokabel »Substanz«. Die Reflexion auf die Denkvoraussetzungen
dient nicht nur der Übersetzung der Glaubensbotschaft in veränderte
Denk- und Sprachspiele, sie schafft außerdem auch eine Basis für die
ökumenische Verständigung.[144]

4.1.7. Bitte um den Geist

Das Kommen Christi, die Teilhabe an seiner Hingabe und die Verwandlung der Gaben um der Verwandlung der Menschen willen, dies
alles geschieht durch den Heiligen Geist.

Mit der Liturgiereform im Anschluß an das II. Vatikanische Konzil
erhielt die Epiklese, die Herabrufung des Heiligen Geistes, wieder einen
Platz in der römischen Meßliturgie. In den drei neueren eucharistischen
Hochgebeten steht sie vor dem Einsetzungsbericht als Bitte um die
Heiligung der Gaben: »So bitten wir dich, Vater: der Geist heilige diese

---

[143] A. Gerken, Theologie der Eucharistie, München 1973, 199.
[144] Vgl. oben 3.5.

Gaben, damit sie uns werden Leib und Blut unseres Herrn Jesus Christus«[145]. Der von Hippolyt überlieferte altkirchliche Kanon bezog in diese Bitte auch die Heiligung der Feiernden ein und deutete damit den größeren Zusammenhang der eucharistischen Wandlung an.[146]

Mit der Wiederentdeckung des Epiklese-Charakters der Eucharistie wurde eine Brücke zur Ostkirche geschlagen, in deren Liturgie die Epiklese seit jeher ein wesentlicher Bestandteil ist; eine neue Gemeinsamkeit entsteht aber auch mit der reformierten Abendmahlstheologie, welche die eucharistische Vereinigung mit Christus vornehmlich als Werk des Heiligen Geistes deutet. Die Konvergenzerklärung von Lima beschreibt die Rolle des Geistes »als die des Einen, der die historischen Worte Jesu« gegenwärtig und lebendig werden läßt«. Dadurch wird deutlich, »daß die Eucharistie nicht eine magische, mechanische Handlung ist, sondern ein an den Vater gerichtetes Gebet, das die völlige Abhängigkeit der Kirche von ihm betont.«[147]

Der pneumatologische Aspekt verdeutlicht besonders den personalen Charakter der eucharistischen Verwandlung. Heiliger Geist meint ja die personale und verwandelnde Präsenz des Vaters (und des Sohnes) im anderen. Verwandlung durch den Geist ist eine Umwandlung von innen her. Eucharistie als Bitte um den Geist bedeutet also: *Die Feiernden lassen sich öffnen für die pneumatische Realpräsenz, für das die ganze Zusammenkunft und die in ihr Versammelten verwandelnde Kommen des Herrn.*

4.1.8. Vor-Spiel der Vollendung

In der nach dem II. Vatikanischen Konzil erneuerten Liturgie steht als Antwort auf den Einsetzungsbericht eine Akklamation der Gemeinde, die wie eine Kurzformel der Eucharistie verstanden werden kann: »Deinen Tod, o Herr, verkünden wir, und deine Auferstehung preisen wir, *bis du kommst in Herrlichkeit*«[148]: Zur Anamnese tritt der Ausgriff in die Zukunft. Die Eucharistie ist nicht nur realisierende Erinnerung, Vergegenwärtigung des Vergangenen, sondern auch eschatologisches Vor-Spiel, wirksames Zeichen der kommenden Vollendung.

---

[145] Viertes Hochgebet, in: Die Feier der heiligen Messe (vgl. oben Anm. 128), 501–510, Zitat 506.
[146] Vgl. Hippolyt, Trad. Apost., 4.
[147] Lima, Eucharistie, 14 und Kommentar zu 14.
[148] Vgl. oben Anm. 128.

Schon in der alt- und neutestamentlichen Metaphorik ist das Mahl
Bild für die kommende Welt: Frieden zwischen den Völkern, Heimkehr
der Verlorenen, Tröstung der Trauernden, Platz für die Draußen-
stehenden, geschwisterlich teilende Gemeinschaft.[149] In dieselbe Richtung weisen in den synoptischen Abendmahlsberichten die eschatologischen Ausblicke auf die Erfüllung des Mahles im Reiche Gottes[150] und
im ersten Korintherbrief die kurze Formulierung »bis er kommt« (1 Kor
11,26) sowie der Ruf »Marana tha!« (1 Kor 16,22).[151]
Jedes Fest, das gelingende Gemeinschaft zeichenhaft darstellt, steht in
Spannung zur gegenwärtigen Wirklichkeit, in welcher Frieden, Versöhnung, Geschwisterlichkeit immer wieder mißlingen. Es muß deshalb
in den Verdacht der Schönfärberei geraten, es sei denn, es diene als
Symbol einer erhofften und angezielten Utopie. So könnte auch die
Eucharistie nicht ehrlich gefeiert werden, wenn sie nicht Zeichen der
Hoffnung wäre. In der Tat, die Eucharistie »bezeichnet . . ., was die Welt
werden soll: Gabe und Lobpreis für den Schöpfer, eine universale Gemeinschaft im Leibe Christi, ein Reich der Gerechtigkeit, der Liebe und
des Friedens im Heiligen Geist.«[152] Indem die Eucharistie die erhoffte
kommende Welt darstellt, übt sie eine provozierende, motivierende und
verändernde Funktion aus: *Die Teilnehmenden erfahren im Kontrast zwischen der Feier und der alltäglichen Wirklichkeit, wie unfertig die Welt noch ist,
werden durch das Bild der kommenden Welt bewegt, sich für ihr Kommen einzusetzen, und werden in der Hoffnung gestärkt, daß der Einsatz nicht vergeblich
ist.* So ist die Eucharistie zugleich Vor-Spiel der Vollendung und Speise
auf dem Weg – und wirkt auf diese Weise verändernd auf die gegenwärtige Welt ein.

4.1.9. Feier der Kirche

Die Eucharistie ist die zentrale Feier der Kirche. Zwar feiert die Kirche
nicht sich selbst, sondern die Geschichte, der sie sich verdankt, die Hoffnung, welche sie bewegt, das Kommen des Herrn, durch das sie sich verwandeln läßt; aber *in dieser Feier stellt sie zugleich dar, was sie ist oder was sie
sein soll: eine Gemeinschaft, die Zeugnis gibt von Jesus Christus und dem von ihm
verkündeten Reich Gottes, dieses Zeugnis zu leben versucht im Dienst am Näch-*

---

[149] Vgl. oben 2.2.2.
[150] Vgl. Lk 22,16 parr.
[151] Vgl. oben 2.3.2. und 2.5.2.5.
[152] Lima, Eucharistie, 4.

sten und beides, das Zeugnis des Wortes und das Zeugnis des Handelns, zeichenhaft darstellt in der Feier der Liturgie. Zur Eucharistie gehört ja die Verkündigung des Wortes ebenso wie das Teilen des Brotes. So ist die Eucharistie, obwohl sie weit darüber hinausweist, auch Bild für die Kirche.

Als Bild für die Kirche sagt die Eucharistie auch etwas aus über deren Struktur. Von den Tagen der Urgemeinde in Jerusalem bis heute wird die Eucharistie in einzelnen kleineren Tischgemeinschaften gefeiert: »Täglich verharrten sie einmütig im Tempel, in den [einzelnen] Häusern aber brachen sie das Brot« (Apg 2,46). Damit zeigt sich eine Grundstruktur von Kirche: Kirche ist Zusammenkunft, Gemeinschaft. Sie ist dies aber nicht als eine einzige, alle Mitglieder umgreifende Zusammenkunft (die allenfalls aus praktischen Gründen auf Filialen angewiesen wäre), sondern sie ist dies von vornherein als *Gemeinschaft von Gemeinschaften,* mit den Worten des II. Vatikanischen Konzils: als Gemeinschaft von »Teilkirchen«.

> »Sie [die Ortsgemeinschaften] sind nämlich je an ihrem Ort . . . das von Gott gerufene Volk. In ihnen werden durch die Verkündigung der Frohbotschaft Christi die Gläubigen versammelt, in ihnen wird das Mysterium des Herrenmahls begangen . . . In diesen Gemeinschaften, auch wenn sie oft klein und arm sind oder in der Diaspora leben, ist Christus gegenwärtig« (LG 26).

Wenn in der Eucharistie Kirche als Gemeinschaft dargestellt wird, wenn Kirche wesentlich Gemeinschaft von Gemeinschaften ist und wenn die Kirche ein Dienstamt kennt, das der Zusammenkunft zur Gemeinschaft und der Einheit unter den Gemeinschaften dient, dann legt es sich nahe, daß zur Feier der Eucharistie die *Leitung durch einen ordinierten Amtsträger* gehört. Die Ordination dient ja der Zusammenführung und Einheit innerhalb der Eucharistiegemeinde, und sie stellt den Zusammenhang zwischen dieser einen und den vielen anderen Eucharistiefeiern der Kirche her. Auch in diesem Punkt gibt es eine wachsende ökumenische Übereinstimmung.

> »Besonders in der eucharistischen Feier ist das ordinierte Amt der sichtbare Bezugspunkt der tiefen und allumfassenden Gemeinschaft zwischen Christus und den Gliedern seines Leibes.«[153] »Wenn das ordinierte Amt einen Bezugspunkt für die Einheit des Lebens und Zeugnisses der Kirche darstellen soll, ist es angemessen, daß einem ordinierten Amtsträger diese Aufgabe übertragen werden sollte.«[154]

---

[153] Lima, Amt, 14.
[154] Lima, Amt, Kommentar zu 14.

4.2. Spezielle Fragen

4.2.1. Aufbewahrung und Verehrung der eucharistischen Gaben

Schon in der Alten Kirche kannte man die Praxis, das konsekrierte Brot (gelegentlich auch den konsekrierten Wein) über die Dauer der Eucharistiefeier hinaus *aufzubewahren,* aber auch kirchliche Verbote, welche sich gegen diese Praxis richteten.

Gründe für die Aufbewahrung waren die Austeilung der Kommunion an Kranke und Sterbende, der häusliche Empfang an Tagen, an denen nicht die Eucharistie gefeiert wurde, und der Brauch, zum Zeichen der Einheit der Kirche über Zeiten und Orte hinweg ein Stück des eucharistischen Brotes (»fermentum« [Sauerteig] genannt) mit anderen Gemeinden auszutauschen oder in die nächste Eucharistiefeier am selben Ort einzubeziehen. Gegen die Aufbewahrung wurde (vor allem im Osten) der prozeßhaft-vorübergehende Charakter der Eucharistiefeier geltend gemacht: Wie im Alten Testament vom Manna und vom Pesachlamm nichts aufbewahrt werden durfte und wie auch vom letzten Abendmahl Jesu nichts übrig geblieben sei, so dürfe auch von der Eucharistiefeier nichts aufbewahrt werden.

Im Hochmittelalter kam zur Aufbewahrung ein neues Moment hinzu: die *Verehrung* Christi in der konsekrierten Hostie außerhalb der Messe.

Diese führte ihrerseits zu neuen Formen eucharistischer Frömmigkeit: zum Fronleichnamsfest und zu eucharistischen Prozessionen, zur Aussetzung der Hostie in einer Monstranz usw. Zu den Gründen für diese Entwicklung gehören der Rückgang der Kommunion, der Gedanke der heilbringenden Schau, das Vorbild der Reliquienverehrung und auch die kämpferische Auseinandersetzung mit Häretikern, welche die Realpräsenz bestritten. Die Reformatoren lehnten die Anbetung der Hostie als Götzendienst ab. Das Konzil von Trient verteidigte die Praxis: Die Bestimmung dieses Sakraments zum Empfang schließe seine Anbetung nicht aus. »Wir glauben nämlich, daß in ihm derselbe Gott gegenwärtig ist, . . . der nach dem Zeugnis der Schrift (Mt 28,17) von den Aposteln in Galiläa angebetet wurde.«[155]

Heute stellt sich auch aus der Sicht einer erneuerten, am Mahlcharakter orientierten katholischen Eucharistietheologie die Frage, ob durch die Verehrung außerhalb der Mahlfeier die Akzente der Eucharistie gegenüber der Stiftungsintention entscheidend verändert wurden. Genau diese Fragestellung dürfte auch ein sachgemäßes Kriterium zur Beurteilung dieser Praxis sein. Das heißt: Die eigentliche und primäre Form eucharistischer Frömmigkeit ist die Feier des Herrenmahles, zu ihr gehören das Wort der Verkündigung, das eucharistische Dankge-

---

[155] DH 1643; vgl. 1656/NR 573; vgl. 583.

bet, das Gedächtnis des Abendmahls, die Austeilung und der Empfang der eucharistischen Gaben. Demgegenüber sind alle anderen Formen sekundär: Sie sind angemessen, insofern sie auf die eucharistische Mahlgemeinschaft hinführen, sie ausweiten und vertiefen; sie geraten in die theologische Kritik, insofern sie die Mahlgemeinschaft verundeutlichen oder von ihr ablenken.

Die ökumenische Diskussion wird auch dadurch entlastet, daß man auf katholischer Seite erkennt, daß es sich bei dieser Verehrung um »›Sondergut‹ der römisch-katholischen Lehre und Gottesdienstpraxis«[156] handelt, das erst im 2. Jahrtausend entstand, auf die Kirche des Westens beschränkt blieb und deshalb in einer künftigen, in versöhnter Verschiedenheit geeinten Kirche nicht obligatorische Praxis werden müßte.

4.2.2. Ökumenische Abendmahlsgemeinschaft

Das Verhältnis zwischen den christlichen Kirchen wurde in den letzten Jahrzehnten nicht nur atmosphärisch verändert; auch die theologische Sicht hat sich grundlegend verändert, mit ihr auch die theologische Beurteilung gemeinsamer Gottesdienste.

Der 1917 erschienene Codex des kanonischen Rechtes verbot generell, »die Sakramente der Kirche Häretikern oder Schismatikern zu spenden«[157], und untersagte jede aktive Teilnahme oder Mitwirkung von Katholiken an gottesdienstlichen Handlungen von nicht-katholischen Christen.[158] Das II. Vatikanische Konzil dagegen empfiehlt, »daß sich die Katholiken mit den getrennten Brüdern im Gebet zusammenfinden. Solche gemeinsamen Gebete sind ein höchst wirksames Mittel, um die Gnade der Einheit zu erflehen, und ein echter Ausdruck der Gemeinsamkeit«. Es nennt dann zwei konkurrierende Prinzipien: »Die Bezeugung der Einheit verbietet in den meisten Fällen die Gottesdienstgemeinschaft, die Sorge um die Gnade empfiehlt sie indessen in manchen Fällen« (UR 8). Die Spannung zwischen diesen beiden Prinzipien bestimmt auch die gegenwärtige Praxis sowie die theologische Reflexion. Der neuere, 1983 erschienene Codex des kanonischen Rechtes hält an dem grundsätzlichen Verbot fest, nicht-katholischen Christen die Kommunion zu spenden, läßt aber eine Reihe von (eng umrissenen) Ausnahmen zu.[159] Katholischen Christen ist der Empfang des Sakraments »von nicht-katholischen Spendern, . . . in deren Kirche die . . . Sakramente gültig gespendet werden,« (in Notfällen) erlaubt.[160] Hierzu werden gegenwärtig die Kirchen des Ostens gerechnet, nicht aber die der Reformation. Vielerorts geht die gemeindliche Praxis über die Rechtsnorm hinaus.

In der gegenwärtigen theologischen Diskussion fallen zunächst Unterschiede in der Fragestellung auf: Die einen fragen nach der Erlaubt-

---

[156] H. B. Meyer, Eucharistie, (GdK, 4), Regensburg 1989, 598.
[157] CIC/1917, can. 731, § 2.
[158] Vgl. ebd., can. 1258, § 1.
[159] Vgl. CIC/1983, can. 844, §§ 1.3.4.
[160] Ebd., § 2.

heit der Abendmahlsgemeinschaft (die Beweislast liegt also bei den Be-
fürwortern), die anderen nach den zwingenden Gründen zur Verweigerung (die Beweislast liegt also bei den Ablehnenden).

Für die Abendmahlsgemeinschaft spricht »das sakramentale Band der
Einheit«, das die Taufe »zwischen allen begründet, die durch sie wiedergeboren sind« (UR 22). In den letzten Jahren ist das Bewußtsein
dieser Einheit gewachsen. Getrennte Christen erinnern sich wieder
stärker an das Gebet Jesu um die für die Welt erkennbare Einheit der
Jünger, das vom Evangelisten gewiß nicht zufällig in den Rahmen des
letzten Abendmahls gestellt wurde.[161] Dieses Gebet mitzuvollziehen,
bedeutet auch, für die erbetene Einheit etwas zu tun.

Die wichtigsten Argumente, welche auf katholischer Seite *gegen die
Abendmahlsgemeinschaft* zwischen katholischen und evangelischen Christen vorgebracht werden, lauten:

(1) Die für eine gemeinsame Feier der Eucharistie notwendige
Übereinstimmung im Bekenntnis sei, insbesondere hinsichtlich des
Opfercharakters und der Realpräsenz, noch nicht gegeben.

(2) Außerdem komme die Teilnahme katholischer Christen an einer
Abendmahlsfeier evangelischer Christen deshalb nicht in Betracht, weil
diese »wegen des Fehlens des Weihesakraments die ursprüngliche und
vollständige Wirklichkeit des eucharistischen Mysteriums nicht bewahrt
haben« (UR 22).

(3) Da die Eucharistie Zeichen kirchlicher Einheit ist, sei es unauf-
richtig, schon das Zeichen zu vollziehen, solange die volle Einheit nicht
erreicht ist. Die Eucharistie sei nämlich nicht ein Mittel, um die Einheit
zu erlangen, sondern Zeichen vollendeter Einheit.

Diesen Argumenten stehen folgende *Fragen* gegenüber:

(1) Nach der 1986 veröffentlichten gründlichen Studie des (kirchenamtlich beauftragten) Ökumenischen Arbeitskreises evangelischer
und katholischer Theologen können die wichtigsten Kontroversen aus
der Reformationszeit, nämlich die über den Opfercharakter und über
die Realpräsenz, »aus heutiger Sicht als theologisch so weit aufgearbeitet
gelten, daß die Gründe für gegenseitige Verwerfungen entfallen«. Die
gewichtigste Differenz sieht die Studie mehr in der Praxis, nämlich in
der »nach wie vor recht unterschiedlichen Behandlung der eucharisti-

---

[161] Vgl. Joh 17,21–23.

schen Gaben im Anschluß an die Feier«. Hier scheine »das Gewicht jahrhundertelanger praktischer Gewöhnung . . . auf weite Strecken an die Stelle ausdrücklicher Reflexion und Begründung getreten zu sein.«[162] Die Frage lautet nun: Ist die Übereinstimmung nicht in hinreichendem Maße gegeben, wenn keine Seite mehr Anlaß hat, das Bekenntnis der anderen Seite abzulehnen? Und was die unterschiedliche Praxis betrifft: Ist, angesichts der großen (innerkatholischen) Unterschiede im Laufe der Liturgie- und Theologiegeschichte[163], nicht eine gewisse Pluriformität tragbar, vielleicht sogar eine Bereicherung? Und sofern die Unterschiede stören: Ist nicht zu erwarten, daß sie eher in der Praxis gemeinsamen Handelns überwunden werden als bei fortdauernder Trennung?

(2) Das II. Vatikanische Konzil hat die nicht-katholischen Glaubensgemeinschaften »Kirchen« (und »kirchliche Gemeinschaften«) genannt. Muß die katholische Kirche dann nicht die Abendmahlsfeiern dieser Kirchen (kirchlichen Gemeinschaften) mindestens auch als Zusammenkünfte im Namen Jesu achten, in denen Jesus seine Gegenwart im Heiligen Geist gewährt? Selbst wenn in der Theologie des Amtes noch kein voller ökumenischer Konsens erreicht und von daher noch nicht genügend klar ist, ob diese Zusammenkunft exakt dasselbe bedeutet wie eine katholische Eucharistiefeier, – muß (darf) deshalb katholischen Christen die Teilnahme an solcher Zusammenkunft verboten werden?

(3) Nach katholischem Verständnis bewirken die Sakramente, was sie bezeichnen, freilich nicht magisch, sondern abhängig von der Bereitschaft der Feiernden. Nach der Lehre der Hochscholastik ist die Einheit des mystischen Leibes (= der Kirche) die eigentliche Wirkung der Eucharistie.[164] Darf dann nicht (vorausgesetzt, die Feiernden bemühen sich entsprechend) von der Feier des Sakraments erwartet werden, daß sie die Einheit voranbringt? Zudem: Die wesentlichste Dimension der durch die Eucharistie dargestellten Einheit ist die Einheit in der Liebe. Deswegen können nicht miteinander das Brot brechen, die einander Feind sind und Feind bleiben wollen. Aber wenn die *volle* Einheit Voraussetzung für die Eucharistie wäre, dürfte sie niemals ge-

---

[162] Lehrverurteilungen, 121.124.
[163] Vgl. oben 3.3. und 4.2.1.
[164] Vgl. oben 4.1.6.

feier werden. Deswegen wird die Eucharistie ja auch als Stärkung auf dem Wege verstanden.[165] Warum sollte sie dies nicht auch auf dem Weg zur Einheit der Kirche sein?

Literatur

Jeweils das Kapitel über die Eucharistie bzw. über das Abendmahl in den Gesamtdarstellungen der Sakramententheologie von Franz Courth, Alexandre Ganoszy, Günter Koch, Ulrich Kühn, Lothar Lies, Theodor Schneider, Jean-Marie Tillard, Herbert Vorgrimler, Gunther Wenz (s. oben: Allgemeine Sakramentenlehre, Literatur)
Außerdem:

Bachl, Gottfried, Eucharistie – Essen als Symbol?, Zürich 1983

Betz, Johannes, Eucharistie. In der Schrift und Patristik (HDG IV/4a), Freiburg 1979

Gerken, Alexander, Theologie der Eucharistie, München 1973

Hilberath, Bernd Jochen/Sattler, Dorothea (Hrsg.), Vorgeschmack. Ökumenische Bemühungen um die Eucharistie, Mainz 1995

Keller, Erwin, Eucharistie und Parusie. Liturgie- und theologiegeschichtliche Untersuchungen zur eschatologischen Dimension der Eucharistie anhand ausgewählter Zeugnisse aus frühchristlicher und patristischer Zeit, Freiburg (Schweiz) 1989

Klauck, Hans-Josef, Herrenmahl und hellenistischer Kult, Münster 1982

Klauser, Theodor, Kleine abendländische Liturgiegeschichte, Bonn 1965

Léon-Dufour, Xavier, Abendmahl und Abschiedsrede im Neuen Testament, Stuttgart 1983

Lehmann, Karl/Pannenberg, Wolfhart (Hrsg.), Lehrverurteilungen – kirchentrennend?, Bd. 1: Rechtfertigung, Sakramente und Amt im Zeitalter der Reformation und heute, Freiburg/Göttingen 1986, 89–124: Eucharistie/Abendmahl

Lehmann, Karl/Schlink, Edmund (Hrsg.), Das Opfer Jesu Christi und seine Gegenwart in der Kirche. Klärungen zum Opfercharakter des Herrenmahles, Freiburg/Göttingen 1983

Meyer, Hans Bernhard, Eucharistie (GdK, 4), Regensburg 1989

Neunheuser, Burkhard, Eucharistie in Mittelalter und Neuzeit (HDG IV/4b), Freiburg 1963

Power, David N., The Eucharistic Mystery. Revitalizing the Tradition, Dublin 1992

Rahner, Karl, Die Gegenwart Christi im Sakrament des Herrenmahles, in: Ders., Schriften zur Theologie, Bd. 4, Einsiedeln 1960, 375–385

Ratzinger, Joseph, Ist die Eucharistie ein Opfer?, in: Concilium 3 (1967), 299–304

Rehm, Johannes, Das Abendmahl. Römisch-Katholische und Evangelisch-Lutherische Kirche im Dialog, Gütersloh 1993

Schneider, Theodor, Deinen Tod verkünden wir. Gesammelte Studien zum erneuerten Eucharistieverständnis, Düsseldorf 1980

Thaler, Anton, Gemeinde und Eucharistie. Grundlegung einer eucharistischen Ekklesiologie, Freiburg (Schweiz) 1988

---

[165] Vgl. oben 4.1.8.

IV. BUSSE

1. Zugang

1.1. Ort

Das kirchliche Bußverfahren wird von den Kirchenvätern gern als »zweite Planke nach dem Schiffbruch« bezeichnet: Nach der ersten Rettung aus der Unheilsflut (nämlich durch die Taufe) liegt eine nochmalige Chance in der postbaptismalen Buße. Daran könnte der Platz des Bußsakramentes im Anschluß an die Initiationssakramente Taufe, Firmung und Eucharistie erinnern.

1.2. Heutige Problematik

Stärker als alle anderen Sakramente ist das Bußsakrament in den letzten Jahrzehnten in eine Krise geraten. Innerhalb kurzer Zeit sank seine Akzeptanz rapide ab, und zwar gerade auch bei kirchlich engagierten, sakramental praktizierenden katholischen Christen.

Die Gründe dafür sind vielfältig: Die kirchliche Bußverkündigung und -praxis wird weithin als moralistisch verstanden (die Kirche verkünde einen Katalog von verbotenen Handlungen, deren ethische Beurteilung von der Sache her nicht einleuchtet), als individualistisch (es gehe es immer nur um individuelle Schuld und nicht auch um die großen sozialen Sünden und um die strukturellen Verstrickungen) und als paternalistisch (die Rollenverteilung zwischen Büßer einerseits und »Beichtvater«, »Seelenführer« andererseits steht in Spannung zum Bild der Kirche als einer geschwisterlichen Gemeinschaft von Menschen, die nicht einbahnig, sondern wechselseitig aufeinander angewiesen sind). In der Ablehnung einer kirchlichen Verpflichtung zur Beichte ist auch das (in einer weitgehend verwalteten Gesellschaft gewachsene) Bedürfnis wirksam, die Intimsphäre gegenüber dem Zugriff öffentlicher Institutionen zu schützen. Dieses Bedürfnis verbindet sich oft mit dem Unbehagen an vorgegebenen Riten: Blockieren sie nicht eher den Weg zur persönlichen Auseinandersetzung mit dem eigenen Verhalten?

Zwar ist das gegenwärtige Bewußtsein stark geprägt von der Erfahrung menschlicher Unzulänglichkeit, Schuld und Bosheit, von sozialer Schuldverstrickung und von Ohnmacht gegenüber dem eigenen
individuellen und kollektiven Versagen, zwar gibt es ein wachsendes
Bedürfnis nach Befreiung aus dieser Verstrickung und dieser Ohnmacht
sowie eine entsprechende Suche nach Heilung im lösenden Gespräch, in
der Erfahrung einer Gruppe oder in professioneller Therapie; aber nur
bei wenigen verbindet sich eine Hoffnung auf Befreiung und Heilung
mit dem Bußsakrament.

Von daher ergeben sich für eine zeitgemäße Bußtheologie folgende
Fragen: Wie weit bezieht sich christlich verstandene Erlösung auch auf
physisches und psychisches Elend, auf Zwänge und soziale Schuldverstrickung? Wie steht es um den sozialen Aspekt von Schuld und Buße?
Welche Funktion hat dabei die Kirche? Welchen Stellenwert hat das Bußsakrament im Gesamt christlicher Praxis von Versöhnung und Umkehr?

2. Biblische Grundlagen

2.1. Schuld, Umkehr und Vergebung in Israel

2.1.1. Zusammenhang von Schuld und Elend, Rettung und Umkehr

Im Alten Testament stehen Elend und Schuld, aber auch Vergebung
und Rettung in engem Zusammenhang. Das illustrieren schon die Erzählungen vom Sündenfall in der biblischen Urgeschichte[1], denen vier
wiederkehrende Elemente eine gemeinsame Struktur geben: Menschen
sündigen; sie spüren die Folge ihrer Schuld; durch Gott wird ihnen der
Zusammenhang klar; Gott gibt ihnen eine neue Chance. Hier ist noch
nicht von Umkehr und Vergebung die Rede, aber von der Rettung. Sie
ist das Primäre.

---

[1] Vgl. Gen 3; 4,1–16; 6–8; 11,1–9. In jeder der vier Erzählungen wird »in und hinter dem Gericht ein
bewahrender, vergebender Heilswille Gottes offenbar.« Bei der Geschichte vom Turmbau zu Babel
(11,1–9) wird der Zusammenhang von »Gericht« und »Rettung« allerdings nur dann erkennbar,
wenn man die darauffolgende Abrahamsgeschichte (bes. Gen 12,1–3) als ihre Fortsetzung liest, durch
welche die die Menschheit als ganze thematisierende Urgeschichte (Gen 1–11) mit der Heilsgeschichte Israels (ab Gen 12) verknüpft wird. »Hier, bei der Verheißung, die über Abraham aufgerichtet wird, ist nun wieder von Gottes Heilswillen die Rede, und zwar von einem Heil weit über die
Grenzen des Bundesvolkes hinaus für ›alle Geschlechter auf Erden‹ (12,3).« G. von Rad, Das erste
Buch Mose, Göttingen 1961, 127 f.

Umkehr und Vergebung werden ein vordringliches Thema in der Erfahrung mißlingender Geschichte. Für die Propheten ist hier der Zusammenhang zwischen Schuld und Schicksal ganz deutlich: Weil die Reichen in Israel die Armen ausbeuten, luxuriös in den Tag hinein leben und sich nicht um den Untergang des Volkes sorgen, »darum müssen sie jetzt in die Verbannung« (Am 6,7). Weil Israel seinen Gott verlassen hat, »den Quell des lebendigen Wassers«, darum muß es nun mit den rissigen Zisternen leben, die es sich selbst grub: »Dein böses Tun straft dich« (Jer 2,13.19). Ebenso sind die Rettung aus der Gefangenschaft, die innere Umwandlung und ein neues Verhältnis zu Gott miteinander verknüpft. Bei Ezechiel wird die Umwandlung beschrieben mit den Metaphern der Reinigung mit reinem Wasser, der Gabe eines neuen Herzens, der Öffnung der Gräber, der Sammlung der toten Gebeine, der Neubelebung durch den Atem Gottes. Diese Umwandlung ist gewissermaßen die Innenseite der konkret politisch gemeinten Rettung: »Ich hole euch heraus aus den Völkern . . . und bringe euch in euer Land.« Und unmittelbar damit verbindet sich das neue Verhältnis zu Gott: »Ihr werdet mein Volk sein, und ich werde euer Gott sein« (Ez 36,24.28).

2.1.2. Gott selbst schenkt die Umkehr

Die soeben erwähnten Texte machen deutlich: Nicht nur die von außen gegebene neue Lebenschance, auch die Umkehr in den Menschen selbst ist ein Geschenk Gottes: »Ich werde eure Abtrünnigkeit heilen« (Jer 3,22). »Ich lege mein Gesetz in sie hinein und schreibe es auf ihr Herz« (31,33). »Ein reines Herz schaffe in mir, Jahweh, einen neuen Geist bringe in meine Brust« (Ps 51,12).

2.1.3. Das ganze Volk ist angesprochen

Schuld, Umkehr und Rettung sind durchweg soziale Erfahrungen. Die Gerichtsrede der Propheten richtet sich an das ganze Volk, die Anklage ebenso wie der Aufruf zur Umkehr und die Zusage von Gottes Rettung. In der Erzählung von Davids Sündenfall ist zwar ein einzelner angesprochen; aber er ist der König, und seine Schuld besteht im Mißbrauch der Macht.[2] Die Jona-Geschichte spricht von Umkehr und Rettung der ganzen Großstadt (sogar die Tiere eingeschlossen).[3] Joel ruft

---

[2] Vgl. 2 Sam 11,1–12,25.
[3] Vgl. Jona 3; 4,11.

das ganze Volk zu einem öffentlichen Bußgottesdienst zusammen: Die Alten, die Kinder, die Brautleute, die Priester, alle sollen sich versammeln, um miteinander zu klagen und zum Herrn zu rufen.[4]

2.1.4. Zeichen der Umkehr

Die Umkehr muß vor allem in konkretem Handeln verwirklicht werden. Daneben aber kennt das Alte Testament auch symbolische *Ausdruckshandlungen.* Dazu gehört das klagende, bekennende und bittende *Wort:* das Eingeständnis der Schuld[5], die Klage über das Elend[6] und über die eigene Verkehrtheit[7], der Schrei nach Erbarmen[8], die Bitte um Reinigung vom Schmutz der Sünde und um ein neues Herz[9]. Und dazu gehören auch *Zeichenhandlungen:* die Versammlung der ganzen Gemeinde[10], das Fasten[11], das Tragen von Bußgewändern[12], das Sitzen (oder: Sich-Wälzen) in der Asche und ihre Ausstreuung über den Kopf[13], das Schlachtopfer[14], die Vertreibung eines Sündenbocks[15], das Sich-besprengen-Lassen mit dem reinigenden Wasser[16].

Diese Bußriten erscheinen allerdings in unterschiedlichem Licht. Einerseits gelten sie als von Gott angeordnet; andererseits richtet sich, ebenfalls im Namen Gottes, gegen sie heftige prophetische Kritik, wenn die Riten nicht mehr Ausdruck von Umkehr, sondern deren Ersatz werden.[17] Denn die eigentliche Buße besteht in einem veränderten Verhalten, vor allem im Bereich des Sozialen.[18] Wo kultischer Ritus und mitmenschliches Handeln zueinander in Konkurrenz treten, da hat das zweite Vorrang: »Liebe will ich, nicht Schlachtopfer« (Hos 6,6). Auf dieses Wort wird sich im Matthäus-Evangelium auch Jesus berufen, wenn es um den Konflikt zwischen Sabbatgebot und praktischem Erbarmen geht.[19]

---

4   Vgl. Joel 1,13–2,17; ferner Esra 9f; Neh 9,1–3.
5   Vgl. 2 Sam 12,13; Esra 9,6–10,2; Ps 51,5 f.
6   Vgl. Esra 9,13; Neh 9,36 f; Joel 1,5.8.13 f.
7   Vgl. Ps 51,7.
8   Vgl. Joel 1,14; 2,17.
9   Vgl. Ps 51,4.9.12.
10   Vgl. Esra 9,4; 10,1; Neh 9,1; Joel 1,14; 2,16 f.
11   Vgl. Neh 9,1; Joel 1,14.
12   Vgl. Neh 9,1; Joel 1,13.
13   Vgl. Jer 6,26; Ez 27,30; Jona 3,6.
14   Vgl. Lev 16,1–19.
15   Vgl. Lev 16,20–22.
16   Vgl. Ps 51,9. Für die Waschungsriten zur Reinigung von kultischer Unreinheit vgl. oben I.2.2 f.
17   Vgl. z. B. Am 5,21–23; Jes 58,5.
18   Vgl. Jes 58,6f; Am 5,24.
19   Vgl. Mt 12,7; ähnlich: Mt 9,13.

2.2. Akzente in der Verkündigung Jesu

2.2.1. Einheit von Vergebung und Heilung

In den Evangelien stehen die Sündenvergebungserzählungen in engem Zusammenhang mit den Heilungsgeschichten. Zudem sind diese bedeutend zahlreicher als jene. Daran wird deutlich: Das Wirken Jesu zielt nicht isoliert auf die Befreiung von der Sünde, sondern auf die Heilung des ganzen Menschen. In Mk 2,1–12 wird der Zusammenhang durch die redaktionelle Komposition hervorgehoben: In die Geschichte von der Heilung des Gelähmten[20] wurde vom Evangelisten eine Vergebungsgeschichte[21] eingeflochten. So entsteht eine sachliche Nähe zwischen körperlicher Lähmung und Lähmung durch die Schuld, zwischen Befreiung von der Krankheit und Befreiung von der Sünde. Die Erzählungen von der Heilung Besessener zeigen, wie fließend die Übergänge zwischen krankhaftem Zwang und Schuld sein können.

2.2.2. Einheit von empfangener und weitergegebener Vergebung

Im Vater-unser-Gebet ist die Bitte um Gottes Vergebung gebunden an die eigene Bereitschaft, anderen zu vergeben: »Vergib uns unsere Schuld, wie auch wir vergeben unseren Schuldigern« (Mt 6,12).[22] Offenbar besteht ein innerer Zusammenhang zwischen Gottes Vergebung und sozialer Versöhnung: Vergebung von Gott her bedeutet eine Veränderung des Sünders. Dieser soll zu einem versöhnten Menschen werden. Nur wenn der Mensch sich auf die versöhnende Bewegung Gottes (konkret im Verhältnis zu seinen Mitmenschen) einläßt, kann Gottes Versöhnung ihn ergreifen und verwandeln.

2.2.3. Zeichenhandlungen

Zwar hat für Jesus die persönliche Aussöhnung Vorrang vor kultischen Riten[23]; damit bewegt sich Jesus auf der Linie der prophetischen Kultkritik. Der irdische Jesus scheint auch (im Unterschied zu Johannes dem Täufer) keinen bestimmten rituell-zeichenhaften Ausdruck der Buße gefordert zu haben.[24] Aber Jesus selbst stellt das von ihm ver-

---

[20] Vgl. Mk 2,1–5a.11 f.
[21] Vgl. Mk 2,5b–10.
[22] Vgl. auch 6,14; 18,25–35.
[23] Vgl. Mt 5,23 f.
[24] Für die Frage, ob Jesus zur Taufe aufgerufen hat, vgl. oben I.2.6.

kündete Versöhnungshandeln Gottes in realisierenden Zeichenhandlungen dar. Die deutlichste ist die Tischgemeinschaft: Er setzt sich mit
den Sündern an einen Tisch, und darin zeigt und ereignet sich Gottes
Versöhnung.[25]

2.3. Realisierungen in den neutestamentlichen Gemeinden

2.3.1. Gemeinde als Ort gegenseitiger Hilfe zur Umkehr

In der neutestamentlichen *Briefliteratur* ist mit einer gewissen Selbstverständlichkeit von Verfehlungen einzelner Gemeindemitglieder die
Rede. Im Umgang mit ihnen verwirklicht sich ein Stück Gemeindeleben: »Einer trage des anderen Last; so werdet ihr das Gesetz Christi
erfüllen« (Gal 6,2). Diskret, »im Geist der Sanftmut« soll, wer selbst vom
Geist erfüllt ist, den verirrten Bruder oder die verirrte Schwester wieder
auf den rechten Weg bringen.[26] Die Hilfe soll sich danach richten, was
die einzelnen jeweils nötig haben: Die rücksichtslos Unordentlichen
sollen zurechtgewiesen, die Ängstlichen ermutigt, die Schwachen getragen werden,[27] so daß sich insgesamt eine pragmatisch differenzierte
gemeindliche Praxis ergibt. Die dabei gern gebrauchte Vokabel »einander« zeigt, daß Zurechtweisung, Bekenntnis und Vergebung nicht
einbahnig (etwa von oben nach unten), sondern in geschwisterlicher
Gegenseitigkeit erfolgen sollen: »Ihr seid selbst imstande, einander zu-
rechtzuweisen« (Röm 15,14). »Vergebt einander, wenn einer dem anderen etwas vorzuwerfen hat« (Kol 3,13). »Bekennt einander eure Sünden und betet füreinander, damit ihr geheilt werdet« (Jak 5,16).

2.3.2. Die Gemeinderegel Mt 18,15–20

Das *Matthäusevangelium,* das eine spätere, schon durch bestimmte
Ordnungen geregelte Gemeindepraxis voraussetzt, gibt in 18,15–18
eine *mehrstufige Bußordnung* wieder: Die Zurechtweisung unter vier Augen hat Vorrang vor jedem offiziellen Verfahren. Die nächsthöheren
Stufen (Gespräch im kleinen Kreis, danach gegebenenfalls mit der ganzen Gemeinde) kommen nur in Betracht, wenn die jeweils niedrigere

---

[25] Vgl. oben III.2.3.1.
[26] Vgl. Gal 6,1 f.
[27] Vgl. 1 Thess 5,14.

Stufe erfolglos blieb. Im äußersten Notfall, wenn alle anderen Bemühungen fehlschlugen, soll der Sünder aus der eucharistischen Gemeinschaft ausgeschlossen werden. Dieses in der Gemeinde geübte Verfahren hat Bedeutung auch vor Gott: »Alles, was ihr auf Erden binden werdet, das wird auch im Himmel gebunden sein, und alles, was ihr auf Erden lösen werdet, das wird auch im Himmel gelöst sein« (Mt 18,18). Entfernung aus der Gemeinde bedeutet Entfernung von Gott; Versöhnung mit der Gemeinde bedeutet Versöhnung mit Gott.

> Mit Heiden und mit Zöllnern hatte man im Judentum keine Tischgemeinschaft. Von daher war den Adressaten des Matthäusevangeliums der Sinn der Wendung »dann sei er für dich wie ein Heide oder ein Zöllner« (Mt 18,17) klar. »Binden« und »Lösen« sind Fachausdrücke aus der im Judentum geübten Bannpraxis: »Binden« meint die Verhängung des Banns, den Ausschluß aus der Gemeinschaft, »Lösen« die Aufhebung des Banns, die Wiederaufnahme.

Ein Grund für die hier der Gemeinde zugeschriebene Heilsbedeutung dürfte in Vers 20 zu finden sein: *Christus ist handelnd gegenwärtig, wo zwei oder drei in seinem Namen zusammenkommen.* Dies gilt natürlich nicht nur für die letzte, förmlichste Stufe des Verfahrens; auch auf den mehr informellen Stufen ist Christus gegenwärtig, auch auf ihnen geschieht Versöhnung von Gott her.

Zur Einordnung dieser Gemeinderegel und insbesondere des in ihr vorgesehenen Ausschlusses aus der Gemeinde ist der Kontext wichtig, in dem sie steht: das Gleichnis von der Freude über das wiedergefundene Schaf mit dem pointierten Zusatz »so will auch euer himmlischer Vater nicht, daß einer von diesen Kleinen verlorengeht« (Mt 18,14); die Anfrage des Petrus nach den Grenzen der Vergebungsbereitschaft und die Antwort Jesu, die auf unbegrenzte Vergebung zielt;[28] das Gleichnis vom unbarmherzigen Knecht, das die Vergebungsbereitschaft zur Bedingung für die eigene Vergebungschance macht.[29] Dadurch, daß der Evangelist die Gemeinderegel in den Rahmen dieser Texte stellt, korrigiert er den Eindruck, »Binden« und »Lösen« seien gleichrangige Möglichkeiten. Der Ausschluß aus der Gemeinde kann allenfalls als äußerster Schritt einer Zurechtweisung notwendig werden; eine Lösung des Problems stellt er nicht dar. *Das Ziel der Gemeinde muß sein, den ausgeschlossenen Bruder oder die ausgeschlossene Schwester wieder zurückzugewinnen.*

---

[28] Vgl. Mt 18,21 f.
[29] Vgl. Mt 18,23–35.

Joh 20,23 weist einige Ähnlichkeiten mit der letzten Stufe der matthäischen Gemeinderegel auf: Jesus erteilt den Jüngern die Vollmacht, die Sünden »nachzulassen« oder zu
»behalten«. Umstritten ist aber, ob »nachlassen« und »behalten« hier dieselbe Bedeutung
haben wie »binden« und »lösen« in Mt 18,18. Manche Exegeten halten die beiden Texte für
bedeutungsgleich; nach anderen Auslegern aber geht es Joh 20,21–23 nicht um Sünde in
der Gemeinde, sondern um eine missionarische Situation, d. h. um die grundsätzliche
Entscheidung für oder gegen das Evangelium, um Eintritt in die Gemeinde oder Ablehung
der Gemeinde, und um die Vollmacht der Jünger, »diese Entscheidung als eschatologische
Gerichtsentscheidung zu verstehen und zu deklarieren.«[30] Nach der ersten Auslegung bietet der Text ein biblisches Zeugnis für ein innerkirchliches Bußverfahren, nach der zweiten
wäre er eher auf die Taufe zu beziehen.

2.3.3. Konkrete Fälle von Exkommunikation

Im 1. Korintherbrief ordnet *Paulus* den Ausschluß eines Gemeinde-
mitgliedes an.[31] Dabei spielen zwei Gesichtspunkte eine Rolle. Der eine
ist das christliche *Profil der Gemeinde:* Der schlechte Sauerteig verdirbt die
ganze Gemeinde und muß deshalb hinausgeschafft werden.[32] Der andere
ist die *Rettung des Sünders:* Die harte Maßnahme soll ihm die Chance
verschaffen, schließlich doch noch umzukehren und gerettet zu werden.[33] Der zweite Gesichtspunkt wird stärker betont in 2 Kor 2,5–10.
Dort tritt Paulus dafür ein, daß ein zuvor getadeltes Gemeindemitglied
wieder zur Eucharistie zugelassen werden soll (so ist wohl die Wendung
»Liebe walten lassen« in Vers 8 zu deuten), »damit der Mann nicht von
allzu großer Traurigkeit überwältigt wird« (Vers 7). Eine ähnliche Mah-
nung wird auch in 2 Thess 3,6 und 14 f gegeben: Die Gemeinde soll sich
von dem fernhalten, der ein unordentliches Leben führt, aber sie soll ihn
nicht wie einen Feind betrachten, sondern wie einen Bruder. Ebenso
wichtig wie die Sorge um die Gemeinde ist also der Blick auf den vom
Ausschluß Betroffenen.

2.3.4. Zur Funktion von Amtsträgern

Wem ist die Vollmacht, zu »binden« und zu »lösen«, gegeben: der
Gemeinde als ganzer oder bestimmten Amtsträgern? Früher sahen ka-
tholische Theologen in Mt 18,18 (wie in Joh 20,23) den eindeutigen
Schriftbeweis für die Absolutionsvollmacht des Priesters. Heute wird

---

[30] H. Leroy, Zur Vergebung der Sünden. Die Botschaft der Evangelien, Stuttgart 1974, 93.

[31] Vgl. 1 Kor 5,1–13.

[32] Vgl. ebd., 6–8.

[33] Vgl. ebd., 5.

Mt 18,18 in dieser Frage (auch unter katholischen Theologen) unterschiedlich interpretiert.

Einerseits ist nämlich im gesamten Kontext von Mt 18 die Gemeinde
angesprochen, besonders Beauftragte sind nicht im Blick. Dazu paßt das
Bild in Korinth: Paulus fordert nicht bestimmte Funktionsträger, sondern die Gemeinde auf, den Ausschluß bzw. die Wiederaufnahme zu
vollziehen.[34]

Andererseits fällt eine gewisse formale Ähnlichkeit zwischen Mt
18,18 und der Vollmachtsübertragung an Petrus in Mt 16,19 auf. Läßt
das nicht darauf schließen, daß auch in 18,18 bestimmte Amtsträger gemeint sind? Und steht nicht auch in 1 Kor 5,1 – 13 und 2 Kor 2,5 – 10 die
Autorität des Paulus im Hintergrund?

Für die Formel vom »Nachlassen« und »Behalten« in Joh 20,23 kommt nach heutigen
exegetischen Erkenntnissen eine Deutung auf eine besondere Amtsvollmacht kaum in Betracht: »Eine Beschränkung der Vollmacht auf die anwesenden Jünger bzw. auf spätere
Amtsträger liegt dem Evangelisten fern; wie bisher repräsentieren die Jünger die Gemeinde,
und in 1 Joh werden Amtsträger für die kirchliche Praxis nicht genannt.«[35]

Auf jeden Fall wird man sagen können: *Binden und Lösen sind sicher*
eine Aufgabe der ganzen Gemeinde. Sobald es indes Kompetenzverteilungen und
Amtsstrukturen in der Gemeinde gibt, ist bei Ausschluß und Wiederaufnahme
mit einer besonderen Kompetenz von Amtsträgern zu rechnen. Diese Kompetenz haben sie aber nicht an der Gemeinde vorbei oder einseitig ihr gegenüber, sondern sie erwächst aus der Zuständigkeit der ganzen Gemeinde für die Überwindung von Schuld in ihren Reihen.

2.3.5. Sakramentale Zeichen

Das klassische sakramentale Zeichen der Umkehr und der Sündenvergebung ist im Neuen Testament die *Taufe.*[36] Von ihr ist auch das »neue
Leben« der Getauften geprägt: Sie sind »mit Christus gestorben« (Röm
6,8), um mit ihm aufzuerstehen. Von hierher ist auch der Umgang mit
Schuld und Umkehr in der Gemeinde zu verstehen: Umkehr und Vergebung sind möglich, weil der Auferstandene in ihrer Mitte lebt. Auch
das von der Gemeinde gefeierte *Mahl des Herrn* ist ein realisierendes
Zeichen der Vergebung. Das verdeutlicht insbesondere die matthäische

---

[34] Vgl. 1 Kor 5,4 f; 2 Kor 2,8.
[35] R. Schnackenburg, Das Johannesevangelium, III. Teil, Freiburg 1975, 389.
[36] Vgl. oben I.2.7.2.3.

Fassung des Becherwortes: »Das ist mein Blut des Bundes, das für viele vergossen wird zur Vergebung der Sünden« (Mt 26,28). Das ergibt sich aber auch allgemein aus dem biblischen Verständnis des Mahles, Zeichen von Bund und Versöhnung zu sein.[37] Schließlich ist auch im Zusammenhang mit der *Krankensalbung* von Sündenvergebung die Rede.[38] Ein Ritus für den in Mt 18,18 vorgesehenen und für den in 1 Kor 5,1–13 praktizierten Ausschluß (bzw. die Wiederaufnahme des Sünders) ist jedoch im Neuen Testament nicht zu erkennen.

3. Dogmengeschichtliche Entwicklung

Die Geschichte der kirchlichen Buße ist äußerst vielfältig. Dazu gehören neben den amtlichen Bußformen u. a. gegenseitige Zurechtweisung und Ermahnung, Zusammenführung zerstrittener Parteien, gegenseitiges Sündenbekenntnis vor der Eucharistiefeier, persönliches Verzeihen, Gebet der Büßenden, Fürbitte der Gemeinde, praktische Arbeiten, Fasten, Almosen, die Liebe, welche »die Menge der Sünden zudeckt«[39]. Die dogmengeschichtliche Forschung richtete sich vorwiegend nur auf einen Ausschnitt der Bußgeschichte: auf die Entstehung und Entwicklung jener kirchlichen Institution, die man seit der Scholastik »Bußsakrament« nennt, das heißt aber, auf jenes offizielle kirchliche Bußverfahren, das nach Mt 18,15–18 nur als äußerster Notfall in Betracht kam. Aber auch diese ausschnitthafte Geschichte bietet ein äußerst differenziertes Bild. Wir können im Rahmen dieses Handbuches nur kurz die wichtigsten Stationen benennen. Die am tiefsten einschneidende Änderung ist der Übergang von der nur einmal im Leben möglichen Buße der Alten Kirche zur wiederholbaren Beichte im frühen Mittelalter.

---

[37] Vgl. oben III.2.3.1. und III.2.5.2.7
[38] Vgl. Jak 5,15 f; dazu unten: V.2.2.4.
[39] 2 Clem. 16,4; vgl. Spr 10,12; 1 Petr 4,8.

3.1. Die einmalige, öffentliche Exkommunikationsbuße

3.1.1. Das Verfahren

Die Alte Kirche baute die in Mt 18,18 und 1 Kor 5 grundgelegte Bußpraxis aus: Der schwere Sünder wird öffentlich aus der Eucharistiegemeinschaft ausgeschlossen und nach einer Zeit der Läuterung durch harte Bußübungen feierlich wieder aufgenommen.

Das Verfahren gliedert sich in drei Teile: (1) Die *Exkommunikation:* Nach dem Bekenntnis des Büßers legt der Bischof diesem eine Bußleistung auf. In einer öffentlichen Bußliturgie, in Anwesenheit der ganzen Gemeinde, geschieht durch Handauflegung, Anziehen eines Bußgewandes und symbolische Vertreibung aus der Eucharistiegemeinschaft die Einreihung in den Büßerstand. Die Gemeinde begleitet diesen Vorgang mit starken Ausdrücken der Trauer. (2) Die *Bußzeit:* In einer oft mehrere Jahre dauernden Bußzeit haben die Büßenden die auferlegten Leistungen zu erfüllen. Dazu gehören z. B. Fasten, Almosen, Beteiligung an sozialen Maßnahmen, besondere Gebetsübungen, aber auch Verzichte: auf öffentliche Ämter, auf Heirat, oft auch (der verbreiteten Angst vor der Sexualität als dem Einfallstor des Bösen entsprechend) auf die Ausübung des ehelichen Verkehrs. Am Leben der Gemeinde dürfen die Büßenden nur eingeschränkt teilnehmen. Sie kommen zu den Gottesdiensten, müssen aber zu Beginn der eucharistischen Mahlfeier den Raum verlassen oder den ausgegrenzten Platz für die Büßer einnehmen. Die Gemeinde unterstützt ihre Bußbemühung mit fürbittendem Gebet. (3) Die *Rekonziliation:* Am Ende der Bußzeit werden die Büßenden in einem feierlichen Gemeindegottesdienst (oft am Gründonnerstag) wieder in die Eucharistiegemeinschaft aufgenommen. Die Liturgie der Wiederversöhnung (= Rekonziliation) schließt mit der Kommunionfeier. Allerdings gelten für die ehemaligen Büßer eine Reihe der auferlegten Verbote lebenslänglich weiter, so daß sie auch nach ihrer Wiederaufnahme »Christen zweiter Klasse« bleiben.

Wegen dieses Verfahrens nennt man die altkirchliche Buße *Exkommunikationsbuße.* Sie geschieht in der *Öffentlichkeit* der Gemeinde. Das von der späteren kirchlichen Praxis am stärksten unterscheidende Merkmal ist ihre *Einmaligkeit:* Zu diesem Verfahren wurde man höchstens einmal im Leben zugelassen. Fiel jemand nach dem Bußverfahren nochmals in schwere Schuld, so gab es für ihn nur noch die Fürbitte der Gemeinde, die ihn der Barmherzigkeit Gottes empfahl. Allerdings reichte man ihm oft doch in der Sterbestunde die Wegzehrung.

3.1.2. Theologische Akzente

Die Grundzüge der Bußtheologie werden schon an dieser Gestaltung erkennbar. *Zwei Faktoren tragen vor allem zur Überwindung der Sünde bei: die persönliche Bemühung des Büßenden und die Wiederversöhnung mit der Gemeinde.* Die *Buße* mußte der Schwere der Sünde entsprechen; denn eine zu leichte Bußauflage oder eine vorzeitige Abkürzung würde den Bü-

ßenden nicht helfen, sondern sie um einen für ihr Heil notwendigen
Prozeß betrügen. Dabei dachten die östlichen Theologen stärker therapeutisch (die Buße ist notwendig wie der Heilungsprozeß für einen
Kranken), die westlichen stärker juridisch (Genugtuung muß geleistet,
die Schuld muß abgezahlt werden, damit der Büßer wieder frei ist). Der
zweite Faktor ist die *Gemeinde*. Sie unterstützt die Bemühung ihrer Büßer. Vor allem aber ist die Wiederaufnahme in die Gemeinde der sakramentale Akt der Wiederversöhnung mit Gott: Durch den wiederhergestellten Frieden mit der Gemeinde (pax cum ecclesia) findet der
Büßer wieder den Frieden mit Gott (pax cum Deo). Im Handeln der
Gemeinde aber handelt (wie bei der Taufe) Christus selbst.

3.2. Die Entwicklung zur wiederholbaren, geheimen Absolutionsbuße

3.2.1. Die Entwicklung der Praxis

Bis ins 6. Jahrhundert herrschte die altkirchliche Praxis der einmaligen, öffentlichen Exkommunikationsbuße. Zuletzt ging man aber
zunehmend dazu über, wegen der Schwere der Bußauflagen (und wegen
der auch nach der Rekonziliation bleibenden Dauerfolgen) den Buß-
prozeß bis ins hohe Alter bzw. bis in die Sterbestunde aufzuschieben. So
wurde die ursprünglich sehr anspruchsvolle, harte Bußdisziplin zu einem
vergleichsweise leichten Verfahren und fand allgemeine Ausbreitung.
Aus der außerordentlichen Umkehrbemühung, an der sich die ganze
Gemeinde beteiligte, wurde ein normales Sterbesakrament. Dadurch
entstand aber ein Vakuum: Die Buße verschwand weitgehend aus dem
Leben der Gemeinde, den einzelnen bot die Bußpraxis keine Hilfe mehr
zur Überwindung ihrer Schuld innerhalb des Lebens. Dieses Vakuum
wurde dann im 6. Jahrhundert durch eine andere Praxis gefüllt, die von
den britischen Inseln (vor allem durch iro-schottische Wandermönche)
auf das Festland kam: die keltische Buße.

Kirchenamtlich wurde die neue Praxis zunächst als »fluchwürdige Anmaßung«[40] be-
kämpft. Später versuchten die karolingischen Reformsynoden, die alte Buße wenigstens
durch einen Kompromiß zu retten: Private Buße sollte für private Sünden, öffentliche
Buße für öffentliche Sünden gelten. Aber die neue Praxis setzte sich durch, um 800 wurde

---

[40] So z. B. die Synode von Toledo 589: PL 84,353.

sie endgültig dominierend, im 13. Jahrhundert wurde die wiederholte Buße kirchenamtlich eingeschärft.[41]

*Kennzeichen der neuen Buße sind (1) ihre Wiederholbarkeit, (2) die Ge-
heimhaltung und (3) der allmähliche Wegfall der Bußzeit.*

(1) Die Buße wird so oft gewährt, wie jemand schwer gesündigt hat. Dabei ist auch ein
gegenüber der Alten Kirche verändertes Verständnis von schwerer Sünde im Spiel. Außerdem werden auch leichtere Sünden in diese Buße einbezogen. (2) Nicht nur das Bekenntnis, sondern auch die Tatsache, daß jemand Büßer ist, soll möglichst geheim bleiben.
Das Motiv der Diskretion gewinnt an Bedeutung. So wird aus der öffentlich vor der Gemeinde vollzogenen Buße die geheime, nur noch dem Priester bekannte »Ohrenbeichte«.
Daher wird die neue Bußform auch »private Buße« genannt. (3) Ursprünglich hat auch
diese Bußform (wie die altkirchliche Exkommunikationsbuße) drei Phasen: Bekenntnis vor
dem Priester – Zeit der Buße – Wiederaufnahme (Absolution) durch den Priester. Später
wird, weil viele Büßer faktisch nicht ein zweites Mal zum Priester kommen, und auch aus
Gründen der Diskretion, die Absolution sofort nach dem Bekenntnis gewährt, die Buße
(auch »Genugtuung« [satisfactio] genannt) ist dann anschließend zu verrichten. Diese Reihenfolge hat sich um 1000 allgemein durchgesetzt. So wird aus der Exkommunikationsbuße die Absolutionsbuße. Schließlich wird (im 13. Jahrhundert) das deprekatorische
(fürbittende) Absolutionswort des Priesters durch die indikativische (die Vergebung aus-
sprechende) Absolutionsform ersetzt.

3.2.2. Die theologische Entwicklung

Im Wandel der Praxis zeigt und vollzieht sich ein Wandel des theologischen Verständnisses. *Mit dem Übergang von der öffentlichen zur geheimen
Buße wird die Rolle der Gemeinde undeutlicher, die Funktion des Priesters rückt
dagegen in den Vordergrund.* Mit dem Wechsel von der deprekatorischen
zur indikativischen Absolutionsformel wird diese Entwicklung nochmals verstärkt: Aus dem für den Büßer Gott um Vergebung bittenden
wird der im Namen Gottes freisprechende Priester.

Bezüglich der Frage, welches *das entscheidende schuldüberwindende Element im kirchlichen Bußvorgang* ist, verlagert sich der Akzent mehrmals: In
der Alten Kirche liegt er auf dem *Bußwerk des Sünders* und auf dem Tun
der *Gemeinde*. Das Frühmittelalter betont das *Sündenbekenntnis*. Dieses
selbst wird nun wegen der damit verbundenen Beschämung des Sünders
als Bußwerk gewertet. Buße ist wesentlich »Beichte«. In der Frühscholastik (12. Jahrhundert) ist die *Reue* das entscheidende Element. Sie
gilt als der wesentlichste Teil unter den drei notwendigen Akten auf
Seiten des Büßers (Bekenntnis, Reue, Genugtuung), im Akt der Reue

---

[41] Vgl. unten 3.4.1.

geschieht die Vergebung der Schuld durch Gott. Die Hochscholastik
(13. Jahrhundert) versucht, diese Überzeugung mit der Notwendigkeit
der priesterlichen *Absolution* zu verbinden.

Den Anlaß dazu bietet die Beichtverpflichtung des IV. Laterankonzils[42], das begriffliche
Instrumentarium liefern die Unterscheidung zwischen der unvollkommenen Reue (attritio) und der (zur Vergebung notwendigen) vollkommenen Reue (contritio) sowie das
hylemorphistische Begriffspaar Materie-Form[43]: Bekenntnis, Reue und Genugtuung sind
die »Materie« des Sakraments, die Absolution ist dessen »Form«. Wenn jemand mit un-
vollkommener Reue zum Bußsakrament hinzutritt, bewirkt die Absolution die »Umfor-
mung« der attritio in die contritio – und auf diese Weise die Vergebung. Weder die Akte des
Büßenden allein noch die priesterliche Absolution allein machen also das Bußsakrament
aus, sondern beide in wechselseitiger Ursächlichkeit. Schwieriger ist allerdings die Notwendigkeit der Absolution für den Fall zu begründen, daß jemand schon als »contritus«
(= mit vollkommener Reue) zur Beichte kommt. Hier versucht die Theorie vom Vor-
auswirken der Absolution auf die Reue, den Zusammenhang zwischen dem Wirken des
Bußsakraments einerseits und der Sündenvergebung aufgrund der vollkommenen Reue
andererseits festzuhalten.

Johannes Duns Scotus († 1308) identifiziert das Sakrament so stark mit
der priesterlichen Absolution, daß Bekenntnis, Reue und Genugtuung
für ihn nur notwendige Voraussetzungen, aber nicht Teile des Sakraments sind.

Ein ähnlicher Wandel vollzieht sich in der Frage, *wie kirchlich-sa-
kramentales Verfahren und göttliche Vergebung miteinander zusammenhängen.*
In der *Alten Kirche* und im Frühmittelalter herrscht die Überzeugung,
daß der Friede mit Gott eng zusammenhängt mit dem *Frieden mit der
Kirche;* diese Überzeugung wird aber begleitet von dem Bewußtsein, daß
die Barmherzigkeit Gottes größer ist als die Möglichkeiten kirchlicher
Buße. (Dafür zeugt insbesondere die Praxis, die nach der Rekonziliation
Rückfälligen zwar nicht mehr zum Bußverfahren zuzulassen, sie aber der
Barmherzigkeit Gottes zu empfehlen.) Die *Scholastik* spricht (auf Mt
16,19 und Mt 18,18 anspielend) von der den Priestern gegebenen
»*Schlüsselgewalt*«, interpretiert diese aber unterschiedlich: Die *Früh-
scholastik* geht davon aus, daß Gottes Gnade allein die Vergebung be-
wirkt, und entwickelt die *Deklarationstheorie:* Mit der sakramentalen
Absolution erklären (deklarieren) die Priester den zuvor schon von Gott
Losgesprochenen für rein und wieder gottesdienstfähig. Biblische Vor-
bilder sind die Priester in Israel, welche die geheilten Aussätzigen für

---

[42] Vgl. ebd.
[43] Vgl. oben Zweiter Teil, 3.2.5.

rein erklärten[44], und die Apostel, welche dem schon wieder zum Leben erweckten Lazarus die Binden lösen[45]. *Thomas von Aquin* († 1274) dagegen lehrt, ausgehend von der Theorie der Instrumentalursächlichkeit der Sakramente und mit Hilfe der Materia-Forma-Lehre[46] eine echte Wirksamkeit des Sakraments: Im *Wechselspiel von Reue und Absolution* entsteht jene Disposition des Büßers, auf die hin Gott die Vergebung wirkt. *Johannes Duns Scotus* († 1308) schließlich entwickelt die Theorie von den *zwei Wegen* der Vergebung: dem sakramentalen (durch die Absolution) und dem außersakramentalen (aufgrund der vollkommenen Reue). Weil sich praktisch aber niemand seiner vollkommenen Reue sicher sein kann, hält er den sakramentalen Weg auf jeden Fall für geboten.

3.3. Sonderformen kirchlicher Bußpraxis

Wegen ihrer bußgeschichtlichen Bedeutung verdienen zwei Sonderformen kirchlicher Bußpraxis noch eine besondere Erwähnung: der Ablaß, weil er zum Anlaß für die Auseinandersetzungen im Reformationszeitalter wurde, und die Laienbeichte im Hinblick auf heutige Überlegungen zur Weiterentwicklung kirchlicher Buße.

3.3.1. Der Ablaß

Mit der Rezeption der keltischen Buße hatte man, um bei der großen Zahl von Beichten zu einer einheitlichen Praxis in der Bußauflage zu kommen, bestimmte, jeweils den einzelnen Delikten entsprechende »Bußtarife« aufgestellt. (Deshalb nennt man die frühmittelalterliche Praxis auch »Tarifbuße«.) Später entwickelte man, um auch individuellen Verhältnissen besser gerecht werden zu können, verschiedene Modifikationen dieser »Tarife«: die Umwandlung (Kommutation) der Buße (z. B. Verkürzung durch Intensivierung der Bußzeit), die Ablösung (Redemption) einer Bußleistung (durch ein Geldalmosen) und die stellvertretende Buße, bei der auch das Mitbüßen anderer gewertet wurde. Aus Umwandlung, Ablösung und stellvertretender Buße ent-

---

[44] Vgl. Mt 8,4.
[45] Vgl. Joh 11,44.
[46] Vgl. oben Zweiter Teil, 3.2.2. und 3.2.5.

wickelte sich im 11. Jahrhundert der Ablaß: Auf ein Gebet, ein Bußwerk oder eine Geldspende hin wird der Nachlaß zeitlicher Sündenstrafen (für den Büßenden selbst oder für jemanden, dem er seine Buße stellvertretend zuwenden möchte) in einem offiziellen kirchlichen Akt zugesprochen.

Bei der theologischen Begründung und Interpretation des Ablasses kommen vor allem drei Gedanken ins Spiel: (1) Anders als in der Alten Kirche trennte man im Mittelalter nicht nur logisch, sondern auch sachlich die Verhaftung an die Sünde (reatus culpae) von der Verhaftung an die Sündenstrafe (reatus poenae). Diese sachliche Trennung ergab sich notwendig aus dem Wandel von der Exkommunikationsbuße zur Absolutionsbuße: Bei der Exkommunikationsbuße wurde ja die Sünde vergeben, nachdem die Sündenfolgen durch die Bußleistung »abgearbeitet« waren; bei der Absolutionsbuße aber waren noch Sündenstrafen abzubüßen, nachdem die Sünde schon vergeben war. (2) Seit dem Frühmittelalter verband man die Läuterung nach dem Tod mit der kirchlichen Buße: In diesem Leben nicht zu Ende gebrachte Bußleistungen müssen im Reinigungsort vollendet werden. (3) Die alte christliche Überzeugung, daß das Martyrium der Heiligen, vor allem aber das Leben und Leiden Christi der ganzen Kirche zugute kommen, wird im 14. Jahrhundert zur Lehre vom »Gnadenschatz der Kirche« (thesaurus ecclesiae) ausgebaut, über welchen die Inhaber der Schlüsselgewalt »zu heilsamer Verteilung an die Gläubigen«[47] verfügen können.

Faktisch führte die Ablaßpraxis im Spätmittelalter zu einer stark verdinglichten und verrechtlichten Vorstellung von Gnade und Vergebung sowie zu skandalösen Geschäften mit der Angst und der Frömmigkeit der Gläubigen und wurde zum Symbol für die Hochstilisierung päpstlicher Gewalt in geistlichen Dingen. Sie rief daher, nach der Kritik durch die Waldenser, durch John Wyclif († 1384), Jan Hus († 1415) u. a. im 16. Jahrhundert den entschiedenen Protest und die Ablehung durch die Reformatoren hervor. Das Trienter Konzil (1545–1563) verteidigte das Recht der Kirche, Ablässe zu verleihen, rief aber auch zur Maßhaltung bei der Verleihung auf und forderte, die Mißstände auszuräumen und die Gewinnsucht auszuschalten.[48]

In der neueren Theologie trat Karl Rahner († 1984) im Anschluß an Bernhard Poschmann († 1955) für ein weniger juridisch und stärker personal ausgerichtetes Verständnis ein, das den Ablaß nicht von der Schlüsselgewalt, sondern von der Kraft des kirchlichen Betens her interpretiert. Dabei setzt Rahner auch ein personales Verständnis von »Sündenstrafen« voraus: Diese sind nicht von außen verhängt, sondern die vergiftenden, leidschaffenden Folgen der Sünde, die auch dann noch nicht überwunden sind,

---

[47] DH 1026/NR 678.
[48] Vgl. DH 1835/NR 688 f.

wenn der Sünder sich bekehrt hat und ihm die Schuld vergeben wurde. Bei dem mühe-
vollen Prozeß der Auflösung dieser Sündenfolgen kann auch das Gebet der anderen eine
Hilfe sein. So kann auch die Kirche »dem Sünder in einem eigenen, ausdrücklichen Akt ein
Gebet fürbittender Art zusichern, das sich auf die Nachlassung der Sündenstrafen bezieht . . . Eben dies geschieht in dem, was wir den Ablaß nennen.«[49]

3.3.2. Die Laienbeichte

In der Ostkirche hatte sich, im Unterschied zum mehr juridisch geprägten Westen, ein mehr therapeutisches Verständnis der Buße heraus-
gebildet. Der das Bekenntnis des Büßers Entgegennehmende bekam die
Funktion eines Seelenführers, der durch Gebet, Gespräch und Zurechtweisung und durch eigenes Mitbüßen dem Sünder auf dem Weg
zur Wiederversöhnung hilft, und deshalb hielt man die persönliche Integrität und Heiligkeit, die »Geisterfülltheit« des Seelenführers für
wichtiger als seine Legitimation durch ein kirchliches Amt. Infolge-
dessen wurden zunehmend, seit etwa 800 fast ausschließlich, Mönche,
die in hohem Ansehen standen, zu Beichtvätern, auch wenn sie nicht
Priester waren. Erst seit dem 13. Jahrhundert wurde im Osten der Gedanke des »Geistträgers« wieder stärker mit dem Amtsträger verbunden.
In der Westkirche entstand die Laienbeichte in mehr subsidiärer Funktion: Man bekannte seine Sünden vor einem Mitchristen, wenn ein
Priester nicht erreichbar war, dies aber in der Gewißheit, auch auf diese
Weise göttliche Vergebung zu erlangen. Vom 11. bis zum 13. Jahrhundert galt im Westen die Laienbeichte als (im Notfall) verpflichtend.

Diese Praxis wurde nahegelegt durch die frühmittelalterliche Über-
zeugung, daß zur Sündenvergebung das persönliche Bekenntnis der
entscheidende Faktor auf menschlicher Seite ist.[50] Viel zitiert wird ein
Satz aus der pseudo-augustinischen Schrift »Über wahre und falsche
Buße«: »So groß ist die Kraft des Bekenntnisses, daß man, wenn kein
Priester da ist, seinem Nächsten beichten soll.«[51] Oft wird in diesem
Zusammenhang auch auf Jak 5,16 verwiesen.

In der Hochscholastik ist nicht der Nutzen, wohl aber die Sakramentalität der Laienbeichte umstritten. Die meisten Theologen entscheiden sich gegen die Sakramentalität,
halten aber an der Verpflichtung zur Laienbeichte im Notfall fest. Thomas von Aquin

---

[49] K. Rahner, Kleiner theologischer Traktat über den Ablaß, in: ders., Schriften zur Theologie, Bd. 8,
Einsiedeln 1967, 472–487, Zitat: 485.
[50] Vgl. oben 3.2.2.
[51] Pseudo-Augustinus, De vera et falsa paenitentia, 10,25.

(† 1274) nennt die Laienbeichte »in gewissem Sinne sakramental, obwohl das Sakrament nicht vollkommen ist«, da zum Ganzen des Sakraments sowohl die Akte des Büßenden als auch die Akte des Priesters (Lossprechung und Bußauflage) gehören. Im Notfall müsse aber der Büßer »das tun, was von seiner Seite aus zu tun ist: bereuen und bekennen, wem er bekennen kann«. Wenn auch der Laie nicht die Absolution erteilen könne, so gleiche doch der »höchste Priester« (Christus) diesen Mangel aus.[52] Seit Johannes Duns Scotus († 1308), für den Reue und Bekenntnis nicht Bestandteile des Sakraments, sondern nur dessen Voraussetzungen sind,[53] gehen die theologische Hochschätzung und die Praxis der Laienbeichte zurück.

3.4. Lehramtliche Festlegungen

3.4.1. Das IV. Laterankonzil

Das *IV. Laterankonzil* (1215) verpflichtet alle Gläubigen, »wenigstens einmal im Jahr alle Sünden dem zuständigen Priester aufrichtig zu bekennen und sich zu bemühen, die auferlegte Buße nach Kräften zu erfüllen.«[54]

Hier sind zwei Dinge besonders anzumerken: Erstens ist diese Bestimmung ein Zeugnis dafür, daß die Kirche die im Frühmittelalter »von unten« eingeführte und gegen den Widerstand bischöflicher Synoden durchgesetzte neue Bußpraxis (nämlich die wiederholbare Beichte) inzwischen voll akzeptiert hat. Zweitens ist die inhaltliche Reichweite dieser (bis heute gültigen) Anordnung zu erläutern. Für die Interpretation entscheidend ist, daß das Wort »Sünden« (peccata) hier im Sinne von »schweren Sünden« (»Todsünden«) zu verstehen ist. Die Verpflichtung zur Beichte gilt also nicht unabhängig davon, ob der Gläubige »schwer« oder nur »leicht« gesündigt hat; sondern sie besagt: Wer sich einer schweren Sünde (Todsünde) bewußt ist, wird auf die Verpflichtung zum Bußsakrament aufmerksam gemacht, und dieser Verpflichtung muß er spätestens binnen Jahresfrist nachkommen.[55]

3.4.2. Das Konzil von Trient

Martin Luther († 1546) schätzte die Beichte als »ein vortreffliches, köstliches und großes Ding«, sah sie aber durch die kirchliche Praxis (insbesondere durch den Zwang zum vollständigen Bekenntnis) entstellt: »Sie haben lauter Angst und Höllenmarter daraus gemacht.«[56] Die ent-

---

[52] Thomas von Aquin, In Sent. IV, d.17, q.3, a.3 b, ad 1.

[53] Vgl. oben 3.2.2.

[54] DH 812.

[55] Vgl. hierzu auch die entsprechende Bestimmung des Trienter Konzils (DH 1680/NR 652) und im CIC/1983: Can 988 f.

[56] M. Luther, Großer Katechismus, WA 30/I, 234.

scheidende Bedeutung, die Gnade und Glaube im Rechtfertigungs-
prozeß haben, sahen die Reformatoren beeinträchtigt dadurch, daß in
der scholastischen Theologie die Werke des Büßenden (Reue, Bekenntnis und Genugtuungswerk) als konstitutive Elemente des Bußsakraments bezeichnet wurden, und dadurch, daß die priesterliche Absolution (statt Gnadenzuspruch zu sein) als richterlicher Akt interpretiert
wurde.

Darauf reagierte das *Konzil von Trient* mit folgenden Bestimmungen:
(1) Die Buße ist ein *von Christus eingesetztes* Sakrament. Diese Einsetzung
wird mit Joh 20,22 f begründet.[57] (2) Zur »vollständigen und vollkommenen« Nachlassung der Sünden sind *Reue, Bekenntnis und Genugtuung* erforderlich. Diese drei Elemente nennt das Konzil »Teile der
Buße«, »gleichsam die Materie des Bußsakraments«[58]. (3) Das sakramentale Bekenntnis ist »nach göttlichem Recht eingesetzt und zum
Heil notwendig«, »die Art des geheimen Sündenbekenntnisses vor dem
Priester allein, die die Kirche von Anfang an stets beobachtet hat und
beobachtet«[59], entspricht dem Auftrag und der Einsetzung Jesu Christi.
Diese Verpflichtung wird mit dem folgenden Canon nochmals unterstrichen und präzisiert: »Wer sagt, zur Vergebung der Sünden sei es nicht
nach göttlichem Recht notwendig, im Bußsakrament alle Todsünden
einzeln zu bekennen, deren man sich nach schuldiger und sorgfältiger
Erwägung erinnert, . . . ebenso die Umstände, die die Art der Sünde
ändern, . . . der sei ausgeschlossen.«[60] (4) Die *Lossprechung* des Priesters
wird als »richterlicher Akt« verstanden. Dazu, daß der Priester lossprechen kann, ist das Sündenbekenntnis notwendig. Die Los-
sprechungsvollmacht hängt nicht von der persönlichen Heiligkeit oder
Sündigkeit des Priesters ab. Sie wird mit Mt 18,18 und Joh 20,23 begründet.[61]

Zum Verständnis dieser Bestimmungen und insbesondere für die Frage ihrer dogmatischen Verbindlichkeit ist von Bedeutung, daß es den Konzilsvätern von Trient (außer um
Reform) mehr um die Verteidigung der überlieferten Praxis (in Abwehr gegen die reformatorischen Angriffe) ging als um den systematischen Entwurf und die Dogmatisierung
einer kompletten Bußtheologie. Von daher sind Absicht und Bedeutung der Verwer-

---

[57] Vgl. DH 1701 und 1703/NR 660 und 662.
[58] DH 1704/NR 663.
[59] DH 1706/NR 665.
[60] DH 1707/NR 666.
[61] Vgl. DH 1709 f/NR 668 f.

fungsformulierung »anathema sit« (der sei ausgeschlossen) zu verstehen: »Der Gebrauch des Anathems auf dem Konzil von Trient ist im Rahmen einer Tradition zu sehen, in der das Anathem nicht nur gegen Häresien und schwere Abweichungen in der Lehre, sondern auch wegen rein disziplinärer Delikte, die Ausdruck eines sehr schweren Ungehorsams gegenüber der kirchlichen Obrigkeit waren, verhängt wurde.«[62]

Im einzelnen sind für die Interpretation der Trienter Canones folgende Gesichtspunkte wichtig. Zu (1): Bezüglich des Begriffs der Einsetzung ist an die unterschiedlichen Konnotationen zu erinnern, welche die mittelalterliche Theologie und das Trienter Konzil einerseits und die Reformatoren und die moderne Theologie andererseits mit diesem Begriff verbinden.[63] Zu (2): Die etwas umständlich wirkende Formulierung »vollständige und vollkommene [integra et perfecta] Nachlassung«[64] soll darauf hinweisen, »daß es Sündenvergebung auch außerhalb und . . . [aufgrund der vollkommenen Reue] auch vor dem Bußsakrament gibt, aber immer in grundsätzlicher Hinordnung auf das Sakrament.«[65] Mit der Bezeichnung von Reue, Bekenntnis und Genugtuung als »Materie des Sakraments« folgt das Konzil Thomas von Aquin und nicht Johannes Duns Scotus. Es wertet damit den subjektiven Anteil am Bußsakrament höher als Duns Scotus, für den das Sakrament mit der Absolution identisch ist. Daß es die hylemorphistische Begrifflichkeit (materia-forma) aber nicht verbindlich festschreiben will, signalisiert es mit der Partikel »gleichsam« (quasi). Zu (3): Bezüglich der Notwendigkeit des persönlichen Bekenntnisses und seiner Begründung im »göttlichen Recht« und in der kontinuierlichen Praxis der Kirche (»von Anfang an stets beobachtet«) ist erstens zu unterscheiden zwischen der Aussageabsicht (die dogmatisch verbindlich sein kann) und der historischen Tatsachenbehauptung (für die das Lehramt keine verbindliche Kompetenz hat) und zweitens (innerhalb der Aussageabsicht) zwischen der oben erwähnten mehr praktischen Intention der Verteidigung der Praxis (als theologisch gut begründet) und der mehr systematischen Intention der positiven Entfaltung einer Lehre. Diese Unterscheidung fällt allerdings im vorliegenden Fall nicht leicht.

3.5. Neuere Entwicklung

Für die katholische *Theologie* des 20. Jahrhunderts war die Erforschung der kirchlichen Bußgeschichte »ein dogmengeschichtliches Schlüsselerlebnis«[66]: Inhaltlich führte die Wiederentdeckung der altkirchlichen Buße zur Betonung des sozialen, ekklesiologischen Aspekts des Bußsakraments, formal-hermeneutisch brachte der Blick auf die enormen Wandlungen in Praxis und Theologie ein neues Verständnis der kirchlichen Tradition mit sich, das bedeutend stärker deren Geschichtlichkeit berücksichtigt.

---

[62] H. Vorgrimler, Buße und Krankensalbung (HDG IV/3), Freiburg 1978, 172.
[63] Vgl. oben Zweiter Teil, 3.3.3.
[64] DH 1704.
[65] H. Vorgrimler, a. a. O., 174.
[66] H. Vorgrimler, Sakramententheologie, Düsseldorf 1987, 231.

In der Bußpraxis vollzog sich innerhalb des Jahrhunderts nochmals ein starker Wandel. In der ersten Jahrhunderthälfte erreichte die Beichthäufigkeit einen bis dahin nie gekannten Höhepunkt. Die Kommunion-Dekrete Pius' X. (1903–1914), der den Kommunionempfang möglichst in jeder Meßfeier forderte, und die Impulse der Liturgischen Bewegung, die in dieselbe Richtung gingen[67], mußten mit der jahrhundertelangen Gewohnheit vermittelt werden, jeweils vor dem (freilich sehr seltenen) Kommunionempfang zu beichten. Man traf sich vorläufig auf halbem Wege: Man ging einmal im Monat zur Kommunion und ebenso häufig zur Beichte. Um die Jahrhundertmitte löste sich dann die Koppelung von Beichte und Kommunion: Der Kommunionempfang gehört seitdem mehr und mehr zur Teilnahme an der Eucharistie, die Beichthäufigkeit nahm rapide ab. Gleichzeitig entstand eine neue Form öffentlicher Buße: der gemeinsam gefeierte Bußgottesdienst. Um die kirchenamtliche Anerkennung dieser zunächst an der Basis (zuerst in niederländischen und in französischen Gemeinden) praktizierten Bußform wurde etwa zwei Jahrzehnte lang gerungen.

Die neuen Akzente in der Bußtheologie und die neue Wertschätzung des Bußgottesdienstes schlugen sich nieder in der neuen *römischen Bußordnung (1973)*.

Die stärkere Betonung des sozialen Charakters des Bußsakramentes spiegelt sich in der Neufassung der Absolutionsformel: Während die alte Fassung nur das Gegenüber von Büßendem und (im Auftrag Christi) lossprechendem Priester kennt, spricht die neue Fassung vom »Dienst der Kirche« an »Verzeihung und Frieden« und stellt diesen Dienst in den Rahmen einer trinitarisch entfalteten Heilsgeschichte, die auf die »Versöhnung« der »Welt« zielt. – Das Bußsakrament als ganzes wird (in der deutschsprachigen Ausgabe) als »Feier der Versöhnung« konzipiert, von den drei möglichen Formen sind zwei als Gemeindegottesdienste angelegt: Außer der »Feier der Versöhnung für einen einzelnen« sind die »Gemeinschaftliche Feier der Versöhnung mit Bekenntnis und Lossprechung der einzelnen« und die »Gemeinschaftliche Feier der Versöhnung mit allgemeinem Bekenntnis und Generalabsolution« vorgesehen (die dritte Form allerdings nur für Notsituationen, in denen ein individuelles Bekenntnis »physisch« oder »moralisch« nicht möglich ist; die Entscheidung darüber, ob eine solche Situation gegeben ist, ist den Bischöfen überlassen). – Außerdem fordert die Bußordnung regelmäßige Bußgottesdienste, »einige Male im Jahr, vor allem in der österlichen Bußzeit«.[68] Zu »Nutzen und Bedeutung« der Bußgottesdienste sagt sie: »Es ist darauf zu achten, daß die Bußgottesdienste . . . nicht mit der Feier des Bußsakramentes verwechselt werden. Die Bußgottesdienste sind jedoch sehr nützlich zur Be-

---

[67] Vgl. oben III.3.5.
[68] Pastorale Einführung Nr. 40 b, in: Die Feier der Buße nach dem neuen Rituale Romanum. Studienausgabe, hrsg. von den Liturgischen Instituten Salzburg, Trier und Zürich, Einsiedeln 1974, 29.

kehrung und zur Reinigung des Herzens . . . Außerdem sind die Bußgottesdienste von
großem Nutzen, wo kein Priester zur Erteilung der sakramentalen Lossprechung zur Ver-
fügung steht; denn sie helfen zur Erweckung vollkommener Reue, durch die die Gläubigen, welche die Absicht haben, später das Bußsakrament zu empfangen, Gnade bei Gott
erlangen.«[69]

4. Systematische Reflexion

4.1. Hermeneutische Konsequenzen aus dem geschichtlichen Befund

Eingangs war von der Krise des Bußsakraments die Rede. Die
Kenntnis der Bußgeschichte bietet eine gute Voraussetzung, diese Krise
nicht als bloßes Verfallssymptom, sondern auch als Chance, als Übergang
zu neuen Formen kirchlicher Buße zu verstehen. Um nur den am
stärksten ins Auge fallenden bußgeschichtlichen Wandel zu nennen:
Auch die heute in die Krise geratene Ohrenbeichte hat eine ältere,
mindestens fünfhundertjährige Bußpraxis abgelöst und wurde nach lan-
gem kirchenamtlichen Widerstand zur herrschenden Bußform.

Wie schon angedeutet, ist der Variationsreichtum, den die Bußgeschichte bietet, um
ein Vielfaches größer als die historische Übersicht, die in dem engen Rahmen dieses
Handbuches dargestellt werden konnte. Die von Robert Lendi in hermeneutischer Absicht
angestellte detaillierte Untersuchung der Bußgeschichte kommt zu folgenden Ergebnissen:
»Die Geschichte der kirchlichen Buße kennt eine reiche und pluralistische Praxis und
Theorie der Buße. Dieser Pluralismus ist . . . nicht nur ein Faktum der kirchlichen Bußpraxis, sondern offensichtlich auch eine legitime Möglichkeit der Bußtheologie . . . In den
meisten . . . Epochen war die bußtheologische Reflexion sehr praxisorientiert, wenn nicht
gar praxisbestimmt, und der Wandel der kirchlichen Buße vollzog sich in der Regel immer
zuerst in der Praxis, im kirchlichen Leben, ehe sich dann allmählich auch die Bußtheologie
änderte und sehr oft die Praxis sanktionierte . . . Immer wieder zwang eine Krise der
Bußpraxis, entstanden durch eine neue kulturelle, soziologische und anthropologische Situation . . . zum Umdenken und Umorganisieren der bußsakramentalen Praxis. Diese
praktischen Umwälzungen waren immer wieder ein Hinweis auf die Inkongruenz und
Diskrepanz zwischen Praxis und (veralteter) Theorie . . . Die Bußtheologie (Lehre) tat
[sich] oft schwer, bußpastorale Krisen wahrzunehmen . . . und mitzuvollziehen, und sie
wirkte dann immer hemmend, retardierend oder gar restaurierend auf die lebendige praktische Reform der Buße, ohne indes diese ganz kanalisieren, aufhalten oder ihr die Freiheit
zur Veränderung bestreiten zu können.« Die systematische Konsequenz aus der historischen
Analyse lautet: »Die heutige Reform der Buße in Theorie und Praxis hat dieselbe Pflicht
und dieselben Freiheiten zur Anpassung an die gegenwärtige kirchliche, pastorale, gesell-

---

[69] Ebd., Nr. 37, S. 27.

schaftliche, soziokulturelle und anthropologische Situation, wie sie jede kirchen- und theologiegeschichtliche Epoche hatte«.[70]

Treue zur Überlieferung kann also nicht einfach Bewahrung (und rechtfertigende Interpretation) des Bestehenden sein; sie bedeutet vielmehr immer auch dessen Infragestellung, und zwar nach zwei Seiten: Einerseits erinnert sie an möglicherweise heute wieder aktuelle, aber zwischenzeitlich »vergessene Wahrheiten«[71], und andererseits drängt sie (wie es die bisherige Geschichte auch tat) auf kreative Neugestaltung in korrelativem (d. h. die epochalen Erfahrungen ebenso wie die Glaubensüberlieferung ins Spiel bringendem) Umgang mit einer neuen Epoche. Einige solcher »vergessener Wahrheiten«, die durch die bußgeschichtlichen Untersuchungen wieder deutlicher in unseren Blick kamen, seien im folgenden genannt. Die kreative Neugestaltung dagegen kann nicht in einem Lehrbuch entworfen werden; nach den geschichtlichen Erfahrungen bezüglich des Theorie-Praxis-Zusammenhangs ist sie vielmehr eher von der praktischen Entwicklung zu erwarten; dogmatische Theologie kann dazu nur, mehr andeutend, einige systematische Gesichtspunkte beisteuern.

4.2. Wiedergewonnene Einsichten

4.2.1. Die soziale Dimension

Die Grundgestalt der Ohrenbeichte ist das Gegenüber von absolvierendem Priester und einzelnem Büßer, die Gemeinde ist nicht sichtbar beteiligt.

Den Abstand zur Gemeinde illustriert besonders der Beichtstuhl. Er entwickelte sich aus einem im Mittelalter noch öffentlichen Platz im Chorraum. Seit dem Trienter Konzil trennt, um unerwünschte Vertraulichkeiten zu vermeiden, ein Gitter Beichtenden und Priester. In der Neuzeit führte das Bedürfnis nach Diskretion zu immer mehr verschlossenen Formen, schließlich konnten selbst Priester und Beichtender einander nicht mehr anschauen.

Dieses Zeichen scheint zu sagen: Der Büßende begegnet dem vergebenden Christus in dessen Stellvertreter, dem Priester. In der alt-

---

[70] R. Lendi, Die Wandelbarkeit der Buße, Bern 1983, 521.524 f.529.

[71] K. Rahner, Vergessene Wahrheiten über das Bußsakrament, in: Ders., Schriften zur Theologie, Bd. 2, Einsiedeln 1955, 143–183.

kirchlichen Buße dagegen begegnen (wie in Mt 18,20) die Büßer Christus in der Gemeinschaft der kirchlichen Gemeinde: Der öffentlich vollzogene und über die ganze Bußzeit realisierte Ausschluß aus der Gemeinschaft macht die Trennung von Gott spürbar, in der öffentlich gefeierten Wiederversöhnung mit der Gemeinde ereignet sich, für alle Beteiligten erlebbar, die Wiederversöhnung mit Gott. Die Wiederentdeckung dieser alten Praxis in unserem Jahrhundert gewinnt heute deshalb besondere Bedeutung, weil sie zusammenfällt mit dem neuen Verlangen nach Gemeinschaft und mit der Wiederentdeckung des Communio-Charakters der Kirche.

Der spanische Karmelit Bartolomé Xiberta versuchte 1922, die altkirchliche Kurzformel »Wiederversöhnung mit Gott durch Wiederversöhnung mit der Kirche« in scholastische Terminologie zu übersetzen: »Die Wiederversöhnung mit der Kirche ist res et sacramentum [die sakramentale Zwischenwirkung] des Bußsakraments.«[72] Dies scheint auf den ersten Blick verwirrend, weil der Begriff von der mittelalterlichen Scholastik her schon besetzt ist: Die Scholastik bezeichnete die durch das Sakrament verinnerlichte Reue (die paenitentia interior = contritio) als »res et sacramentum«. Bei näherem Zusehen könnte die Kombination der beiden Bedeutungen aber durchaus Sinn geben: In jedem Fall meint der Begriff »res et sacramentum« ja den besonderen »Weg«, die »Methode« sakramentalen Wirkens. Die Scholastik sieht dabei auf den einzelnen und seine (durch das Sakrament bewirkte) innere Umwandlung, die Kirchenväter sehen auf den Wandel im sozialen Gefüge. Beides zusammen macht den »Weg« (scholastisch gesprochen: die Wirkweise) des Sakraments aus: Im Bußsakrament, in menschlichen Gesten und Worten, erfährt der sündige Mensch die Begleitung durch die kirchliche Gemeinschaft auf seinem Weg der Umkehr. Er erfährt diese Begleitung als helfende Kritik und als wiederversöhnende Annahme. Diese Erfahrung vermag ihn innerlich umzuwandeln. Auf diese Weise handelt der versöhnende Gott an ihm: leibhaftig spürbar, sozial erfahrbar.

4.2.2. »Versöhnung« als Grundwort

Das für die altkirchliche Buße zentrale Wort »reconciliatio« (Wiederversöhnung) wurde in der erneuerten Bußliturgie und -theologie wieder aufgenommen: »Versöhnung« wurde zum Grundwort für den Inhalt des Bußsakraments. Es ist besonders geeignet, den Zusammenhang zwischen göttlicher Vergebung, zwischenmenschlicher Kommunikation und innerer Heilung zu bezeichnen. Es spricht nämlich erstens von der Initiative Gottes: Er ist der Versöhnende, die Menschen sind dazu eingeladen, sich versöhnen zu lassen.[73] Es spricht zweitens von

---

[72] B. Xiberta, Clavis Ecclesiae. De ordine absolutionis sacramentalis as reconciliationem cum Ecclesia, Rom 1922, 12.
[73] Vgl. 2 Kor 5,18–20.

der sozialen Dimension christlicher Schuldüberwindung: Die von Gott geschenkte Versöhnung erreicht den sündigen Menschen in der mitmenschlichen Hilfe zur Umkehr und in den Versöhnungsgesten der Gemeinde. Und erst dadurch, daß der, dem vergeben wurde, seinerseits die Aussöhnung mit seinem Nächsten sucht, wird die Versöhnung zur Wirklichkeit seines Lebens. Deshalb sind der Empfang der Vergebung und die Bereitschaft zu vergeben untrennbar miteinander verknüpft.[74]

»Versöhnung« sagt drittens etwas aus über die Heilung und die neue Verfassung dessen, dem vergeben wurde: Es meint die Überwindung von Unfrieden, Isolierung, Entfremdung, die Herstellung von Frieden, Kommunikation, Identität.

4.2.3. Bleibende Spannung zwischen kirchlichem Handeln und göttlicher Versöhnung

Bei aller Betonung der sozial-ekklesialen Dimension darf aber auch nicht vergessen werden, daß kirchliches Versöhnungshandeln und die von Gott geschenkte Versöhnung nicht selbstverständlich zusammenfallen. Auf das Bewußtsein von dieser bleibenden Spannung stoßen wir in allen Epochen der Bußgeschichte.

Das *Matthäusevangelium* umrahmt seine Gemeinderegel, welche für den äußersten Notfall auch den Ausschluß vorsieht, mit mehreren Aufforderungen Jesu zu grenzenloser Vergebungsbereitschaft – und relativiert damit die eigene Bußordnung.[75] In der Tat wird von *Jesus selbst* an keiner Stelle erzählt, daß er jemals jemanden aus seinem Jüngerkreis ausgeschlossen habe; das Gefälle zwischen dem Verhalten Jesu und dem der Kirche ist schon im Neuen Testament unübersehbar. Die *Alte Kirche* weigerte sich über fünfhundert Jahre lang konsequent, rückfällig gewordene Christen ein zweites Mal zur kirchlichen Buße zuzulassen; aber sie empfahl die solchermaßen endgültig aus der Eucharistiegemeinschaft Ausgeschlossenen der Barmherzigkeit Gottes – und bezeugte damit das Bewußtsein, daß Gottes Vergebungsmöglichkeiten größer sind als die der Kirche. *Die mittelalterliche und die neuzeitliche Theologie* hielten ebenso konsequent die Überzeugung durch, daß in der vollkommenen Reue alle Schuld von Gott vergeben wird, obwohl diese Überzeugung (insbesondere mit dem Übergang von der frühscholastischen Deklarationstheorie zur hochscholastischen Verursachungstheorie) zunehmend schwieriger in die Theologie der Schlüsselgewalt zu integrieren war.

Mit dieser Spannung zwischen kirchlichem und göttlichem Handeln muß grundsätzlich immer gerechnet werden. Denn die Kirche wird zwar Leib Christi genannt, Sakrament seiner versöhnenden Nähe; aber

---

[74] Vgl. Mt 5,24; 6,14 f; 18,23–35.
[75] Vgl. oben 2.3.2.

sie ist nicht mit Christus hypostatisch vereint. Sie soll zwar Instrument und Ort der Versöhnung sein, aber sie wird, weil sie selbst irrtumsfähig und nicht frei von Sünde ist, notwendig immer hinter dem Handeln Gottes zurückbleiben. Deshalb können ihre Einzelentscheidungen über Ausschluß und Wiederaufnahme nicht unfehlbar mit dem Handeln Gottes identisch sein.

4.2.4. Vielfalt der Praxis und der theologischen Aspekte

Der Blick in die Geschichte weitet auch den Blick für die Vielfalt möglicher Bußpraxis und theologischer Aspekte. Er kann dazu beitragen, einige perspektivische Verengungen der jüngeren Geschichte zu überwinden: Das Bußsakrament war nie die einzige Form kirchlicher Bußpraxis, seine gegenwärtige Gestalt und seine theologische Deutung sind nicht grundsätzlich festgeschrieben. So rückt das Bußsakrament in den größeren Rahmen anderer kirchlicher Bußvollzüge, und bezüglich des Bußsakraments selbst werden weitere Ausgestaltungen und Deutungsakzente möglich.

Bezüglich der altkirchlichen *Praxis* ist zunächst an die schon erwähnte methodische Einschränkung der dogmengeschichtlichen Darstellungen[76] zu erinnern: Indem diese sich auf das amtliche Bußverfahren konzentrieren, berichten sie von einer Praxis, die maximal einmal im Leben in Betracht kam, ja, nach der Überzeugung der Alten Kirche eigentlich niemals im Leben eines Christen vorkommen sollte (wer einmal Büßer gewesen war, konnte z. B. nicht mehr Bischof werden). Das heißt natürlich nicht, daß etwa die geschwisterliche Zurechtweisung und das »Hören« aufeinander als Realisierung der ersten drei Schritte der matthäischen Gemeinderegel[77], die Praxis von Gebet, Fasten, Almosen und guten Werken außerhalb der offiziell auferlegten Buße, die versöhnende Kraft der Eucharistiefeier und vieles andere in der Alten Kirche nicht existiert hätten. Aber es macht deutlich, daß jene Institution, auf die wir heute das Sakrament der Buße zurückführen, nur einen engen Ausschnitt der altkirchlichen Bußpraxis darstellt. Bezüglich der mittelalterlichen Praxis sei nur an die verschiedenen Verfahren der Bußumwandlung[78], an die Generalabsolutionen u. ä. erinnert, besonders aber an die Laienbeichte, die im Westen und im Osten über Jahrhunderte in Übung und im Osten sogar die herrschende Praxis war und deren Nützlichkeit und Effizienz auch von der scholastischen Theologie bejaht wurde.[79]

Die Vielfalt der *theologischen Aspekte* wird deutlich, wenn man nur einmal die unterschiedlichen Funktionen miteinander vergleicht, welche das *Sündenbekenntnis* hatte: Es galt in der frühmittelalterlichen Tarifbuße als notwendige Grundlage für die entsprechende Bußauflage, in der vor-scholastischen Theologie als das eigentlich beschämende Bußwerk

---

[76] Vgl. oben die Einführung zu 3.
[77] Vgl. oben 2.3.2.
[78] Vgl. oben 3.3.1.
[79] Vgl. oben 3.3.2.

selbst, im Konzil von Trient als Voraussetzung für den richterlichen Akt der Absolution, in der Neuzeit als Mittel der Seelenführung. Ähnlich verlagerte sich der Akzent bei der priesterlichen *Absolution:* Aus dem fürbittenden Gebet der Kirche wurde (nach dem Wechsel zur indikativischen Absolutionsformel) der richterliche Akt des Amtsträgers; aus der Deklaration der bereits von Gott her vergebenen Schuld (in der Frühscholastik) wurde (bei Thomas von Aquin und der ihm folgenden Lehre) die Instrumentalursache der Vergebung. Vor allem aber – das dürfte für die gegenwärtig anstehende Weiterentwicklung besonders bedeutsam sein – ist an die unterschiedlichen *Grundaspekte* zu erinnern, unter denen das ganze kirchliche Bußverfahren gesehen wurde: Neben dem westlichen, stärker juridischen Aspekt (die Schuld muß abbezahlt werden, damit der Sünder wieder frei wird) steht der östliche, mehr therapeutische Aspekt: Dem Büßer wird geholfen bei der Heilung der Wunden, die sein Fehlversagen ihm schlug. Daß hier nicht nur mit verschiedenen Metaphern derselbe Inhalt ausgesagt wird, ist an der jeweils korrespondierenden Praxis zu erkennen: Von einem vorwiegend therapeutischen Verständnis her war die ostkirchliche Praxis logisch, den Beichtvater nach seiner Frömmigkeit und Klugheit auszusuchen (was faktisch zur Laienbeichte führte), von einem vorwiegend juridischen Verständnis her mußte man auf die Amtsvollmacht des Priesters achten.

4.3. Das Bußsakrament im Rahmen anderer kirchlicher Bußvollzüge

Die Grenzen zwischen formal geregelter, amtlich vollzogener, sakramentaler Buße und mehr informellen, eher privat zwischen einzelnen oder auch in der gemeindlichen Öffentlichkeit geschehenden, aber nicht liturgisch gefeierten Vollzügen von liebender Kritik, Umkehr, Vergebung, Versöhnung und neuem Anfangen können fließend sein. »Kirchliches« Versöhnungshandeln werden die letzteren nicht erst dadurch, daß sie im Raum der Liturgie sichtbar werden. Wohl sind (wie bei allen Sakramenten) Liturgie und »profanes« Handeln aufeinander verwiesen: *Die liturgische Feier der Versöhnung lebt von der alltäglichen Versöhnungspraxis in der Gemeinde (sonst wird sie inhaltsleer), und die religiöse Tiefe der alltäglichen Versöhnung (die Tatsache, daß auch dort Gott handelt) wird in den liturgischen Zeichen ausdrücklich gemacht.*

4.3.1. Nicht-liturgische Vollzüge

Deshalb gehören zum Kontext, ohne den das Bußsakrament überhaupt nicht verständlich wird, auch nicht-liturgische Vollzüge kirchlicher Bußpraxis. Sie können (schon wegen ihres oft informellen Charakters und der daraus resultierenden Vielfalt) selbstverständlich nicht vollständig aufgezählt werden; auf einige Vollzüge und ihre theologische Bedeutung sei aber hingewiesen.

Zu gemeindlicher Bußpraxis gehört das geschwisterliche *Austragen von Konflikten* (die Zurechtweisung, das Eingeständnis von Schuld, die Bitte um Verzeihung und das Verzeihen selbst) ebenso wie die in den letzten Jahrzehnten verstärkt in den Kirchen entstandenen Möglichkeiten zu *Aussprache und Beratung*. In ihnen kann realisiert werden, was die matthäische Gemeinderegel als die ersten drei Stufen gemeindlicher Schuldbewältigung[80] nahelegt. Ort von Umkehr und Vergebung sind auch *Schriftlesung* und *Gebet*. Im Hören auf das Wort erfahren sündige Menschen sowohl den Anspruch, hinter dem sie zurückblieben, als auch das zu verändertem Handeln ermutigende Geschenk der Versöhnung; für den, der sich darauf einläßt, hat das Wort aber nicht nur eine informierende Funktion, sondern es wirkt, was es sagt.[81] Und dem gemeinsamen Gebet um Vergebung ist den im Namen Christi Zusammenkommenden Erhörung zugesagt.[82] Zu kirchlicher Bußpraxis gehört auch das *öffentliche Eingeständnis von konkreter öffentlicher Schuld der Kirche,* die ja auch als Kirche »stets der Reinigung bedürftig« ist und »immerfort den Weg der Buße und Erneuerung gehen« muß (LG 8), und kirchliches Bußhandeln vollzieht sich auch in *Bewegungen zur Umkehr im Sinne gesellschaftlicher Veränderungen* auf mehr Gerechtigkeit und Frieden hin (darauf zielt ja zu einem großen Teil die Umkehrpredigt der biblischen Propheten). In all diesen Vollzügen kann wirkliche Umkehr geschehen, die von Gott ausgehende Versöhnung ergriffen und realisiert werden.

4.3.2. *Liturgische Vollzüge außerhalb des Bußsakraments*

Auch die kirchliche Liturgie kennt verschiedene Bußvollzüge. Das klassische Sakrament von Umkehr und Vergebung ist die *Taufe*. Wenn es auch im Fall der Kindertaufe nicht Ort personaler Umkehr des Täuflings ist, so kann aber das ganze christliche Leben als Aneignung der Taufe verstanden werden. Von daher bekommen auch die eben genannten Realisierungen von Umkehr gewissermaßen ein sakramentales Vorzeichen: In ihnen verwirklicht sich ein Stück kirchlichen Lebens. Die zentrale, immer wiederholte Feier der Versöhnung ist die *Eucharistie*. Darauf verweisen die Grundgestalt des versöhnenden Mahles und der

---

[80] Vgl. Mt 18,15–17.
[81] Vgl. oben Zweiter Teil, 4.1.2.
[82] Vgl. Mt 18,20.

Grundaspekt der Wandlung.[83] Das kommt aber auch in vielen Einzel-
elementen der eucharistischen Feier zum Ausdruck: im Bußakt zu Beginn, in der Vergebungsbitte nach dem Lesen des Evangeliums, im Motiv vom Bundesblut zur Vergebung der Sünden im Einsetzungsbericht,
im Motiv vom »Lamm Gottes, das hinwegnimmt die Sünde der Welt«,
im Gestus des Brotbrechens, in der Bitte »Sprich nur ein Wort, so wird
meine Seele gesund« vor dem Kommuniongang, im Austeilen und
Empfangen des geteilten Brotes (und des Bechers) sowie im Entlas-
sungswort »Gehet hin in Frieden!«

Spätestens seit der römischen Bußordnung von 1973[84] gehört auch
der *Bußgottesdienst* (= die Bußfeier) zur offiziellen Liturgie der Kirche. Er
hat sein großes biblisches Vorbild in der Bußversammlung des Volkes in
Joel 1f; zu den Parallelen in der kirchlichen Bußgeschichte sind die mittelalterlichen (über die ganze Gemeinde ausgesprochenen) Generalabsolutionen zu zählen. Der Bußgottesdienst ist als eine gottesdienstliche
Versammlung zu verstehen, welche einen Aspekt der Eucharistiefeier
(und vieler Wortgottesdienste) besonders thematisiert: das Eingeständnis
der Schuld und die Verkündigung der Vergebung. Er ist ein besonders
deutliches Zeichen dafür, (1) daß die Gemeinschaft der Christen auch in
der gemeinsamen Angewiesenheit und in der gemeinsamen Hoffnung
auf Versöhnung besteht, (2) daß Versöhnung mit Gott und Versöhnung
unter Menschen miteinander zusammenhängen, (3) daß wirklich Vergebung geschieht, wo Christen im Namen Jesu zusammenkommen, (4)
daß sich auch die Gemeinde (die Kirche) als ganze als sündig und dau-
ernder Erneuerung bedürftig weiß.

In der *Krankensalbung* kommt besonders stark zum Ausdruck, daß es
im Erlösungsgeschehen nicht um isolierte Sündenvergebung geht, sondern um Rettung und Heilwerden des ganzen Menschen.[85]

4.3.3. Das Bußsakrament

Das Spezifikum des Bußsakraments in seiner heutigen Gestalt besteht
formal darin, daß zu ihm das persönliche und konkrete Sündenbekenntnis gehört und daß auf dieses Bekenntnis hin der dazu bevoll-
mächtigte Amtsträger die Lossprechung erteilt. Dem entspricht das in-

---

[83] Vgl. oben III.4.1.6.
[84] Vgl. oben 3.5.
[85] Vgl unten V.4.2.

haltliche Proprium des Bußsakraments: In ihm verbinden sich Elemente des Gerichts und der Versöhnung. *Das Bußsakrament ist realisierendes Zeichen des göttlichen Gnadengerichts zur Versöhnung des Sünders in der Gemeinschaft der Kirche.*

4.3.3.1. Gericht

»Gericht« kann das Bußsakrament insofern genannt werden, als es den Büßer mit der Wahrheit seines Lebens konfrontiert. Dies kam in der Alten Kirche stärker durch die Bußzeit zum Ausdruck: Durch den öffentlichen Ausschluß aus der Gemeinschaft erfuhr der Sünder seinen wirklichen »Ort«; er hatte sich ja durch seine schwere Schuld längst außerhalb der Gemeinschaft gestellt; die Exkommunikation deckte auf, was war. Heute geschieht die Konfrontation mit der Wahrheit stärker durch das Bekenntnis: Die Schuld wird als Schuld zur Sprache gebracht, damit die Distanzierung von ihr möglich wird.

Allerdings bedarf der Begriff »Gericht« in diesem Zusammenhang einer Erläuterung. Das kirchliche Bußsakrament unterscheidet sich nämlich in wesentlichen Punkten von einem Justizverfahren. So ist (zumindest in der Praxis der geheimen Buße) der Angeklagte selbst der Kläger. Von daher ist auch die Rolle des Priesters im Bußsakrament kaum mit der eines Richters vergleichbar. Der Priester hat nicht über Wahrheit oder Unwahrheit der Anklage zu befinden; er geht vielmehr von dem Bekenntnis des Büßers aus. In seine Entscheidungskompetenz fällt wohl, die Lossprechung zu erteilen oder zu verweigern. Auf diese Weise hilft er dem Büßer, seine eigene Situation und seine Überzeugung mit der Weisung Gottes zu konfrontieren. Und insofern kann der Büßer das Sakrament als Gericht erfahren. Zweitens zielt das Bußsakrament nicht auf Gerechtigkeit, sondern auf gnadenhafte Heilung und Rettung. Das Ziel ist weder die gerechte Bestrafung noch der Freispruch wegen erwiesener Unschuld, sondern die Befreiung *trotz* der »erwiesenen« Schuld, die Befreiung *von* der Schuld. Dies soll das Wort vom »Gnadengericht« zum Ausdruck bringen. Schuld wird nicht bagatellisiert, sondern wirklich Schuld genannt (deshalb »Gericht«), aber sie wird überwunden durch die den Büßer in den Überwindungsprozeß einbeziehende Gnade Gottes (deshalb »Gnadengericht«).

4.3.3.2. Versöhnung

Das Ziel des Bußsakraments ist die Versöhnung, und zwar in dem angedeuteten dreifachen Sinne[86]: Versöhnung mit Gott, die zugleich die Erlösung aus der Gottferne bedeutet, Versöhnung mit den Mitmenschen, welche die durch die Liebesverweigerung geschlagene Kluft überwindet, und Versöhnung des Menschen mit sich selbst als Über-

---

[86] Vgl. oben 4.2.2.

windung der mit jeder Sünde gegebenen Selbstentfremdung. Die »theologische« und die »soziale« Ebene sind eng miteinander verbunden: *Die
Wiederversöhnung mit Gott ereignet sich in der Wiederversöhnung mit der Kirche. Diese klassische Formel der Bußtheologie macht die Grundstruktur aller
Sakramente deutlich: In menschlichem Miteinander ereignet sich die verwandelnde Nähe Gottes.*

Daß dies idealtypisch gemeint ist und Abweichungen nach beiden Seiten nicht ausschließt, wurde schon bedacht[87]: Die Versöhnung mit Gott kann auch dort geschehen, wo
die Versöhnung mit der Kirche nicht gelang, und umgekehrt kann auch aufgrund der inneren Verschlossenheit des Sünders die Barriere gegenüber Gott trotz liturgisch vollzogener
Wiederaufnahme in die kirchliche Gemeinschaft bleiben. Wie bei jedem Sakrament können »Zeichen« und »Sache« auseinanderfallen. Das Ideal aber ist das Ineinander von Zeichen und Sache, von kirchlicher und göttlicher Versöhnung. Es ist zugleich ein Symbol der
grundsätzlichen Zusammengehörigkeit von Gottesliebe und Nächstenliebe.

4.3.3.3. Heilung

Das biblische Erlösungsverständnis meint nicht die isolierte Überwindung der Sünde, sondern die Befreiung des ganzen Menschen von
allen entfremdenden Mächten, Erlösung ist nicht nur Vergebung, sondern auch Heilung.[88] Nun steht zwar im Bußsakrament die Distanzierung von der Schuld im Vordergrund; aber der Heilungsaspekt gehört
doch auch zur Bußtheologie. Dazu ist an das zu denken, was die traditionelle Theologie die Tilgung der Sündenstrafen nannte. Die Befreiung
von der durch die Sünde im Menschen angerichteten Verkehrtheit war ja
ein Hauptmotiv der altkirchlichen Buße (dies betonte besonders die
stärker therapeutisch ausgerichtete Praxis und Theologie des Ostens).
Als später die Sünde bereits vergeben wurde, bevor das Bußwerk ver-
richtet war, unterschied die Bußtheologie die Sünde von der Sündenstrafe; auch auf die letztere richtet sich die Wirkung des Bußsakraments.
»Sündenstrafe« aber ist (zumindest in heutiger Theologie) nicht einfachhin von der Analogie mit einem juridischen Verfahren her zu verstehen, bei dem die Strafe von außen verhängt wird, sondern vielmehr
vom vergiftenden, pervertierenden Wesen der Sünde her: als das von der
Sünde ausgegangene Gift, das nun den Sünder und die von ihm beein-
flußte Atmosphäre vergiftet und ihn so von innen und von außen quält.

---

[87] Vgl. oben 4.2.3.
[88] Vgl. oben 2.2.1.

»Tilgung der Sündenstrafe« ist also ein Geschehen, das den Menschen von den *leidschaffenden Folgen seines verkehrten Verhaltens befreit. Insofern sind die Versuche, zur Heilung von den durch die Lebensgeschichte entstandenen Verkrümmungen, Zwängen usw. beizutragen, durchaus kein Fremdkörper in der Bemühung der Kirche um die Wiederversöhnung ihrer Glieder.*

Gerade an dieser Stelle ist aber auch zu bedenken, daß das Bußsakrament nur einen Ausschnitt aus der großen Zahl von Bußvollzügen und Heilungsmöglichkeiten darstellt. Viele heilende Hilfen zur Versöhnung werden besser an anderen Orten geleistet werden können. Christliches Erlösungshandeln wird sich am ehesten im Zusammenspiel der verschiedenen Wege zu Vergebung und Heilung verwirklichen.

4.4. Zwei Grundtypen des Bußsakraments

Seit der Einführung der wiederholbaren Buße kennt die Kirche zwei Grundtypen des Bußsakraments. Bei dem von der altkirchlichen Praxis bekannten Typ geht es um die Wiederversöhnung des aufgrund schwerer Verfehlung aus der kirchlichen Gemeinschaft ausgeschlossenen Sünders. (Eine radikal aus der Gemeinschaft ausschließende Sünde wird »schwere Sünde« oder auch »Todsünde« genannt.) Diese Buße ist der Taufe vergleichbar: Durch das Bußsakrament wird der Weg zur Eucharistie neu geöffnet. Für sie trifft im vollen Sinne die altkirchliche Formel zu: Wiederversöhnung mit Gott durch die Wiederversöhnung mit der Kirche. Daneben gibt es das Bußsakrament, bei dem nur leichtere Sünden (»läßliche Sünden«) Gegenstand der Buße sind. Dieser Bußtyp (die »Andachtsbeichte«) ist von seiner Funktion her eher mit außersakramentalen Bußformen wie etwa Aussprache, Beratung und Gebet vergleichbar. Daß aber auch er Sakrament ist, könnte nochmals ein Hinweis auf die fast fließenden Übergänge zwischen sakramentalen und außersakramentalen Wegen der Umkehr sein.

Die Andachtsbeichte wurde kirchlich nie vorgeschrieben, wohl aber empfohlen. Die sakramentale Lossprechung von einer Todsünde dagegen ist Voraussetzung für die Zulassung zur Eucharistie. Hier ist allerdings zu bedenken, daß der Begriff der Todsünde in der neueren Theologie bedeutend enger gefaßt ist als etwa in der Neuscholastik. Auch in diesem Punkt orientiert sich die Theologie wieder stärker an den Kriterien der Alten Kirche, welche das sakramentale Bußverfahren nur als extremen Ausnahmefall vorsah.

4.5. Bußgottesdienst und Bußsakrament

Die (wenigstens in der neueren Kirchengeschichte) noch relativ junge Praxis des Bußgottesdienstes (= der Bußfeier) führt gegenwärtig häufig zu Diskussionen über ihr Verhältnis zur Beichte und besonders darüber, ob der Bußgottesdienst auch Sakrament genannt werden könne.

4.5.1. Gemeinsamkeiten und Unterschiede

Bei beiden Bußformen, Bußgottesdienst und Beichte, handelt es sich um offizielle kirchliche Liturgie. Beide Bußformen zielen auf wahre Versöhnung. Der Bußgottesdienst kann eine auf die Beichte vorbereitende Funktion haben (wie übrigens auch eine Beichte sinnvoll einer gemeinsamen Bußfeier vorausgehen kann); aber der Bußgottesdienst hat auch eine eigenständige Bedeutung neben dem Bußsakrament. Die öfters zu hörende These, im Bußgottesdienst würden nur läßliche Sünden vergeben, in der Beichte dagegen auch die Todsünden, ist zumindest ungenau. Denn nach der von der Scholastik bis heute immer durchgehaltenen Lehre werden in der vollkommenen Reue alle (auch die schweren) Sünden von Gott vergeben, also erst recht in einem Gottesdienst, welcher der Realisierung dieser Reue dient.

Allerdings muß nach der heute geltenden kirchlichen Ordnung auch die gegebenenfalls in einem Bußgottesdienst schon von Gott vergebene schwere Sünde noch gebeichtet werden, bevor der Büßer zur Kommunion gehen darf. Darin liegt der Unterschied zur Beichte: Diese gilt als Sakrament, der Bußgottesdienst nicht. Das Spezifikum der Beichte ist also nicht einfachhin ihre Vergebungskraft, sondern ihre Sakramentalität, das heißt: sie ist das realisierende Zeichen der Wiederversöhnung mit der Kirche, auch wenn die Wiederversöhnung mit Gott schon außerhalb des Sakraments geschah.

4.5.2. Könnte der Bußgottesdienst eine Form des Bußsakraments sein?

Angesichts des großen Wandels kirchlicher Bußpraxis im Laufe der Geschichte legt sich die Frage nahe: Könnte der Bußgottesdienst eine Form des Bußsakraments werden? Könnte die Kirche ihn als solchen anerkennen?

Fraglich ist nicht, ob gemeinsame Bußfeier und Einzelbekenntnis miteinander verbunden werden können. Das ist in der neuen Bußordnung von 1973 bereits offiziell vorgesehen. Ebenfalls vorgesehen ist dort eine Bußfeier, in welcher nach einem gemeinsamen
(also nicht persönlich detaillierten) Sündenbekenntnis die Generalabsolution erteilt wird.
Das heißt: Ohne vorangehendes persönliches Bekenntnis wird allen Anwesenden die Vergebung aller Sünden (auch der Todsünden) zugesprochen, so daß sie anschließend auch an
der Kommunion teilnehmen können. Diese Vergebung ist aber (außer an die zur Vergebung immer nötige Reue) an den Vorsatz gebunden, die vergebenen Sünden später noch
in einer Beichte zu bekennen, sobald sich dazu eine Möglichkeit ergibt. Vorausgesetzt wird
also eine Notlage, in welcher ein Priester, der die persönliche Beichte hören könnte, für die
Büßenden zur Zeit nicht erreichbar ist. Der Unterschied zur gegenwärtig diskutierten
Einrichtung eines sakramentalen Bußgottesdienstes besteht in der Verpflichtung zum anschließenden Bekenntnis. Könnte die Kirche auch auf diese Verpflichtung grundsätzlich
verzichten?

Diese Frage wird gegenwärtig innerhalb der katholischen Theologie
kontrovers diskutiert. Gegen die Möglichkeit einer solchen Anerkennung des Bußgottesdienstes scheint die Bestimmung des Trienter Konzils zu stehen, nach der es »zur Vergebung der Sünden . . . nach göttlichem Recht notwendig« ist, »im Bußsakrament alle Todsünden einzeln
zu bekennen«[89]. Das Konzil bringt die Notwendigkeit des Bekenntnisses
in Zusammenhang mit der Funktion der priesterlichen Absolution als
eines »richterlichen Aktes«: Das Sündenbekenntnis ist »dazu notwendig,
daß ihn [den Büßer] der Priester lossprechen kann«[90].

Auf der anderen Seite fragt man, ob die Bestimmung des Trienter
Konzils die Funktion einer überzeitlich verbindlichen dogmatischen
Aussage oder die einer disziplinären Abgrenzung im aktuellen Streit
hat.[91] Gegenüber dem Argument, der Priester müsse notwendig die
Sünden des Büßenden kennen, um in einem »richterlichen Akt« über
die Absolution entscheiden zu können, ist daran zu erinnern, daß das
Bußsakrament nur in einem abgewandelten Sinn[92] als Gericht bezeichnet werden kann; der Priester muß auch in der Beichte grundsätzlich
von der ehrlichen Selbsteinschätzung des Büßers ausgehen. Könnte dann
nicht die Teilnahme an einem Bußgottesdienst eine vergleichbare
Funktion haben wie das ausdrückliche Bekenntnis?

Schließlich verweist man auch auf die Praxis der Generalabsolution. Wenn dort auch
der Vorsatz, später die Sünden zu beichten, Voraussetzung zum Empfang der Absolution ist,

---

[89] DH 1707 / NR 666.
[90] DH 1709 / NR 668.
[91] Vgl. oben 3.4.2.
[92] Vgl. oben 4.3.3.1.

so wird doch deren Gültigkeit nicht von der tatsächlichen Erfüllung des Vorsatzes abhängig gemacht. Neuere kirchliche Regelungen empfehlen die Generalabsolution gerade für solche Gegenden und Situationen, in denen (z. B. wegen des Priestermangels) Einzelbeichten auf absehbare Zeit kaum möglich sind, so daß in der Regel auch mit der anschließenden Beichte praktisch nicht zu rechnen ist. Wenn die Kirche solche Regelungen treffen kann, kann sie dann nicht auch generell den Bußgottesdienst zum sakramentalen Weg der Sündenvergebung machen?

Literatur

Jeweils das Kapitel über das Bußsakrament in den Gesamtdarstellungen der Sakramententheologie von Franz Courth, Alexandre Ganoszy, Günter Koch, Lothar Lies, Theodor Schneider, Herbert Vorgrimler, Gunther Wenz (s. oben: Allgemeine Sakramentenlehre, Literatur)
Außerdem:

Baumgartner, Konrad, Erfahrungen mit dem Bußsakrament, 2 Bde., München 1978 f

Karpp, Heinrich, Die Buße. Quellen zur Entstehung des altkirchlichen Bußwesens, Zürich 1969

Lendi, Robert, Die Wandelbarkeit der Buße, Bern 1983

Leroy, Herbert, Zur Vergebung der Sünden. Die Botschaft der Evangelien, Stuttgart 1974

Meßner, Reinhard, Feiern der Umkehr und Versöhnung, in: Sakramentliche Feiern I/2 (GdK 7/2), Regensburg 1982, 9–240

Nocke, Franz-Josef, Korrekturen der Bußverkündigung, in: Ders., Wort und Geste. Zum Verständnis der Sakramente, München 1985, 113–132

Poschmann, Bernhard, Paenitentia secunda, Bonn 1940

Poschmann, Bernhard, Der Ablaß im Licht der Bußgeschichte, Bonn 1948

Rahner, Karl, Vergessene Wahrheiten über das Bußsakrament, in: ders., Schriften zur Theologie, Bd. 2, Einsiedeln 1955, 143–183

Rahner, Karl, Das Sakrament der Buße als Wiederversöhnung mit der Kirche, in: Ders., Schriften zur Theologie, Bd. 8, Einsiedeln 1967, 447–471

Rahner, Karl, Frühe Bußgeschichte in Einzeluntersuchungen(= Schriften zur Theologie, Bd. 11), Zürich 1973

Sattler, Dorothea, Gelebte Buße. Das menschliche Bußwerk (satisfactio) im ökumenischen Gespräch, Mainz 1992

Vorgrimler, Herbert, Buße und Krankensalbung (HDG IV/3), Freiburg 1978

Werbick, Jürgen, Schulderfahrung und Bußsakrament, Mainz 1985

V. KRANKENSALBUNG

1. Zugang

1.1. Ort

Der Platz der Krankensalbung am Ende der fünf für alle Kirchen-glieder vorgesehenen Sakramente entspricht dem theologischen Ort, den dieses Sakrament in der Konzeption scholastischer Theologie hatte: Nach der Taufe, dem »Sakrament der Eintretenden« und nach Firmung, Eucharistie und Buße, den »Sakramenten der Fortschreitenden« komme das »Sakrament der Weggehenden« (= der Sterbenden: sacramentum exeuntium), sagt Thomas von Aquin.[1] Theologie und kirchliche Praxis der Gegenwart gehen allerdings, gestützt auf den biblischen und den äl-teren liturgiegeschichtlichen Befund, von einer anderen Ortsbestim-mung des Sakraments aus. Damit ist schon die zentrale systematische Problematik angedeutet.

1.2. Heutige Problematik

Zur Zeit des Zweiten Vatikanischen Konzils wandelte sich der kirchliche Sprachgebrauch: Was bisher »Letzte Ölung« hieß, wird nun (das II. Vaticanum sagt: »besser«) »Krankensalbung« genannt.[2] Der sprachliche Wandel drückt einen *Wandel in der Sinngebung* aus, die mit diesem Sakrament verbunden wird: vom Sterbesakrament zum Sa-krament der Hilfe in schwerer Krankheit. Dieser Wandel in der kirch-lichen Liturgie, im kirchenamtlichen Sprachgebrauch und in der Ka-tholischen Theologie ist allerdings im Bewußtsein vieler Kirchenmit-glieder noch nicht vollzogen. Oft wird die Krankensalbung noch als

---

[1] Thomas v. Aquin, In Sent. IV, d.23, q.1, Einleitung.
[2] Vgl. SC 73.

Zeichen für den nun sicher eintretenden Tod verstanden – und deshalb möglichst gemieden. Andererseits wurde jüngst der Verdacht geäußert, die Uminterpretation der Letzten Ölung zur Krankensalbung bedeute ein »Mitmachen des gesellschaftlichen Trends zur Verdrängung des Todes«[3].

Gefragt wird vor allem nach dem rechten *Zeitpunkt* (gehört das Sakrament in die Sterbesituation – oder in eine Zeit, da der Kranke bewußt mitfeiern kann?) und nach der spezifischen *Wirkung:* Bereitet das Sakrament nur auf ein gutes Sterben vor – oder ist auch leibhaftige Heilung von ihm zu erwarten? Damit verbunden ist die Frage nach dem *Ort von Krankheit und Heilung, Sterben und Tod* im Gesamt der Sakramententheologie. Ein weiteres Problem ergibt sich aus der veränderten pastoralen Situation: Zunehmend arbeiten Laien als Seelsorgerinnen und Seelsorger in der Krankenpastoral. Könnte die derzeit auf die Priester begrenzte *Vollmacht zur Spendung* der Krankensalbung auch auf einen weiteren Personenkreis ausgedehnt werden? Schließlich wirft der Wandel in Praxis und Theologie *hermeneutische Fragen* auf: Nach welchen Kriterien soll, da der heutige Sakramentsbegriff erst im 12. Jahrhundert präzisiert wurde, das ältere historische Material als Geschichte der Krankensalbung identifiziert werden?

2. Biblische Grundlagen

2.1. Krankheit

In der Religionsgeschichte wird Krankheit nie als ein rein medizinisches Problem betrachtet, sondern immer auch als Symbol einer umgreifenden Gefährdung: als Bedrohung der ganzen Existenz, ja als Ausdruck einer kosmischen Unordnung, als Ausgeliefertsein an lebensfeindliche Mächte (»Dämonen«), als Erfahrung göttlichen Zorns.

Auch im Glauben Israels hängt Krankheit eng zusammen mit Schuld, Zerstörung der Beziehungen, Zorn Gottes, Gottferne. Zwar wird die alte Theorie, aus jedem konkreten Leiden lasse sich auf konkrete in-

---

[3] G. Greshake, Letzte Ölung – Krankensalbung – Tauferneuerung angesichts des Todes?, in: R. Schulte (Hrsg.), Leiturgia Koinonia Diakonia, Wien 1980, 97–126, Zitat: 116.

dividuelle Schuld des Leidenden schließen[4], im Buch Ijob und in neutestamentlichen Jesusworten zurückgewiesen[5]; aber es bleibt die Überzeugung von einem Unheilszusammenhang, und dieser wird intensiv
erfahren in der schweren Krankheit. »Krankheit« kann Metapher für
vielerlei menschliche Not sein: für Verfolgung, Mißerfolg, Enttäuschung
und auch für die Verkehrtheit des Herzens; dies aber gerade deshalb, weil
das leibliche Kranksein der klassische Ort ist, an dem sich diese Erfahrungen sammeln. So mischen sich in den Krankheitspsalmen die
Klagen über die körperlichen Leiden mit denen über Isolierung, Verrat
und Anfeindung, mit dem Bekenntnis eigener Schuld, vor allem aber
mit der Klage über die Gottferne und mit dem Schrei nach seiner Nähe:
»Warum verbirgst du dein Gesicht vor mir?« (Ps 88,15) – »Herr, verlaß
mich nicht, bleib mir nicht fern!« (Ps 38,22)[6]

2.2. Heilung

Dem entspricht in umgekehrter Richtung die Überzeugung: Von
Gottes wohlwollender Zuwendung geht Heilung aus. Das zeigt sich nicht
nur in wunderbaren Heilungen, sondern auch in der Kunst des Arztes.

Auf das Gebet des Elija hin schenkt Gott dem Jungen in Sarepta das Leben neu[7], durch
Elischa wird Naaman vom Aussatz geheilt[8]. Auch der Arzt hat seine Weisheit von Gott, die
ärztlichen Mittel und die vom Salbenmischer bereitete Arznei lindern die Schmerzen,
»damit Gottes Werke nicht aufhören und die Hilfe nicht von der Erde verschwindet« (Sir
38,8; vgl. 1–15).

Ähnlich wie »Krankheit« kann auch »Heilung« zu einer umfassenden
Metapher werden: Jahweh »heilt die Leiden seines Volkes und verbindet
seine Wunden« (Jes 30,26), er heilt seine Kinder von ihrer Abtrünnigkeit[9], seine Weisung ist wie heilende Arznei: »Ich bin Jahweh, dein Arzt«
(Ex 15,26).

Im Neuen Testament sind die zahlreichen Krankenheilungen Jesu
Zeichen und Realisierungen der nahegekommenen Gottesherrschaft.

---

[4] Vgl. z. B. Ps 1 und 37.
[5] Vgl. Ijob 42,7–9; Lk 13,1–5; Joh 9,1–3.
[6] Vgl. auch Ps 41; Jes 38,9–20.
[7] Vgl. 1 Kön 17,17–24.
[8] Vgl. 2 Kön 5.
[9] Vgl. Jes 57,18; Jer 3,22.

Die Verkündigung des Himmelreiches und die Heilung der Kranken werden fast stereotyp in einem Atemzug genannt.[10] Die Sorge für die Kranken gehört zu den vordringlichen Aufgaben der neutestamentlichen Gemeinden[11], Heilungen gehören zum »unverrückbaren Erlebnishorizont der frühen Gemeinde«[12], Betroffene und Augenzeugen erfuhren in ihnen leibhaftig die neue Nähe Gottes[13]. Auch die Metaphorik von Krankheit und Arzt kehrt wieder: »Nicht die Starken bedürfen des Arztes, sondern die Kranken« (Mk 2,17). Das Bildwort wirkt als Metapher für den befreienden Umgang mit den *in Schuld Verstrickten* um so plastischer, je deutlicher man die Heilung der *physisch Kranken* durch denselben »Arzt« vor Augen hat.

2.3. Zeichenhandlungen

Oft ist in den neutestamentlichen Heilungserzählungen davon die Rede, daß Jesus die Leidenden körperlich berührt. Er greift die Schwiegermutter des Simon bei der Hand und richtet sie auf[14], streckt dem Aussätzigen seine Hand entgegen und rührt ihn an[15], legt der gekrümmten Frau die Hände auf[16]. Die Heilung des Tauben, der ja die Sprache der Worte nicht vernehmen kann, begleitet er mit einer ganzen Reihe von Gebärden: Er nimmt den Mann beiseite, legt seinen Finger in die tauben Ohren und berührt die stumme Zunge mit Speichel[17]; ähnlich verfährt er bei der Heilung des Blinden, für den die Leute eigens gebeten hatten, Jesus möge ihn berühren[18].

So werden Zuwendung und Hilfe, wird die nahegekommene Gottesherrschaft leibhaftig erfahren. Die Berührung ist mehr als bloße Heilmethode, sie ist, wie die Heilung selbst, gleichzeitig Zeichenhandlung, Realsymbol der heilschaffenden Nähe Gottes.

---

[10] Vgl. bes. Mt 11,5 par.; Lk 11,20; Mt 9,35 und 10,7 f.
[11] Vgl. 1 Kor 12,9; Jak 5,14 f; Mt 25,36.43.
[12] H. J. Klauck, 1. Korintherbrief, Würzburg 1984, 87.
[13] Vgl. 1 Kor 12,9; Apg 5,15 f; 19,11 f; 28,8 f.
[14] Vgl. Mk 1,31.
[15] Vgl. Mk 1,41.
[16] Vgl. Lk 13,13.
[17] Vgl. Mk 7,32–35.
[18] Vgl. Mk 8,22–25; Joh 9,6.

Daß die meisten dieser Berührungsgesten zur Topik antiker Wundererzählungen gehören, spricht nicht gegen, sondern eher noch für diese Interpretation. Gerade wenn die Gebärdensprache Jesu seinen Zeitgenossen als Medium der Heilung vertraut ist, kann sie als wohltuend-heilend verstanden werden.

2.4. Krankensalbung

Zwei neutestamentliche Texte sprechen von einer Ölsalbung an den Kranken. Markus berichtet summarisch, was die Zwölf taten, nachdem sie von Jesus ausgesendet worden waren: Sie »machten sich auf den Weg und riefen die Menschen zur Umkehr auf. Sie trieben viele Dämonen aus und salbten viele Kranke mit Öl und heilten sie« (Mk 6,12 f). Wieder zeigt sich, daß Missionspredigt und Heilungen eng zusammengehören. Diesmal aber (das einzige Mal in den Evangelien) ist die Heilung verbunden mit einer Ölsalbung. Öl gilt in der Antike als universales Heil- und Wundmittel, es wird verwandt zur Linderung von Schmerzen und zur Kräftigung des Organismus.[19] Mit welcher Intention der Evangelist die Ölsalbung hier erwähnt, ist exegetisch nicht exakt auszumachen. Sicher veranschaulicht er damit die Heilungtätigkeit, unterstreicht den ganzheitlich-leibhaftigen Charakter des von den Zwölf verkündigten Heils und zugleich die Kontinuität ihrer Missionstätigkeit mit dem zeichenhaften Handeln Jesu. Nicht auszuschließen ist aber auch, daß die ausdrückliche Erwähnung der Salbung darüber hinaus einen Zusammenhang herstellen soll zu einer Praxis, von welcher der Jakobus-Brief spricht.

»Ist einer von euch krank? Dann rufe er die Ältesten der Gemeinde zu sich; sie sollen Gebete über ihn sprechen und ihn im Namen des Herrn mit Öl salben. Das gläubige Gebet wird den Kranken retten, und der Herr wird ihn aufrichten; wenn er Sünden begangen hat, werden sie ihm vergeben« (Jak 5,14 f). Dieser Text hat ein stärker liturgisches Gepräge: Die Ältesten (wohl die nach jüdischem Muster eingerichtete Gemeindeleitung) werden herbeigerufen, um »über den Kranken« (= unter Handauflegung?) zu beten. Die Salbung ist hier eine das Gebet begleitende (es verleiblichende und den Kranken spüren lassende) Handlung.

Welche Wirkung werden Gebet und Salbung haben? Die Antwort hängt von der Interpretation der Vokabeln »retten« und »aufrichten« ab.

---

[19] Vgl. Jes 1,6; Lk 10,34; für andere Funktionen des Öls vgl. oben II.2.3.

»Retten« (σώζειν [sozein]) könnte vom übrigen Sprachgebrauch im Jakobus-Brief her[20] eschatologische Bedeutung haben; der unmittelbare Kontext dagegen legt eher nahe, an eine Überwindung der aktuellen Krankheit zu denken. Ähnlich mehrdeutig ist das »Aufrichten« (ἐγείρειν [egeirein]): Im Neuen Testament steht es oft für die Auferweckung der Toten[21], oft aber auch für das Erwachen aus dem Schlaf[22] und in ähnlichen nicht eschatologischen Bedeutungen, nicht selten auch für die Aufrichtung von einer Krankheit[23]. Die Bedeutungsvielfalt der beiden Wörter zwingt nicht zu einer alternativen Entscheidung; sie könnte vielmehr die Mehrdimensionalität sowohl der Krankheitserfahrung als auch der Hoffnung ausdrücken. Diese Interpretation legt sich insbesondere nahe, wenn man von dem erwähnten biblischen Krankheitsverständnis ausgeht. In der Krankheit erfährt der Leidende sein fundamentales Bedrohtsein und Ausgeliefertsein. Das Gebet der Gemeinde soll ihn in dieser Gefährdung »retten« und »aufrichten«: Es soll ihm Kraft geben gegenüber den bedrohenden lebensfeindlichen Mächten. Es wird deshalb »vordergründig« auf die Heilung von der schwächenden Krankheit zielen, aber nicht nur darauf, sondern auch auf den Sieg über die »hintergründige« fundamentale Bedrohung, die in der Krankheit spürbar wird.

Der Rettende und Aufrichtende ist »der Herr«. Die rettende und aufrichtende Nähe des Herrn erfährt der Kranke aber in den Worten und Zeichenhandlungen der zu ihm Gekommenen. Damit ist ein Zusammenhang angedeutet, welcher sich in dem späteren Sakramentsbegriff wiederfindet.

Mit Blick auf die gegenwärtige Diskussion sind noch zwei weitere Details von Bedeutung. Was die Situation der Krankensalbung betrifft: Der Kranke ist offenbar so geschwächt, daß er nicht zu den Ältesten gehen kann, sondern sie rufen lassen muß; aber von Todesgefahr ist nicht die Rede. Die Sündenvergebung wird nur bedingt als Folge genannt: »wenn er Sünden begangen hat« – sie ist also nicht das Hauptziel der Krankensalbung.

---

[20] Vgl. Jak 1,21; 2,14; 4,12; 5,20.
[21] Vgl. 1 Kor 15,4 u. v. a.
[22] Vgl. z. B. Mt 1,24.
[23] Vgl. z. B. Mk 1,31; 9,27; Apg 3,7.

3. Dogmengeschichtliche Entwicklung

3.1. Geweihtes Öl zur Heilung und Stärkung

Die einzigen Zeugnisse, die etwas über die Krankensalbung in den ersten vier Jahrhunderten aussagen, sind Gebete zur Ölsegnung. Dabei wird ein breites Spektrum der Anwendung des gesegneten Öls sichtbar. Es dient vor allem der Kräftigung und der Gesundung. »Profaner« und »sakraler« Gebrauch sind nicht immer zu unterscheiden: Das als Hausmittel gebrauchte gesegnete Öl ist zugleich Zeichen der von Gott geschenkten Stärkung und Genesung.

Davon zeugt z. B. die (die stadtrömische Liturgie um 200 widerspiegelnde) Kirchenordnung des Hippolyt (um 215): Sie enthält (außer Segensgebeten über Oliven und Käse) auch ein Gebet des Bischofs über das Öl: »Heilige dieses Öl, Gott, und gib denen Heiligkeit, die damit gesalbt werden und es empfangen. Wie du damit Könige, Priester und Propheten gesalbt hast, so schenke Stärkung denen, die davon kosten, und Gesundheit denen, die es gebrauchen.«[24]

Das älteste Dokument, das sich ausdrücklich auf Jak 5,14 f bezieht, ist ein 416 geschriebener Brief Papst Innozenz' I. an den Bischof von Gubbio: Der Jakobustext müsse »zweifellos von den kranken Christen verstanden werden, die mit dem heiligen Öl des Chrisams gesalbt werden«. Damit ist der Ort der Anwendung eindeutig: die Krankheit. Ebenso eindeutig klärt Innozenz auch die Kompetenz: Das Öl wird vom Bischof geweiht, darf aber »nicht nur von den Priestern, sondern von allen Gläubigen in eigener Not oder in der Not der Ihrigen zur Salbung verwendet werden.«[25]

Für die Zeit bis zum 8. Jahrhundert läßt sich »zusammenfassend ... sagen, daß die Krankensalbung trotz der Spärlichkeit expliziter Zeugnisse ... weit verbreitet gewesen sein muß. ... Großer Wert wurde darauf gelegt, daß die Christen geweihtes Öl (nicht das Öl der Magier) besitzen und zu Hause benützen. Als der wichtigere amtskirchliche Akt gilt in diesem Kontext die Segnung des Öls durch den Bischof innerhalb einer Eucharistiefeier; seine heilende und Böses abwehrende Kraft erhält das Öl durch den auf es herabgerufenen Hl. Geist. Die Anwendung des

---

[24] Hippolyt, Trad. Apost., 5.
[25] DH 216/NR 693.

Öls (in Form einer Salbung oder eines Trankes) geschah durch Laien, auch durch die Kranken selbst, und durch Presbyter ... Die Krankensalbung wird in dieser Periode nirgendwo als Sakrament der Todkranken oder Sterbenden aufgefaßt; man erwartet von ihr Heilung von Krankheit im umfassenden (auch Besessenheit einschließenden) Sinn, eventuell auch – wie in Jak 5,15 – Vergebung der Sünden.«[26]

3.2. Die Entwicklung zum Sterbesakrament

Im 8. Jahrhundert beginnt eine zeitliche Verlagerung, die schließlich auch zu einer theologischen Umakzentuierung führt: Das Sakrament wird nun am Lebensende gespendet.

Gründe für diese Entwicklung sind einmal die schweren, oft lebenslänglichen Bußauflagen, die (ähnlich wie beim Bußsakrament) mit der Krankensalbung verbunden wurden, zum andern die Tatsache, daß nur noch Priester die Spendung vornehmen durften und dafür hohe Gebühren verlangten. So wird die Krankensalbung praktisch zum Sakrament der Sterbestunde. Dies drückt sich schließlich auch in der Reihung der Sterbesakramente aus: Im 13. Jahrhundert wird die Salbung als letztes hinter dem Bußsakrament und der als Wegzehrung verstandenen Kommunion gespendet.

Die theologische Deutung folgt der Praxis. Der Wandel zeigt sich schon in der Benennung: Während das Frühmittelalter vom »Krankenöl« (oleum infirmorum) sprach, prägte im 12. Jahrhundert der einflußreiche Sentenzenmeister Petrus Lombardus († 1145) die Formel von der »Krankensalbung, die am Ende geschieht«[27], und Thomas von Aquin († 1274) nennt sie »Letzte Ölung« (extrema unctio)[28]. Dieser Name bleibt in der westlichen Theologie bis ins 20. Jahrhundert führend.

Die stark vom Kausalitätsdenken geprägte Hochscholastik versucht, die Wirkung dieses Sakraments zu präzisieren. Thomas sieht die Hauptwirkung in der Heilung von jener Schwächung der Seele, die ihr als »Sündenreste« (auch nach vergebener Schuld) noch anhaften und ihr die Kraft zum ewigen Leben rauben. Daraus ergibt sich, daß der angemessene Zeitpunkt der Spendung das Lebensende ist.

Dementsprechend lehrt das amtliche Dekret für die Armenier (1439): »Dieses Sakrament darf nur Kranken gespendet werden, um deren Leben

---

[26] H. Vorgrimler, Buße und Krankensalbung (HDG IV/3), Freiburg 1978, 220.

[27] Petrus Lombardus, Sent. IV, d.23, c.1.

[28] Thomas v. Aquin, In Sent. IV, d.23, passim.

man fürchten muß.« Bezüglich der Wirkung benutzt es eine etwas offene
Formel: »Die Wirkung ist die Heilung der Seele und, soweit es gut ist,
auch des Leibes«. »Der Spender ist der Priester.«[29] Dieser Linie folgt auch
das Trienter Konzil (1545–1563), allerdings mit zwei bemerkenswerten
Nuancierungen: Das Sakrament soll den Kranken gespendet werden,
»besonders« solchen, die sich in Todesgefahr befinden.[30] Die Vokabel
»besonders« (praesertim) wird heute so verstanden, daß damit auch andere Situationen zugelassen sind. Gegen die Reformatoren, welche die
»Presbyter« in Jak 5,14 nicht als Amtsträger, sondern als bloße Gemein-
deälteste verstanden, lehrt das Konzil, »ordentlicher« (proprius) Spender
der Letzten Ölung sei »allein der Priester«.[31] Damit bleibt die Frage offen, ob neben den ordentlichen nicht auch außerordentliche Spender des
Sakraments möglich sind.

3.3. »Krankensalbung« statt »Letzte Ölung«

Im 20. Jahrhundert führt die Rückbesinnung auf das Zeugnis der
Bibel und der älteren Kirchengeschichte zu einer erneuten Umakzentuierung, die sich wiederum in einer veränderten Terminologie
niederschlägt. Das II. Vatikanische Konzil (1962–1965) macht sich die
erneuerte Theologie zu eigen: Die »Letzte Ölung« werde »besser Krankensalbung genannt«, sie sei »nicht nur das Sakrament derer, die sich in
äußerster Lebensgefahr befinden. Daher ist der rechte Augenblick für
ihren Empfang sicher schon gegeben, wenn der Gläubige beginnt, wegen Krankheit oder Altersschwäche in Lebensgefahr zu geraten« (SC
73). Nach der 1972 erlassenen Ordnung für die Feier der Krankensakramente wird bei der Ölweihe darum gebetet, das Salböl, das »als
Gabe der Schöpfung« »den Leib stärkt und belebt«, möge zu einem heiligen Zeichen des göttlichen Erbarmens werden, »das Krankheit,
Schmerz und Kummer vertreibt, ein Schutz für Leib, Seele und Geist«[32].
Im Unterschied zur Spendeformel des Rituale Romanum (1614), in

---

[29] DH 1324 f/NR 695.
[30] Vgl. DH 1698.
[31] DH 1719/NR 703.
[32] Die Feier der Krankensakramente, hrsg. im Auftrag der Bischofskonferenzen Deutschlands, Österreichs und der Schweiz und der Bischöfe von Bozen-Brixen und von Luxemburg, Einsiedeln 2. Aufl.
1976, Nr. 75.

welcher ausschließlich um die Sündenvergebung gebetet wurde, ist die neue (eng an Jak 5,14 angelehnte) Spendeformel umfassender: »Durch diese heilige Salbung helfe dir der Herr in seinem reichen Erbarmen, er stehe dir bei mit der Kraft des Heiligen Geistes: Der Herr, der dich von Sünden befreit, rette dich, in seiner Gnade richte er dich auf.«[33] Bei der Spendung der Sterbesakramente geht nun die Krankensalbung wieder der Kommunion voraus: Das letzte Sakrament ist die »Wegzehrung« zur Stärkung für den »Hinübergang aus diesem Leben«[34].

4. Systematische Reflexion

4.1. Hermeneutische Vorentscheidung

Da erst im 12. Jahrhundert definiert wurde, was »Sakrament« im heutigen Verständnis meint,[35] kann man geteilter Meinung darüber sein, welche der vielen in den ersten Jahrhunderten praktizierten Krankensalbungen zur Geschichte dieses Sakraments zu zählen sind. Deduktives, von vorgegebenen Begriffen ausgehendes Denken wird dazu neigen, aus dem älteren liturgie- und theologiegeschichtlichen Befund nur diejenigen Elemente einzubeziehen, welche dem scholastischen Begriff der Letzten Ölung entsprechen. Dann sind z. B. die von Laien vorgenommenen Krankensalbungen »nicht-sakramentale Privatsalbungen«[36]. Ein mehr geschichtlich bestimmtes Denken wird das weite Spektrum altkirchlicher Salbungen als ein in sich aussagekräftiges Faktum wahrnehmen: als Zeichen für ein umfassend-ganzheitliches Verständnis von gottgewirkter Heilung. Dann bedeutet z. B. die vom 8. Jahrhundert an erfolgende Konzentration auf die Sterbesituation eine zeitbedingte Akzentverlagerung und Verengung, die nicht für alle Zeit normativ sein muß. Wir gehen von diesem zweiten Ansatz aus: Auf diese Weise lassen sich sowohl der biblische Befund als auch die Entscheidungen des II. Vatikanischen Konzils plausibler verarbeiten.

---

[33] Ebd., Nr. 76.
[34] Ebd., Nr. 26.
[35] Vgl. oben Zweiter Teil, 3.2.1.
[36] So F. Diekamp, Katholische Dogmatik nach den Grundsätzen des heiligen Thomas, Bd. 3, 11/12. neubearbeitete Aufl., hrsg. v. K. Jüssen, Münster 1954, 334.

4.2. Der Sinn der Krankensalbung

4.2.1. Die Situation: Erfahrung der Bedrohtheit des Lebens

Wir legen den biblischen Begriff des Lebens zugrunde. Leben ist weder (rein diesseitig) mit dem bloßen Funktionieren des Organismus deckungsgleich noch ist damit eine rein jenseitige Wirklichkeit gemeint, Leben ist vor allen Dingen Beziehung: Gemeinschaft mit Gott in der Gemeinschaft der Menschen, Erfahrung des Geliebtseins und aktives Liebenkönnen, empfangender und schöpferischer Austausch mit der Welt. Das Leben ist bedroht durch den Tod, der (dementsprechend) Absinken in Beziehungslosigkeit, Versteinerung des Herzens, radikale Ohnmacht bedeutet. Der klassische Ort, an dem diese Bedrohtheit des Lebens erfahren wird, ist die schwere Krankheit, nicht irgendeine Erkrankung, sondern jene, die den Leidenden mit seiner Hinfälligkeit konfrontiert, die seine schöpferischen Fähigkeiten lähmt, ihm die Freunde fremd macht, seine Kraft zum lebendigen Austausch mit den anderen schwächt, die ihn so sehr betrifft, daß er sich als ganzer in Frage gestellt sieht. Man kann diese Situation als die der »andrängenden Todesnot«[37] bezeichnen, muß dabei aber nicht primär die Sterbestunde im Blick haben; denn auch die schwere Erkrankung mitten im Leben kann die Bedrohtheit dieses Lebens spürbar machen. Diese Krankheit ist der »Ort« der Krankensalbung.

4.2.2. Die Bedeutung: Beistand zur Rettung und Stärkung des Lebens

Die Rettung des bedrohten Lebens geschieht vor allem in der Realisierung von Verbundenheit, die Stärkung des geschwächten Lebens in der Unterstützung der Kraft zu vertrauen und zu lieben. Ebendies wird in den Zeichen der Krankensalbung dargestellt. Das erste Zeichen ist die Gegenwart der anderen bei dem Kranken. Sie kommen, um ihm »beizustehen«. Wiederum Zeichen dessen sind ihre Gesten: die schweigende Handauflegung (Zeichen der Nähe und Zuwendung), die Salbung mit geweihtem Öl (Zeichen ihrer Bemühungen um den Kranken, zur Stärkung seines Lebens) und das Gebet, das den Kranken vor Gott bringt. Das Gebet spricht von Hilfe, Erbarmen, Beistand, Kraft des Heiligen Geistes, Befreiung, Rettung, Aufrichtung. Diese Inhalte lassen sich

---

[37] K. Rahner, Kirche und Sakramente, Freiburg 1961, 103.

zentrieren in der Bitte um den »Beistand« Gottes: Der Herr möge den Kranken in seiner Schwäche und Not nicht allein lassen. Gottes Nähe soll ihm helfen, ihn von innen her kräftigen, ihn, falls nötig, von den (das Leben schwächenden, weil die Gemeinschaft zerstörenden) Belastungen der Sünde befreien, in der Erfahrung der Verlorenheit retten und aufrichten. Daß die Vokabeln »retten« und »aufrichten« sowohl an medizinisch registrierbare Verbesserungen als auch an die eschatologische Hoffnung auf Auferstehung und Rettung für das ewige Leben denken lassen, muß nicht als Ungenauigkeit der Rede verstanden werden; dieser Sprachgebrauch verweist vielmehr auf den umfassenden Begriff des Lebens, das sich »äußern« kann in physischer Vitalität (wie die Bedrohtheit durch den Tod spürbar werden kann in der Krankheit), das aber vor allem eine sogar über den physischen Tod hinaus lebendige Beziehung meint.

Der Sinn der Krankensalbung läßt sich also folgendermaßen umschreiben: *In einer Situation, da der Mensch die fundamentale Bedrohtheit des Lebens an seinem eigenen Leibe erfährt, werden Gebet und Salbung der kirchlichen Gemeinschaft zum realisierenden Zeichen der das Leben rettenden und stärkenden Nähe Gottes. So vollzieht die Kirche ihren Auftrag, in der Nachfolge Jesu, der sich besonders der Kranken annahm, das Evangelium vom nahegekommenen Heil Gottes zu verkünden.*

4.3. Ekklesiologische Bedeutung

In zweifacher Hinsicht hat die Krankensalbung ekklesiologische Bedeutung. Einmal repräsentieren die Spender des Sakraments die Gemeinschaft der Kirche. Dies ist der Sinn ihrer besonderen amtlichen Beauftragung.

Wenn allerdings die amtlich Beauftragten, z. B. wegen des Priestermangels, dem Kranken so wenig nahe sein können, daß sie ihm faktisch kein menschlich spürbares Zeichen der helfenden Zuwendung Gottes sein können, dann ist zu fragen, ob die Kirche nicht auch über den Kreis der Priester hinaus andere Seelsorger und Seelsorgerinnen mit der Spendung dieses Sakramentes beauftragen kann. Die variationsreiche Praxis der ersten Jahrhunderte zeigt, daß dies grundsätzlich möglich sein dürfte.

Zweitens erinnert die Liturgie immer auch an die Diakonie. Das heißt: Zum Leben der Kirche gehört auch die praktische Sorge für die Kranken, der Kampf um bessere Lebenschancen für die Bedrohten, aber auch der Protest gegen die Tabuisierung des Todes und die Verschleierung des Elends.

Literatur

Jeweils das Kapitel über die Krankensalbung in den Gesamtdarstellungen der Sakramententheologie von Franz Courth, Alexandre Ganoszy, Günter Koch, Lothar Lies, Theodor Schneider, Herbert Vorgrimler, Gunther Wenz (s. oben: Allgemeine Sakramentenlehre, Literatur)
Außerdem:
Arx, Walter von, Das Sakrament der Krankensalbung, Freiburg (Schweiz) 3. Aufl. 1986
Kaczynski, Reiner, Die Feier der Krankensalbung, in: IKaZ 12 (1983), 423–436
Kaczynski, Reiner, Feier der Krankensalbung, in: Sakramentliche Feiern I/2 (GdK 7/2), Regensburg 1992, 241–343
Lehmann, Karl/Pannenberg, Wolfhart (Hrsg.), Lehrverurteilungen – kirchentrennend? Bd. 1: Rechtfertigung, Sakramente und Amt im Zeitalter der Reformation und heute, Freiburg/Göttingen 1986, 133–140: Krankensalbung
Power, David N., Das Sakrament der Krankensalbung. Offene Fragen, in: Concilium 27 (1991), 154–163
Probst, Manfred/Richter, Klemens (Hrsg.), Heilssorge für die Kranken. Hilfen zur Erneuerung eines mißverstandenen Sakramentes, Freiburg/Einsiedeln 2. Aufl. 1980
Vorgrimler, Herbert, Buße und Krankensalbung (HDG IV/3), Freiburg 1978

VI. PRIESTERWEIHE

1. Zugang

1.1. Ort

In der Priesterweihe geht es um die Bestellung zu einem Dienst in der Kirche. Deshalb berührt sich dieses Kapitel mit Erörterungen über Amt und Gemeinde, die auch in der Ekklesiologie angestellt werden.

1.2. Heutige Problematik

Das Verständnis der Priesterweihe hängt eng zusammen mit dem Verständnis dessen, was Priestersein bedeutet. Diesbezüglich vollzieht sich, sowohl in der theologischen Diskussion als auch in der Selbsterfahrung der davon Betroffenen, gegenwärtig ein einschneidender Wandel, der seinerseits nochmals mit dem *Wandel im Kirchenbild* zusammenhängt: Wandelt sich dies von der »Priesterkirche« (d. h.: einem vor allem vom Amt ausgehenden Kirchenverständnis) zum »Volk Gottes«, so wird der Priester nicht mehr die Kirche schlechthin verkörpern, sondern nur eine bestimmte Funktion oder einen bestimmten Dienst in der Kirche. Die Wiederentdeckung des gemeinsamen Priestertums aller Glaubenden[1] läßt nach dem Proprium dieses Dienstes fragen. Auch die auf eine stärkere Beteiligung der Gemeinde ausgerichteten *liturgischen Reformen* der letzten Jahrzehnte führten dazu, daß die Grenzen zwischen Priester und Laien nicht mehr so scharf gezeichnet sind wie zuvor. Weil aber Priesterweihe und Priestertum in der Vergangenheit vor allem durch die besondere Vollmacht zu sakramentalem Handeln definiert wurden, verschärft sich auch von hierher die Frage nach dem Wesen des durch Weihe

---

[1] Vgl. z. B. SC 14.48; LG 9.10.26.34; AA 3; PO 2; AG 15.

verliehenen Amtes. Diese Frage wird nochmals verstärkt durch die *erneuerte Verhältnisbestimmung von Wort und Sakrament* und nicht zuletzt dadurch, daß in der Kirche *neue Ämter* entstanden, die teils ebenfalls durch Weihe (ständiger Diakonat), teils ohne Weihehandlung (z. B. Pastoral- und Gemeindereferentinnen und -referenten) übertragen werden.

Die praktische Bedeutung einer theologischen Klärung zeigt sich heute besonders an drei Punkten: (1) Die *existentielle Bedeutung* einer theologischen Grundaussage verdeutlicht Eugen Drewermanns psychologisch gewendete kritische Zuspitzung auf den Opfergedanken: Das theologische Priesterideal komme einer selbstzerstörerischen »Sehnsucht nach Opfer und Nichtsein« entgegen.[2] Ist das Opfermotiv konstitutiv für eine christliche Theologie des priesterlichen Dienstes? (2) Das Ziel der *ökumenischen Bewegung,* Eucharistiegemeinschaft als Ausdruck versöhnter Verschiedenheit, schließt die gegenseitige Anerkennung der in den verschiedenen christlichen Konfessionen ausgeübten Ämter ein. Unter welchen Bedingungen ist eine solche Anerkennung möglich? (3) Die veränderte gesellschaftliche *Stellung der Frauen* läßt neu nach deren innerkirchlicher Ortsbestimmung fragen. Ist der bisher von der katholischen Kirche (wie auch von den orthodoxen Kirchen) praktizierte Ausschluß der Frau von der Priesterweihe theologisch zwingend?

1.3. Zum Sprachgebrauch: »Priesterweihe« und »Ordination«

In neuerer Zeit spricht man in der deutschsprachigen katholischen Theologie statt von der »Priesterweihe« auch von der »Ordination«. Dieser Wechsel im Sprachgebrauch verweist gewiß auf den ökumenischen Dialog (die Kirchen der Reformation und z. B. auch die Konvergenzerklärung von Lima gebrauchen durchweg die Vokabel »Ordination«); er kann auch Ausdruck für ein Amtsverständnis sein, in dem stärker das funktionale Moment betont wird (während »Weihe« eher an ein gnadenhaft verwandelndes Moment denken läßt); aber er bedeutet auch für die katholische Tradition keine sprachliche Neubildung: Der lateinische Fachausdruck für dieses Sakrament lautet seit der Scholastik »sacramentum ordinis« bzw. »ordinatio«. Der unterschiedliche Wort-

---

[2] E. Drewermann, Kleriker. Psychogramm eines Ideals, Olten 1989, 91.

gebrauch allein muß also noch nicht einen inhaltlich verschiedenen Begriff signalisieren.

2. Biblische Grundlagen

2.1. Könige, Priester und Propheten in Israel

Das Alte Testament kennt amtlich eingesetzte Funktionsträger, die im Auftrag Gottes einen besonderen Dienst am Volk Israel zu erfüllen haben. In diesem Zusammenhang sind besonders das Königtum und das Priestertum von Bedeutung. Ihre Aufgaben sind unterschieden, überschneiden sich aber teilweise.

Der *König* fungiert als Hirt des Volkes[3], er vollzieht Gottes Recht[4], schützt insbesondere die Rechte der Armen[5], vertritt das Volk vor Gott[6], vertritt Gott gegenüber dem Volk[7] und segnet das Volk in Gottes Namen[8]. Die Einsetzung ins Amt erfolgt durch wirksame Zeichenhandlungen[9], in denen Gott selbst seine Erwählung, die Gabe seines Geistes, ja die Adoption zum Sohn realisiert[10].

Die *Priester* haben die Aufgabe, Opfer darzubringen[11], das Volk im Namen Gottes zu segnen[12], Dienste im Heiligtum zu versehen[13], aber auch, die Reinheitsgesetze durchzuführen[14], das Volk in der Thora zu unterweisen[15] und in wichtigen Rechtsfällen zu entscheiden[16]. Als nach dem Exil Unterweisung und Auslegung der Thora immer mehr Sache der Schriftgelehrten wird, konzentriert sich die Aufgabe der Priester auf den Kult. Das Amt der Versöhnung obliegt in besonderer Weise dem

---

[3] Vgl. 2 Sam 5,2.
[4] Vgl. Ps 45,7 f; 101.
[5] Vgl. Ps 72,1 f.4.12.
[6] Vgl. 1 Kön 8,30−54.
[7] Vgl. 2 Sam 14,17.20: »wie der Engel Gottes«.
[8] Vgl. 2 Sam 6,18; 1 Kön 8,55.
[9] Vgl. 1 Sam 10,1; 2 Sam 2,4: Salbung; Ps 110,1; 132,11: Inthronisation.
[10] Vgl. 1 Sam 10,1; 16,13; Ps 2,7.
[11] Vgl. Lev 1−7.
[12] Vgl. Num 6,22−27.
[13] Vgl. Lev 24,3−9.
[14] Vgl. Lev 13−15.
[15] Vgl. Lev 10,11.
[16] Vgl. Dtn 17,8−11.

Hohenpriester. Das Priestertum ist den dem Stamm Levi angehörenden »Söhnen Aarons« vorbehalten.[17] Lev 8 skizziert die Liturgie zur Weihe des Hohenpriesters: Die Riten (Einkleidung, Salbung und Opfer) gelten als von Gott selbst angeordnet.[18]

Die größte Bedeutung für die Glaubensverkündigung haben aber die *Propheten,* und zwar gerade diejenigen, die nicht zum Stand der amtlich eingesetzten »Berufspropheten« gehören, sondern aufgrund charismatischer Berufung durch Gott reden.[19] Als Sprachrohr Gottes deuten sie die Zeichen der Zeit, warnen vor Irrwegen und Katastrophen, dienen der Hoffnung auf das Heil, stellen das drohende Unheil und das verheißene Heil durch ihr eigenes Leben zeichenhaft dar.[20] Oft geraten sie dadurch in Konflikte mit den Amtsträgern.[21] Ihr insgesamt zwiespältiges Verhältnis zum Königtum, zu dem von den Priestern verwalteten Opferkult und zu den Berufspropheten deckt die Ambivalenz der institutionalisierten Ämter auf: Einerseits sollen sie dem Willen Gottes dienen, andererseits stehen sie seiner Durchsetzung oft im Wege.

2.2. »Ihr seid eine königliche Priesterschaft« (1 Petr 2,9)

Jesus war (im Sinne der offiziellen Ämter) weder König noch Priester. Seine Familie gehörte nicht dem Stamm Levi an. Wohl konnte er Prophet[22] genannt werden: Von Gott berufen, stand er mit seinem ganzen Leben ein für die Botschaft, die er zu verkünden hatte. Wenn er in späteren Zeugnissen des Neuen Testaments als König und als Priester bezeichnet wird, so ist damit eine radikale Umdeutung dieser Titel verbunden. Nach dem Johannesevangelium offenbart er sein Königtum in der Situation totaler Ohnmacht.[23] Der Hebräerbrief nennt ihn den »Hohenpriester, dem unser Bekenntnis gilt« (Hebr 3,1); aber er ist dies nicht durch kultische Verrichtungen, nicht durch das »Blut von Böcken und jungen Stieren« (Hebr 9,12), nicht durch »Schlacht- und Speise-

---

[17] Vgl. Ex 28 f. Eine andere Tradition spricht von den »Söhnen Zadoks«. Vgl. Ez 40,46; 44,15.
[18] Vgl. Lev 8,1 f.
[19] Vgl. z. B. Am 7,14 f.
[20] Vgl. z. B. Jes 8,18; Jer 16,1–13; 32,1–15.
[21] Vgl. z. B. Jer 20,1–6; 26,8f; Am 7,12 f.
[22] Vgl. Mk 6,4 parr.; Lk 24,19; Joh 6,14.
[23] Vgl. Joh 18,33–37.

opfer, Brand- und Sündopfer« (Hebr 10,8), sondern durch den Einsatz seiner eigenen Existenz, die Hingabe seines Lebens[24], nicht durch immer wiederholte Opfer, sondern durch das »ein für allemal« (Hebr 7,27) dargebrachte Opfer seines Lebens. Deshalb braucht es in seiner Nachfolge keinen Opferkult mehr.[25]

So tritt für die christliche Gemeinde an die Stelle des kultischen Opfers das »geistige Opfer« (1 Petr 2,5): die gegenseitige Liebe als Nachahmung der Opferhingabe Christi[26], die Gabe des eigenen Lebens als »der wahre und angemessene Gottesdienst« (Röm 12,1)[27]. Das aber ist nicht Aufgabe einzelner Funktionsträger, sondern aller Glaubenden. Deshalb wird der Priester-Titel außer auf Christus auch auf die Gemeinde als ganze (nie aber auf einzelne Amtsträger in den neutestamentlichen Gemeinden) bezogen: »Ihr seid ein auserwähltes Geschlecht, eine königliche Priesterschaft, ein heiliger Stamm, ein Volk, das sein besonderes Eigentum wurde, damit ihr die großen Taten dessen verkündet, der euch aus der Finsternis in sein wunderbares Licht gerufen hat« (1 Petr 2,9).[28]

2.3. Besondere Dienste in neutestamentlichen Gemeinden

Innerhalb der neutestamentlichen Gemeinden bilden sich unterschiedliche Dienste heraus. Je nach Ort und Situation verschieden, entsteht eine große Vielfalt von Strukturen und von Benennungen der Ämter.

In den paulinischen Gemeinden besitzt jedes Gemeindeglied eine besondere Begabung, die als Gabe des Heiligen Geistes (χάρισμα [charisma]) erkannt werden kann. Aus dem Zusammenspiel der Charismen wächst lebendige Gemeinde, ohne daß deutliche Über- oder Unterordnungen zu erkennen sind. Besonders wichtig ist für Paulus der Prophetendienst.[29] Ein eigenes Gewicht hat allerdings die Autorität des Paulus, obwohl dieser nicht in der Gemeinde anwesend ist.

Judenchristliche Gemeinden haben nach dem Vorbild der Synagogengemeinde ein Kollegium von »Ältesten« (πρεσβύτεροι [presbyteroi]) als Leitungsgremien. In Jerusalem

---

[24] Vgl. Hebr 10,5–10.
[25] Vgl. Hebr 10,11–18.
[26] Vgl. Eph 5,2.
[27] Vgl. Phil 2,17; 2 Tim 4,6.
[28] Für den atl. Hintergrund vgl. Ex 19,5 f; vgl. ferner Offb 1,6; 5,10.
[29] Vgl. 1 Kor 12,4–11.28–30; ferner Röm 12,6–8; 1 Thess 5,12.

wirken die Ältesten zusammen mit den Zwölf, die später Apostel genannt werden.[30] Dort entsteht zusätzlich (aus einem Konflikt heraus) die Einrichtung der Sieben, die zunächst in deutlicher Absetzung von der Lehrtätigkeit der Zwölf mit diakonischen Aufgaben betraut werden;[31] aus ihnen aber entwickeln sich, offenbar wieder aufgrund persönlicher Begabung, Stephanus und Philippus zu wirksamen Verkündern.[32]

Im hellenistischen Bereich wird aus der profanen Stadtverwaltung das Amt des »Aufsehers« (ἐπίσκοπος [episkopos]) übernommen. Episkopen leiten vermutlich zunächst kollegial[33], später (in den Pastoralbriefen) monarchisch die Gemeinde. Am stärksten ausgeprägt ist die Leitungsfunktion des Episkopos in den durch Irrlehrer erschütterten Gemeinden der Pastoralbriefe. Leitung bedeutet dort vor allem Verteidigung der »gesunden Lehre« (1 Tim 1,10).[34]

Daneben ist von Diakonen die Rede.[35] Sie sind wahrscheinlich (ähnlich wie ursprünglich die »Sieben« in Jerusalem) vor allem für sozial-caritative Aufgaben zuständig und gehören nach Phil 1,1 mit dem Bischof zur Gemeindeleitung. Sie verkörpern (neben der vor allem durch die Apostel und Propheten repräsentierten Verkündigung) die Diakonie als Grundvollzug der Gemeinde.

Für die heutige Diskussion ist von Bedeutung, daß in den verschiedenen Diensten auch Frauen zu finden sind: die vier prophetisch begabten Töchter des Philippus[36], Phoebe, die Diakonin von Kenchreä[37], Junia, vermutlich die Ehefrau des Andronikus, die Paulus zu den »angesehenen Aposteln« zählt (Röm 16,7).

Nirgendwo im Neuen Testament ist erkennbar, daß der Vorsitz bei der Eucharistiefeier bestimmten Amtsträgern vorbehalten ist.

Eine systematische Zuordnung der verschiedenen neutestamentlichen Dienste, insbesondere eine eindeutige Über- und Unterordnung läßt sich nicht erstellen.[38] Die Verschiedenheit der Modelle und die Wahl der Amtsbezeichnungen lassen vielmehr erkennen, daß die Strukturierung der Gemeinde sich weitgehend an den sozialen und pastoralen Gegebenheiten ausrichtet. *Abgesehen von der besonderen Situation der Pastoralbriefe, ist das Bild der Kirche im Neuen Testament durchweg nicht durch das Gegenüber von Amt und Gemeinde bestimmt, sondern durch das Miteinander verschiedener Dienste in der Gemeinde.*

---

[30] Vgl. Apg 15,2.6.22 f.
[31] Vgl. Apg 6,2–4.
[32] Vgl. Apg 6,8 – 7,53; 8,5–13.26–40.
[33] Vgl. Phil 1,1: episkopoi im Plural!
[34] Vgl. 2 Tim 4,2 f; Tit 1,9; 2,1; vgl. 1 Tim 3,2; Tit 2,7.
[35] Vgl. Phil 1,1; 1 Tim 3,8–13.
[36] Vgl. Apg 21,9.
[37] Vgl. Röm 16,1 f.
[38] Die Apostelgeschichte versucht allerdings eine Harmonisierung, indem sie die Ältesten mit den Bischöfen identifiziert. Vgl. Apg 20,17 mit Apg 20,28.

2.4. Ordination durch Handauflegung

Über liturgische Formen der Einsetzung in ein Amt geben die meisten neutestamentlichen Schriften keine Auskunft. Nur die Apostelgeschichte und (deutlicher) die Pastoralbriefe sprechen in diesem Zusammenhang von der Handauflegung.[39]

Nach der *Apostelgeschichte* wurden die Sieben von der Gemeinde gewählt, danach beteten die Apostel über sie und legten ihnen die Hände auf.[40] Die Gemeinde in Antiochia wählte Barnabas und Saulus für die Missionsreise aus und sandte sie unter Fasten, Gebet und Handauflegung aus[41], Paulus und Barnabas bestellten auf ihrer Reise »in jeder Gemeinde durch Handauflegung Älteste und empfahlen sie mit Gebet und Fasten dem Herrn« (Apg 14,23).

Die *Pastoralbriefe* sprechen ausdrücklicher über die mit der Handauflegung verbundene Gnadengabe (charisma) und die daraus sich ergebende Verpflichtung: »Vernachlässige die Gnadengabe nicht, die in dir ist und die dir durch Prophetenwort und mit der Handauflegung des Presbyteriums verliehen wurde« (1 Tim 4,14)[42]. Handauflegung und prophetischer Zuspruch geschehen durch die Ältesten, aber der eigentliche Geber der Geistesgabe ist Gott; darauf verweisen die Wendung »Gnadengabe Gottes« und die (den Gottesnamen umschreibende) Passivform »verliehen wurde« (passivum divinum). Die Handauflegung ist nicht nur begleitender Gestus, sondern realisierendes Zeichen der Geist-Gabe: »die Gnadengabe Gottes, die in dir ist durch die Auflegung meiner Hände« (2 Tim 1,6). Die Gnadengabe schließlich besteht in einer Befähigung zum spezifischen Dienst an der Gemeinde: die heiligen Texte vorzulesen, zu mahnen, zu lehren und so den Glauben gegenüber den Erschütterungen der Irrlehren zu festigen und das Haus der Gemeinde in Ordnung zu halten.

Auffallend ist die Parallele zur Amtsübertragung bei den zeitgenössischen jüdischen Schriftgelehrten. Nach der Zerstörung des Tempels »richtete sich alles Augenmerk auf die Weitergabe der die Identität jüdischen Glaubens und Lebens weitertragenden Lehre vom Lehrer auf den Schüler.« Dadurch gewann der von den pharisäischen Schriftgelehrten

---

[39] Über die allgemeine Bedeutung der Handauflegung als Segenshandlung, Heilungsgebärde und Zeichen der Beauftragung vgl. oben II.2.3.
[40] Vgl. Apg 6,6.
[41] Vgl. Apg 13,1–3.
[42] Vgl. auch 2 Tim 1,6.

praktizierte Ritus der Handauflegung (die semikah) an Bedeutung. Auch für die Pastoralbriefe steht die Identität des Glaubens auf dem Spiel. »Hier wie dort geht es um die Kontinuität der Lehre als Mittel der Identitätsbewahrung der Gemeinschaft, hier wie dort auch
soll diese Kontinuität durch rechtlich fixierte Bindung der Lehre an bestimmte Personen
gewirkt werden. Ein direktes Einwirken des rabbinischen Lösungsmodells ist darum nicht
auszuschließen.«[43]

*Die Sorge um die Identität führt zu deutlicherer Ausprägung von Amts-
strukturen, Riten der Amtsübergabe und entsprechender Theologie. Allerdings
wird eine spätere Orientierung am biblischen Befund nicht außer acht lassen
dürfen, daß es sich hier um die Antwort auf eine bestimmte Herausforderung,
nicht aber um die Summe der neutestamentlichen Entwicklung handelt.*

3. Dogmengeschichtliche Entwicklung

3.1. Konzentration und Differenzierung in der Alten Kirche

Seit Ende des 1. Jahrhunderts n. Chr. gehen die charismatisch be-
gründeten Dienste des Propheten und des Lehrers zurück, mit zunehmender Institutionalisierung konzentriert sich das Interesse auf das
Leitungsamt; dies seinerseits wird deutlicher differenziert in die Ämter
des Bischofs, des Presbyters und des Diakons. Während die Quellen über
die Ordination in den ersten zwei Jahrhunderten spärlich sind, finden
wir liturgie- und dogmenhistorisch aufschlußreiche Angaben in der
Apostolischen Überlieferung des Hippolyt (um 215).

Der *Bischof* wird »vom ganzen Volk«[44] gewählt und anschließend von den anwesenden
Nachbarbischöfen durch Handauflegung geweiht. Hierin zeigt sich ein Wechselspiel der
Kompetenzen: Ortsgemeinde und Nachbarbischöfe sind aufeinander verwiesen. Die
Handauflegung bildet als epikletischer Gestus eine Einheit mit der Bitte um die Aus-
gießung des Geistes über den Kandidaten. Aus dem Gebet lassen sich auch die Aufgaben
des Bischofs ablesen: Er soll die Gemeinde leiten (»deine heilige Herde weiden«), Gottes
Gnade erbitten (»dein Angesicht gnädig stimmen«) und der Eucharistiefeier vorstehen (»die
Gaben deiner heiligen Kirche darbringen«). Außerdem wird ihm die Vollmacht verliehen,
Ämter zu vergeben, im Bußverfahren Sünden nachzulassen und »von jeder Fessel zu
lösen«[45].

Bei der Weihe eines *Presbyters* legt der Bischof zusammen mit den anderen Presbytern
dem Kandidaten die Hand auf und spricht über ihn das Weihegebet. Presbyter sind Helfer

---

[43] J. Roloff, Der erste Brief an Timotheus, Zürich 1988, 266.
[44] Hippolyt, Trad. Apost., 2.
[45] Ebd., 3.

und Berater des Bischofs. Sie assistieren ihm beim Taufakt, sprechen zusammen mit ihm das eucharistische Dankgebet, vertreten den Bischof, wenn er abwesend ist, bei der Eucharistiefeier und bei der Agape, und sie nehmen selbständig Lehraufgaben wahr.

Dem Diakon legt nur der Bischof die Hand auf; denn er soll »das tun, was dieser ihm aufträgt,« und den Bischof »aufmerksam machen auf das, was ansteht«, insbesondere auf die Kranken in der Gemeinde.[46]

Die Differenzierungen bei der Handauflegung machen die unterschiedlichen Zuordnungen deutlich: Der Bischof ist Mitglied des Bischofskollegiums, die Presbyter sind Helfer des Bischofs und Mitglieder des Presbyteriums, der Diakon ist ausschließlich dem Bischof zugeordnet.

Interessant ist, daß für die Apostolische Überlieferung die Weihe nicht der einzige Weg ist, in ein Amt zu kommen. Der »Bekenner«, d. h. ein Christ, der um des Namens Jesu willen verhaftet worden ist, »hat den Rang eines Presbyters auf Grund seines Bekenntnisses«[47]: Er braucht keine liturgische Amtseinsetzung mehr. Nur wenn er zum Bischof eingesetzt werden soll, bedarf er noch der Handauflegung. Hier hat das charismatische Element noch seinen Platz neben dem institutionellen.

Nach der Konstantinischen Wende nimmt die hierarchische Strukturierung des Amtes zu. Mit der Gründung von Filialgemeinden werden die Presbyter faktisch Gemeindeleiter, bleiben aber dem Bischof untergeordnet. Außerdem macht die Verleihung staatlicher Autorität an die Bischöfe das kirchliche Dienstamt zu einem gesellschaftlichen »Stand« (diese Assoziation verbindet sich auch mit dem lateinischen Wort »ordo«).

3.2. Betonung der Konsekrationsgewalt im Mittelalter

Während sich in der Antike alle Kirchenglieder stärker durch den Gegensatz zur nichtchristlichen Umwelt miteinander verbunden sahen, ist die mittelalterliche Gesellschaft stärker vom Gegensatz zwischen Amtsträgern und Laien in der Kirche bestimmt. Dies zeigt sich auch in der im 7./8. Jahrhundert einsetzenden Anreicherung der Riten bei der Weihe, welche den Abstand zwischen Geweihten und Nichtgeweihten vergrößert. Dem Bischof wird das Haupt mit Chrisam gesalbt, er wird feierlich inthronisiert, und es werden ihm Stab und Ring als Hoheits-

---

[46] Ebd., 8; vgl. 34.
[47] Ebd., 9.

zeichen überreicht. Dem Priester werden die Hände gesalbt, und als
Zeichen seiner eucharistischen Kompetenz werden ihm Patene und
Kelch übergeben.

Dieser Entwicklung folgt die scholastische Theologie: Die Priesterweihe verleiht vor allem die eucharistische Vollmacht (potestas in
corpus eucharisticum), die Bischofsweihe die Vollmacht, die Kirche zu
regieren (potestas in corpus mysticum). Die Konzentration auf die eucharistische Konsekrationsgewalt wirkt sich so stark aus, daß bei der
Entwicklung der scholastischen Sakramentenlehre ein Großteil der
Theologen (unter ihnen Petrus Lombardus [† 1160] und Thomas von
Aquin [† 1274]) wohl die Priesterweihe, nicht aber die Bischofsweihe zu
den Sakramenten zählt.

Auf dieser Linie bewegt sich auch die kirchenamtliche Lehre. Das
Dekret des Konzils von Florenz für die Armenier (1439) erklärt die
Formel »Empfange die Vollmacht, das Opfer ... in der Kirche darzubringen ...«, als das entscheidende Wort (die forma sacramenti) bei
der Priesterweihe, das entscheidende Zeichen (die materia sacramenti)
ist die Übergabe des Kelches mit dem Wein und der Patene mit dem
Brot. Der Bischof ist der ordentliche Spender des Sakraments; aber die
Bischofsweihe selbst wird nicht als Sakrament erwähnt.[48]

3.3. Auseinandersetzungen in der Reformationszeit

Die Reformatoren kritisieren die kultische Verengung dieses Amtsverständnisses, durch die einerseits die Wortverkündigung vernachlässigt
und andererseits das Mißverständnis des Abendmahls als eines immer
neu darzubringenden Opfers verfestigt werde.[49] Die Sakramentalität der
Priesterweihe finden sie in der Bibel nicht begründet. In ihrer Behauptung sieht Luther eine »unglaubliche Verhöhnung der Taufgnade«; denn
nach 1 Petr 2,9 seien »alle Getauften in gleicher Weise Priester ... Die
aber, die wir Priester nennen, sind in unserer Mitte ausgewählte Diener,
die alles in unserem Namen tun sollen ... Das Priestertum ist eigentlich
nichts anderes als Dienst am Wort.«[50]

---

[48] Vgl. DH 1326/NR 705.
[49] Vgl. oben III.3.4.1.
[50] M. Luther, De captivitate Babylonica ecclesiae praeludium, WA 6, 536.

Das Konzil von Trient reagiert darauf mit der Betonung der Konsekrations- und Absolutionsvollmacht: »Wer sagt, im Neuen Testament gebe es kein sichtbares und äußeres Priestertum oder keine Vollmacht, den wahren Leib und das Blut des Herrn zu verwandeln und darzubringen sowie die Sünden zu vergeben und zu behalten, sondern nur das Amt und den bloßen Dienst, das Evangelium zu verkündigen, . . . der sei ausgeschlossen.«[51] Es verteidigt die Lehre, die Priesterweihe sei »wahrhaft und im eigentlichen Sinne ein von Christus, dem Herrn, eingesetztes Sakrament«[52].

Gegenüber dem Eindruck, das Trienter Konzil identifiziere einfachhin die Priesterweihe mit der Bevollmächtigung zu konsekrieren und zu absolvieren, ist allerdings zu bedenken, daß das Konzil einerseits in seinen *Lehrsätzen* keine komplette Lehre entfalten, sondern nur die Angriffe abwehren wollte (die Verkündigungsaufgabe des Priesters war nicht strittig) und daß es andererseits in seinen *Reformdekreten* die Predigtaufgabe betonte und einschärfte. Die nachtridentinische Theologie sah aber nicht mehr den situationsbedingten, zwangsläufig einseitigen Charakter der Trienter Lehrsätze, sondern nahm diese als systematische Richtschnur. So verfestigte sich in der katholischen Theologie der Neuzeit die Vorstellung, der Ansatz bei der potestas consecrandi et absolvendi (der Vollmacht, zu konsekrieren und loszusprechen) sei der einzig denkbare Ansatz zum Verständnis von Priestertum und Priesterweihe, und der Dienst der Verkündigung blieb theologisch wenig beachtet. Der evangelische Amtsträger dagegen erschien in katholischer Perspektive als bloßer Prediger, dem (weil die Kette bischöflicher Handauflegung unterbrochen wurde) die sakramentale Vollmacht fehlt.

3.4. Neuorientierungen im 20. Jahrhundert

Im 20. Jahrhundert wurde, vor allem aufgrund liturgiehistorischer Studien, die Entscheidung des Konzils von Florenz, das zentrale Zeichen (die »Materie«) der Priesterweihe bestehe in der Überreichung der liturgischen Gefäße mit Brot und Wein, in Frage gestellt. Daraufhin erklärte *Pius XII.* 1947 die (im Mittelalter zwar ebenfalls praktizierte, aber nicht als »Materie« des Sakraments bezeichnete) Handauflegung zur alleinigen Materie der Diakons-, Priester- und Bischofsweihen, alle anderen Gesten, wie die Überreichung der Gefäße, die Salbung der Hände usw. gelten nunmehr als ausdeutende Riten.[53]

---

[51] DH 1771/NR 713.
[52] DH 1773/NR 715.
[53] Vgl. DH 3859/NR 724.

Das Zweite Vatikanische Konzil formuliert die hierarchischen Ämter als »Dienste« (LG 18 u. ö.) und fügt sie in den größeren Rahmen der Lehre vom Volk Gottes ein. Es spricht (mit ausdrücklichem Rückgriff auf 1 Petr 2,4–10) vom »gemeinsamen Priestertum der Gläubigen«: »Das gemeinsame Priestertum der Gläubigen ... und das Priestertum des Dienstes, das heißt, das hierarchische Priestertum ... sind einander zugeordnet: das eine wie das andere nämlich nimmt je auf besondere Weise am Priestertum Christi teil« (LG 10).

Die Formel, das gemeinsame Priestertum und das Priestertum des hierarchischen Dienstes »unterscheiden sich dem Wesen und nicht bloß dem Grade nach« (LG 10), meint nicht, das Amtspriestertum sei das eigentliche, das gemeinsame dagegen nur ein uneigentliches Priestertum. Im Gegenteil: Sie will die spezielle Funktion des Amtspriestertums innerhalb des priesterlichen Gottesvolkes hervorheben und doch gleichzeitig der Vorstellung entgegenwirken, das gemeinsame sei ein unvollständiges, bloß anfängliches, das amtliche aber ein gesteigertes, volles Priestertum.

Das Konzil hebt die Verkündigungsaufgabe von Bischof und Priester hervor[54] und räumt der Verkündigung einen gleichen Stellenwert ein wie dem Sakrament[55]. Es lehrt die Sakramentalität der Bischofsweihe[56], betont die Kollegialität der Bischöfe[57] und fordert die Wiederherstellung des (in der lateinischen Kirche praktisch untergegangenen) Amtes des Diakons[58].

4. Systematische Reflexion

4.1. Auf der Suche nach einer Grundaussage

Gegenwärtig sucht man in der katholischen Theologie nach einer Grundaussage über das Dienstamt, von der alle anderen Aussagen abgeleitet werden können. Damit soll gleichzeitig die Einseitigkeit des nachtridentinischen Ansatzes bei der *Konsekrations- und Absolutionsvollmacht* überwunden werden. Ist der priesterliche Dienst vor allem als *Dienst am Wort* (Karl Rahner [† 1984]), als *Dienst an der Einheit* (Walter

---

[54] Vgl. PO 4; LG 25; CD 12.
[55] Vgl. DV 21.
[56] Vgl. CD 4 und 15.
[57] Vgl. LG 21 f; CD 4.
[58] Vgl. LG 29; OE 17.

Kasper [* 1933]) oder als *Repräsentation Christi und der Kirche* (Gisbert Greshake [* 1933]) zu verstehen?

Die verschiedenen Ansätze lassen sich als verschiedene Aspekte des einen Ganzen verstehen. Zunächst ist der größere Zusammenhang zu sehen: der Dienst, zu dem die Kirche als ganze berufen ist. Ihr als ganzer und allen ihren Gliedern ist aufgetragen, das Wort Gottes zu verkündigen (Martyria), die verkündigte Botschaft in praktizierter Gemeinschaft zu leben (Diakonia) und beides zeichenhaft zu feiern (Liturgia). Der Realisierung dieser Grundvollzüge der Kirche dienen die speziellen Dienstämter. *Weil die Kirche nicht sich selbst zu verkündigen hat, sondern das ihr vorgegebene und sie immer auch in Frage stellende Gotteswort, deshalb braucht sie die Rolle des Verkündigers, welcher der Gemeinde gegenübertritt – und insofern, in der Ausübung dieses Dienstes, Christus repräsentiert. Damit Gemeinschaft realisiert wird, bedarf es des zusammenführenden, inspirierenden, Fähigkeiten weckenden Dienstes, der als Dienst an der Einheit bezeichnet werden kann. Und weil dieser Dienst wesentlich zur Kirche gehört, wird er auch in den zentralen liturgischen Feiern der Kirche in Erscheinung treten.*

4.2. Die Ordination als Sakrament

Mit der Priesterweihe bestellt die Kirche zu solchem Dienst. Es geht dabei also zunächst nicht um die persönliche Heiligung des Weihekandidaten, sondern um einen Dienst in der Kirche. Insofern lassen sich Ordination und priesterliches Amt funktional beschreiben.

Geste (Handauflegung) und Wort (Epiklese) dieses Ritus drücken aber nicht nur eine Amtsübertragung aus, sondern gleichzeitig die Bitte um den Geist. Handauflegung und Gebet geschehen in der Überzeugung, daß in diesem Handeln der Kirche Christus selber handelt: Er selbst nimmt den Weihekandidaten in Dienst, er selbst gibt ihm seinen Geist. Deshalb, weil im realisierenden Zeichen der Kirche Christus selbst seine wirksame Gegenwart realisiert, heißt die Ordination Sakrament. *Die Priesterweihe ist das Sakrament der Indienstnahme und der Gabe des Geistes zu diesem Dienst.*

Weil Christus seinen Auftrag und seine Zusage nicht zurücknimmt, bekennt sich auch die Kirche bleibend zur Einsetzung in dieses Amt und macht dieses ihr Bekenntnis nicht nachträglich vom persönlichen Verhalten des Amtsträgers abhängig. Dieser Sachverhalt wird ausgedrückt in der Lehre vom *unauslöschlichen Merkmal,* das die Weihe verleiht (character indelebilis). Damit ist vor allem auf die objektive Verläßlichkeit abgehoben, die unabhängig von der subjektiven Verfassung des Amtsträgers gegeben ist. »Die Gemeinde muß nicht erst die Heiligkeit des Amtsträgers testen, um zu wissen, ob die Eucharistiefeier gültig ist, ob die Lossprechung wirksam ist . . . Wen Gott in seinen Dienst nimmt, der erweist der Gemeinde diesen göttlichen Heilsdienst, selbst dann, wenn er aufgrund seiner Sündigkeit daran scheitert.«[59]

Aber auch die Person des Amtsträgers bleibt von der Gabe des Geistes nicht unberührt. Freilich ereignet sich, wie bei allen Sakramenten so auch hier, die Gnadenwirkung nicht punktuell, sondern prozeßhaft wachsend, nicht magisch, sondern im engagierten Vollzug des Dienstes, zu welchem der Amtsträger ordiniert wurde. Insofern geht die Wirkung der Weihe über das Funktionale hinaus: Die Funktion prägt auch die Person.

Die Sakramentalität der Ordination darf allerdings nicht als Abwertung der anderen Dienste in der Kirche gedeutet werden. Die Amtsträger sollen ja gerade »die verschiedenen Gaben des Herrn an seine Kirche entdecken, wecken und ihnen Raum verschaffen«[60]. Die Kirche lebt wesentlich auch vom (nicht institutionalisierbaren) Charisma des Prophetentums.

4.3. Bischof, Priester, Diakon

Nach heutigem katholischen Verständnis gliedert sich die Priesterweihe in die Stufen der Weihe zum Diakon, zum Presbyter und zum Bischof. Die gegenseitige Zuordnung und Abgrenzung der drei Dienste ist allerdings nicht leicht zu präzisieren. Sie war nicht in allen Epochen der Kirchengeschichte gleich. Auch der Versuch, anhand der Aussagen des II. Vatikanischen Konzils und der gegenwärtig gültigen Weiheliturgie ein Profil des Bischofs, des Priesters und des Diakons für heute zu erstellen, kann nur unzureichend gelingen, am deutlichsten noch bei der Beschreibung des Bischofsamtes.

---

[59] Th. Schneider, Zeichen der Nähe Gottes, Grundriß der Sakramententheologie, Mainz 1979, 262.
[60] W. Kasper/K. Lehmann, Die Heilssendung der Kirche in der Gegenwart, Mainz 1970, 58.

Die *Bischofs*weihe erfolgt in einem kollegialen Akt durch mehrere Bischöfe. Dadurch wird deutlich: Der Bischof ist Mitglied des Bischofskollegiums, mithin mitverantwortlich für die Kirche über den Rahmen seines Bistums hinaus.[61] Mit der Übergabe des Hirtenstabes wird die Leitung der Ortskirche symbolisiert, mit der Übergabe des Evangeliars die Aufgabe der Verkündigung, mit der Salbung des Hauptes die Aufgabe, Christus zu repräsentieren. Die Bindung an die Ortskirche wird besonders deutlich mit der Übergabe des Ringes dargestellt.

Hier gibt es allerdings »eine gewisse Spannung zwischen den Aussagen des Rituals und der Realität, der tatsächlichen Bestellung von Bischöfen. Nimmt man den Ritus der Bischofsweihe beim Wort, dann wird es schwer, die Ordination von Bischöfen zu begründen, die nicht zur Leitung einer bestimmten Ortskirche berufen werden.«[62]

Bei der Weihe der *Priester* beteiligen sich andere Priester an der Handauflegung des Bischofs. Hierin könnte man ansatzweise eine Kollegialität im Presbyterium erkennen[63]; eine entsprechende Theologie wurde aber noch kaum entwickelt. Nach dem II. Vaticanum besteht die erste (mit den Bischöfen gemeinsame) Aufgabe der Priester darin, »allen die frohe Botschaft Gottes zu verkünden« (PO 4), »seine Vollendung« findet das Dienstamt der Priester in der Feier der Eucharistie (PO 2). Viele Aussagen des II. Vaticanums über Dienst und Leben der Priester gehen von einer besonderen Nähe der Priester zu den Gläubigen und einer besonderen Kompetenz für die Gemeinden aus: Sie sollen »Erzieher im Glauben« sein, »dafür sorgen, daß jeder Gläubige im Heiligen Geist angeleitet wird zu seiner persönlichen Berufung«. Sie sollen sich »vor allem der Armen und Geringen annehmen«, »am meisten für die Kranken und Sterbenden besorgt sein . . . Die Hirtenaufgabe beschränkt sich aber nicht auf die Sorge für die einzelnen Gläubigen, sondern umfaßt auch wesentlich die Bildung einer echten christlichen Gemeinschaft« (PO 6). »Sie sollen gern auf die Laien hören . . ., damit sie gemeinsam mit ihnen die Zeichen der Zeit verstehen können. Sie sollen . . . die vielfältigen Charismen . . . mit Glaubenssinn aufspüren, freudig anerkennen und mit Sorgfalt hegen. Sie sollen . . . den Laien . . . Freiheit und Raum zum Handeln lassen«, in der Gemeinde »die verschiedenen

---

[61] Vgl. LG 22.
[62] B. Kleinheyer, Ordinationen und Beauftragungen, in: Ders./E. von Severus/R. Kaczynski, Sakramentliche Feiern II (GdK 8), 54.
[63] Vgl. PO 8.

Meinungen so in Einklang bringen, daß niemand sich in der Gemeinschaft der Gläubigen fremd fühlt« (PO 9).

Auf dieser Linie liegt auch die Aufgabenbestimmung, die Can. 529 CIC/1983 für den Pfarrer vornimmt: Er solle (außer der Sorge für die Verkündigung und für die Liturgie[64]) darum bemüht sein, »die seiner Sorge anvertrauten Gläubigen zu kennen, . . . die Familien besuchen, an den Sorgen, den Ängsten und vor allem an der Trauer der Gläubigen Anteil nehmen, . . . den Kranken, . . . den Sterbenden zur Seite stehen, . . . sich mit besonderer Aufmerksamkeit den Armen, Bedrängten, Einsamen, den aus ihrer Heimat Verbannten und ebenso denen zuwenden, die in große Schwierigkeiten geraten sind«.

Daneben ist sowohl in den Konzilstexten als auch in der Weiheliturgie ein anderer Ansatz zur Bestimmung des priesterlichen Dienstes zu erkennen: Die Priester sind Mitarbeiter, Helfer des Bischofs[65], die durch die Weihe teilnehmen am Bischofsamt[66], »im Namen des Bischofs die Familie Gottes versammeln« (PO 6), in den Ortsgemeinden den Bischof »gewissermaßen gegenwärtig« machen (LG 28)[67]. Hier wirkt sich die thematische Konzentration des Konzils auf die Aufgabe der Bischöfe in einem »übersteigerten Episkopalismus« aus: »Allzuleicht erscheint das Presbyterat bloß als ein defizienter Modus des bischöflichen Amtes und erleidet . . . einen theologischen Funktionsverlust.«[68] Offenbar kommen hier, mit der Wiederentdeckung der patristischen Theologie, auch Vorstellungen ins Spiel, die für die altkirchliche Gemeindestruktur (wo der Bischof der Leiter einer Ortsgemeinde, die Presbyter innerhalb dieser Gemeinde seine Berater und Helfer waren) überzeugend sind, zur heutigen Kirchenstruktur aber nur bedingt passen. Weiheliturgie und Amtstheologie sind also – im Sinne der zuerst dargestellten Linie – so weiterzuentwickeln, daß sie der speziellen Kompetenz des Gemeindepriesters gerecht werden.

Auch das Amt des *Diakons* wird nicht spezifisch festgelegt. Das II. Vaticanum nennt als seine Aufgaben die Taufe, die Austeilung der Eucharistie, die Assistenz bei der Eheschließung, die Wegzehrung, die Wortverkündigung, die Beerdigung, die Leitung von Gottesdiensten sowie »die Pflichten der Liebestätigkeit und der Verwaltung« (LG 29). Die Weiheliturgie betont zwar den Gedanken des Dienens, stellt aber den Dienst am Altar und den Dienst der Verkündigung ebenso heraus wie die Hilfe für die Armen und Kranken. »In all diesen Lebensäußerungen der Kirche ist der Diakon zum Dienst bestellt, dem Bischof untergeordnet . . ., den Priestern zugeordnet . . . Der Diakon ist also Helfer für alle und insofern in besonderer Weise Abbild Jesu Christi, der ›unter seinen Jüngern war wie einer, der dient‹«[69].

---

[64] Vgl. CIC/1983, can. 528.

[65] Vgl. LG 20 f; CD 15; PO 2 u. ö.

[66] Vgl. PO 7.

[67] Vgl. auch PO 5.

[68] K. Lehmann, Das dogmatische Problem des theologischen Ansatzes zum Verständnis des Amtspriestertums, in: F. Henrich (Hrsg.), Existenzprobleme des Priesters, München 1969, 121–175, Zitate: 155–157.

[69] B. Kleinheyer, a. a. O. (oben Anm. 62), 58.

Wenn man nach einem Spezifikum des Diakonats sucht, dann ist diese Bestimmung unbefriedigend, zumal ja auch die Ämter des Bischofs und des Priesters als »Dienste« beschrieben werden. Vielleicht liegt allerdings ein praktischer Vorteil der offenen Aufgabenbestimmung darin, daß sie der weiteren Entwicklung großen Spielraum läßt. Wie die Beispiele des Stephanus und des Philippus in der Apostelgeschichte[70] zeigen, entwickeln sich ohnehin auch aus persönlicher Begabung und situativer Herausforderung kirchliche Dienste, an die bei der Einrichtung des Amtes nicht gedacht wurde.

4.4. Zulassungsbedingungen

Die persönlichen Voraussetzungen für die Zulassung zur Ordination ergeben sich aus der Aufgabenbeschreibung: »Dieser Dienst erfordert selbständige, gereifte, fromme Menschen«, »Fähigkeit zum Kontakt und zum Gespräch . . ., Sorge um die Not und das Glück der anderen, aber auch die menschliche Gabe, einer Gemeinschaft vorstehen und sie unter Wahrung der Freiheit führen zu können.«[71] Kontrovers diskutiert werden gegenwärtig zwei Einschränkungen: Soll die katholische Kirche bei ihrer Praxis bleiben, nur Männer und nur Unverheiratete zur Weihe zuzulassen?

4.4.1. Ordination von Verheirateten

Die Frage, ob auch Verheiratete zu Priestern geweiht werden können, ist keine dogmatische Frage, sondern eine Frage der Angemessenheit.

Die Koppelung von Zölibat und Priestertum wurde erst im Laufe einer über tausendjährigen Geschichte zum Regelfall, sie gilt nur in der römisch-katholischen Kirche und auch hier nicht ausnahmslos. Heute ist umstritten, ob diese obligatorische Koppelung dem Wesen des Amtes und der gegenwärtigen kirchlichen Situation angemessen ist. *Für* die Angemessenheit werden christologische und eschatologische sowie auch praktische Gründe genannt: ». . . der Priester [gibt] durch seine Ehelosigkeit ein nachdrückliches Zeugnis für Jesus Christus . . ., ohne Furcht, durch diesen schwerwiegenden Verzicht keine Erfüllung des Lebens zu finden«. Aus der Ehelosigkeit ergebe sich die »volle Verfügbarkeit des Priesters für jeglichen Dienst in der Kirche und für alle Menschen.«[72] *Gegen* die obligatorische Koppelung von Priesterberuf und Zölibat (nicht gegen eine frei gewählte zölibatäre Lebensform) wird neben anthropologischen Gesichtspunkten (veränderte Bewertung der Sexualität, größere Kompetenz von Verheirateten in Fragen von Ehe und Familie,

---

[70] Vgl. oben 2.3.
[71] W. Kasper/K. Lehmann, a. a. O. (oben Anm. 60), 64.58.
[72] Schreiben der deutschen Bischöfe über das priesterliche Amt, Trier 1969, Nr. 45.

gewachsenes Bedürfnis nach freier Selbstbestimmung) vor allem auf die Not der Gemeinden verwiesen, die wegen des Priestermangels auf die Eucharistiefeier verzichten müssen. Deshalb treten in jüngerer Zeit sowohl in Europa als auch in Afrika und Lateinamerika Bischöfe, Theologen und Synoden für die Weihe von Männern ein, die sich in Ehe und Familie bewährt haben (viri probati).

4.4.2. Ordination von Frauen

Stärker dogmatisch bestimmt ist die Diskussion über die Möglichkeit, auch Frauen zu ordinieren. Nach Paulus hebt die durch Jesus Christus erworbene Gotteskindschaft alle sozialen Unterschiede auf: die zwischen Frau und Mann ebenso wie die zwischen Griechen und Juden, Sklaven und Freien.[73] Muß diese neue Geschwisterlichkeit sich nicht auf Dauer auch auf die Amtsstrukturen der christlichen Gemeinde auswirken?

Diese Frage drängt sich heute auf, weil sich gegenwärtig (im Gegensatz zu jahrhundertelang festgelegten Rollenbildern) ein starker Wandel in der Rollenverteilung zwischen Mann und Frau vollzieht: Frauen übernehmen zunehmend Leitungsfunktionen im öffentlichen Leben. In nicht-katholischen christlichen Kirchen wächst die Praxis der Ordination von Frauen. Diese Praxis beruht auf der »tiefen theologischen Überzeugung, daß es dem ordinierten Amt der Kirche an Fülle mangelt, wenn es auf ein Geschlecht beschränkt ist«, und auf der in diesen Kirchen gemachten Erfahrung, daß das von den Frauen ausgeübte Amt »vom Heiligen Geist in ebenso vollem Maße gesegnet ist wie das Amt der Männer.«[74] Damit ist die Frage der Ordination von Frauen für die römisch-katholische Kirche gleichzeitig eine Frage der Ökumene und eine Anfrage an die eigene Praxis.

Die Gemeinsame Synode der Bistümer in der Bundesrepublik Deutschland (1972–1975) diskutierte ausführlich die Weihe von Frauen zu Diakoninnen. Die als Gutachter befragten Dogmatiker (Yves Congar, Peter Hünermann und Herbert Vorgrimler) erklärten übereinstimmend die dogmatische Möglichkeit. Im abschließenden Votum bat die Synode den Papst, »die Frage des Diakonats der Frau entsprechend den heutigen theologischen Erkenntnissen zu prüfen und angesichts der gegenwärtigen pastoralen Situation womöglich Frauen zur Diakonatsweihe zuzulassen«[75].

Die meistgenannten *Bedenken gegen die Priesterweihe von Frauen* findet man in der Erklärung der Glaubenskongregation »Inter insigniores« vom 15. 10. 1976. Die Erklärung führt an:

(1) Die Tradition: »Niemals ist die katholische Kirche der Auffassung gewesen, man könne Frauen gültig die Priester- oder Bischofsweihe spenden.«[76]

---

[73] Vgl. Gal 3,28.
[74] Lima, Amt, 18, Kommentar.
[75] Gemeinsame Synode der Bistümer in der Bundesrepublik Deutschland, Die pastoralen Dienste in der Gemeinde, Dienste, 7.1.3.
[76] DH 4590.

(2) Das Verhalten Christi und der Apostel: »Christus Jesus hat keine Frau unter die Zwölf aufgenommen.«[77] Und obwohl Frauen in den neutestamentlichen Gemeinden hoch geschätzt wurden, so wurden sie doch nirgendwo (auch nicht bei der Nachwahl für Judas Iskariot) in das Zwölfer-Gremium einbezogen.[78]

(3) Zwei Konvenienzargumente: Der Priester solle Christus repräsentieren. Diese Repräsentanz müsse um der sakramentalen Zeichenhaftigkeit willen durch einen Mann erfolgen; sonst läge die »natürliche Ähnlichkeit, die zwischen Christus und seinem Diener erfordert wird, nicht vor; ... denn Christus selbst war und bleibt ein Mann ... Das fleischgewordene Wort ist dem Geschlecht nach männlich.«[79] Zweitens spreche auch die das Verhältnis zwischen Christus und der Kirche kennzeichnende Braut-Symbolik für einen männlichen Priester.

Mit diesen Argumenten begründet die Erklärung die Praxis und die gegenwärtige Überzeugung: »Die Kirche hält sich aus Treue zum Vorbild ihres Herrn nicht [für] dazu berechtigt, die Frauen zur Priesterweihe zuzulassen.«[80] Johannes Paul II. bekräftigte in seinem Apostolischen Lehrschreiben »Ordinatio sacerdotalis« vom 22. 5. 1994, »daß die Kirche keinerlei Vollmacht hat, Frauen die Priesterweihe zu spenden.«[81]

In der gegenwärtigen katholischen Theologie stehen diesen Bedenken eine Reihe von *Anfragen* gegenüber:

(1) Könnte nicht die Kirchengeschichte auch hinsichtlich der Stellung der Frauen als Prozeß verstanden werden, in welchem die Impulse des Evangeliums erst langsam ihre gesellschaftliche Greifbarkeit finden?

Wird nicht auch die Überwindung der Sklaverei zu Recht als spätes Ergebnis jener zentralen christlichen Überzeugung[82] gewertet, daß die Unterscheidung zwischen Sklaven und Freien durch Christus grundsätzlich überholt ist? Könnte es nicht sein, daß auch die zunehmend stärkere Teilnahme der Frauen an öffentlichen Leitungsämtern eine späte Frucht des Evangeliums von der gleichen Würde aller Menschen ist? Wäre dann nicht die Zeit reif auch für eine strukturelle Veränderung innerhalb der christlichen Kirche, damit der ursprüngliche Impuls nun zu sakramental sichtbarer Verwirklichung kommt?

---

[77] DH 4592.
[78] Vgl. DH 4594.
[79] DH 4600 f.
[80] Inter insigniores, Einleitung.
[81] Johannes Paul II., Apostolisches Schreiben über die nur Männern vorbehaltene Priesterweihe, in: Verlautbarungen des Apostolischen Stuhls, hrsg. vom Sekretariat der Deutschen Bischofskonferenz, Nr. 117, Bonn 1995, 3–7, Zitat: 6.
[82] Vgl. Gal 3,28; Philm 16.

(2) Der von Jesus berufene Zwölferkreis ist zunächst als zeichenhafte Darstellung einer neuen Sammlungsbewegung in Israel zu verstehen: Die Zwölf sollen die Stammväter des neuen Israel repräsentieren. Der Zwölferkreis ist aber im Neuen Testament weder deckungsgleich mit der Gruppe der »Apostel« noch erst recht mit der der Gemeindeleiter. Was bedeutet es indessen, wenn Paulus auch Frauen »Mitarbeiterin«[83] und »Diakonin«[84] nennen und zu den »Aposteln«[85] zählen kann?

(3) Was die Konvenienzargumente betrifft: Ist die Vorstellung, Christus könne nur (oder auch nur: besser) durch einen Mann als durch eine Frau repräsentiert werden, wirklich theologisch begründet? Nach dem biblischen Zeugnis besteht das entscheidende Heilsgeheimnis darin, daß der Logos Mensch wurde[86], das Geschlecht dieses Menschen spielt in diesem Zusammenhang keine Rolle, eher schon seine Zugehörigkeit zu Israel[87]. Wenn aber die Repräsentation Christi sogar auch durch Nicht-Israeliten geschehen kann, wieso soll sie dann gerade an die Männlichkeit gebunden sein? Und gilt das Gleiche nicht auch für die Brautsymbolik? In der biblischen Tradition liegt der springende Punkt doch nicht in der Geschlechterrolle, sondern in der persönlichen Erwählung, in der liebenden Identifizierung bis zur Selbsthingabe und in der Treue trotz der Untreue des Partners.[88] Wieso aber sollte – bei einem heutigen christlichen Verständnis von ehelicher Partnerschaft – dieses Verhalten mehr durch einen Mann als durch eine Frau dargestellt werden können?

4.5. Ökumenische Anerkennung der Ämter

Das kirchliche Amt bildet einen der schwierigsten Punkte im ökumenischen Dialog. Die Konvergenzerklärung von Lima (1982) zeigt indessen eine weitgehende Konvergenz an.

Sie betont die Notwendigkeit des »ordinierten Amtes«, freilich immer in seiner Hinordnung auf die Gemeinde[89], sieht die »Sukzession des apostolischen Amtes« im größeren

---

[83] Vgl. Röm 16,3: Priska als Mitarbeiterin.
[84] Vgl. Röm 16,1: »Phoebe, die Diakonin der Gemeinde von Kenchreä«.
[85] Vgl. Röm 16,7: »Grüßt Andronikus und Junia, . . . sie sind angesehene Apostel«.
[86] Vgl. Joh 1,14.
[87] Vgl. z. B. Mt 1,1 – 17; Lk 1,54f; 2,4; Röm 1,3; Gal 4,4.
[88] Vgl. unten VII. 2.2.; 2.4.; 4.2.
[89] Lima, Amt, 12.

Zusammenhang der für die Kirche notwendigen »apostolischen Tradition«[90], empfiehlt die dreigliedrige Amtsstruktur (»das dreifache Amt des Bischofs, Presbyters und Diakons«[91]), betont dabei die »kollegiale« und »gemeinschaftliche« Dimension des Amtes[92] und interpretiert die Ordination durch Handauflegung als »Anrufung des Heiligen Geistes (epiklesis), sakramentales Zeichen, Anerkennung der Gaben und Verpflichtung«[93]. Nach der römischen Stellungnahme vom 21. 7. 1987 zu dem Dokument von Lima trifft sich diese Einschätzung der Ordination »auf vielfache Weise mit dem katholischen Begriff der Ordination als einem Sakrament«.[94]

Könnten nun die christlichen Kirchen gegenseitig ihre Ämter anerkennen? Mit solcher Anerkennung würde das größte Hindernis auf dem Weg zur offiziellen Aufnahme der Abendmahlsgemeinschaft und damit zur kirchlichen Einheit in versöhnter Verschiedenheit ausgeräumt. Einerseits setzt nach traditioneller katholischer Vorstellung Apostolizität der Kirche die kontinuierliche Weitergabe der apostolischen Vollmacht durch bischöfliche Handauflegung voraus; diese lückenlose Kette ist aber bei den Kirchen der Reformation zum großen Teil nicht gegeben. Deshalb spricht das II. Vatikanische Konzil vom »defectus ordinis« (Defekt des Weihesakraments) als Ursache dafür, daß bei den getrennten Kirchen »die ursprüngliche und vollständige Wirklichkeit des eucharistischen Mysteriums« nicht gewahrt sei (UR 22). Andererseits spricht das Konzil aber auch (anerkennend) von der Kirchlichkeit der reformatorischen Kirchen und kirchlichen Gemeinschaften. Darin liegt implizit auch eine positive Wertung des in diesen Kirchen ausgeübten Amtes. »Soweit Kirche gegeben ist, ist auch Amt gegeben.«[95]

Die theologischen Bemühungen um eine positive Antwort auf die Frage nach der ökumenischen Anerkennung laufen in zwei Richtungen:

Die eine untersucht genauer den geschichtlichen Befund, vor allem in der Anfangszeit der Kirche und in der Epoche der Reformation, um so zu einer genaueren Bestimmung des Zusammenhangs zwischen Amtsvergabe und apostolischer Tradition zu kommen. Diesen Weg ge-

[90] Ebd., 34–38.
[91] Ebd., 22.
[92] Ebd., 26 und Kommentar zu 26.
[93] Ebd., 41. Vgl. auch 42–44.
[94] Eine katholische Stellungnahme zu den Konvergenzerklärungen der Kommission für Glauben und Kirchenverfassung des Ökumenischen Rates der Kirchen zu Taufe, Eucharistie und Amt (Verlautbarungen des Apostolischen Stuhls, hrsg. v. Sekretariat der Deutschen Bischofskonferenz), Bonn 1987, 44.
[95] H. Fries, Die katholische Lehre vom kirchlichen Amt, in: W. Pannenberg (Hrsg.), Lehrverurteilungen – kirchentrennend?, Bd. 3, Freiburg 1990, 187–215, Zitat: 207.

hen das in evangelisch-katholischer Kooperation erarbeitete Memorandum »Reform und Anerkennung kirchlicher Ämter« (1973) und das
vom Ökumenischen Arbeitskreis unter Vorsitz von Kardinal Volk und
Bischof Kunst erarbeitete Dokument »Lehrverurteilungen – kirchentrennend?« (1986). Das erste kommt zu einem positiven Ergebnis, das
zweite legt vorsichtig fragend eine positive Antwort nahe.

> »Der Dienst der Leitung erfolgte . . . in den ersten Gemeinden nicht nur aufgrund
> apostolischer Handauflegungen, . . . die Unterscheidung zwischen Bischöfen und Presby-
> tern setzte sich erst allmählich durch. Die Abfolge bischöflicher Handauflegungen . . . ist
> somit nicht die ausschließliche Bedingung für die Anerkennung einer apostolischen Suk-
> zession.«[96] Nach dem Dokument des Ökumenischen Arbeitskreises sind »die wichtigsten
> Anlässe der reformatorischen Kritik an der Ordination und ihrer Sakramentalität besei-
> tigt . . . Andererseits stellt sich für die katholische Kirche die Frage, ob die weitgehende
> Übereinstimmung . . . nicht die Anerkennung der Sakramentalität der in den evangelischen
> Kirchen vollzogenen Ordination rechtfertigt«[97] .

Die andere Bemühung richtet sich – mehr pragmatisch – auf die
Zukunft: Sie entwirft Vorschläge für eine (ab heute mögliche) Weise der
Amtsübergabe, welche von einer möglichst großen Zahl christlicher
Kirchen anerkannt werden kann, unabhängig davon, ob man bezüglich
der Beurteilung der Geschichte übereinstimmt. In diese Richtung ten-
dieren die Konvergenzerklärung von Lima (1982) und der von Karl
Rahner und Heinrich Fries vorgelegte Vorschlag »Einigung der Kirchen
– reale Möglichkeit« (1983).

Literatur

*Jeweils das Kapitel über die Priesterweihe in den Gesamtdarstellungen der Sakramententheologie von
Franz Courth, Alexandre Ganoszy, Günter Koch, Lothar Lies, Theodor Schneider, Herbert Vor-
grimler, Gunther Wenz (s. oben: Allgemeine Sakramentenlehre, Literatur)
Außerdem:*
Fries, Heinrich, Die katholische Lehre vom kirchlichen Amt, in: Wolfhart Pannenberg
(Hrsg.), Lehrverurteilungen – kirchentrennend?, Bd. 3: Materialien zur Lehre von den
Sakramenten und vom kirchlichen Amt, Freiburg/Göttingen 1990, 187–215
Gössmann, Elisabeth/Bader, Dietmar (Hrsg.), Warum keine Ordination der Frau?, Mün-
chen 1987
Greshake, Gisbert, Priester sein, Freiburg 5. Aufl. 1991

---

[96] Reform und Anerkennung kirchlicher Ämter. Ein Memorandum der Arbeitsgemeinschaft ökumenischer Unviversitätsinstitute, München 1973, Nr. 10, S. 18.
[97] Lehrverurteilungen, 161.

Hillenbrand, Karl (Hrsg.), Priester heute. Anfragen, Aufgaben, Anregungen, Würzburg 1990

Hoffmann, Paul (Hrsg.), Priesterkirche, Düsseldorf 1987

Kasper, Walter/Lehmann, Karl, Die Heilssendung der Kirche in der Gegenwart, Mainz 1970, 47–68

Kleinheyer, Bruno, Ordinationen und Beauftragungen, in: Bruno Kleinheyer/Emmanuel von Severus/Reiner Kaczynski, Sakramentliche Feiern II, Regensburg 1984, 7–65

Lehmann, Karl/Pannenberg, Wolfhart, Lehrverurteilungen – kirchentrennend? Bd. 1: Rechtfertigung, Sakramente und Amt im Zeitalter der Reformation und heute, Freiburg/Göttingen 1986, 157–169: Zu den konfessionellen Gegensätzen in der Lehre vom geistlichen Amt

Lehmann, Karl, Das dogmatische Problem des theologischen Ansatzes zum Verständnis des Amtspriestertums, in: Franz Henrich (Hrsg.), Existenzprobleme des Priesters, München 1969, 121–175

Ott, Ludwig, Das Weihesakrament (HDG IV/5), Freiburg 1969

Rahner, Karl, Theologische Reflexionen zum Priesterbild von heute und morgen, in: Ders., Schriften zur Theologie, Bd. 9, Einsiedeln 1970, 373–394

Schillebeeckx, Edward, Das kirchliche Amt, Düsseldorf 1981

VII. Ehe

1. Zugang

1.1. Ort

Im Thema Ehe bündeln sich eine Reihe von theologischen Aspekten. Die anthropologische Grundaussage über die Existenz des Menschen als Mann und als Frau und seine grundsätzliche Bestimmung zur Beziehung auf ein Gegenüber wird meistens in der Schöpfungslehre behandelt, die ekklesiologische Bedeutung christlicher Ehe in ihrer Funktion als »Hausgemeinde« in der Lehre von der Kirche angedeutet. An dieser Stelle ist von ihrer Sakramentalität zu handeln. Andere Aspekte, wie die Frage der Unauflöslichkeit und die der kirchlichen Zuständigkeit für die Eheschließung, werden nur so weit angesprochen, wie sie für das Verständnis der Sakramentalität von Belang sind.

1.2. Heutige Problematik

Wahrscheinlich wurden noch nie so hohe Glückserwartungen mit dem Wort »Liebe« verbunden und an die Ehe geknüpft wie heute. Manche sehen aber gerade dadurch die Ehe überfordert und bringen ihr häufiges Scheitern mit dem hohen Anspruch in Zusammenhang. Zu fragen ist deshalb nach der *Bedeutung des Begriffs »Liebe«* und nach ihrem Stellenwert in der Ehe. – Seit die Gründungen von eheähnlichen Lebensgemeinschaften fast selbstverständlich geworden sind, ist die Ehe nicht mehr der einzige gesellschaftlich akzeptierte Ort intimer Beziehungen. Diese Tatsache und das Wissen um die Prozeßhaftigkeit mitmenschlicher Beziehungen lassen nach dem *Sinn offizieller Eheschließungsriten* fragen.

Die kirchliche Ehelehre ist zudem belastet durch ihre eigene Tradition: Das *Mißtrauen gegenüber Leiblichkeit, Lust und Sexualität,* von dem ein großer Teil der abendländischen Ehegeschichte geprägt ist, begegnet vielen heute noch in der kirchlichen Sexualmoral. Das Eherecht besonders der katholischen Kirche erscheint häufig als eine wenig hilfreiche *Reglementierung*. Beides erschwert auch kirchlich engagierten Christen den Zugang zum Sakramentsverständnis. Außerdem macht die zunehmende Zahl getaufter, aber kirchendistanzierter Christen das katholische Junktim zwischen gültiger Eheschließung und Sakramentalität zunehmend problematisch: *Kann man ein Sakrament feiern, auch wenn man die Sakramentalität nicht bejaht?*

Was besagt überhaupt der Satz: »Die Ehe ist ein Sakrament«? In der langen Geschichte dieses Satzes wurden meist mehr dessen moralische und rechtliche Folgen (Unauflöslichkeit, kirchliche Kompetenz) erörtert, bezüglich des Inhalts aber zeigten sich vorwiegend Unsicherheit und mangelnde Konsequenz. Noch heute ringt die Theologie um eine inhaltliche Füllung.

2. Biblische Grundlagen

2.1. Ehe als Schöpfungsgabe

In vielen Kulturen ist die Eheschließung ein religiöser Akt. Oft steht sie im Zusammenhang mit dem Motiv der »heiligen Hochzeit« (Hierogamie): Vor dem Hintergrund einer dualistisch gedeuteten Wirklichkeit, repräsentiert in den Polen Mann und Frau, erscheint die Ehe als ein Akt kosmischer Versöhnung. Jede Eheschließung baut Brücken zwischen gegensätzlichen Welten, stiftet Ordnung, dient dem Heil der Sippe und des Kosmos und wird deshalb kultisch begangen. Nicht selten findet die Hierogamie ihren kultischen Ausdruck in der geschlechtlichen Vereinigung mit der Gottheit, vollzogen mit einem Stellvertreter (Priester, Tempelmädchen o. ä.).

In auffallendem Kontrast dazu hat in Israel die Ehe einen ausgesprochen profanen Charakter. Das Alte Testament erzählt von großen Hochzeitsfeiern und reichem Brauchtum[1], aber die Eheschließung wird durch keinerlei religiösen Akt sanktioniert. Vor sakraler Prostitution

---

[1] Vgl. z. B. Tob 8,19 f.

wird ausdrücklich gewarnt.[2] Im Vordergrund steht die Sorge um die
Nachkommenschaft, auch von Zärtlichkeit und Erotik ist die Rede.[3]
Die Zweigeschlechtlichkeit ist nicht Ausdruck kosmischer Zerrissen-
heit, sondern Gabe des Schöpfers[4], ebenso wie die elementare Kraft des
Zueinander-Hingezogenseins[5]. Die einseitige Herrschaft des Mannes
über die Frau dagegen ist für den Jahwisten Folge der Sünde.[6]

2.2. Ehe als Bild für Gottes Erwählung und Treue

Die Propheten gebrauchen die Ehe als Bild für die Geschichte Gottes
mit Israel, allerdings meist in anklagender Funktion: Der Großzügigkeit
und Treue, ja dem Erbarmen des Ehemannes (Jahwehs) steht die Un-
dankbarkeit, Untreue und Schamlosigkeit der Ehefrau (Israels) gegenüber.[7] Was in den Reden sprachliche Metapher ist, wird in existentiellen
Zeichenhandlungen vollzogen von Hosea, der im Auftrag Gottes eine
Dirne[8] und eine Ehebrecherin[9] zur Frau nimmt, um Israel seine Untreue
gegenüber seinem Gott vor Augen zu führen, aber auch um von der
geradezu paradoxen Liebe Gottes zu künden.

2.3. Jesu Aufruf zu unbedingter Treue

Aufrufe zu ehelicher Treue richten sich im Alten Testament (dem
patriarchalisch geprägten Eherecht entsprechend) vorwiegend an die
Frau, gelegentlich aber auch an den Mann.[10] Nur der Mann kann seine
Frau entlassen (über die Gründe, welche die Entlassung legitimieren,
streiten sich die Schulen); er soll dann aber seiner Frau, damit sie nicht
rechtlos ist, einen Scheidebrief ausstellen.[11] Jesus verwirft diese Praxis als

---

[2] Vgl. Dtn 23,18 f.
[3] Vgl. vor allem das Hld, aber auch Gen 24,67; 29,20; 1 Sam 18,20.28.
[4] Vgl. Gen 1,27; 5,2.
[5] Vgl. Gen 2,21–24.
[6] Vgl. Gen 3,16.
[7] Vgl. bes. Ez 16; 23; ferner Jer 2,2; 3,1 f; Jes 62,4 f; Hos 2,4–22; 9,1.
[8] Vgl. Hos 1,2–9.
[9] Vgl. Hos 3,1–5.
[10] Vgl. z. B. Spr 2,16 f; 5,1–23; Mal 2,14–16. In Spr 2,17 werden Ehebruch und Bruch des Gottes-
    bundes auf eine Stufe gestellt.
[11] Vgl. Dtn 24,1–3.

Biblische Grundlagen 261

einen Kompromiß an die »Hartherzigkeit« der Männer: »Am Anfang war
das nicht so!« (Mt 19,8). Für ihn gehört zur Schöpfungsordnung der Ehe
die unbedingte Treue, welche es grundsätzlich verbietet, einen Partner
fortzuschicken. »Was Gott verbunden hat, das darf der Mensch nicht
trennen« (Mk 10,9; Mt 19,6). Die neutestamentlichen Gemeinden versuchen, den Aufruf Jesu zu leben und ihn gleichzeitig mit den konkret
auftretenden Problemen zu vermitteln.

Dabei ergeben sich verschiedene Modifikationen. Während das ursprüngliche Jesus-
Wort sich nur an den Mann richtete (weil die Frau in Israel ohnehin ihren Mann nicht
entlassen konnte), fügt *Markus* mit Blick auf das römische Scheidungsrecht parallel zum
Verbot für den Mann auch ein Verbot für die Frau ein: »Und wenn sie ihren Mann ent-
läßt . . ., bricht sie die Ehe« (Mk 10,11). In der *matthäischen Gemeinde* dagegen entstand,
damit der Aufruf Jesu lebbar wurde, eine Ausnahmeregelung; denn offenbar war es für das
zeitgenössische jüdische Empfinden undenkbar, ja es galt geradezu als unmoralisch, eine
ehebrecherische Frau nicht wegschicken zu dürfen. Von hierher versteht sich die einschränkende sogenannte Unzuchtsklausel »außer im Fall von Unzucht« (Mt 5,32; 19,9).
Paulus begegnet in Korinth dem Problem, daß Eheleute sich trennen wollen, weil einer von
beiden Christ bzw. Christin wurde. Paulus tritt grundsätzlich dafür ein, auch in der reli-
gionsverschiedenen Ehe beieinander zu bleiben. Der Angst, durch den ungläubigen Teil
irritiert zu werden, setzt er die Chance entgegen, ihn zu »heiligen« (1 Kor 7,14). Wenn aber
der ungläubige Partner oder die ungläubige Partnerin dennoch fortgehen will, dann soll die
christliche Frau oder der christliche Mann ihn oder sie ziehen lassen. In diesem Fall sollen
der Christ oder die Christin nicht weiter gebunden sein; denn »zu einem Leben in Frieden
hat Gott euch berufen« (1 Kor 7,15). So vermittelt Paulus pastorale Pragmatik mit dem
unbedingten Appell Jesu, hält aber mit der sprachlichen Unterscheidung »das gebiete nicht
ich, sondern der Herr . . . den übrigen sage ich, nicht der Herr« (1 Kor 7,10.12) das Au-
toritätsgefälle im Bewußtsein: Das grundlegende Prinzip ist Jesu Aufruf zu unbedingter
Treue; die »Berufung zu einem Leben in Frieden« macht den Blick auf konkrete Situationen und Ausnahmeregelungen notwendig, ohne daß darüber das grundlegende Prinzip
vergessen würde.

2.4. Ehe unter Christen als Bild der Liebe Christi

Der *Epheserbrief* skizziert christliches Verhalten in der Familie, zwischen Mann und Frau[12], Eltern und Kindern[13], Herren und Sklaven[14],
und fügt jeweils eine theologische Begründung an. Über allem steht als
Grundregel: »Einer ordne sich dem andern unter in der gemeinsamen

---

[12] Vgl. Eph 5,21–33.
[13] Vgl. Eph 6,1–4.
[14] Vgl. Eph 6,5–9.

Ehrfurcht vor Christus« (Eph 5,21). Nicht ganz konsequent gegenüber dieser Regel, offenbar von zeitgenössischen Vorstellungen geprägt, verteilt er dann die Rollen zwischen Mann und Frau: Die Frauen sollen sich den Männern unterordnen, die Männer ihre Frauen lieben. Für das zweite, die von den Männern geforderte Liebe, entfaltet er das Bild von der Liebe Christi zu seiner Kirche: Er hat sich »für sie hingegeben«, will sie »rein und heilig machen«, »herrlich vor sich erscheinen lassen, ohne Flecken, Falten oder andere Fehler« (Eph 5,25–27). Christus identifiziert sich mit seiner Kirche, wie jeder sich mit seinem eigenen Leib identifiziert, ihn »nährt und pflegt« (Eph 5,29). Was in Gen 2,24 von Mann und Frau gesagt wird (daß »der Mann sich an seine Frau binden« wird, »und die zwei werden ein Fleisch sein«), »das ist ein großes Geheimnis; ich beziehe es auf Christus und die Kirche« (Eph 5,32). Das »große Geheimnis« (μυστήριον [mysterion]) besteht also zunächst in der liebend sorgenden, Einheit stiftenden Identifikation Christi mit der Kirche, die sein »Leib« ist.[15] Was aber bedeutet es für die christliche Ehe, daß das Verhalten zwischen Mann und Frau und das Verhalten Christi zu seiner Kirche hier so ineinander verflochten werden?

Katholische Exegeten sehen hier mehr als einen bloßen Vergleich, ja, auch mehr als nur die Beziehung zwischen Vorbild und Nachfolge. »Das Vorbild Christi ist nicht nur ein Beispiel, das im Ab-bild der irdischen Ehe befolgt wird, sondern dieses Abbild, die irdische Ehe und ihr Vollzug, wird durch dieses Vorbild Christi auch in seinem Wesen konstituiert. Das Abbild, die irdische Ehe, empfängt und übernimmt und stellt dar das Vorbild, das Verhältnis Christi zur Kirche. In der irdischen Ehe wird das Verhältnis Christi zur Kirche wesentlich verwahrt.«[16] Deshalb (nicht: wegen des Wortes »mysterion«, das in lateinischen Übersetzungen mit »sacramentum« wiedergegeben wird) lasse sich von Eph 5,21–33 her die Ehe sakramental deuten.

Heinrich Schlier vermutet, daß Eph 5,21–33 das religionsgeschichtliche Motiv der »heiligen Hochzeit«[17] aufgreift und verwandelt. Das Gemeinsame wäre dann der Gedanke, daß in der Liebe zwischen Mann und Frau Himmel und Erde miteinander verbunden werden, das Unterscheidende, daß nach dem Epheserbrief nicht das reine Faktum der Hochzeit die Verbindung mit der Gottheit (gleichsam magisch) herstellt, sondern daß im liebenden Umgang der Eheleute miteinander die Liebe Christi präsent wird.

---

[15] Vgl. Eph 4,15 f; 5,30.
[16] H. Schlier, Der Brief an die Epheser, Düsseldorf 1957, 263, Anm. 1.
[17] Vgl. oben 2.1.

Protestantische Exegeten befürchten, daß bei einer sakramentalen Deutung die Ehe ihren in der Bibel (im Gegensatz zu den benachbarten Religionen) selbstverständlichen diesseitig-weltlichen Charakter verliere und daß andererseits das Christus-Geheimnis eingeebnet werde. Allerdings wurde von derselben Seite, welche diese Bedenken anmeldete, doch auch formuliert: »Wie der Herr in der Gemeinde lebendig ist, so ist er auch in der Ehe lebendig, und vom Christusgeschehen her wird nun auch das Ehegeschehen bestimmt.«[18] Von daher fragt sich, ob die Unterschiede in der Deutung weniger in unterschiedlichem Verständnis des Textes (Eph 5,21–33) als vielmehr in unterschiedlichen Assoziationen beim Begriff »Sakrament« begründet sind.

3. Dogmengeschichtliche Entwicklung

3.1. Auseinandersetzung mit ehefeindlichen Strömungen

Die von stark gegensätzlichen Strömungen bewegte antike Welt zwang die Kirchenväter von verschiedenen Seiten her in die Defensive. Auf der einen Seite stand ein weitgehend bindungsloser Gebrauch der Sexualität, zum Teil sakral legitimiert durch die Tempelprostitution, auf der anderen Seite standen das Ethos der Stoa mit dem Ideal der Leidenschaftslosigkeit und dem Mißtrauen gegenüber jeder spontanen Lust sowie der Manichäismus, der die Materie für in sich böse hielt, deshalb den Geist gegen den Leib ausspielte und Sexualität und Ehe verachtete. Für die frühchristlichen Theologen war die Abgrenzung gegenüber der sexuellen Libertinage klar, schwerer taten sie sich bei der Auseinandersetzung mit den leib- und lustfeindlichen Strömungen. Hier verteidigten sie die Ehe als sittlich erlaubt und von Gott gewollt, blieben aber nicht unberührt von den Ideen der Stoa und des Manichäismus. Außerdem mußten sie die Wertschätzung der Ehe mit der Hochschätzung des jungfräulichen Lebens verbinden, die schon seit Paulus zum Überzeugungsgut der christlichen Kirche gehörte.[19]

Ein typisches Beispiel ist die Lehre des Augustinus († 430). Persönlich erfahren in und angewidert von sexuellen Abenteuern, dann geprägt durch den Manichäismus, schließlich

---

[18] H. Baltensweiler, Die Ehe im Neuen Testament, Zürich 1967, 234 f.
[19] Vgl. 1 Kor 7,1 f. 7–9.

engagiert in der Auseinandersetzung mit dem christlichen Mönch Pelagius († nach 418) und dessen antimanichäischer Betonung des freien Willens, hält Augustinus es für ausgeschlossen, daß der durch den Sündenfall korrumpierte Mensch ganz ohne Sünde seine Geschlechtlichkeit ausüben kann. Die Verderbnis des Menschen sieht er vor allem darin, daß die körperliche Lust den Geist unterdrückt und »fast die ganze Schärfe und Wachsamkeit des Denkens ausschaltet«[20]. Hier zeigt sich der Einfluß von Stoa und Manichäismus. Aber die Bibel lehrt ihn, »daß die Verbindung von Mann und Frau etwas Gutes ist«[21]. »Gut« wird die Ehe durch die drei »Güter« (bona), welche die Mängel aufwiegen: Treue (fides), Nachkommenschaft (proles) und Sakrament (sacramentum): »Treue will besagen, daß nicht außerhalb des Ehebundes mit einem anderen oder einer anderen Verkehr gepflegt werde; Nachkommenschaft, daß das Kind liebend angenommen . . . und gewissenhaft erzogen werde; Sakrament endlich, daß die Ehe nicht geschieden werde.«[22] »Sakrament« ist hier zunächst nicht im Sinne eines heiligenden Zeichens gemeint, sondern im Sinne einer heiligen Verpflichtung. Aufgrund der großen Autorität des Augustinus bestimmen seine »Waage-Theorie« (die Ehegüter wiegen die Mängel der Sexualität auf) und die Identifizierung von »Sakrament« und »Unauflöslichkeit« die Ehetheologie der folgenden Jahrhunderte.

3.2. Die Entwicklung zur kirchlichen Jurisdiktion über die Eheschließung

In der Antike ist die formelle Eheschließung ebensowenig wie in der Bibel Sache der Kirche. Im Mittelalter wächst in einem vielschichtigen und langwierigen Prozeß, der sich über mehr als tausend Jahre hinzieht und erst mit dem Trienter Konzil einen vorläufigen Abschluß findet, der Kirche langsam die Kompetenz zu, Form und Bedingungen der Eheschließung zu bestimmen. Stufen in diesem Prozeß sind der elterliche Segen über das Brautpaar, die Anwesenheit eines Priesters bei der Hochzeitsfeier, die (zunächst nur für Kleriker-Ehen vorgesehene) Trauung vor dem Kirchenportal, das »Ehe-Examen« vor dem Pfarrer, das klären soll, ob keine Ehehindernisse vorliegen. Eine wichtige Rolle spielen auch der Verfall der staatlichen Autorität am Ende der Antike und die Betrauung von Bischöfen mit öffentlichen Ämtern. Schließlich fordern die *pseudo-isidorischen Dekretalien* (um 847) die öffentliche Eheschließung in der Kirche, das einflußreiche kanonistische Lehrbuch des Bologneser Kirchenrechtlers *Gratian* (Decretum Gratiani, um 1140)

---

[20] Augustinus, De civitate Dei., XIV,16.
[21] Augustinus, De bono coniugali, 3.
[22] Augustinus, De Genesi ad litteram, 9,7 [12].

übernimmt die Forderung, das *IV. Lateran-Konzil* (1215) verbietet nach-drücklich nicht-öffentliche (»klandestine« = geheime) Eheschließungen und gebietet den Priestern, auf das Vorliegen von Ehehindernissen zu achten.[23]

Dennoch wird im ganzen Mittelalter die kirchliche Trauung nicht zur Bedingung der Gültigkeit der Ehe gemacht: Auch die klandestin geschlossenen Ehen sind gültig. Im Hintergrund steht die Überzeugung, daß die Ehe durch nichts anderes als den frei bekundeten Konsens der Brautleute zustandekommt und daß auch die Kirche diesen Konsens re-spektieren muß. Diese aus dem *römischen Recht* stammende Über-zeugung (consensus facit nuptias = der Konsens bewirkt die Vermäh-lung) war ihrerseits in langen Auseinandersetzungen mit *Rechtsvor-stellungen aus dem fränkischen Raum* (z. B. Erzbischof Hinkmar von Reims [† 882]: Die Ehe kommt durch den Beischlaf zustande) erarbeitet wor-den. Der von den Päpsten *Alexander III.* († 1181), *Innozenz III.* († 1216) und *Gregor IX.* († 1241) sanktionierte Kompromiß lautete: Durch den Konsens wird die Ehe gültig (matrimonium ratum = gültig geschlossene Ehe), durch den Beischlaf unauflöslich (matrimonium consumatum = vollzogene Ehe).

Man fand aber zunehmend unerträglicher, daß die klandestinen Eheschließungen faktisch oft zu kirchlich sanktionierten Ehebrüchen führten; die Priester konnten ja aus Mangel an Beweisen denen die kirchliche Trauung nicht verweigern, die einen klandestin geheirateten Partner verlassen hatten und nun mit einem anderen die öffentliche Trauung erbaten. Darum verband schließlich das Konzil von Trient 1563 die Verpflichtung zur Einhaltung der kirchlichen Eheschließungsform mit der Nichtigkeits-Sanktion: Seitdem gelten grundsätzlich nur noch diejenigen Ehen von katholischen Christen als gültig, welche in der kirchlich vorgeschriebenen Form geschlossen wurden.[24]

3.3. Versuche, die Sakramentalität zu verstehen

In der Alten Kirche war die moralische Rechtfertigung der Ehe das Hauptthema, im Frühmittelalter ihre rechtliche Sicherung. Erst in der

---

[23] Vgl. DH 817.
[24] Vgl. DH 1813–1816.

Hochscholastik rückt die dogmatische Reflexion in den Vordergrund. Als die *frühscholastischen Theologen* definierten, was ein Sakrament sei, und die Siebener-Liste aufstellten, nahmen sie zwar die Ehe in diese Liste auf, sprachen ihr aber (im Unterschied zu allen anderen Sakramenten und im Gegensatz zum eben erstellten Sakramentsbegriff) keine Gnadenwirkung zu. Das sonst für alle Sakramente geltende Prinzip »efficiunt quod figurant« (sie bewirken, was sie bezeichnen) habe hier eine Ausnahme. Die Sakramentalität der Ehe sah man nur darin, daß die christlich rechtens geschlossene Ehe erlaubt macht, was an sich verboten ist.

Man begründete diesen Ausnahme-Charakter u. a. mit der Einsetzung der Ehe schon im Alten Testament (nur die von Christus eingesetzten Sakramente seien gnadenwirksam), mit der Geldübergabe beim Ehe-Abschluß (würde damit Gnade bewirkt, dann wäre jede Eheschließung ein simonistischer Gnadenkauf) und mit der Überzeugung, daß das Sakrament durch den Konsens der Heiratenden zustande komme (nach Hugos Sakramentendefinition enthalten die Sakramente die Gnade »aufgrund einer Segenshandlung«[25], ein priesterlicher Segen war aber für die Eheschließung nicht konstitutiv). Das entscheidende Hindernis war aber der immer noch wirksame Sexualpessimismus. Man hielt Gebetsleben und Eheleben für im Grunde unvereinbare Gegensätze. Mit Berufung auf ein dem angesehenen Hieronymus zugeschriebenes Origenes-Zitat behauptete man, die Anwesenheit des Heiligen Geistes in der Seele der Eheleute sei zumindest für die Dauer des geschlechtlichen Verkehrs undenkbar.

Erst im 13. Jahrhundert wurde mit der Aufwertung der Geschlechtlichkeit der Weg frei zur Annahme einer Gnadenwirkung. *Albert der Große* († 1280), der sich stark an der neu rezipierten, weltfreundlicheren aristotelischen Philosophie orientiert (»das Naturgemäße ist das Gute«[26]), kann den ehelichen Akt als in sich gut und verdienstlich bezeichnen, dementsprechend ist für ihn auch das Sakrament der Ehe nicht ohne Gnadenwirkung: Es bewirkt eine Milderung der (immer noch für gefährlich gehaltenen) Leidenschaft und eine positive Ausrichtung auf die »Ehegüter«[27]. Allerdings bewirkt auch für Albert das Sakrament nicht alles, was es bezeichnet: Die Ehe stelle zwar die Vermählung von Gottheit und Menschheit in Jesus Christus und die Einheit der menschlichen Seele mit Gott dar; aber bewirkt werde dies nicht. Alberts Schüler *Thomas von Aquin* († 1274) übernimmt diese Unterscheidung und formuliert sie mit der ihm eigenen präzisen Begrifflichkeit: Die durch das Sakrament dargestellte »Sache« ist teils im Sakrament »enthalten« (res si-

---

[25] Vgl. oben Zweiter Teil, 3.2.1.
[26] Albertus Magnus, In Sent.IV, q.31, a.21.
[27] Vgl. oben 3.1.

gnificata et contenta), nämlich (etwas positiver als bei Albert) die Hilfe zur Erfüllung der ehelichen Aufgaben, teils nur dargestellt, aber nicht »enthalten« (res significata non contenta), nämlich die (in Eph 5,21–33 angesprochene) Einheit Christi mit der Kirche.[28] Damit wird die frühscholastische Inkonsequenz (zwar Sakrament, aber ohne Wirkung) gemildert, aber nicht völlig überwunden: Das Sakrament bewirkt zwar Gnade; aber Zeichen und Wirkung decken sich nicht.

Die Verlegenheit in diesem Punkte zeigt sich auch im Lehrentscheid des *Konzils von Florenz* für die Armenier (1439): Es beschließt die einzelnen Kapitel über die Sakramente jeweils mit der Angabe der Wirkung, nur bei der Ehe fehlt die entsprechende Angabe.[29]

3.4. Gegensätze in der Reformationszeit

Die Reformatoren bestreiten die Sakramentalität der Ehe, aber nicht, weil sie die Ehe niedrig einschätzten – Luther nennt sie den »edelsten Stand« der ganzen Christenheit[30] –, sondern weil sie mit der Sakramentalität den kirchlichen Jurisdiktionsanspruch (und das bedeutet: die Aufstellung von Ehehindernissen und die ganze kasuistische Rechtsprechung) verbunden sehen, »die gottlosen Gesetze der Menschen, durch die diese von Gott eingerichtete Lebensweise gleichsam im Netz gefangen und auf und nieder geworfen worden ist«[31], den »Schlupfwinkel von Abscheulichkeiten«[32] von richterlichen Untersuchungen und tyrannischen Gesetzen. Sie begründen die Ablehnung damit, daß sich in der Schrift kein Einsetzungswort finde. Der Berufung der römischen Theologen auf Eph 5,21–33 halten sie entgegen, diese hätten sich durch das Wort μυστήριον (mysterion [Geheimnis]) in Vers 32 irreführen lassen, indem sie es als »Sakrament« im scholastischen Sinne interpretierten und zudem noch auf die Ehe statt auf die Verbindung Christi mit der Kirche anwendeten. Außerdem sehen sie einen Widerspruch darin, daß die Ehe einerseits Sakrament, andererseits aber den Priestern verboten sein solle.

---

[28] Thomas von Aquin, In Sent. IV., d. 26, q.2, a.1, ad 4 f, und a.3.
[29] Vgl. DH 1327/NR 730.
[30] M. Luther, Großer Katechismus, 6. Gebot, WA 30,162.
[31] M. Luther, De captivitate Babylonica ecclesiae praeludium, WA 6,553.
[32] J. Calvin, Institutio, IV, 19,37.

Das Konzil von Trient (1545–1563) verteidigt die Lehre von der Sakramentalität der Ehe[33], sagt aber auch, es sei »besser und seliger, in Jungfräulichkeit und Ehelosigkeit zu bleiben«[34]. Die Gnadenwirkung des Ehesakraments sieht es »angedeutet«[35] in Eph 5,25 und 32, eine inhaltliche Bestimmung der Gnade gibt das Konzil nicht. Es verteidigt ferner die kirchliche Vollmacht, über Ehehindernisse zu befinden.[36] In der Verteidigung der Lehre über die Unauflöslichkeit wählt es eine vorsichtige Formulierung: »Wer sagt, die Kirche irre, wenn sie lehrte und lehrt, gemäß der Lehre des Evangeliums und des Apostels könne das Band der Ehe wegen Ehebruchs eines der beiden Gatten nicht aufgelöst werden, und keiner von beiden, nicht einmal der Unschuldige, der keinen Anlaß zum Ehebruch gegeben hat, könne, solange der andere Gatte lebt, eine Ehe schließen, . . . der sei ausgeschlossen.«[37]

Die etwas umständliche und defensiv klingende Wendung zu Beginn (statt einfach: »Wer sagt, das eheliche Band könne . . . gelöst werden . . .«) signalisiert ein besonderes Problembewußtsein: Die Konzilsväter wollten einerseits die griechische Praxis, eine Zweitehe zu tolerieren, und auch Abweichungen in der eigenen Tradition nicht ausdrücklich verurteilen, andererseits aber die in der römischen Kirche herrschende Interpretation der Schrift vor dem Vorwurf der Willkür schützen. Bei der gewählten Formulierung bleibt offen, ob nicht auch andere Interpretationen möglich sind.

3.5. Auf dem Weg zu einer personal ausgerichteten Ehetheologie

Nachdem im 19. Jahrhundert ein neues (»romantisches«) Ehe-Ideal aufgekommen war, das die Ehe weniger »sachlich«, unter den Aspekten der Fortpflanzung und der wirtschaftlichen Sicherung sah, sondern stärker »personal«, als Bund der Liebe, versuchten auch einzelne katholische Theologen einen mehr personalen Ansatz für die Ehetheologie. Sie wandten sich gegen die traditionelle Lehre von den »Ehezwecken«, welche die Zeugung von Nachkommenschaft an die erste Stelle setzte[38], und betonten die menschliche Erfüllung der Partner in einer Lebensgemeinschaft als den der Ehe immanenten »Sinn«[39].

---

[33] Vgl. DH 1801/NR 735.
[34] DH 1810/NR 744.
[35] DH 1799/NR 733.
[36] Vgl. DH 1804/NR 738.
[37] DH 1807/NR 741.
[38] Vgl. CIC/1917, can. 1013, § 1.
[39] H. Doms, Vom Sinn und Zweck der Ehe, Breslau 1935.

Das II. Vatikanische Konzil vermeidet eine Aussage über die Rangordnung von Ehezwecken oder -gütern, nimmt aber den personalen Aspekt auf und verbindet ihn mit der Hinordnung der Ehe auf die Familie:»Die christlichen Gatten bezeichnen das Geheimnis der Einheit und der fruchtbaren Liebe zwischen Christus und der Kirche und bekommen daran Anteil (vgl. Eph 5,32). Sie fördern sich kraft des Sakraments der Ehe gegenseitig zur Heiligung durch das eheliche Leben sowie in der Annahme und Erziehung der Kinder und haben so in ihrem Lebensstand und in ihrer Ordnung ihre eigene Gabe im Gottesvolk« (LG 11). Anders als in der Scholastik stellt hier das Sakrament die liebende Einheit zwischen Christus und der Kirche nicht nur dar, sondern die Eheleute bekommen auch daran Anteil.

Dadurch, daß in der katholischen Ehetheologie »die juridisch-institutionelle Sicht zunehmend einer heilsgeschichtlichen Perspektive weicht«[40] und das biblische Bundes-Motiv mehr in den Vordergrund rückt, eröffnet sich auch eine neue Verständigungsmöglichkeit für das ökumenische Gespräch.

4. Systematische Reflexion

Heutiger Dogmatik ist aufgegeben, möglichst deutlich zu machen, inwiefern sakramentales Zeichen und sakramentales Gnadengeschehen innerlich miteinander zusammenhängen: *Christliche Ehe ist realisierendes Zeichen liebender Annahme zu umfassender Lebensgemeinschaft, in ihr verwirklicht sich die liebende Annahme Gottes gegenüber seinem Volk und Jesu Christi gegenüber seiner Kirche.* Diese Aussage soll im folgenden entfaltet werden.

4.1. Liebende Annahme

»Vor Gottes Angesicht nehme ich dich an als meine Frau . . .« – ». . . nehme ich dich an als meinen Mann« – so beginnt der Vermählungsspruch in der kirchlichen Trauungsliturgie.[41] Damit sind bereits

---

[40] Lehrverurteilungen, 148.

[41] Die Feier der Trauung in den katholischen Bistümern des deutschen Sprachgebietes, hrsg. im Auftrag der Bischofskonferenzen Deutschlands, Österreichs und der Schweiz sowie der (Erz-)Bischöfe von Bozen-Brixen, Lüttich, Luxemburg und Straßburg, Zürich u. a. 2. Aufl. 1993, 62.

zwei Elemente des christlichen *Liebes-Begriffs* genannt: Annahme und Gemeinschaft. Das dritte Element kündigt sich an in der darauf folgenden Wendung »Ich will dich lieben, achten und ehren«: Der Liebende bejaht das Wohl dessen, den er liebt.

Das Spezifische ehelicher Gemeinschaft ist ihr ganzheitlicher Charakter. Das bedeutet: (1) Ehe ist nicht nur Ort gemeinsamer Bemühung und geistiger Kommunikation, sondern einer den ganzen Menschen erfassenden, leibhaftigen Begegnung. (2) Ehe meint nicht nur begrenzte Interessengemeinschaft, sondern Schicksalsgemeinschaft »in guten und in bösen Tagen«[42]. (3) Ehe meint nicht ein Bündnis für eine begrenzte Zeit, sondern einen Entwurf für das ganze Leben. Deshalb sprechen wir von liebender Annahme zu umfassender Lebensgemeinschaft.

Weil das Wort »Liebe« heute in sehr unterschiedlicher Bedeutung gebraucht wird, sind einige Abgrenzungen nötig: (1) Liebe meint nicht: den anderen in Besitz nehmen, sondern: sich frei ihm geben und sein Sich-Geben als Geschenk annehmen. Freiheit ist Voraussetzung und bleibende Bedingung der Liebe. (2) Obwohl Liebe Gemeinschaft will und deshalb auf das Eins-Werden aus ist, bedeutet sie doch nicht das Verschmelzen des einen im anderen, so daß jede Individualität ausgelöscht würde, sondern höchste Nähe bei gleichzeitig größter Eigenständigkeit. (3) Obwohl der Eros (die vom anderen ausgehende Faszination und das Verlangen nach dem Eins-Werden) eine wesentliche Dimension ehelicher Liebe ausmacht, ist er doch nicht mit ihr deckungsgleich. Die fundamentale Dimension christlicher Liebe ist die Agape: die auf freiem Willensentschluß beruhende Zustimmung zum anderen und zu dessen Wohl. Agape schließt Treue ein: Sie lebt auch dann noch, wenn der »launische« Eros die Liebenden verlassen hat (und schafft gerade so die Chance, daß der Eros sich wieder einstellen kann). (4) Ein Leben in Liebe meint auch nicht einen paradiesischen Zustand von Harmonie und Konfliktlosigkeit, wohl aber die gemeinsame Suche nach Konfliktlösungen, Vergebung, neues Anfangen, Akzeptation des Andersseins und auch Aushalten bleibender Fremdheit.

4.2. Realisierendes Zeichen

Sakramentalität der Ehe besagt: In der liebenden Annahme zwischen Menschen wird Gottes liebende Annahme der Menschen dargestellt und realisiert.

Dabei läßt sich eine mehrfach gestufte Symbolik begrifflich unterscheiden: Der Ursprung von allem ist der Bund Gottes mit der Menschheit[43], konkret geworden im Bund, der für Jahweh und für Israel zur Geschichte einer (wenn auch ungleichen) Schicksalsgemeinschaft

---

[42] Ebd.
[43] Vgl. Gen 9,1–17; 15,1–21.

wurde, von den Propheten zur Sprache gebracht im Bild des Bräutigams, der seine Braut erwählt, mit ihr den Bund schließt, selbst schmerzlich betroffen wird von ihrer Untreue und doch nicht von ihr läßt[44].

Realsymbol dieser liebenden Annahme von seiten Gottes ist die liebende Identifizierung Christi mit seiner Kirche, für die er sich hingegeben hat, die er liebt, »nährt und pflegt« wie »seinen eigenen Leib« (Eph 5,28 f). Realsymbol oder realisierendes Zeichen kann dieses Verhältnis Jesu zu seiner Kirche genannt werden, weil sich in ihm das Verhältnis Gottes zur Menschheit erstens zeigt (so daß man an Jesus sehen kann, wie Gott zu den Menschen steht) und zweitens gerade darin auch sich *verdichtet,* zu neuer Wirklichkeit wird.

Realsymbol der liebenden Identifizierung Jesu Christi mit der Kirche (und darum auch: der liebenden Verbindung Gottes mit seinem Volk und mit der Menschheit) ist die liebende Annahme unter Menschen. Sie ist wiederum *veranschaulichendes* Zeichen, an dem man erkennen und erfahren kann, wie Gott ist, und *realisierendes* Zeichen, durch das Gottes Zuwendung wirklich da ist: »Niemand hat Gott je geschaut; wenn wir einander lieben, bleibt Gott in uns« (1 Joh 4,12). Wo Liebe ist, da ist Gott.

Ein klassischer Ort solch liebender Annahme ist die Ehe. Sie wird in der Bibel nicht zufällig zum Bild für Jahwehs Zuwendung und Treue. Sie ist Kirche im kleinen: Wo sie liebend gelebt wird, ereignet sich das »große Geheimnis« der Liebe Christi zu seiner Kirche (Eph 5,32). Insofern kann man vom *Sakrament des Ehelebens* sprechen.

Die Feier der Hochzeit wiederum ist realisierendes Zeichen des ehelichen Lebens. Das vor der Gemeinde gesprochene Wort, mit dem Mann und Frau sich gegenseitig als Eheleute annehmen, ist nicht nur informierendes, sondern auch performatives, Wirklichkeit schaffendes Zeichen einer Annahme, die zwar längst vor diesem Zeichen begonnen hat und hernach ein Leben lang neu vollzogen werden soll, sich aber in diesem Zeichen verdichtet und Verbindlichkeit schafft. Insofern kann man vom *Sakrament des Eheabschlusses* sprechen. Daß dieses Zeichen im Zusammenhang einer liturgischen Feier steht, ist höchst angemessen für die, welche den Zusammenhang zwischen dem Bund zwischen Mann und Frau, der hier geschlossen wird, und dem Bund Gottes mit den Menschen sehen.

---

[44] Vgl. z. B. Ez 16.

Daß die scholastischen Theologen sich scheuten, die (auch ihrer Meinung nach durch das Sakrament dargestellte) Vermählung Christi mit der Kirche zu den sakramentalen Wirkungen zu zählen[45], dürfte nicht nur mit den Nachwirkungen des Sexualpessimismus zu erklären sein, sondern auch mit dem Kausalitätsdenken als Grundansatz der Sakramententheologie. In der Tat fällt es schwer, die Liebe Christi zur Kirche als »Wirkung« eines Sakraments zu begreifen; sie ist ja allem kirchlichen Handeln schon vorgegeben. Dagegen zeigt sich hier, was die Kategorie des Realsymbols (des realisierenden Zeichens) zum Verstehen des Sakraments leisten kann: Das Symbolisierte muß nicht durch das Symbol erst hervorgebracht werden; aber es ereignet sich, verdichtet sich, kommt nahe im Symbol.

4.3. Zeichen des Glaubens

Mann und Frau heiraten in der Regel nicht, um ein Sakrament zu empfangen, sondern weil sie die Lebensgemeinschaft miteinander wollen. Diese Lebensgemeinschaft aber ist nach katholischem Verständnis Sakrament. Bei keinem Sakrament sind weltliches Handeln und Glaubenszeichen so ineinander verflochten. Die Ehe wird nicht entweltlicht, zu einem höheren Zweck umgewidmet, sondern die weltliche Ehe wird gerade als solche zum Ort Gottes. Stärker als alle anderen spricht das Sakrament der Ehe für die inkarnatorische Struktur der Gnade, für die Einheit von Gottes- und Nächstenliebe. Für die, welche diesen Zusammenhang bejahen, wird die Ehe zum Zeichen der Nähe Gottes: Die eheliche Gemeinschaft macht das faszinierende und erschütternde Geheimnis Gottes erfahrbar, das Vertrauen auf Gott gibt der Ehe Tiefe und Festigkeit. Die liturgische Feier der Hochzeit ist dessen Ausdruck: Sie ist Zeichen des Glaubens an Gott als Quelle und Horizont der Liebe.

Die christliche Überzeugung, daß dort, wo wirklich geliebt wird, sich die Liebe Gottes ereignet, bezieht sich auf alle Menschen. Aber diejenigen, welche diesen Glauben nicht teilen, werden mit ihrer Ehe nicht diesen Zeichencharakter verbinden. Die katholische Theologie trägt diesem Umstand dadurch Rechnung, daß sie die öffentlich geschlossene Ehe von Nichtgetauften zwar als gültige Ehe anerkennt, sie aber nicht Sakrament nennt. Die Unterscheidung bezieht sich, wohlgemerkt, auf die Ebene des Zeichens, über das innere (anonyme) Gnadengeschehen ist damit nichts ausgesagt.

---

[45] Vgl. oben 3.3.

Die Unterscheidung zwischen sakramentaler und nicht-sakramentaler Ehe ist nicht identisch mit der zwischen kirchlich geschlossenen und nicht-kirchlich geschlossenen Ehen. Als entscheidendes Kriterium gilt vielmehr die Taufe. Deshalb werden auch die Ehen von getauften Christen außerhalb der katholischen Kirche, und zwar unabhängig von einer kirchlichen Trauung, Sakrament genannt. Der Sinn dieser Sprachregelung erschließt sich, wenn man die Taufe als Sakrament des christlichen Glaubens versteht und den für das katholische Eheverständnis grundlegenden Glauben an die Einheit von Gottes- und Nächstenliebe auch dort als gegeben annimmt, wo die Ehe nicht ausdrücklich als Sakrament bezeichnet wird.

Größere Fragen aber gibt die (heute immer zahlreicher werdende) Gruppe derjenigen auf, die zwar getauft sind, aber den christlichen Glauben nicht teilen. Das geltende kirchliche Recht geht auch bei ihnen von der Identität von Gültigkeit und Sakramentalität aus. Das bedeutet für katholisch Getaufte (sofern sie nicht aus der Kirche ausgetreten sind): Entweder halten sie sich an die kirchlich vorgeschriebenen Eheschließungsformen, oder ihre Ehe wird von der Kirche als ungültig erachtet. Diese Regelung hat juristisch zwar den Vorteil einer relativen Übersichtlichkeit und Rechtssicherheit; sie geht aber, indem sie Getauftsein und Gläubigsein faktisch identifiziert, oft an der konkreten Wirklichkeit vorbei und führt deshalb zu einem Dilemma sowohl für die betroffenen Eheleute als auch für die kirchliche Liturgie. Deshalb (und auch im Hinblick auf die Praxis des kirchlichen Umgangs mit Geschiedenen) wird gegenwärtig innerhalb der katholischen Theologie die Identifizierung von Gültigkeit, Sakramentalität, Unauflöslichkeit und Unmöglichkeit einer Wiederheirat kontrovers diskutiert.

Der Kanonist Klaus Lüdicke kommt aufgrund der von ihm im geltenden Kirchenrecht gefundenen »Ungereimtheiten« zu dem Ergebnis: »Die herkömmliche Gleichung ›Gültigkeit = Sakramentalität = Unauflöslichkeit = Unmöglichkeit einer Wiederheirat‹ ist in allen ihren Gleichsetzungen falsch.«[46] Der katholische Ökumeniker Otto Hermann Pesch tritt dafür ein, das (durch das Trienter Konzil hergestellte) Junktim zwischen kirchlicher Trauung und gültigem Ehevertrag grundsätzlich aufzulösen und auch darauf zu verzichten, »die Unauflöslichkeit der Ehe rechtlich zu verstehen und zu handhaben, dann hätte sie [die Kirche] auch kein Problem mit den geschiedenen Wiederverheirateten.«[47] In ähnliche

---

[46] K. Lüdicke/M. Probst, Eheschließung – mehr als ein rechtlich Ding? (Rezension zu K. Richter [Hrsg.], Eheschließung – mehr als ein rechtlich Ding? in: Theologische Revue 86 (1990), 265–280, Zitat: 273.

[47] O. H. Pesch, Ehe im Blick des Glaubens, in: CGG, Bd. 7, Freiburg 1981, 8–43, Zitat: 41.

Richtung geht das Votum der Synode 72 der katholischen Bistümer in der Schweiz, die pure Zivileheschließung von Katholiken möge als legitime Trauung anerkannt werden. In der Tat könnte die Kirche heute um so eher auf die Formpflicht verzichten, »als das Ziel der damaligen [Trienter] Maßnahme gegen klandestine Eheschließung überall dort voll und ganz erreicht ist, wo sich der Staat durch Einführung der ... Zivilehe das kirchliche Anliegen zu eigen gemacht und zu seiner Durchsetzung beigetragen hat.«[48] Der Liturgiewissenschaftler Alois Müller († 1991) wollte das starre »philosophische Modell des sic et non [ja oder nein] ...: Ehe oder keine Ehe, Gnade oder keine Gnade«, zugunsten eines mehr dem Evangelium gemäßen »pädagogischen Wegprinzips« überwinden und spricht von einer »fließenden Sakramentalität der Ehe«; von hierher könnte die standesamtlich geschlossene Ehe als gültig anerkannt werden, ohne daß ein späterer Konsensaustausch in einer liturgischen Feier funktionslos würde; wenn man nicht vom scholastischen Kausalitätsdenken, sondern vom Symboldenken und von der performativen Funktion des Wortes ausginge, hätte das erneut ausgesprochene Konsenswort durchaus seinen guten Sinn.[49] Ein prozeßhaft-dynamisches Sakramentsverständnis klingt auch an in der Pastoralen Einführung zu der 1975 herausgegebenen kirchenamtlichen Ordnung »Die Feier der Trauung«: »Die christliche Ehe ist ein bleibendes Sakrament. Es nimmt seinen Anfang im Versprechen bleibender Liebe und Treue durch Braut und Bräutigam. In der Feier der kirchlichen Trauung wird es vor Gott und vor der Gemeinschaft der Kirche bekundet und rechtswirksam gemacht. Durch die eheliche Lebensgemeinschaft wird es volle Wirklichkeit.«[50]

4.4. Exemplarisches Zeichen

Sakramentale Gnade ist grundsätzlich nicht exklusiv zu verstehen. Daß z. B. in der Taufe die Verbundenheit mit Jesus Christus realisiert und der Geist Gottes verliehen wird, daß im Bußsakrament Sünden vergeben werden, bedeutet nicht, daß es nicht auch außerhalb von Taufe und Bußsakrament Christus-Verbundenheit, Gabe des Geistes und Sündenvergebung gibt. Daß die Kirche selbst Sakrament der Nähe Gottes ist, bedeutet nicht, daß Gott nicht auch außerhalb der Kirche Menschen nahe ist. Im Gegenteil: Wie die Kirche Zeichen der Zuwendung Gottes zur Menschheit als ganzer ist, so sind auch die einzelnen Sakramente gerade als Orte der Begegnung mit Gott gleichzeitig Zeichen dafür, daß

---

[48] B. Kleinheyer, Riten um Ehe und Familie, in: Ders./E. von Severus/R. Kaczynski, Sakramentliche Feiern II (GdK 8), Regensburg 1984, 67–151, Zitat: 139.

[49] A. Müller, Probleme heutiger Theologie und Pastoral mit der liturgischen Feier der Eheschließung, in: K. Richter (Hrsg.), Eheschließung – mehr als ein rechtlich Ding? Freiburg 1989, 84–103, Zitate: 94.98.

[50] Pastorale Einführung, Nr. 4, in: Die Feier der Trauung in den katholischen Bistümern des deutschen Sprachgebietes, hrsg. im Auftrag der Bischofskonferenzen Deutschlands, Österreichs und der Schweiz sowie der Bischöfe von Luxemburg, Bozen-Brixen und Lüttich, Einsiedeln u. a. 1975, 10.

derselbe Gott seine verwandelnde Nähe in *vielerlei* menschlichen Begegnungen gewährt.

So ist auch die Ehe als realisierendes Zeichen der Liebe Gottes nicht exklusiv zu verstehen. Liebende Annahme des anderen geschieht unter Menschen in ungezählt vielen Weisen: in der vielleicht ein ganzes Leben ausfüllenden Hingabe an einen sozialen Dienst, in einer in Krisen und schwierigen Situationen durchgehaltenen Freundschaft, in treuer Solidarität mit einer Gruppe, in der Bindung an eine Ordensgemeinschaft usw. Alle solche Handlungen liebender Annahme könnten in dem Sinne »Sakrament« genannt werden, daß sie von Gottes helfender und treuer Zuwendung künden und daß sich diese Zuwendung Gottes in ihnen realisiert. Die theologische Dimension solch zwischenmenschlicher Liebe kann auch in liturgischen Zeichen gefeiert werden (wie z. B. bei einer Ordensprofeß). Wenn solche Handlungen und Verhaltensweisen trotzdem nicht im engeren, kirchlich definierten Begriff Sakrament genannt werden, dann deshalb, weil dieser Begriff bestimmten klassischen Orten solcher Zuwendung vorbehalten ist, die eben zu klassischen, d. h. in vielen Kulturen und Lebenszusammenhängen erkennbaren Zeichen werden konnten. Sie sind aber immer auch exemplarische Zeichen, die über sich hinausweisen. Die Ehe ist – gerade als Zeichen der Nähe Gottes in der Liebe zwischen Mann und Frau – auch Zeichen der Nähe Gottes an *allen* Orten der Liebe.

Literatur

Jeweils das Kapitel über die Ehe in den Gesamtdarstellungen der Sakramententheologie von Franz Courth, Alexandre Ganoszy, Günter Koch, Lothar Lies, Theodor Schneider, Herbert Vorgrimler (s. oben: Allgemeine Sakramentenlehre, Literatur)
Außerdem:
Baltensweiler, Heinrich, Die Ehe im Neuen Testament, Zürich 1967
Baumann, U., Die Ehe – ein Sakrament?, Zürich 1988
Baumann, U., Utopie Partnerschaft. Alte Leitbilder – neue Lebensformen, Düsseldorf 1994
Beinert, Wolfgang (Hrsg.), Braucht Liebe (noch) die Ehe?, Regensburg 1988
Kasper, Walter, Zur Theologie der christlichen Ehe, Mainz 1977
Kleinheyer, Bruno, Riten um Ehe und Familie, in: Bruno Kleinheyer/Emmanuel von Severus/Reiner Kaczinski, Sakramentliche Feiern II (Gottesdienst der Kirche, 8), Regensburg 1984, 67–156
Koch, Günter/Breuning, Wilhelm, Die Ehe des Christen. Lebensform und Sakrament, Freiburg 1981

Lehmann, Karl/Pannenberg, Wolfhart, Lehrverurteilungen – kirchentrennend? Bd. 1: Rechtfertigung, Sakramente und Amt im Zeitalter der Reformation und heute, Freiburg/Göttingen 1986, 141–156: Ehe

Molinski, Waldemar, Theologie der Ehe in der Geschichte, Aschaffenburg 1976

Pesch, Otto Hermann, Ehe im Blick des Glaubens, in: CGG, Bd. 7, Freiburg 1981, 8–43

Richter, Klemens (Hrsg.), Eheschließung – mehr als ein rechtlich Ding?, Freiburg 1989

Verweyen, Hans-Jürgen (Hrsg.), Ehe heute – Sechs Grundfragen, Essen 1981

VIERTER TEIL:
KLEINER AUSBLICK IN DEN INTERKULTURELLEN DIALOG

1. Kontextualität und interkultureller Dialog

Die in diesem Handbuch entfaltete Sakramententheologie geht
weitgehend von menschlichen Grunderfahrungen aus: von der Leibhaftigkeit des Menschen, von seiner Angewiesenheit darauf, sich in Gebärden auszudrücken, von der Bedeutung zwischenmenschlicher Kommunikation und der Bedeutung von Zeichenhandlungen für solche
Kommunikation, von der Begegnung unter Menschen als dem Ort der
Gottbegegnung usw. Die Gründe für diesen anthropologischen Ansatz
wurden im ersten Teil des Buches und hier und da auch in einzelnen
Kapiteln des zweiten und des dritten Teils genannt.

Damit ist aber auch ein bestimmter Sitz im Leben, eine bestimmte
Situierung angedeutet: Diese Theologie versucht, sich in einem Horizont zu bewegen, der heutiges Denken und Empfinden bestimmt – man
muß wohl präzisierend einschränken: heutiges Denken und Empfinden
von Europäerinnen und Europäern, das sich etwa so charakterisieren
läßt: Uns wurde das Gelingen oder Mißlingen zwischenmenschlicher
Beziehung – im individuellen und im gesellschaftlichen Bereich – zu
einem zentralen Lebensproblem. Zugleich wurden wir uns eines kul-
turgeschichtlich erklärbaren Mangels an Ganzheitlichkeit bewußt.
Darum wurden für uns die Stichworte »Begegnung«, »Gemeinschaft«,
»Leibhaftigkeit« zu wichtigen Grundworten der Existenz.[1]

Diese Situierung und dieser Horizont wurden, wie wir heute gern
sagen, als epochaler und geographischer »Kontext« der Theologie akzeptiert. Solche Akzeptanz bedeutet nicht, daß die Glaubensrede nicht
ihrerseits auch prophetisch verändernd auf den zeitgenössischen Kontext
einwirken könne und müsse; aber gerade diese kritisch-prophetische

---

[1] Zu diesem Denkhorizont, seiner theologischen Verarbeitung, aber auch zu seiner kontextuellen Be-
dingtheit vgl. jetzt auch D. Sattler, Beziehungsdenken in der Erlösungslehre. Bedeutung und Grenzen, Freiburg 1997.

Funktion wird sie am ehesten wahrnehmen können, wenn sie sich auf den Kontext einläßt: Man verändert nur, was man annimmt.

Diese Feststellung schließt allerdings eine gewisse Relativierung der eigenen Position ein. Relativierung – nicht des Glaubens mit seinem unbedingten Anspruch, wohl aber der Glaubens-*Sprache* – ist die unvermeidliche Kehrseite jeder kontextuellen Theologie. Wahrscheinlich müßte man sogar richtiger sagen: Relativität ist der unvermeidliche Preis jedweder Rede von Gott. Wollten wir die Glaubensrede gänzlich von raum- und zeitbedingten Voraussetzungen lösen, könnten wir nur schweigen. Insofern ist jede Theologie kontextuell, nur ist diese Tatsache nicht immer allen Beteiligten bewußt. Wenn wir heute betont von kontextueller Theologie sprechen, dann drücken wir damit zunächst einfach das Bewußtsein der Kontextualität unserer abendländisch geprägten Theologie aus. Zweitens aber bringen wir damit auch zum Ausdruck, daß wir diese kulturell bedingte Prägung als Tatsache akzeptieren. Drittens – und hier kommen praktische, oft aufregende Konsequenzen ins Spiel – denken wir bei dem Stichwort Kontextualität an die Notwendigkeit, innerhalb der einen, sich in verschiedene Kulturen ausbreitenden Kirche auch andere Kontexte und deren theologische Verarbeitung zuzulassen.

Die Reflexion über die Kontextualität entsteht in der Regel nicht im abgeschlossenen Studierzimmer, sondern in konkreten Begegnungen mit Menschen anderer Kulturen, kurz: im interkulturellen Dialog. Interkultureller Dialog ist nicht in jedem Fall identisch mit interreligiösem Dialog. Zumindest bei jenem interkulturellen Gespräch, von dem ich gleich berichten möchte, befinden sich auf beiden Seiten des Dialogs katholische Christinnen und Christen, hier solche aus Mitteleuropa, die sich ihrer Prägung durch die abendländische Geschichte bewußt sind, dort solche aus Indien, die sich heute auf ihren, den indischen Kontext ähnlich einlassen möchten, wie es die westliche Kirche tat, als sie sich auf griechische, römische, fränkische und germanische Kultur einließ. Indirekt allerdings wird der innerchristlich-interkulturelle Dialog auch eine Hilfe für den interreligiösen Dialog sein, zumal wenn, wie beim Hinduismus, Religion und Kultur so eng miteinander verwoben sind. Vielleicht wird im folgenden von beidem etwas sichtbar.

2. Ein indischer Ansatz zur Eucharistietheologie

Im Rahmen eines indisch-deutschen Seminars[2] entwickelten der indische Jesuit Francis X. D'Sa, Leiter des Institute for the Study of Religion in Poona, und seine Schülerin Anu George einen Ansatz zu einer indischen Eucharistie-Theologie: Zum Verständnis der Eucharistie seien nicht nur die göttliche und die (zwischen-)menschliche, sondern auch und vor allem die kosmische Dimension zu bedenken. Das rituelle Mahl symbolisiere nämlich nicht nur die Gemeinschaft mit Gott und die Gemeinschaft der Menschen, sondern auch die Einheit und Ganzheit des Kosmos, in welchem jeder Teil von den anderen abhänge und seinerseits für das Ganze existiere. Die kosmische Dimension habe sogar eine ontologische Priorität gegenüber der menschlichen Dimension: »Die Gemeinschaft der Menschen hat ihre Grundlage nicht in Solidaritätsgefühlen, sondern in der gegenseitigen Abhängigkeit aller Wirklichkeit.«[3]

Dieses Eucharistieverständnis ist von zentralen Grundgedanken indischer Philosophie und Spiritualität geprägt. Ich versuche, diese Grundgedanken, soweit ich sie verstanden habe, und natürlich in extremer Vereinfachung, mit einigen Stichworten zu benennen:

2.1. Kosmozentrik

Ausgangspunkt des Denkens ist nicht der Mensch (wie in der anthropologisch gewendeten neueren europäischen Theologie), auch nicht ein weltunabhängiger Gott (wie in der traditionellen katholischen Dogmatik, die mit dem Traktat De Deo beginnen und dabei noch von Gottes Schöpfertätigkeit absehen konnte), sondern das Universum in seiner Ganzheit, der Kosmos. Die Welt als ganze ist Realsymbol Gottes,

---

[2] Das Seminar steht im Zusammenhang einer seit gut zehn Jahren bestehenden Kooperation zwischen dem Institute for the Study of Religion in Poona und dem Fach Katholische Theologie an der Universität Duisburg, später an der Universität Essen. Das hier angesprochene Blockseminar fand 1993 in Poona statt. Auf indischer Seite beteiligten sich außer Francis D'Sa der Pastoralpsychologe Anthony da Silva sowie die Studierenden Thomas Chirapurat, Wendell D'Cruz, Anu George, Celine Germen, Rashmi Manavalan, Clemens Mendonca, Blanche Rodrigues und Lawry Trinidade, auf deutscher Seite außer mir die Bibelwissenschaftlerin Margret Peek-Horn sowie die Studierenden Michael Duhr, Ute J. E. Giesen, Christoph Kunz, Hans-Jörg Leeuw, Susanne Quinker, Michaela Schmitz, Christiane Schweers und Gerhard Torkler.

[3] A. George, Towards an Indian Theology of Eucharist, unveröffentlichtes Manuskript, Poona 1993, 1.

»Leib Gottes«[4]. Von ihr ausgehend findet auch der Mensch sein Wesen. »Wir sind ein untrennbarer Teil der Wirklichkeit. In der Suche nach dem Geheimnis des Ganzen sind wir auf der Suche nach unserer wahren Identität«[5].

2.2. Ganzheit und Einheit

Im Universum hängt alles mit allem zusammen, und alles hängt von allem ab. Darin besteht gerade das Kosmische des Universums: in der gegenseitigen Abhängigkeit und dem Füreinander-Dasein der einzelnen Teile. Vereinzelung, Absonderung, Für-sich-sein-Wollen stören die Ganzheit und Einheit, sie sind auch für die einzelnen Teile selbst seinswidrig und zerstörerisch. Ganzheit und Einheit dagegen können als inhaltliche Füllung des theologischen Begriffs »Heil« verstanden werden. Für-sich-sein (vielleicht genauer: Für-sich-allein-bleiben-wollen) bedeutet Unheil. Die Überwindung der Vereinzelung bedeutet Erlösung, ihr Ziel ist das Einswerden mit dem Ganzen des Kosmos.

2.3. Kosmischer Prozeß

Einheit und Ganzheit existieren aber nicht als starre Ordnung, sondern werden immer neu verwirklicht im kosmischen Prozeß, der durch ständiges Sich-Empfangen und Sich-Abgeben in Gang gehalten wird. Das Rad des Universums dreht sich, läßt das eine aus dem anderen entstehen, wachsen und schließlich sterbend sich abgeben in ein anderes und damit in das Ganze des Prozesses hinein. Und umgekehrt: Das Rad dreht sich, weil und insofern das eine sich abgibt, zur Nahrung wird für das andere und für das Ganze.

---

[4] Vgl. hierzu differenzierter: F. X. D'Sa, Natur und Umwelt nach der indischen Tradition, in: KatBl 117 (1992), 249–256.

[5] A. George, a. a. O., 2.

2.4. Nähren, Opfern

Dem Motiv der »Nahrung« und dessen Zusammenhang mit dem
Motiv des »Opfers« hat Francis D'Sa in alt-indischen Texten nachge-
spürt[6]: Die Metapher »Nahrung« begegnet dort oft und in den verschiedensten Kontexten. Etwas kann Nahrung sein für den lebendigen
Organismus, Nahrung für die Augen, Nahrung für das Denken, Nahrung für die Seele, Nahrung für den Tod, Nahrung für die Götter usw.
Immer aber wird »Nahrung« durch folgende vier Bestimmungen cha-
rakterisiert: (1) Nahrung sein bedeutet: aufgenommen und verdaut
werden können. Was nicht von anderen aufgenommen werden kann,
was unverdaulich ist, ist nicht Nahrung. (2) Nahrung sein bedeutet:
nicht für sich selbst, sondern für etwas anderes oder für jemand anderen
dasein. (3) Nahrung sein bedeutet: sich ausliefern an den (oder das), dem
man sich zur Nahrung gibt. (4) Nahrung hat einen sakramentalen Charakter: In jedem Vorgang des den anderen (oder das andere) nährenden
Sich-selbst-Weggebens zeigt und verwirklicht sich das Göttliche:
»Nahrung ist Brahman, und Brahman ist Nahrung.«[7] In der Sprache
unserer Sakramententheologie könnte das heißen: Alles Nähren ist Realsymbol der wirksamen Nähe Gottes.

Nun ist aber »Nahrung« nicht ein Ausschnitt aus der Wirklichkeit, so
wie wir »Nahrungsmittel« von anderen Gegenständen unserer Welt unterscheiden; vielmehr ist jedes Seiende dazu bestimmt, Nahrung zu
werden; es ist eigentlich nur in dem Maße »seiend« und »wahr«, als es
sich nährend verschenkt. Was nicht Nahrung werden will, stört den
kosmischen Prozeß und damit das Leben, durch welches alles existiert.[8]

Dem Begriff des Nährens ist der indische Begriff des Opferns nahe.
Er meint ja gerade das Sich-Weggeben, das freiwillige Aufgehen im anderen. Anders als in der jüdisch-christlichen Tradition wird aber das

---

[6] Vgl. F. X. D'Sa, The Sacrifice of Food and the Food of Sacrifice. Reflections on the Relationship
between the Food-Symbol (Annam) and the Symbols of Yajna, Kala and Karman in the Early Indian
Texts, unveröffentlichtes Manuskript, Poona 1993. Geplant ist eine Veröffentlichung in der indischen
Jesuiten-Zeitschrift Vidyajyoti. Journal of Theological Reflection (Delhi): Francis X. D'Sa, The Food
of Sacrifice and the Sacrifice of Food. Preliminary Reflections for an Indian Theology of the
Eucharist.

[7] F. X. D'Sa, The Sacrifice, 3.

[8] Francis D'Sa vergleicht diesen Gedanken mit dem modernen Begriff des Recycling: »Was nicht ›re-
cycled‹ werden kann, ist Verschwendung und wird uns letzten Endes zerstören.« The Sacrifice, Anm.
5. Der Vergleich ist mehr als bloße Veranschaulichung: Der indische Gedanke könnte unserer Öko-
logie-Diskussion einen grundlegenden Impuls geben.

Opfer nicht irgend jemandem dargebracht; erst recht nicht spielen juri-
dische Kategorien eine Rolle (Opfer als Lösepreis, Tausch, Genugtuung
o. ä.), sondern das Opfern trägt seinen Sinn in sich selbst, das Opfer ist
das Herz, der »Nabel«, die Grundbewegung der Welt: »Das Rad des
Opfers verwandelt alles in Nahrung; die Nahrung dreht das Rad des
Opfers. Das Drehen des Opfer-Rades kommt von der Nahrung, und die
Verwandlung von allem in Nahrung ist das Werk des Opfers«[9].

Einheit und Ganzheit des Kosmos, der ganze kosmische Prozeß, alles
lebt vom Sich-Opfern, Sich-Verschenken. Ontologische Vorgabe (der
kosmische Prozeß) und das Handeln der einzelnen (das Opfern) stützen
sich gegenseitig. Francis D'Sa grenzt diese Sicht nach zwei Seiten ab: einerseits gegen einen extremen Holismus, in welchem das Ich und seine
Akte bedeutungslos werden, andererseits gegen einen extremen Sub-
jektivismus, in welchem die angestrebte Einheit das bloße Werk menschlicher Akte ist: »Ganzheit ist das Ergebnis weder von Tropfen, die im Ozean
verschwinden, noch von Menschen, die, sich die Hände reichend, en-
thusiastisch singen: ›Wir sind eins, wir sind eins!‹, sondern von Wesen, die
sich selbst sterben, um aufzuerstehen in der Ganzheit der Wirklichkeit.«[10]

Nahrung und Opfer sind Schlüsselbegriffe zum Verstehen dieses indischen Ansatzes zu einer Eucharistietheologie. Die Eucharistie wird
hier, wie auch in der neueren abendländischen Theologie, von der Idee
des Mahles her konzipiert. Anders als in unserer Theologie aber verbindet sich mit dem Mahlgedanken sofort und wie selbstverständlich der
Gedanke des Opfers. Im Empfangen, Teilen und Weitergeben von
Nahrung wird jene kosmische Grundbewegung anerkannt und mitvollzogen, welche den kosmischen Prozeß in Gang hält. Die Eucharistie
ist Realsymbol, Sakrament dieser Ganzheit / Heil stiftenden Bewegung,
und zwar in drei Dimensionen:
– in der (fundamentalen) kosmischen Dimension: alles Seiende lebt
   davon, daß anderes sich ihm zur Nahrung gibt, und es lebt dadurch,
   daß es selbst zur Nahrung für andere wird,
– in der (in dieser kosmischen gründenden) menschlichen Dimension:
   wir leben vom solidarischen Sein-für-andere,
– in der göttlichen Dimension, die sich in der kosmischen und in der
   menschlichen Dimension zeigt, vollzieht und gewährt.

---

[9] F. X. D'Sa, The Sacrifice, 14 f.
[10] Ebd., 15.

Indem die Eucharistie diese Dimensionen zeichenhaft darstellt, übt sie eine öffnende Funktion auf die Teilnehmenden aus. Sie öffnet dazu, die ontologisch schon vorgegebene Bewegung nun praktisch-existentiell zu vollziehen:

- die Einheit mit der Natur zu realisieren (hier kommen umweltethische Gesichtspunkte ins Spiel),
- zum Aufbau einer menschlichen Gemeinschaft beizutragen (hier geht es u. a. um sozialpolitisches Engagement gegenüber den Problemen des Kastenwesens, sexistischer und wirtschaftlicher Ungerechtigkeiten usw.),
- sich auf die immer schon geschenkte Kommunikation mit Gott einzulassen.

3. Mitteleuropäisches Nachdenken

3.1. Imponierende Konsequenz

Mir imponiert an diesem Ansatz mehreres. Zunächst der Entwurf einer konsequenten Inkulturation[11]: Westliche Theologie wird nicht einfach nach Indien »übersetzt«; sondern die religiösen Traditionen Indiens werden auf solche Weise in die Begegnung mit der europäisch-kirchlichen Tradition eingebracht, daß ein für uns überraschend neues Licht auf vertraute Glaubensinhalte fällt.

Sodann die Einheit von Eucharistietheologie und theologischem Gesamtkonzept. Dies entspricht dem klassischen (aber längst nicht immer eingelösten) Anspruch christlicher Theologie, die Eucharistie enthalte »das Heilsgut der Kirche in seiner ganzen Fülle«, sei »Quelle und Höhepunkt aller Evangelisation«[12], sie sei sozusagen ein konzentriertes Bild der christlichen Botschaft, so daß man in ihr das Ganze des christlichen Glaubens erkennen kann.

---

[11] Zum Thema Inkulturation (er selbst sagt lieber: »Interkulturation«) und zum interreligiösen Dialog stellt Francis D'Sa immer wieder fundamentale hermeneutische Reflexionen an. Vgl. z.B. F.X. D'Sa, Gott, der Dreieine und der All-Ganze. Vorwort zur Begegnung zwischen Christentum und Hinduismus, Düsseldorf 1987. Hierüber berichtend: Christine Lienemann-Perrin, Theologie in Afrika und Asien, in: VF 37 (1992), 22–45, bes. 37 f. Für die neuere Diskussion vgl. A. Lienkamp / Ch. Lienkamp (Hrsg.), Die »Identität« des Glaubens in den Kulturen. Das Inkulturationsparadigma auf dem Prüfstand, Würzburg 1997.
[12] Zweites Vatikanisches Konzil, PO 5, vgl. LG 11.

Und schließlich die Selbstverständlichkeit, mit der hier die Kategorien »Mahl« und »Opfer« als zusammengehörig erscheinen, sehr im Unterschied zur abendländischen Theologiegeschichte, in welcher (von der konfessionellen Kontroverse »Abendmahl« gegen »Meßopfer« bis zu innerkatholischen Diskussionen über die Liturgische Bewegung und über den rechten Zugang zur Kommunionkatechese) der Mahlgedanke gegen den Opfer-Gedanken ausgespielt oder (wie in der neuscholastischen Dogmatik) beide Gedanken beziehungslos nebeneinander abgehandelt wurden.[13]

3.2. Können wir davon lernen?

Können wir auch inhaltlich davon lernen? Ich setze voraus, daß eine Mehrzahl von Theologien legitim und, sofern es um eine Mehrzahl von Kulturen geht, auch notwendig ist. Auch aus unserer eigenen abendländischen Theologiegeschichte kennen wir ja sehr unterschiedliche Ansätze: die vom griechischen Urbild-Abbild-Denken geprägte Eucharistietheologie der Kirchenväter[14], die in den Kategorien von Substanz und Akzidenz denkende mittelalterliche Lehre[15], in unserem Jahrhundert die Mysterientheologie[16], den von einer relationalen Ontologie ausgehenden Ansatz einer Communio-Theologie[17] usw.

Unsere Frage ist deshalb nicht, ob und inwieweit der hier skizzierte indische Ansatz legitim ist, ob er mit unserer Theologie übereinstimmt, auch nicht, ob wir ihn komplett übernehmen könnten oder sollten, sondern wir fragen, was wir, *von unseren Verstehensvoraussetzungen her,* davon lernen können.

Diese Frage scheint mir aus drei Gründen wichtig. Erstens ist Indien nicht mehr eine ferne Welt, für die sich eigentlich nur Fernost-Spezialisten oder ein für die Gesamtkirche verantwortliches Lehramt zu interessieren brauchten; wir begegnen dieser Welt vielmehr in zahllosen, besonders jüngeren, mitteleuropäischen Zeitgenossen, welche die Be-

---

[13] Für den historischen Befund vgl. oben: Dritter Teil, III.3.2.–5.; für den Opfer-Aspekt in einer heutigen, vom Mahlgedanken ausgehenden Eucharistie-Theologie: Dritter Teil, III.4.1.4 f.

[14] Vgl. oben: Zweiter Teil, 3.1.2.1.; Dritter Teil, III.3.2.

[15] Vgl. oben: Dritter Teil, III.3.3.

[16] Vgl. oben: Zweiter Teil, 3.5.2.

[17] Vgl. oben: Dritter Teil, III.4.1.6.

gegnung mit fernöstlicher Spiritualität in der Hoffnung suchen, dadurch ihre eigene religiöse Orientierung zu finden. Insofern ist »Indien« längst auch in Deutschland, und auch in unseren Kirchen. Zweitens ist davon auszugehen, daß diese Suche vieler Mitteleuropäer ein Indiz für Defizite in unserer eigenen Verkündigung und Theologie ist. Insofern haben wir Grund hinzuzulernen. Drittens aber entsteht faktisch oft aus solchen interkulturellen Begegnungen statt einer neuen in sich schlüssigen Theorie ein solches Konglomerat von disparaten, oft auch widersprüchlichen Überzeugungen, daß zumindest einem Systematiker eine gedanklich ordnende Reflexion nötig erscheint.

Sollte außerdem diese unsere Frage auch für unsere indischen Gesprächspartnerinnen und -partner einen Impuls zum Weiterdenken geben, könnten wir das als einen zusätzlichen Gewinn betrachten.

3.3. Fremdheiten

Zunächst seien einige Aspekte genannt, die mir den skizzierten Ansatz gegenüber »meiner« Theologie fremd erscheinen lassen, anders gesagt: einige Punkte, in denen dieser Ansatz mir quer zu einigen Grundoptionen zu stehen scheint, welche gerade die neuere Theologie aus guten Gründen als Kurskorrektur gegenüber der neuscholastischen Tradition getroffen hat und die unseren Verstehensvoraussetzungen wohl besser entsprechen.

(1) Ich sehe eine beträchtliche Spannung zwischen der indischen *Kosmozentrik* und einer *anthropologisch gewendeten Theologie*. Zwar haben wir in der theologischen Reflexion über die Ökologie-Problematik gelernt, uns vor einer Verabsolutierung des Menschen zu hüten und der uns umgebenden Welt größere Beachtung zu schenken, und sind insofern von einer ontischen oder ethischen Anthropozentrik abgerückt; aber anthropologisch gewendete Theologie meinte ja nicht unbedingt eine ontologische oder ethische Behauptung (etwa: der Mensch stehe im Mittelpunkt der Welt), sondern eine hermeneutische Methode: Das Fragen beginnt für den neuzeitlichen europäischen Menschen bei der Frage nach sich selbst, seinem Woher und seinem Wohin usw. Dieser Frage-Ansatz scheint mir in meinem Erfahrungsraum nach wie vor gegeben; möglicherweise liegt hier ein entscheidender Unterschied zu den

Denk- und Empfindungsvoraussetzungen unserer indischen Partnerinnen und Partner.

(2) Wenn nach indischem Denken Erlösung und Vollendung darin
geschehen, daß der einzelne *sich einfügt* in das vorgegebene Ganze und in
den kosmischen Prozeß, – steht dieses Ideal nicht im Gegensatz zu einer
Theologie, die an die Freiheit des Menschen und an seine Fähigkeit ap-
pelliert, Geschichte zu gestalten und umzugestalten? Paßt die Idee eines
opfernden Sich-Abgebens in einen nicht mehr hinterfragbaren Kreislauf
zum *Motiv des Exodus,* welches Aufrichtung aus dem Elend, kämpferische Befreiung, Verwandlung der Lebensumstände meint? Dies aber
ist, gerade im Dialog mit der lateinamerikanischen Befreiungstheologie,
zu einem Grundmotiv unserer gegenwärtigen Theologie geworden.

(3) Steht die *zyklische Vorstellung* vom Rad, das sich unaufhaltsam
dreht, nicht gegen den Gedanken der *Heilsgeschichte,* die im Dialog zwischen Gott und den Menschen gestaltet wird, in der geschichtlich ergangene Verheißungen neue Horizonte eröffnen und die Daseins-
bedingungen verändern, in der deshalb einzelne geschichtliche Gestalten
(wie v. a. Jesus von Nazareth) eine einmalige, unvertauschbare Bedeutung haben? Haben wir nicht gerade in der Auseinandersetzung mit einer fast ausschließlich metaphysisch argumentierenden scholastischen
Theologie diesen heilsgeschichtlichen Aspekt zu betonen gelernt?

Die genannten Punkte sollen nicht als zwingende Einwände gegen
den indischen Ansatz gelten (insgesamt sind ja beide hier einander ge-
genübergestellte Optionen wie zwei Pole der einen Glaubensüberlieferung in Schrift und Tradition zu finden: Schöpfungs- *und* Exodustheologie, zyklisches *und* lineares Zeitdenken, Metaphysik *und* Heilsgeschichte); aber diese Punkte sollen doch darauf aufmerksam machen,
wie sich die Perspektiven veränderten, wenn der indische Ansatz in
Mitteleuropa voll übernommen würde.

3.4. Verwandtschaften

Andererseits bringt dieser Ansatz einige Elemente unserer Glaubenssprache neu zum Klingen, und er könnte ihnen einen deutlicher be-
schreibbaren Ort im Ganzen der Theologie geben.

Die Idee, daß das Leben im Sich-Verschenken gewonnen wird, daß
liebende Selbstgabe und Sterben zusammengedacht werden müssen, daß

Zur-Nahrung-werden-für-andere, wo es in Freiheit vollzogen wird, höchste Sinnerfüllung bedeuten kann, daß gerade auf diese Weise die Fülle des Lebens in der Gemeinschaft mit den anderen erreicht wird – diese Idee entspricht nicht nur einem zentralen biblischen Motiv[18], sie scheint mir auch ein für ein heutiges Verstehen der christlichen Botschaft grundlegender Gedanke zu sein.[19] Für mich wurde er zunächst von personalistischen Denkvoraussetzungen her bedeutsam; später wurde mir auch seine politische Dimension wichtig[20]; nun begegnet er mir im Ansatz von Francis D'Sa auf der Ebene des Kosmischen. Hier freilich setzt die Idee sofort auf der kosmischen Ebene an, sie spricht zunächst ein allgemeines Weltgesetz aus, und der Mensch wird, weil er Teil des Kosmos ist, in sie einbezogen. Wir werden darüber nachzudenken haben, ob und inwieweit der Weg auch in umgekehrter Richtung gegangen werden kann: von der personalen über die politische zur kosmischen Dimension.

Daß der Gedanke sich auch in unserer Sprachwelt vermitteln läßt, könnte durch neuere Kirchenliedtexte bezeugt werden. Im katholischen Gebet- und Gesangbuch »Gotteslob« finden sich zwei Lieder über das Motiv vom sterbenden Weizenkorn. Lothar Zenetti verbindet das Gesetz »Im Tod ist das Leben« mit dem Bild des Einander-Nährens und bezieht es ganz auf die zwischenmenschliche Ebene: ». . . so läßt er sich verzehren von aller Menschennot . . . wir leben füreinander, und nur die Liebe zählt.«[21] Huub Oosterhuis stellt dieses Lebensgesetz in den größeren kosmischen Zusammenhang: »Er geht den Weg, den alle Dinge [!] gehen, . . . das kleinste Korn in Sturm und Wind muß sterben, um zu leben«, er spricht die zwischenmenschliche Dimension an: »Die Menschen müssen füreinander sterben . . . und einer nährt den andern«, und er bezieht ausdrücklich Gott (nicht nur den Menschen Jesus) ein: »Den gleichen Weg ist unser Gott gegangen; und so ist er für dich und mich das Leben selbst geworden«[22]. Francis D'Sa machte uns darauf aufmerksam, wie Huub Oosterhuis hier zu einer theologisch-anthropologisch-kosmologischen Gesamtschau kommt, die dem indischen Ansatz sehr nahe zu sein scheint.

In diesem Zusammenhang ist auch an einige liturgische Texte zu erinnern, welche bei einer rein personalen Deutung der Eucharistie (d. h.

---

[18] Vgl. Mt 10,39; 16,25; Mk 8,35; Lk 9,24; 17,33; Joh 12,24 f.

[19] Vgl. F.-J. Nocke, Liebe, Tod und Auferstehung, München 3. Aufl. 1993.

[20] Vgl. ebd., 187–191.

[21] Gotteslob. Katholisches Gebet- und Gesangbuch, Stuttgart 1975, Nr. 620.

[22] Ebd., Nr. 183.

bei einer Deutung, welche in ihr ausschließlich das Sakrament der gött-
lich-menschlichen Zuwendung sähe) nur wie eine allenfalls sekundäre
Metaphorik wirken, bei einer Einbeziehung der kosmischen Dimension
aber auf das Zentrum des Sakraments verweisen:
– das altkirchliche Motiv vom »Brot, das zerstreut war auf den Bergen
  und zusammengebracht eines geworden ist«[23],
– die Erinnerung daran, daß Brot und Wein von Gott geschenkte
  »Gaben« sind und nun wiederum »dargebracht« werden,
– die Gebete zur Gabenbereitung, die den Schöpfer preisen: »Du
  schenkst uns das Brot«, und die dieses Brot »die Frucht der Erde und
  der menschlichen Arbeit« nennen[24] und so die göttliche, die kosmische und die menschliche Dimension anklingen lassen.

Bedenkt man, daß diese Texte in der jüdischen Pesach-Liturgie
wurzeln und daß in der Pesach-Feier neben der heilsgeschichtlich ak-
zentuierten Exodus-Thematik auch ältere, mehr zyklisch strukturierte
Frühlings- und Erntedank-Traditionen aufbewahrt sind, dann verstärkt
sich nochmals der Spannungsbogen, der Naturerfahrung und Heilsgeschichte umschließt.

Es dürfte auch nicht ganz zufällig sein, daß man sich bei der gegenwärtigen Suche nach einer ganzheitlichen Religiosität wieder stärker an
Pierre Teilhard de Chardin erinnert.[25] Dieser war nicht nur von einem
glühenden Interesse an einer Kosmos-Theologie beherrscht, er sah gerade auch die Eucharistie in kosmischer Perspektive, freilich mit einer
anderen Blickrichtung als bei dem hier referierten indischen Ansatz:
Teilhard verstand die vergöttlichende Weihe des Kosmos als Verlänge-
rung von Inkarnation und Transsubstantiation.[26]

---

[23] Didache 9,4.

[24] Gebete zur Gabenbereitung, in: Die Feier der heiligen Messe. Meßbuch, hrsg. im Auftrag der Bischofskonferenzen Deutschlands u. a., Kleinausgabe, Einsiedeln u. a. 1976, 344.

[25] Vgl. z. B. G. Schiwy, Der Geist des Neuen Zeitalters. New-Age-Spiritualität und Christentum,
München 1987, bes. 17–23; ders., Der kosmische Christus, München 1990.

[26] »Wenn Christus, die Bewegung seiner Inkarnation verlängernd, in das Brot hinuntersteigt . . ., beschränkt sich sein Tun nicht auf die materielle Partikel . . . Vielmehr umgibt die Transsubstantiation
sich mit einer wirklichen, wenn auch abgeschwächten Vergöttlichung des ganzen Universums.«
Dieses Universum aber nannte Teilhard den Leib Gottes: »Deinem Leib in seiner ganzen Aus-
dehnung, das heißt der Welt, die . . . der großartige und lebendige Tiegel geworden ist, in dem alles
verschwindet, um wiedergeboren zu werden, . . . weihe ich mich . . .« Das erste Zitat stammt aus P.
Teilhard de Chardin, Der Priester [1917], hier zit. nach N. M. Wildiers, Einführung, in: P. Teilhard
de Chardin, Lobgesang des Alls, Olten 1964, 9–12, Zitat: 10, das zweite aus Teilhards meditativem
Text Die Messe über die Welt, ebd., 13–42, Zitat: 41 f.

Das heute wieder stark gewordene Interesse an einer Theologie des Kosmos entspringt nicht bloßer Lust an der Spekulation, sondern vor allem auch der Suche nach einer fundierten Antwort auf die sogenannte Umweltkrise. Inspiriert von der ökologischen Herausforderung versuchen Theologen wie z. B. Jürgen Moltmann und Hans Kessler[27], eine neue Schöpfungstheologie und -spiritualität zu entwickeln, und sie betonen dabei, anders als die traditionelle christliche Theologie, welche Schöpfer und Schöpfung scharf trennend einander gegenüberstellte[28], stark die (bei aller Transzendenz Gottes gegebene) Weltimmanenz Gottes.[29] Und gegenüber einer für eine »entdivinisierte«, »hominisierte« Welt gedachten »christlichen Anthropozentrik« der sechziger Jahre[30], in welcher der Mensch stark von der übrigen Schöpfung abgehoben wurde und die Geschichte Gottes mit der Welt eigentlich nur wie eine Geschichte Gottes mit den Menschen auf der Bühne der Welt erschien, wird heute die Eingebundenheit des Menschen in den Kosmos, seine Mit-geschöpflichkeit mit allen anderen Kreaturen zu einem wichtigen Thema.[31]

Diese kurzen Hinweise mögen genügen, um zu zeigen, daß eine »kosmische« Theologie durchaus offene Stellen auch im gegenwärtigen mitteleuropäischen Denken finden wird.

---

[27] Vgl. J. Moltmann, Gott in der Schöpfung. Ökologische Schöpfungslehre, München 1985; H. Kessler, Das Stöhnen der Natur. Plädoyer für eine Schöpfungsspiritualität und Schöpfungsethik, Düsseldorf 1990; für den interkulturellen und interreligiösen Dialog vgl. auch: H. Kessler (Hrsg.), Ökologisches Weltethos im Dialog der Kulturen und Religionen, Darmstadt 1996.

[28] Moltmann kritisiert ausdrücklich »den theologischen Rückzug aus der Kosmologie in den personalen Schöpfungsglauben«, a. a. O., 48.

[29] »Der unendliche, alles umfassende (transzendente) Gott ist in seiner Schöpfung präsent, ihr und in ihr zuinnerst gegenwärtig. Er wohnt ihr inne . . . wie die Seele dem Leib innewohnt.« »So . . . sind die geschaffenen Dinge nicht nur Gottes Ausdrucksgestalten, sondern auch, in umgekehrter Blickrichtung, so etwas wie seine Eindrucks- und Empfangsorgane, seine Empfindungsstellen . . . so etwas wie Gottes empfindsame Haut . . . Wir berühren Gott in seinen Geschöpfen: in den kostbaren Elementen Erde, Wasser, Luft und Licht, in den wundervollen Lebenszusammenhängen der Natur . . .« H. Kessler, Das Stöhnen, 79 und 101 f.

[30] Vgl. z. B. J. B. Metz, Die Zukunft des Glaubens in einer hominisierten Welt, in: Zur Theologie der Welt, Mainz-München 1968, 51–71.

[31] Hans Kessler bringt die Spannung zwischen beiden Aspekten auf die einprägsame Doppel-Formel »Eingefügt in den Lebenszusammenhang der Schöpfung: der Mensch in der Solidarität alles Geschaffenen« – »Hervorgehoben inmitten der Schöpfung: die Sonderstellung und Verantwortung des Menschen«, a. a. O., 54 und 58.

3.5. Weitergedachte Eucharistietheologie

So sei nun der Versuch gemacht, unsere Eucharistietheologie in diese Richtung ein wenig weiterzudenken, ohne die früher genannten »Fremdheiten« einfach zu überspringen. Ich tue dabei nur einen relativ kleinen Schritt. Ich möchte mit einigen wenigen Strichen (mehr bildhaft als mit ausgearbeiteter Begrifflichkeit) eine Eucharistietheologie skizzieren, in welcher der indische Denkansatz wenigstens teilweise verarbeitet wird, ohne daß ich die eigenen Denkvoraussetzungen, die ich im Kontext mitteleuropäischer Theologie im ausgehenden 20. Jahrhundert nun einmal mitbringe, verlasse. Ich vollziehe also nicht einen totalen Perspektivenwechsel, ich setze nicht kosmozentrisch, sondern eher anthropozentrisch und heilsgeschichtlich an, möchte dann aber zeigen, wie sich, aufgrund des Dialogs mit unseren indischen Partnerinnen und Partnern, unser Horizont weiten kann, so daß schließlich auch die kosmische Dimension – wenn vielleicht auch nur von ferne – in den Blick kommt.

Ich sehe mich also zunächst in einer Gruppe von Menschen um einen Tisch. Wir brechen das Brot und erfahren in diesem Gestus des Teilens die zusammenführende Gegenwart Jesu Christi. Wir sehen unsere Mahlgemeinschaft als Fortsetzung der Tischgemeinschaften Jesu, in denen er miteinander zerstrittenen und sich von Gott fern wähnenden Menschen Gottes Versöhnungshandeln vermittelte. Wir hören seine Worte: »Wo zwei oder drei von euch in meinem Namen versammelt sind . . .«, »Nehmt und eßt: . . . mein Leib, für euch hingegeben«, »Tut dies zu meinem Gedächtnis«. Wir ahnen den Zusammenhang zwischen Jesu revolutionären Tischgemeinschaften mit den Sündern und seiner Kreuzigung, die im Namen der Ordnung exekutiert wurde. So wird uns das »Brotbrechen« auch zum Gedächtnis der Lebenshingabe Jesu, die wir »Opfer« nennen. Wir knüpfen an die Ostererfahrung an, in welcher der Gekreuzigte »beim Brechen des Brotes« als lebendig und verwandelndnahe erfahren wurde, und so verwandelt sich auch für uns die Tischrunde: Aus zusammengelaufenen Menschen wird eine Jüngergemeinschaft, das Brot wird uns zum Leib Christi und eint uns, so daß wir selbst Christi Leib werden. Im Teilen machen wir die Erfahrung, daß wir Gebende und Empfangende, voneinander abhängig, füreinander bestimmt sind, daß das Gesetz des »Für« das Grundgesetz des Lebens ist und daß dies der Weg zur Versöhnung der Welt ist.

Bei dem Wort »Welt« denken wir zunächst an die Menschheit. Aber nun weitet sich der Blick. Die Aufmerksamkeit richtet sich nicht nur auf den Gestus des Teilens, sondern auch auf das, was da geteilt wird. In der Tat: Für Gesten personaler Kommunikation reicht eigentlich der menschliche Leib. Zuwendung, Versöhnung, Frieden, Liebe können wir mit einem Händedruck, mit einer Umarmung, mit einem Kuß mindestens so intensiv realisieren wie mit einer Gabe, die wir reichen. Warum macht nicht z. B. der Friedensgruß den Kern des Sakraments aus, sondern die »Gaben«, welche gegeben und empfangen werden? Und wenn etwas verschenkt werden soll – warum dann nicht ein kostbarer Gegenstand wie ein Ring, ein Edelstein oder dergleichen, sondern ein alltägliches Nahrungsmittel? Warum essen wir das Geschenkte auf, anstatt es sorgfältig verehrend aufzubewahren?

Hier könnte weiterführen, was wir in Indien lernten: Daß wir essen und trinken, daß wir danken nicht nur für die Tischgemeinschaft, sondern auch für Brot und Wein, daß wir Brot und Wein als »Gaben« betrachten und nicht als bloße Instrumente unserer Gebärdensprache, das verweist uns auf einen größeren Zusammenhang: Wir haben das Leben nicht aus uns selbst, wir sind angewiesen auf die Früchte der Erde. Wir leben nicht nur voneinander, sondern auch (und sogar zuallererst) von der Erde, die uns nährt. In beidem – in der Zuwendung der Menschen und in den Früchten der Erde – nährt uns Gott. Und auch in umgekehrter Richtung: Wir sind nicht nur dazu bestimmt, füreinander zu leben, sondern auch dazu, der Erde zu dienen, zu der wir gehören und die auf uns angewiesen ist. Und wiederum in beidem begegnet uns Gott: der Gott Israels, der doch auch der Schöpfer der Welt ist. Leben empfangen und Leben geben, das ist die Grundgebärde des Lebens überhaupt, die Eucharistie ist dessen Symbol.

Indem der Blick auf das Brot in unseren Händen fällt und vom Brot weitergeht auf die Erde, aus welcher das Korn wuchs, und auf die Sonne, unter der es reifte, und den Regen, der die Erde nährte und fruchtbar machte, nehmen wir, vielleicht mehr ahnend als deutlich erkennend, den weiten kosmischen Horizont der zunächst mehr intim erfahrenen Tischgemeinschaft wahr. Wir sehen uns als Teil einer größeren Schöpfungswirklichkeit, in welcher das eine das andere nährt. Die Eucharistie ist Zeichen dankbarer Zustimmung zu dieser Wirklichkeit.

3.6. Und wieder Fragen

An dieser Stelle aber komme ich ins Stocken. Denn ich muß daran denken, wie die natürliche »Nahrungskette« sich konkret vollzieht. Dazu gehören ja nicht nur die friedlichen Bilder vom sterbenden Weizenkorn, aus dem Halm und Ähre wachsen, vom fallenden Laub und von vergehenden Pflanzen, die den Humus für neues Wachstum bilden, sondern auch die erschreckenden Bilder: die Angst der gejagten Maus vor den Krallen der Katze; der Octopus, der die Languste umschlingt, zerbricht und das Leben aus der zerbrochenen Schale saugt; der Hai, der sich von der Seite her über die wehrlosen Walrosse wirft; der Frosch, der, aufrecht stehend wie ein Mensch, von dem ihn umschnürenden Egel ausgesaugt wird.[32] Und gehört hierzu nicht auch der Todkranke, der von Viren befallen wurde, die sein Blut als Nahrung brauchen?

Ist das das Gesetz des Kosmos? Bedeutet Bejahung der Schöpfung, diesem Gesetz zuzustimmen? Wenn sich unser Empfinden dagegen sträubt – hat es dann nicht die biblischen Verheißungen auf seiner Seite: das Lamm werde unbesorgt mit dem Wolf zusammen wohnen können, Kalb und Löwe würden zusammen auf die Weide gehen, Kuh und Bärin Freundinnen werden[33]? Können sie sich so zueinander verhalten, wenn die gegenwärtige Ordnung (»fressen und gefressen werden«) bestehen bleibt? Sind diese Bilder nicht vielmehr Gegenbilder gegen die konkret erfahrene Wirklichkeit? Fordern sie nicht dazu heraus, den vorgegebenen Verhältnissen gerade nicht zuzustimmen, sondern dagegen zu protestieren, in der Hoffnung auf eine andere, veränderte Welt? Ist die Welt, so wie sie ist, überhaupt Gottes Kosmos? Oder ist sie allenfalls eine Mischung aus kosmisch gestalteter und chaotisch ungestalteter Wirklichkeit? Bedeutet Gottes Schöpfungshandeln dann nicht die erst noch in Gang befindliche Verwandlung des Chaos in Kosmos? Und ist der Mensch nicht dazu bestimmt, bei dieser Verwandlung – die Schöpfung bejahend und zugleich gegen das Chaos ankämpfend – mitzuwirken?

Muß also nicht eine *Schöpfungstheologie,* welche zur Zustimmung zur Welt motiviert, vermittelt werden mit einer *Exodustheologie,* welche zur Befreiung aus quälenden Lebensbedingungen und zur Verwandlung der

---

[32] Für diese Beobachtungen und ihre erschütternde Wirkung auf das Gottesbild vgl. R. Schneider, Winter in Wien, Freiburg 1963, 120 f.
[33] Vgl. Jes 11,6 f.

vorgegebenen Strukturen aufruft, und schließlich mit einer *Eschatologie,* welche auf eine neue, veränderte Welt hoffen und für sie arbeiten läßt? Bezogen auf die Eucharistie: Ist die Eucharistie nur Sakrament der Zustimmung, ist sie nicht auch (wie die jüdische Pesach-Feier) unruhig machendes Sakrament des Aufbruchs und der Hoffnung auf ein Land, zu dem wir erst noch unterwegs sind? Läßt sich der skizzierte Ansatz einer kosmischen Eucharistietheologie auch in dieser Richtung erweitern?

Daß unsere Überlegungen mit Fragen schließen, kann den Stand des Gesprächs illustrieren: Der interkulturelle Dialog hat ja gerade erst begonnen.

Abkürzungen

Dokumente des Zweiten Vatikanischen Konzils:

AA   Apostolicam actuositatem. Dekret über das Laienapostolat (1965)

AG   Ad gentes. Dekret über die Missionstätigkeit der Kirche (1965)

CD   Christus Dominus. Dekret über die Hirtenaufgabe der Bischöfe (1965)

DV   Dei verbum. Dogmatische Konstitution über die göttliche Offenbarung (1965)

GS   Gaudium et spes. Pastorale Konstitution über die Kirche in der Welt von heute (1965)

LG   Lumen gentium. Dogmatische Konstitution über die Kirche (1964)

OE   Orientalium ecclesiarum. Dekret über die katholischen Ostkirchen (1964)

PO   Presbyterorum ordinis. Dekret über Dienst und Leben der Priester (1965)

SC   Sacrosanctum concilium. Konstitution über die heilige Liturgie (1963)

UR   Unitatis redintegratio. Dekret über den Ökumenismus (1964)

Andere Werke

CGG   Christlicher Glaube in moderner Gesellschaft, hrsg. v. F. Böckle, F. X. Kaufmann, K. Rahner u. B. Welte, Freiburg 1980–1982

CIC/1917   Codex iuris canonici, Rom 1917

CIC/1983   Codex iuris canonici/Codex des Kanonischen Rechts, Rom/Kevelaer 1983

2. Clem   2. Clemensbrief

DH   H. Denzinger, Enchiridion symbolorum, definitionum et declarationum de rebus fidei et morum. Kompendium der Glaubensbekenntnisse und kirchlichen Lehrentscheidungen. Lateinisch-deutsch. 37. Aufl., übers. u. hrsg. v. P. Hünermann, Freiburg 1991

EWNT   Exegetisches Wörterbuch zum Neuen Testament, hrsg. v. H. R. Balz u. G. Schneider, Stuttgart 1980–1983

GdK   Gottesdienst der Kirche. Handbuch der Liturgiewissenschaft, hrsg. v. H. B. Meyer u. a., Regensburg 1983 ff.

HDG   Handbuch der Dogmengeschichte, hrsg. v. M. Schmaus u. a., Freiburg 1951 ff.

HThG   Handbuch theologischer Grundbegriffe, hrsg. v. H. Fries, München 1962 f.

IKaZ	Internationale katholische Zeitschrift Communio
In Sent.	In sententiarum quatuor libros (Kommentar zu den Sentenzen-büchern des Petrus Lombardus)
Institutio	Institutio christianae religionis/Unterricht in der christlichen Religion
Jub	Jubiläenbuch
KatBl	Katechetische Blätter
Lehrverurteilungen	Lehrverurteilungen – kirchentrennend?, Bd. 1: Rechtfertigung, Sakramente und Amt im Zeitalter der Reformation und heute, hrsg. v. K. Lehmann u. W. Pannenberg, Freiburg/Göttingen 1986
Lima, Amt	Kommission für Glauben und Kirchenverfassung des Ökumenischen Rates der Kirchen, Konvergenzerklärung über das Amt, Lima 1982
Lima, Eucharistie	Kommission für Glauben und Kirchenverfassung des Ökumenischen Rates der Kirchen, Konvergenzerklärung über die Eucharistie, Lima 1982
Lima, Taufe	Kommission für Glauben und Kirchenverfassung des Ökumenischen Rates der Kirchen, Konvergenzerklärung über die Taufe, Lima 1982
LThK^2	Lexikon für Theologie und Kirche, 2. Aufl., hrsg. v. J. Höfer u. K. Rahner, Freiburg 1957–67
LThK^3	Lexikon für Theologie und Kirche, 3. Aufl., hrsg. v. W. Kasper u. a., Freiburg 1993 ff.
LThK.E	LThK^2. Das Zweite Vatikanische Konzil. Dokumente und Kommentare, hrsg. v. H. S. Brechter u. a., Freiburg 1966–1968
NHThG	Neues Handbuch theologischer Grundbegriffe. Erweiterte Neuausgabe, hrsg. v. P. Eicher, München 1991
NR	J. Neuner – H. Roos, Der Glaube der Kirche in den Urkunden der Lehrverkündigung, 8. Aufl., neu bearbeitet u. hrsg. v. K. Rahner u. K.-H. Weger, Regensburg 1971
PL	Patrologia Latina, hrsg. v. J. P. Migne, Paris 1841–1861
Schwerpunkte	Schwerpunkte heutiger Sakramentenpastoral, in: Gemeinsame Synode der Bistümer in der Bundesrepublik Deutschland. Beschlüsse der Vollversammlung. Offizielle Gesamtausgabe, hrsg. v. L. Bertsch u. a., Freiburg 1976, 238–275
Sent.	Sententiae in IV libris distinctae (Sentenzenbücher des Petrus Lombardus)
S. th.	Summa theologiae
ThWNT	Theologisches Wörterbuch zum Neuen Testament, begr. v. G. Kittel, hrsg. v. G. Friedrich, Stuttgart 1933–1979
Trad. apost.	Traditio apostolica/Apostolische Überlieferung
TRE	Theologische Realenzyklopädie, hrsg. v. G. Krause u. G. Müller, Berlin – New York 1976 ff.
Unsere Hoffnung	Unsere Hoffnung. Ein Bekenntnis zum Glauben in dieser Zeit, in: Gemeinsame Synode der Bistümer in der Bundesrepublik Deutschland. Beschlüsse der Vollversammlung. Offizielle Gesamtausgabe, hrsg. v. L. Bertsch u. a., Freiburg 1976, 84–111
VF	Verkündigung und Forschung
WA	M. Luther, Werke. Kritische Gesamtausgabe (»Weimarer Ausgabe«), Weimar 1883 ff.

Personenregister

Moos, A.   86
Müller, A.   274
Müller, J.   120
Müller, K. F.   128

Neunheuser, B.   109, 128, 138, 186
Nocke, F.-J.   86, 221, 288

Oberhammer, G.   37
Odo v. Ourskamp   59
Oepke, A.   91
Oosterhuis, H.   288
Origenes   51, 105, 266
Ott, L.   257

Pannenberg, W.   86, 138, 186, 234, 255,
   256, 257, 276
Paschasius Radbertus   163
Pascher, J.   170
Paul VI.   135
Peek-Horn, M.   280
Pelagius   108, 264
Pesch, O. H.   24, 273, 276
Petrus Damiani   55
Petrus Lombardus   56, 109, 134, 229, 244
Pius IV.   168
Pius X.   168, 207
Pius XII.   245
Platon   53
Poschmann, B.   202, 221
Post, P.   21, 22, 38 f.
Power, D. N.   186, 234
Probst, M.   234, 273
Pseudo-Augustinus   203
Pseudo-Isidor   264

Quinker, S.   280

Rad, G. von   188
Rahner, K.   70, 73, 86, 128, 186, 202 f.,
   209, 221, 232, 246, 256, 257
Rathramnus   163
Ratschow, C. H.   128
Ratzinger, J.   186
Rehm, J.   186
Richter, K.   234, 273, 274, 276
Rodrigues, B.   280
Roloff, J.   241 f.

Sattler, D.   86, 186, 221, 278
Schillebeeckx, E.   257
Schilson, A.   66, 83, 86
Schiwy, G.   289
Schlier, H.   71, 262
Schlink, E.   114, 116, 186
Schmaus, M.   72
Schmid, H.   26
Schmidt-Lauber, H.-Ch.   38
Schmitz, M.   280
Schnackenburg, R.   94, 195
Schneider, R.   293
Schneider, Th.   85, 86, 127, 138, 176,
   186, 221, 234, 248, 256, 275
Schulte, R.   223
Schürmann, H.   149
Schweers, Ch.   280
Semmelroth, O.   67
Severus, E. von   249, 257, 274, 275
Silva, A. da   280
Sokrates   122

Taborda, F.   42, 77 f., 86
Teilhard de Chardin, P.   289
Tertullian   52, 133
Thaler, A.   186
Theodor v. Mopsuestia   54, 161
Theodosius   106
Thomas v. Aquin   57, 58, 60, 61, 65, 109,
   110 f., 134, 164, 170, 201, 203 f., 206,
   213, 222, 229, 244, 266 f.
Thurian, M.   138
Tillard, J.-M.   85, 127, 138, 186
Timm, H.   37
Torkler, G.   280
Trinidade, L.   280

Verweyen, H.-J.   276
Volk, H.   177, 256
Volp, R.   38
Vorgrimler, H.   82, 85, 127, 138, 186,
   206, 221, 228 f., 234, 252, 256, 275
Vuijsje, H.   38 f.

Warnach, V.   72
Wenz, G.   83, 85, 127, 138, 186, 221,
   234, 256